화학고고학

AN INTRODUCTION TO ARCHAEOLOGICAL CHEMISTRY

# 화학고고학

더글라스 프라이스, 제임스 버턴 지음

곽승기 옮김

사회평론아카데미

# 화학고고학

2023년 3월 13일 초판 1쇄 인쇄
2023년 3월 21일 초판 1쇄 발행

지은이 더글라스 프라이스, 제임스 버턴
옮긴이 곽승기

편집 김천희
표지·본문디자인 김진운
본문조판 민들레
마케팅 정하연·김현주

펴낸이 권현준
펴낸곳 (주)사회평론아카데미
등록번호 2013-000247(2013년 8월 23일)
전화 02-326-1545
팩스 02-326-1626
주소 03993 서울특별시 마포구 월드컵북로6길 56
ISBN 979-11-6707-101-9  93900

# 서문

　삼십 몇 년 전, 저자들 중 한 명인 더글라스 프라이스(Douglas Price)는 지금으로부터 약 8,000여 년 전 당시의 소규모 수렵 집단이 어떻게 살아남았는가를 연구하기 위해 네덜란드의 석기시대 유적을 발굴하고 있었다. 그들의 거주지들에서 출토된 것들은 소형의 석기들이나 노지 근처의 매우 작은 목탄 조각들이 전부였다. 이렇게 부족한 자료들을 가지고 당시 사람들이 어떠한 음식을 먹었으며, 얼마나 자주 거주지를 옮겼는가, 혹은 한 거주지에 얼마나 많은 사람들이 살고 있었는가와 같은 것들을 알아내는 것은 거의 불가능에 가까웠다. 이들은 상당히 중요한 고고학적 질문들이기에 좌절감은 점점 커지기 시작했다.

　나(프라이스)는 내가 미시간 대학에 있었을 때 한 학생이 하고 있던 연구를 생각해 냈는데, 뼈의 원소 조성(elemental composition)을 알아내어 식생활을 복원하는 것이었다. 아마도 이러한 방법을 통해 위의 질문에 대한 해답을 구할 수 있지 않을까 생각했다. 위스콘신 대학교에 와서 나는 비슷한 연구를 수행하기 시작했고, 1987년 몇몇 흥미로운 결과를 도출하기에 이르렀다. 그리하여 미국 국립과학원(National Science Foundation, NSF)으로부터 고고화학(Archaeological Chemistry) 실험실과 실험장비들을 구축할 수 있는 연구 기금을 지원받기에 이르렀다. 이와 동시에, NSF 기금으로 또 한 명의 과학자인 제임스 버턴(James Burton)을 공동연구책임자로 고용할 수 있게 되었다.

　버턴은 지구화학자(geochemist)였고, 프라이스는 고고학자였다. 이 학문적인 교육, 배경, 지식의 조합은 고고화학을 통해 인류의 과거를 연구하는 데에 강력하고 효과적으로 작용하였다. 우리들은 돌, 뼈, 토기, 토양 등을 실험실에서 분석하며 근 20여 년을 함께 보냈다. 우리는 세계 여러 지역에서 발견된 여러 고고자료들, 인간의 유해들과 더불어 위스콘신주에서는 사슴다리뼈들을, 멕시코에서는 달팽이와 닭뼈들을, 중국에서는 말의 이빨들을, 알래스카에서는 기름지고 반쯤 얼어 있는 조류의 뼈들을 채집하였다. 이외에도 정말 많은 이야깃거리들이 있다.

지난 수년간 우리는 고고화학과 관련된 수업들을 함께 가르쳤다. 우리가 이 책을 저술한 이유는 더 많은 고고과학자(archaeological scientists)들이 반드시 필요하다고 생각하기 때문이다. 앞으로의 커다란 고고학적 발견들은 발굴현장에서보다 실험실에서 더 자주 접하게 될 것이다. 그렇기 때문에 고고학 분야에서는 이러한 다양한 종류의 자연과학적 분석을 수행할 수 있는 숙련된 연구자들이 필수적이다. 이는 더 많은 관련 강의들이 대학에 개설되어야 하며, 좋은 교재 역시 필요하다는 것을 의미한다. 이 분야에 대한 학생들의 진입 장벽을 낮추고 그들의 흥미를 유발함으로써 우리는 고고과학에 보다 많은 학생들을 끌어들이고자 한다. 많은 학생들이 지루하고 잘 이해할 수 없다는 이유로 과학 관련 강의를 수강하는 것을 포기한다. 이러한 상황에는 좋은 교재가 도움이 될 수 있다.

이 책은 화학적, 물리적인 방법을 사용하여 고고자료를 연구하는 분야인 고고화학에 대한 개론서이다. 최근에 이르러 고고학 분야에서 주요한 발견들은 실험실에서 이루어지는 경우가 많다. 고고화학자들은 토기, 뼈, 돌, 토양, 염료, 지질(脂質) 등과 같은 다양한 종류의 물질문화를 연구한다. 이 책은 이러한 연구가 어떠한 방법으로 이루어지고 있는지를 다루고 있다.

고고학자들은 종종 서로 다른 여러 실험실에서 시간을 보낸다. 동물이나 식물의 유체를 연구하는 실험실이나 유물들을 세척하고 관찰하는 실험실들도 있지만, 고고학자들과 자연과학자들이 고고자료의 화학적 특성을 살펴보는 실험실도 있다. 후자는 여러 화학물질, 가스 배출 후드, 저울, 그리고 다양한 기기들을 갖춘 소위 "wet-lab"[1]이라 불리는 실험실이다.

이 책이 고고학과 관련된 모든 종류의 자연과학적 실험을 다루고 있는 것은 아

.........
1    역자 주. 화학 물질 및 기타 액체 또는 기체 물질을 다루는 실험실.

니다. 우리는 이 책에서 동식물의 유체에 관한 연구나 방사성탄소연대측정법을 제외한 다른 연대측정법들에 대해서는 다루지 않을 것이다. 우리는 고대의 DNA 연구에 관해서도 깊게는 다루지 않을 것이지만, 이러한 유전학적인 연구는 차후 고고학의 주요 발견들에 상당 부분 기여할 것이라고 생각한다. 고고학 연구에서 유전학의 활용은 또 다른 책의 주제가 될 수 있을 것이다. 우리가 이 책에서 주로 다루고자 하는 분야는 고고자료를 구성하는 원소, 동위원소, 그리고 분자들을 연구하는 고고화학이다.

이 책은 고고학자들과 고고학 전공 학생들에게 고고화학의 원리와 그 적용에 관해 소개하는 것을 목적으로 저술되었다. 우리는 이 책이 이 흥미로운 분야에 대한 안내자가 될 수 있기를 희망한다. 우리는 되도록 문장을 명료하게 작성하려고 하였으며, 내용 역시 지나치게 기술적이 되지 않도록 노력하였다.

우리는 독자들에게 고고자료에 대한 이러한 연구들을 단계적으로 소개할 수 있게끔 이 책을 구성하였다. 우선 용어와 개념을 정리하는 것에서 시작하여, 학사(學史)적 관점에서 고고화학 분야를 간단하게 되짚어본다. 또한 이러한 연구들을 수행하는 대표적인 실험실들을 알아본다. 그 다음 장(chapter)은 고고학자들이 과거에 관해 알고 싶어 하는 것에는 어떠한 것들이 있는지 살펴볼 것이다. 이러한 대표적인 고고학적 질문들은 고고화학 연구의 방향성을 제시해준다.

제3장에서는 과거에 대한 고고학자들의 의문을 해결하기 위한 고고학 연구의 소재가 되는 고고자료들에는 어떠한 것들이 있는지 짚어본다. 다음 장은 고고화학에서 주로 수행되는 서로 다른 종류의 분석 및 연구(현미경, 원소 분석, 동위원소 분석, 유기물 분석, 무기물/화합물 분석)의 방법과 이에 사용되는 기기들에 관해 다룬다. 이 장에서는 여러 물질들의 화학적 특성, 서로 다른 분석 방법들의 기본원리와 기기들의 성능에 관해 과학적인 배경 지식이 없는 독자들의 이해를 돕기 위해 도면이나 사례들이 적극적으로 활용되었다.

이후의 장들에서는 고고화학이 할 수 있는 것들에 관해 알아볼 것이다. 먼저 자연과학적 분석을 통해 밝혀질 수 있는 고고학적 질문들을 고찰해 보고, 고고화학의 원리원칙과 목표에 관해 논한다. 그 이후 가장 중요하다고 할 수 있는, 과연 고고화학이 과거에 관해 어떠한 정보를 줄 수 있는가에 관해 본격적으로 다룬다. 우리는 이들 장에서 고고화학이 원자재 추적, 진위 판별, 기술, 기능, 환경, 기원, 인간 활동, 식생활 등과 같은 고고학의 주요 연구 분야에 어떠한 역할을 할 수 있는지 사례를 통해 살펴볼 것이다. 각각의 사례는 석기, 뼈, 토기, 토양, 무덤, 잔존유기물과 같은 고고자료를 다루고 있다. 우리는 근자에 수행되었던 매우 흥미로운 연구들—마야의 수도인 코판(Copán)의 초대 왕, 게티의 쿠로스상(Getty Kouros), 옥수수 농경의 확산, 터키 최초의 마을의 바닥 등—에 관해서도 역시 다룰 것이다. 이러한 사례들은 고고학과 고고화학 연구를 흡사 탐정물과 같이 흥미롭게 만들어준다.

　　마지막 결론 장은 서로 다른 다양한 분석기법과 기기들이 활용되었던 한 사례에 관해 자세하게 살펴본다. 이탈리아 알프스에서 발견된 미라인 외치(Ötzi)는 아마도 현시대에 가장 다양한 방법으로 조사된 고고학적 사례일 것이다. 우리는 이를 통해 고고화학이 과거에 관해 얼마나 많은 사실들을 알려줄 수 있는지 되짚어 볼 것이다. 이 마지막 장은 새로운 연구방법과 앞으로 활용될 수 있는 연구법 등 고고화학 분야의 미래에 관한 내용도 포함하고 있다.

　　우리는 독자들이 이 책을 다 읽을 때쯤이면 고고화학 연구가 어떠한 방법으로 진행되는지, 그리고 우리가 고고화학을 통해 알게 된 것은 무엇인지를 알게 되고, 고고화학에 관해 보다 많은 것을 알고 싶어 하게 되기를 바란다.

　　이 책의 활용성은 책의 곳곳에서 드러난다. 새로운 용어나 개념들이 있다면 이들이 등장한 페이지에 반드시 그 정의를 함께 기술하였으며, 이를 취합하여 책의 가장 후반부 용어 해설란에 따로 정리하였다. 책에 사용되는 삽화들은 유용한 정보를 효과적으로 전달하고 독자들에게 흥미를 유발할 수 있게끔 그려졌다. 도면은 고고학에서 과학이 어떻게 활용될 수 있는지에 관한 이해를 도울 수 있는 필수적인 수단 가운데 하나이다. 우리는 이 책에 소개된 여러 개념, 방법, 그리고 활용법 등에 관한 그림이나 사진들을 매우 신중히 선택하고 본문에 수록하였다. 본문의 내용을 압축해야 할 필요가 있거나 개개의 내용들을 요약, 혹은 정리할 필요가 있는 경우 표가 첨가되었다. 책의 가장 후반부는 고고화학에 대한 부가적인 기술적 정보, 구체적인 실험 과정, 다양한 측정단위, 용어 해설, 색인 등의 내용을 담고 있다.

이 책은 실험실 동료들, 학생들, 가족들, 편집진, 심사진을 포함한 많은 사람들의 도움을 통해 완성되었다. Theresa Kraus는 이 책에 대한 아이디어를 제공해 주었고 편집위원장의 역할을 담당해 주었다. Springer의 편집 어시스턴트인 Kate Chabalko는 우리와 수시로 연락을 주고받으며 우리가 올바른 원고를 작성할 수 있도록 도와주었다. 바쁜 시간을 쪼개어 이 책의 내용을 보다 풍부하게 만들어준 외부 심사진들에게도 감사의 마음을 표한다.

많은 수의 동료들이 정보수집, 사진, 도면, 인허가와 관련하여 큰 도움을 주었다. Stanley Ambrose, Søren Andersen, Eleni Asouti, Luis Barba, Brian Beard, Larry Benson, Elisabetta Boaretto, Gina Boedeker, Jane Buikstra, Patterson Clark, Andrea Cucina, Jelmer Eerkens, Adrian A. Evans, Karin Frei, Paul Fullagar, Brian Hayden, Naama Goren-Inbar, Kurt Gron, Björn Hjulstrom, David Hodell, Brian Hayden, Larry Kimball, Corina Knipper, Jason Krantz, Z.C. Jing, Kelly Knudson, Petter Lawenius, Lars Larsson, Randy Law, David Meiggs, William Middleton, Nicky Milner, Corrie Noir, Tamsin O'Connell, Dolores Piperno, Marianne Rasmussen, Susan Reslewic, Erika Ribechini, Henrik Schilling, Steve Shackley, Robert Sharer, James Stoltman, Vera Tiesler, Christine White에게 이 자리를 빌려 감사의 말을 전한다. 우리가 미처 기억하지 못하고 실수로 위의 리스트에 넣지 못한 동료들에게 미안함을 표하며 감사의 마음을 전한다. 고고화학 강좌를 확립하고 실험실을 성공적으로 이끌어나가는 데에 많은 학생들의 도움이 있었다. Joe Ezzo, Bill Middleton, Corina Knipper, Kelly Knudson, David Meiggs, Carolyn Freiwald에게 고맙다는 말을 전하고자 한다. Heather Walder는 이 책의 미술작업을 담당하여

주었고, Stephanie Jung은 이 책에 인용된 도면 사용에 관한 허가를 받는 데에 공헌하였다. 위스콘신 대학교는 우리에게 실험실과 상당한 기금을 제공해 주었다. NSF는 실험실이 조성된 이래로 지속적인 지원을 아끼지 않았다. 이 책으로 이들 기관에 대한 우리들의 감사의 마음을 대신하고자 한다.

위스콘신주, 메디슨

더글라스 프라이스(T. Douglas Price)·제임스 버턴(James H. Burton)

## 옮긴이의 말

이 책은 더글라스 프라이스(T. Douglas Price)와 제임스 버턴(James Burton)이 저술하여 2011년 출간된『*An Introduction to Archaeological Chemistry*』*를 번역한 것이다. 처음 번역 의뢰를 받았을 때 역자에게 이 책을 번역할 수 있는 역량이 갖추어져 있는지에 대한 확신이 없었다. 가까스로 초고를 탈고하고 옮긴이의 말을 작성하고 있는 지금도 그 생각에는 변함이 없다. 번역 작업이야 어떻게든 해낼 수는 있지만, 그 과정에서 저자들이 의도한 글의 본의를 해치지 않을까 하는 걱정을 떨치기 어려웠다. 그러한 불안감을 애써 감추고 번역 작업을 여기까지 이어올 수 있었던 가장 큰 이유는 한국의 고고학 종사자들과 연구자들에게 이 책이 도움이 될 것이라는 믿음만큼은 확실했기 때문이다(물론 그것도 어디까지나 역자가 원서의 본의를 정확히 전달했을 경우에 한해서일 것이다).

고고화학(archaeological chemistry)은 고고과학(archaeological science)의 하위 분야로, 고고자료 내의 유기 및 무기 원소, 동위원소, 분자, 화합물 등을 연구하는 분야이다. 모든 '물질'은 유·무기 원소들로 이루어져 있기에, 고고자료에 대한 연구에 원자와 분자 단위를 다루는 화학적 연구기법들이 활용됨은 어찌 보면 자연스러운 것이다. 이러한 연구법들은 적용 여하에 따라 지금까지 알려지지 않았던 과거 인간 사회에 대한 새로운 사실들을 밝혀내는 데 큰 도움을 줄 수 있다. 이 책은 화학을 전공하지 않은 대다수의 고고학 연구자들에게 고고화학적 연구의 원리와 분석에 필요한 장비들을 비교적 알기 쉽게 소개하고, 실제 세계 각지의 서로 다른 고고학적 맥락들에 이를 적용한 사례들을 다루어 독자들의 이해를 돕고 있다. 역자는 고고학 연구

.........

\* 본문에서는 원래의 말뜻대로 '고고화학'으로 번역하였으나, 책 제목은 한강문화재연구원 학술총서의 일련의 제목과 각운을 맞추고자 하는 연구원의 의도를 살려『화학고고학』으로 정하였다.

자들이 다양한 화학적 분석 장비들을 직접 다룰 수 있어야 함을 주장하는 것이 아니며, 이는 역자에게도 불가능에 가까운 일이다. 다만, 이러한 분석기법들의 원리와 적용 사례에 대한 자세한 정보가 있다면 어떠한 맥락에 이들이 활용 가능한지에 대한 보다 정확한 판단을 내리는 데 도움이 될 수 있을 것이라 생각한다. 실제로 현재 한국 고고학에서는 이 책에 등장하는 대부분의 분석기법들이 활용되고 있기 때문이다.

이 책의 필자들도 언급한 바 있지만, 미국의 고고학자인 로버트 더넬(Robert Dunnell)은 이미 1980년대에 "50년 안에 고고학 연구의 근간이 되는 것은 2밀리미터에서 이온 사이즈의 유물일 것이다"라고 예측하였다. 그의 말마따나 원자와 분자 단위의 물질을 연구대상으로 하는 고고화학은 지난 수 세기를 거치며 상당한 성장을 이루었다. 지역에 따른 차이는 존재하겠지만, 앞으로의 고고학연구가 보다 융·복합적인 성격을 띨 것임은 자명하며, 고고화학의 역할은 더욱 커질 것이다. 다만 안타까운 것은 이 책을 통해 고고화학에 관한 정보를 전달하는 역할을 담당하는 이가 고고학과 화학 양쪽 분야에 대한 지식이 모두 부족한 역자라는 것이며, 이 점에서 이 책의 잠재적인 독자들에게 미리 용서를 구한다.

천성이 부지런하지 못해 마감 기한을 몇 번이고 넘겼음에도 끝까지 기다려주신 한강문화재연구원의 신숙정 원장님과 권도희 선생님, 편집을 위해 너무도 고생해주신 사회평론아카데미의 김천희 선생님께 깊이 감사드린다. 그리고 역자의 타고난 기질을 잘 알기에 생각날 때마다 곁에서 역자에게 번역 작업이 남아 있음을 지속적으로 일깨워준 아내에게도 고맙다는 말을 전하고 싶다.

옮긴이 곽승기

# 차례

서문 5

옮긴이의 말 11


제1장 고고화학 19

1.1 고고화학 21

1.2 용어와 개념 25

    1.2.1 물질 25

    1.2.2 유기물 28

    1.2.3 전자기 스펙트럼 32

    1.2.4 측정 단위 34

    1.2.5 정확도, 정밀도와 감도 35

    1.2.6 시료, 부분시료, 표본 37

    1.2.7 데이터, 실험기록, 그리고 기록 보관 38

1.3 고고화학의 간추린 역사 39

1.4 실험실 44

    1.4.1 고고화학 실험실 둘러보기 47

1.5 요약 51

읽을거리 52


제2장 고고학자들의 과거에 대한 의문 53

2.1 고고학적 문화 55

2.2 시간과 공간 56

2.3 환경 58

2.4 기술 60

2.5 경제 61

    2.5.1 음식 61

    2.5.2 거주지 63

    2.5.3 원자재와 생산 63

    2.5.4 교환 64

2.6 조직  66
 2.6.1 사회조직  67
 2.6.2 정치조직  67
 2.6.3 취락유형  70
2.7 이데올로기  72
2.8 요약  73
읽을거리  74


제3장 고고학적 물질들  75

3.1 서언  76
3.2 고고학적 물질  76
3.3 암석  79
3.4 토기  84
3.5 뼈  88
3.6 퇴적물과 토양  91
3.7 금속  95
3.8 그 밖의 물질들  99
 3.8.1 유리  101
 3.8.2 안료와 염료  104
 3.8.3 콘크리트, 모르타르, 그리고 회반죽  110
 3.8.4 패각  113
3.9 요약  117
읽을거리  118


제4장 분석 방법들  119

4.1 확대  122
 4.1.1 광학현미경  123
 4.1.2 주사전자현미경(Scaning Electron Microscope)  124
4.2 원소 분석  127
 4.2.1 분광기  130
 4.2.2 유도 결합 플라즈마 분광분석기  134
 4.2.3 X선 형광분석기  137
 4.2.4 탄소 질소 분석기  139
 4.2.5 중성자 방사화 분석  141
4.3 동위원소 분석  142

4.3.1 산소 동위원소  143

4.3.2 탄소와 질소 동위원소  145

4.3.3 스트론튬 동위원소  148

4.3.4 질량분석기  154

4.4 유기물 분석  158

4.4.1 유기물 분석법  167

4.4.2 기체/액체 크로마토그래피-질량분석기  168

4.5 광물과 무기화합물  172

4.5.1 암석기재학  175

4.5.2 X선 회절  179

4.5.3 적외선 분광법  181

4.6 요약  183

읽을거리  188


제5장 동정과 진위 판별  189

5.1 고고화학이 할 수 있는 것  190

5.2 동정과 진위 판별  191

5.3 동정  192

5.3.1 녹말과 초기 농경  195

5.3.2 태평양 섬의 식물 동정  199

5.3.3 키틀리 크릭(Keatley Creek) 유적 주거지 바닥  202

5.3.4 차코(Chaco)의 코코아  206

5.4 진위 판별  209

5.4.1 게티(Getty) 박물관의 쿠로스  211

5.4.2 빈랜드 지도  216

5.4.3 마야의 크리스털 해골  220

5.4.4 토리노의 수의  223

읽을거리  226


제6장 기술, 기능, 인간 활동  227

6.1 기술  229

6.1.1 불의 발견  231

6.1.2 마야 블루  234

6.2 기능  239

6.2.1 미세흔 분석  241

6.2.2 덴마크 토기  245

6.3 인간 활동 250
    6.3.1 인산염과 우포크라 253
    6.3.2 템플로 마요르의 의례 행위 256
    6.3.3 라이라의 주거지 바닥 260
읽을거리 267


제7장 환경과 식생활 269

7.1 환경 271
    7.1.1 그린란드의 바이킹 275
    7.1.2 마야의 멸망 280
7.2 식생활 285
    7.2.1 탄소 동위원소 286
    7.2.2 질소 동위원소 292
    7.2.3 애리조나의 식인종들 293
    7.2.4 덴마크의 마지막 수렵인들 297
    7.2.5 케이프타운의 노예들 300
읽을거리 304


제8장 출토지와 원산지 305

8.1 출토지와 원산지 306
    8.1.1 에콰도르의 토기 313
    8.1.2 멕시코 그릇의 납 유약 316
    8.1.3 북아메리카의 유럽산 구리 320
    8.1.4 터키의 흑요석 324
    8.1.5 핀슨 고분군 출토 토기 326
    8.1.6 멕시코의 피라미드 333
    8.1.7 마야의 왕 337
읽을거리 342


제9장 결론 343

9.1 복합 연구 347
    9.1.1 이탈리아의 냉동인간 347
9.2 윤리적 고찰 356

9.2.1 파괴 분석　358
9.2.2 인간 유해에 대한 연구　360
9.3 앞으로의 방향　362
9.4 마치며　364
읽을거리　365


부록: 고고화학에 대한 정보　366
용어 해설　371
참고문헌　379
도면 출처　406
찾아보기　409

제1장

# 고고화학

**1.1 고고화학**
**1.2 용어와 개념**
    1.2.1 물질
    1.2.2 유기물질
    1.2.3 전자기 스펙트럼
    1.2.4 단위
    1.2.5 정확도, 정밀도와 감도
    1.2.6 시료, 부분시료, 표본
    1.2.7 데이터, 실험기록, 기록보관

**1.3 고고화학의 간추린 역사**
**1.4 실험실**
    1.4.1 고고화학 실험실 둘러보기
**1.5 요약**
읽을거리

고고화학에 관한 책은 많은 부분을 다루어야 한다. 고고학과 화학, 두 분야는 학문적으로 방대하고, 풍부하며, 또한 빽빽하다. 이와 동시에, 이 둘은 매우 다르다. 고고학은 인문학이나 사회과학에 속하며, 혹자는 역사과학(historical science)이라고 칭하기도 한다. 고고학은 일반적으로 야외, 폐허, 발굴, 흙더미, 유물들과 돌덩어리, 토기, 철기 등과 연관되어 있다. 이에 반해 화학은 실내, 즉 실험실에서 이루어진다. 화학은 순수 자연과학이다. 교재는 무겁고, 공식들은 복잡하고, 용어들은 끝이 없다. 화학을 생각하면 비커들, 강한 산, 가열기, 이상한 냄새, 실험복이 연상된다. 어떻게 이렇게 다른 두 종류의 학문이 함께할 수 있는 것일까?

고고화학은 지식의 나무의 서로 다른 두 가지 사이에 위치하고 있다. 두 분야의 조합은 상당수의 놀라운 발견들을 이끌어낼 수 있는 학문적 접점을 제공해준다. 서로 다른 이 두 분야의 조합이야말로 우리가 바로 이 책에서 중점적으로 다루고자 하는 것이다.

이 책의 첫 번째 장은 그 도입부가 된다. 각각의 과학적 연구의 영역에는 고유의 언어 및 용어가 있기 때문에 서로 이해하고 소통하기 위해서는 상대방의 말을 할 수 있어야 한다. 다음 절(section)인 고고화학에서는 이 분야에 대한 감잡기와 언어 훈련의 일환으로 이러한 용어들에는 어떠한 것들이 있으며 그 의미는 무엇인지 알아보도록 한다. 두 번째 절인 용어와 개념은 앞 절 내용의 연속선상에서, 물질, 유기물, 힘, 측정단위, 정밀도, 시료(표본), 데이터와 같은 고고화학과 관련된 기본적인 사항들에 대해 고찰한다.

세 번째 절인 고고화학의 간추린 역사에서는 이 분야를 역사적인 맥락에서 살펴본다. 한 분야의 역사는 해당 학문이 어떻게 현재의 위치에 다다르게 되었고, 학문 내에서 중요하거나 새로운 영역은 무엇인지 알 수 있게 해준다. 네 번째 절이자 마지막 절은 고고화학의 본거지라고 할 수 있는 실험실에 초점을 맞춘다. 이 절에서는 고고화학 실험실이란 무엇이며 어떠한 방식으로 운영되는지 알아볼 것이며, 우리의 본거지인 위스콘신 대학교 고고화학실험실에 대해서도 자세히 서술할 것이다. 그럼 지금부터 시작해 보자.


## 1.1 고고화학

고고화학이 고고학이라는 학문의 한 분야라는 것을 상기시킬 수 있도록 몇몇 개념에 대한 정의를 내림으로써 이 책을 시작하고자 한다. 고고학은 물질자료를 바탕으로 인간의 과거를 연구하는 학문이다. 고고학은 넓은 범위의 시간, 지역, 원리, 그리고 방법들을 포괄한다. 고고학자들은 벨기에의 근대의 전장, 중국의 청동기시대 제례시설, 지금으로부터 6백-5백만 년 전 아프리카에 존재했던 우리의 가장 먼 조상들을 공부하고 연구한다.

고고학에는 다양한 종류가 있으며, 그중 하나가 고고과학이다. 고고과학(Archae-ological Science)은 고고학 실험실에서 실시하는 분석 기기들을 사용하거나 사용하지 않은 여러 종류의 연구방법들을 통칭하는 용어로, 동물 유체 분석, 식물 유체 분석, 골학, 심지어 석기나 토기연구의 일부 등이 이에 포함될 수 있다. 이러한 방식의

**도면 1.** 발굴현장에서의 고고과학. 발굴을 통해 확보된 시료를 푸리에 변환 적외선 분광계(사진 중앙, Fourier Transform Infrared Spectrometer, FTIR)를 통해 분석하거나, 현미경(사진 전면)을 통해 조사한다. 사진의 Tell es-Safi/Gath 유적은 이스라엘에 위치하며, 선사시대부터 현대에 이르기까지 지속적으로 점유된 증거가 남아 있다. 사진 출처: Kimmel Center for Archaeological Science, Weizmann Institute of Science, Israel.

연구는 경우에 따라 발굴현장에서도 수행된다.

고고측정학(Archaeometry)은 고고과학의 특수한 분과로, 고고자료의 화학적 조성이나, 제작기법, 연대 등을 알기 위해 유물의 물리적, 화학적 성질을 측정, 연구하는 분야이다. 고고측정학은 때때로 "기구(instrumental)"고고학이라고도 불리는데, 연대측정법, 원격탐사(remote sensing), DNA 연구 등도 이에 속한다고 볼 수 있다. 고고자료에 잔존해 있는 미량 유기물을 분석하거나 동식물이나 인간의 유해에서 DNA를 추출하여 연구하는 분과를 분자-고고학(molecular archaeology)이라는 용어로 구분하기도 한다. 전통적인 과학의 관점에서 보자면, 연대측정은 물리학자들의, DNA는 유전학자들의 전문 분야이다.

고고화학(Archaeological Chemistry)은 고고측정학의 하위분야로, 원소, 동위원소, 분자, 화합물 등과 같은 고고자료의 무기/유기적 구성요소들을 분석하고 연구한다. 고고화학은 주로 (1) 성격구명(characterization): 선사시대 고고자료의 화학적 조성을 측정하고, (2) 판별 및 동정(identification): 성분 불명인 유물의 재료가 무엇인지 밝히는 것과 관련되어 있다. 고고화학을 통해 밝혀진 이러한 정보들은 (1) 유물이나 미술품의 진위 판별(authentication)이나, (2) 부식되거나 부패하여 사라질 위기에 처한 고고자료의 보존(conservation), 그리고 (3) 과거에 대한 고고학적 의문들에 해답을 제시하는 데에 활용될 수 있다. 과거에 대한 고고학적 의문들에 어떠한 것들이 있는지는 다음 장에서 구체적으로 다룰 것이다.

대부분의 고고화학 연구는 무기물의 경우 원소나 동위원소에 대한 분석을 위주로 진행되며, 유기물의 경우 유기화합물이 어떠한 유기체(동식물)로부터 온 것인지를 밝히는 방향으로 전개된다. 이러한 연구들은 생존전략이나 식생활, 교역, 주거, 인구, 사회적 지위와 같은 선사시대 사람들의 다양한 행동방식이나 활동 양상에 대한 정보를 제공해준다. 추가적으로, 고고자료의 구성 성분에 관한 정보는 원활한 박물관 전시나 보관을 위한 유물의 보존에 큰 도움을 줄 수 있다. 고고과학의 주목적은 고고자료를 활용하여 인간의 과거에 대해 더 많은 것을 배움과 동시에 미래세대들을 위해 그것들을 안전하게 보존하는 것이다.

고고화학 분야는 인문학과 자연과학의 방법론, 원리, 발상들을 결합한다는 점에서 매우 흥미롭다. 이러한 특성으로 인해 보기 드문 새로운 연구들이 가능한 것이다. 고고화학은 과학적 배경을 가지고 있지 않은 학생들이나 학자들이 과학의 영역에 참여할 수 있게 해주는 역할을 한다. 이와 동시에, 서로 다른 두 학문의 결합으로 인해 이 분야는 크게 두 집단으로 연구자들을 구분할 수 있다. 첫 번째 그룹은 자연과학자들을 고용하는 고고학자 집단이고 또 다른 집단은 고고학에 관심이 있는 자연과학자들이다. 고고학자들은 주로 자연과학적 분석방법으로 해결할 수 있는 흥미로운 고고학적 연구주제들을 가지고 있지만 분석방법을 모르는 경우가 많다. 자연과학자들은 기기들을 능숙히 다루고 분석법을 알고 있지만 고고학의 연구주제나 복잡한 고고자료에 대한 이해도가 떨어진다.

원소분포, 동위원소비, 분자구성과 같은 특성들을 알아내는 기기들은 흔치 않고, 복잡하고, 사용이 용이하지 않으며, 가격이 비싸다. 고고학자들은 보통 이러한 기기들을 실험실에 보유하고 있는 화학자나 다른 자연과학자들과 함께 연구를 진행한다. 대부분의 경우, 이러한 협업은 그 기간이 짧고 하나의 연구주제에 한정되어 있는 경우가 많다. 그러나, 자연과학적 기기들은 점차 사용하기 수월해졌고, 비용 면에서도 접근이 용이해졌다. 이러한 변화로 말미암아 고고학자들은 자신의 실험실에서 이 기기들을 사용하기 시작하였다. 그리하여 근자에 이르러 많은 고고화학 연구들이 고고학적인 맥락 내에서 이루어지게 되었다.

좋은 의미에서 고고화학은 빠르게 성장하고 있는 분야이다. 최근 들어 다양한 독창적인 접근법들이 과거에 관한 흥미로운 정보들을 밝혀내고 있다. 고대의 고고자료에 대한 원소와 동위원소 분석 결과는 생존전략과 식생활, 교역, 주거, 인구, 지위와 같은 과거의 인간행동이나 조직에 관해 알려줄 수 있다. 유기물 분석을 통해 우리는 토기 내부에 저장되어 있던 내용물이 무엇이었는지, 그리고 고대의 기구들이 어떠한 용도로 사용되었는지 알아낸다. 과거의 DNA에 대한 유전학적 연구는 당시 인간집단들의 출생지나 그들 사이의 관계에 대한 윤곽을 잡아준다.

앞으로 대부분의 커다란 고고학적 발견들은 발굴현장보다는 실험실에서 더 자주 접하게 될 것이다. 고고화학은 지금은 누군가의 상상 속에서만 존재하는 연구방법과 기기들로 과거에 관한 많은 비밀들을 드러낼 것이다. 바로 이것이 더 많은 고고과학자들이 육성되어야 하고, 정교한 기기들로 채워진 보다 많은 고고학 실험실이 조성되어야 하는 이유이다.

이와 동시에, 기본 원칙은 항상 숙지하고 있어야 하는데, 고고화학은 문제지향적이어야 한다는 점이다. 즉, 실험실에서 해답을 찾을 수 있는 과거 인간행동이나 활동에 대한 의문점들을 연구하는 것이다. 연구의 초점은 우리의 선조들과 그들의 활동, 사회를 이해하는 것에 맞추어져 있어야 한다. 어떠한 종류의 연구이든 가장 중요한 질문은 "무엇을 알고자 하는가?"라고 말할 수 있다. 이러한 확실한 고고학적 의문점이 있어야만 고고과학자들은 올바른 연구법, 시료, 기기, 척도, 분석방법 등을 결정할 수 있다. 이러한 의문 없이는 이들 연구는 그저 방법론의 적용에 불과한 것이다.

## 1.2 용어와 개념

고고화학에서 사용하는 용어와 원리들을 이해하는 것은 학문 자체를 이해하는데 필수적이라고 할 수 있다. 다음 절부터 소개되는 물질과 에너지 등에 대한 내용은 용어나 원리 등과 같은 기본 개념들에 대한 설명을 포함하고 있다. 그 이후 원소, 동위원소, 분자 등과 같은 미량물질의 측정단위에 대해 언급할 것이며, 마지막으로 정확도, 정밀도, 민감도와 같은 개념들에 대한 설명을 통해 독자들에게 실험을 통해 얻어진 결과를 올바르게 볼 수 있는 균형 잡힌 시각을 정립할 수 있는 기회를 제공할 것이다.

### 1.2.1 물질

이 책의 시작 부분에서도 언급하였듯이 고고화학은 원소, 동위원소, 분자, 화합물과 같은 고고자료를 이루고 있는 무기/유기적 구성요소들을 연구한다. 물질자료의 구성요소들을 연구하기 위해서는 먼저 물질을 구성하는 가장 작은 입자인 원소에 대한 개념부터 짚어보아야 한다.

모든 물질은 원자들로 구성되어 있다(도면 1.2). 원자는 세 가지의 주요 요소로 구성되어 있는데, 중성자, 양성자, 전자가 이들이다. 중성자와 양성자는 원자의 핵심을 이루며 비슷한 무게를 지니고 있다. 중성자는 전하(electrical charge)를 띠고 있지 않지만 양성자는 양전하를 지니고 있다. 무게가 매우 가벼운 전자는, 음전하를 띤 채로 양성자와 중성자로 이루어진 핵의 주위를 회전한다. 이온은 전자를 얻거나 빼앗겨 전하를 띠고 있는 원자를 가리킨다.

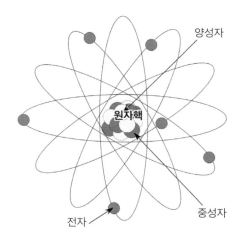

**도면 1.2** 원자의 구조

원자들은 포함하고 있는 양성자와 중성자의 수에서 차이를 보이는데, 이로 인해 각기 다른 원자량(atomic weight)을 지니게 된다. 원자들마다 보이는 이러한 질량 차이로 인해 자연계에서 서로 다른 92개의 화학적 원소들이 구분되며, 이는 원소 주기율표를 통해 확인할 수 있다(도면 1.3). 원소의 원자번호(atomic number)는 원자핵 속의 양성자 수를 의미한다. 원자질량(atomic mass)은 단일 원자 내부의 양성자와, 중성자, 그리고 전자의 총 질량을 의미하며, 흔히 통일된 원자질량단위(atomic mass units, AMU)로 표시한다.

주기율표는 원소들에 대한 중요한 정보를 다수 포함하고 있다. 주기율표는 각기 다른 원소들을 도표의 형태로 나타낸 것이다. 각각의 원소들은 화학기호와 원자번호로 표기된다. 주기율표의 배치는 원소 간의 화학적 연관성을 반영한다고 볼 수 있다. 원소들은 원자번호(양성자의 수)가 점차 증가하는 방향으로 배열되어 있다. 비슷한 성질을 가진 원소들은 같은 열(column)에 모여 있다. 원자번호가 83 이상인(비스무트보다 높은) 원소들은 안정하지 않고 시간이 지남에 따라 방사성 붕괴를 일으킨다. 주기율표에는 다양한 예들이 존재하며, 인터넷에 있는 상호작용이 가능한 버전은 원소 기호뿐 아니라 본래의 이름, 동위원소, 원자질량을 포함한 다양한 정보를 제공해 준다.

원자번호가 82 이하인 원소들 가운데 80개의 원소들은 동위원소를 가지고 있다.

| 1 IA | | | | | | | | | | | | | | | | | 18 VIIIA |
|---|---|---|---|---|---|---|---|---|---|---|---|---|---|---|---|---|---|
| 1 **H** 1.01 | 2 IIA | | | | | | | | | | | 13 IIIA | 14 IVA | 15 VA | 16 VIA | 17 VIIA | 2 **He** 4.00 |
| 3 **Li** 6.94 | 4 **Be** 9.01 | | | | | | | | | | | 5 **B** 10.81 | 6 **C** 12.01 | 7 **N** 14.01 | 8 **O** 16.00 | 9 **F** 19.00 | 10 **Ne** 20.18 |
| 11 **Na** 22.99 | 12 **Mg** 24.31 | 3 IIIB | 4 IVB | 5 VB | 6 VIB | 7 VIIB | 8 | 9 VIIIB | 10 | 11 IB | 12 IIB | 13 **Al** 26.98 | 14 **Si** 28.09 | 15 **P** 30.97 | 16 **S** 32.07 | 17 **Cl** 35.45 | 18 **Ar** 39.95 |
| 19 **K** 39.1 | 20 **Ca** 40.08 | 21 **Sc** 44.96 | 22 **Ti** 47.88 | 23 **V** 50.94 | 24 **Cr** 52.00 | 25 **Mn** 54.94 | 26 **Fe** 55.85 | 27 **Co** 58.93 | 28 **Ni** 58.69 | 29 **Cu** 63.55 | 30 **Zn** 65.39 | 31 **Ga** 69.72 | 32 **Ge** 72.61 | 33 **As** 74.92 | 34 **Se** 78.96 | 35 **Br** 79.90 | 36 **Kr** 83.80 |
| 37 **Rb** 85.47 | 38 **Sr** 87.62 | 39 **Y** 88.91 | 40 **Zr** 91.22 | 41 **Nb** 92.91 | 42 **Mo** 95.94 | 43 **Tc** (98) | 44 **Ru** 101.07 | 45 **Rh** 102.91 | 46 **Pd** 106.42 | 47 **Ag** 107.87 | 48 **Cd** 112.41 | 49 **In** 114.82 | 50 **Sn** 118.71 | 51 **Sb** 121.76 | 52 **Te** 127.6 | 53 **I** 126.9 | 54 **Xe** 131.29 |
| 55 **Cs** 132.9 | 56 **Ba** 137.3 | 57 **La*** 138.9 | 72 **Hf** 178.5 | 73 **Ta** 180.9 | 74 **W** 183.9 | 75 **Re** 186.2 | 76 **Os** 190.2 | 77 **Ir** 192.2 | 78 **Pt** 195.1 | 79 **Au** 197.0 | 80 **Hg** 200.6 | 81 **Tl** 204.4 | 82 **Pb** 207.2 | 83 **Bi** 209 | 84 **Po** (209) | 85 **At** (210) | 86 **Rn** (222) |
| 87 **Fr** (223) | 88 **Ra** (226) | 89 **Ac^** (227) | 104 **Rf** (261) | 105 **Db** (262) | 106 **Sg** (263) | 107 **Bh** (264) | 108 **Hs** (265) | 109 **Mt** (268) | 110 **Ds** (271) | 111 **Rg** (272) | | | | | | | |

| * | 58 **Ce** 140.1 | 59 **Pr** 140.9 | 60 **Nd** 144.2 | 61 **Pm** (145) | 62 **Sm** 150.4 | 63 **Eu** 152.0 | 64 **Gd** 157.3 | 65 **Tb** 158.9 | 66 **Dy** 162.5 | 67 **Ho** 164.9 | 68 **Er** 167.3 | 69 **Tm** 168.9 | 70 **Yb** 173.0 | 71 **Lu** 175.0 |
|---|---|---|---|---|---|---|---|---|---|---|---|---|---|---|
| ^ | 90 **Th** 232.0 | 91 **Pa** (231) | 92 **U** 238.0 | 93 **Np** (237) | 94 **Pu** (244) | 95 **Am** (243) | 96 **Cm** (247) | 97 **Bk** (247) | 98 **Cf** (251) | 99 **Es** (252) | 100 **Fm** (257) | 101 **Md** (258) | 102 **No** (259) | 103 **Lr** (260) |

**도면 1.3** 원소 주기율표

동위원소란 원자번호는 같지만(양성자의 수가 같다-역자 주) 중성자의 수가 다른 원소들을 의미한다. 특정한 동위원소와 다른 동위원소 간의 비율은 고고자료를 연구하는 데에 매우 중요한 측정자료가 될 수 있다.

지구상의 모든 물질들은 원자번호가 92 이하인 원소들 가운데 일부의 조합으로 구성되어 있다. 분자(molecule)는 원자들이 한데 모여 이루어진 결합체를 의미한다(예를 들어, 물은 $H_2O$. 분자는 자연 상태로 존재할 수 있는 순수한 물체의 최소단위이다-역자 주). 화합물(compound)은 하나 이상의 원자들이 모여 고정된 비율로 조성된 유기, 혹은 무기물 분자를 가리킨다. 이러한 화합물에서 보이는 화학조성은 "특정 화합물의 시료들은 항상 같은 구성을 보이는데, 이는 화합물 내에 포함된 원소들의 질량의 비율이 항상 일정하다는 것을 의미한다"는 구성비 불변의 법칙을 따른다. 유기화합물(organic compound)은 살아 있는 생명체의 세포조직을 이루며, 탄소원소가 그 기본 바탕이 된다. 무기화합물(inorganic compound)은 일반적으로 탄소를 함유하고 있지 않다.

이 책에서 다루고 있는 대부분의 연구방법들과 기기들은 유기물과 무기물의 구성에 대한 분석과 관계되어 있다. 이러한 연구 과정들은 물질의 원소, 동위원소, 분자들의 구조가 어떠한지 알아내는 것에 중점을 두도록 설계되었다. 유기물과 관련된 고고화학은 특히 복잡하기 때문에 다음 절에서는 이 주제에 대한 원활한 이해를 위해 몇몇 주요한 용어나 개념에 대해 알아보고자 한다.

## 1.2.2 유기물

유기(=생체)분자들은 주로 탄소와 수소, 그리고 산소, 질소, 황과 같은 원소로 이루어져 있다. 탄소는 다른 4개의 원자들과 결합할 수 있는 특유의 성질로 인해, 탄소 원자에 다른 탄소 원자가 결합하게 되면 더 많은 수의 탄소 원자들과의 결합이 가능하다. 분자구조의 다양성은 사실상 무한하다고 볼 수 있다. 이들 분자들의 이름은 탄소 원자들과 다른 원자들(이를테면 산소)의 수와 배열, 그리고 원자들이 결합해 있는 형태로 결정된다. 이러한 원자들의 배열을 "작용기(functional group)"라고 하는데, 분자의 화학적 특성을 결정하는 요소가 된다. 〈표 1.1〉은 몇몇 주요 작용기들을 나타낸 것이다.

이들 유기분자들은 서로 반응하여 보다 크고 복잡한 "고분자화합물(macromoecules)"들을 만들어낸다. 아미노산들은 서로 결합하여 "펩타이드 띠(peptide chain)"를 형성하는데, 이들이 모여 단백질 분자를 만들어낸다. 마찬가지로, 단당류 분자들이 결합하여 다당류를 이루고, 이들이 모여 녹말이나 셀룰로오스를 형성할 수 있다.

본디, 생체분자들은 그들과 관계된 살아 있는 유기 생명체에 따라 성질이 다르다. 선사시대의 고고자료에 잔존해 있는 유기화합물들은 유기체의 잔여 복합 고분자화합물이라 정의될 수 있을 것이다. 잔존유기물에는 혈액, 조직, 음식물, 기름, 지방, 수지, 타르, 레진과 같은 것들이 있다. 분자들의 다양성으로 인해 지질(lipid), 핵산, 아미노산, 당, 녹말, 그리고 다른 여러 종류의 탄화수소 화합물들이 생성되는 것이다.

현대 고고학에서 이들 유기물들과 직접적인 관계가 있는 두 연구법은 잔존물 분

**표 1.1** 생체분자의 주요 작용기들

| 작용기 | 설명 | 구조 | 기호 | 예 |
|---|---|---|---|---|
| 알킬 | 탄화수소기에 오직 탄소, 혹은 수소만 결합된 형태 | R— | $CH_3(CH_2)n-$ | 메탄 $CH_4$<br>프로판 $C_3H_8$ |
| 알코올 | 탄화수소기에 산소와 수소가 함께 결합된 형태 | R—OH | $R-OH$ | 메탄올 $CH_3(OH)$<br>글리세롤 $C_3H_5(OH)_3$<br>프로판올 $C_3H_7(OH)$ |
| 카르보닐 | 탄소에 산소가 이중 결합된 형태 | | $-CO-$ | 케톤, 에스테르, 카르복실산, 아미노산 |
| 알데히드 | 탄화수소기에 탄소가 결합, 탄소에 산소(이중결합)와 수소가 결합된 형태 | | $R-CHO$ | 프로판올 $C_3H_7(OH)$ |
| 케톤 | 두 가지 탄화수소기 사이의 산소가 탄소와 이중 결합된 형태 | | $R-CO-R$ | 메틸에틸케톤 |
| 카르복시산 | 탄화수소기에 탄소가 결합, 탄소에 산소(이중결합)와 알코올이 결합된 형태 | | $R-COOH$ | 아세트산 $CH_3(COOH)$ |
| 에스테르 | 두 가지 탄화수소기 사이의 카르복실기 | | $R-COOR$ | 아세트산메틸<br>아세트산에틸 |
| 아민 | 탄화수소기에 질소와 수소원자 두 개가 함께 결합된 형태 | $R-NH_2$ | $R-NH_2$ | 메틸아민, 에틸아민 |
| 아미노산 | 탄화수소기에 탄소가 결합, 탄소에 아민과 카르복시기가 결합된 형태 | | $R-CONH_2$ | 글리신<br>트립토판<br>프롤린 |

석과 고대 DNA 분석이다. 유기화학자들은 고고자료에 남겨진 유기잔존물을 연구하고, 유전학자들은 고대 DNA를 연구한다. DNA 연구는 사실 이 책에서 주고 다루고자 하는 연구 분야는 아니다. 그렇지만 고고학에서 고대 DNA 연구의 중요성이 점차 증대되고 있는 만큼 간략하게나마 언급할 필요는 있기 때문에 다음 절에서 다루고

자 한다. 고고자료의 유기잔존물 연구에 대한 부분은 제4장 '분석 방법들(Methods of Analysis)'에서 상세하게 고찰하였다.

### 1.2.2.1 고대 DNA

특히, 고대 DNA(디옥시리보핵산, deoxyribonucleic acid)를 연구하기 위해 고고학자들은 분자생물학자들과 함께 일한다. DNA는 펩타이드(peptide)와 유사한 매우 긴 사슬의 뉴클레오타이드(nucleotide) 단위들로 이루어져 있는데, 뉴클레오타이드는 인산염 분자와 당, 디옥시리보오스로 구성되어 있으며, 아데닌(adenine), 시토신(cytosine), 구아닌(guanine), 티아민(thymine)의 네 가지 작용기 중 하나와 결합되어 있다. 결과적으로 오직 네 가지의 경우의 수밖에 존재하지 않는 것이지만, 이 단순한 조합이 모든 생체분자들 가운데 가장 복잡한 DNA를 창조하게 되는 것이다. 또한 이러한 구조로 모든 동물과 식물의 생체분자를 구성하는 단백질들이 생성된다. DNA는 종(species)에 따라서 뚜렷한 차이를 보일 뿐 아니라, 개개의 개체에 따라서도 조금씩 다르기 때문에 DNA를 통해 구분이 가능하다.

DNA는 생명의 유전 형질이다. DNA는 뉴클레오타이드라고 불리는 단위들이 긴 분자 사슬처럼 연결되어 있는 형태이며, 각각의 뉴클레오타이드는 네 가지 염기(아데닌, 시토신, 구아닌, 티아민) 중 하나로 구성되어 있다. 유전정보는 유전자 내 뉴클레오타이드들의 연속적인 배열에 저장되어 있다. 생물체의 성장이나 형질을 결정하는 개개의 유전자들은 DNA 분자의 일부분이다. 인간의 DNA에는 대략 50,000 종류의 유전자들이 있다고 알려져 있다. DNA 분자는 유전자와 유전자 사이에 아무런 생물적인 정보도 담고 있지 않은 "유전자간(intergenic)" 공간이 있는데, 이 공간들 역시 개체 사이, 또는 집단 사이의 차이를 보여주는 표지(marker)가 될 수 있다는 점에서 중요하다고 하겠다.

인류의 과거를 고찰하기 위해 일반적으로 실시되는 DNA 연구법으로 두 가지 정도가 널리 알려져 있는데, 하나는 현대 인류의 DNA를 연구하는 것이고, 다른 하나는 고대의 DNA를 조사하는 것이다. 현대 인류에 대한 DNA 연구는 집단 간 유전적 차이나 특정 집단이 유전적으로 갈라져 나온 시점을 밝히기 위해 이루어진다. 이러한 연구들은 대개 혈액이나 다른 접근이 용이한 세포 내의 DNA를 사용한다. 이들 DNA는 해부학적으로 현생인류가 처음 등장한 시점을 어림하거나, 유럽 신석기시대 농경민들의 확산을 연구하는 데에 활용되어 왔다.

고대 DNA(aDNA)는 세포핵 내부에 보존된 유전물질이라 할 수 있는데, 때로 고고유적에서 출토되는 동식물, 인간유체에서 발견된다(도면 1.4). 선사시대 사람 뼈에 보존된 DNA는 1989년 처음으로 그 발견이 보고되었다. 그 이후, 고대의 DNA를 찾으

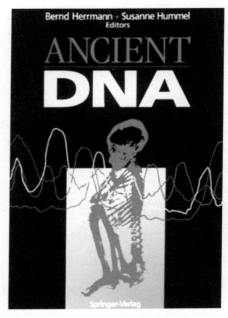

**도면 1.4** *Ancient DNA* 책 표지. (Herrmann and Hummel, Springer Publications)

려는 많은 시도가 있었고, 상당수의 DNA가 발견되었다. 예를 들어, 사람 뼈에서 추출한 DNA는 개인의 성별이나 가계뿐만 아니라 집단 간의 유전적인 관계나 주민 이주에 대한 정보도 제공해 줄 수 있다. 많은 경우, 고대 DNA 내의 분자들은 장기간에 걸친 부식으로 인해 훼손되어 일부만 남아 있게 된다. 이러한 이유로 본래의 유전정보를 재구성하는 것이 쉽지는 않지만 불가능한 것은 아니다.

고대 DNA의 분석법은 검출을 원하는 특정 표적 유전물질을 복제하여 증폭하는 중합 효소 연쇄반응(polymerase chain reaction, PCR)이라고 하는 기법의 개발로 인해 크게 개선되었다. 이 방법은 특히 시료의 양이 매우 적은 경우가 대부분인 고고자료의 연구에 적합하다고 할 수 있다. 이론적으로 단 하나의 분자나, 매우 훼손이 심한 분자의 일부도 PCR 기법으로 분석이 가능하다.

고대 DNA 연구에 있어 시료의 오염은 매우 큰 문제이다. 극히 양이 적은 일부의 유전물질만이 시료에 남아 있기 때문에, 발굴이나 분석 과정에서 일어나는 연구자에 의한 오염은 고대의 유전물질을 가리거나 감출 수 있다. 연구자들은 시료를 옮기거

나 준비할 때 반드시 이 점을 숙지하고 있어야 한다.


### 1.2.3 전자기 스펙트럼

지금까지 앞선 절들에서 언급한 내용들은 고고자료가 어떠한 물질들로 이루어져 있는지 그 정체를 밝히는 것에 초점을 맞추었다. 고고학 실험실에서 분석 기기들이 어떻게 사용되는지 알기 위해서는, 에너지(energy)가 무엇이고 이 에너지가 물질을 측정하는 데에 어떻게 활용되는지에 대한 이해가 필요하다. 대부분의 실험 기기들은 서로 다른 종류의 에너지를 빛이나 다른 복사의 형태로 사용한다. 이들 에너지를 가장 잘 설명해 줄 수 있는 용어가 전자기 스펙트럼이다.

전자기 스펙트럼(일반적으로 스펙트럼이라고 부른다)은 모든 범위의 전자기 복사선을 포함하는 개념이다. 〈표 1.2〉는 서로 다른 여러 종류의 복사선들의 주파수, 파장, 그리고 이들 복사선들이 만들어질 때 일어나는 전이작용을 나타낸 것이다. 〈도면

**표 1.2** 서로 다른 복사선의 종류, 주파수, 파장, 전이작용

| 복사선의 종류 | 주파수 범위(Hz) | 파장 | 전이작용 |
|---|---|---|---|
| 감마선 | $10^{20} - 10^{24}$ | $< 10^{-12} \, m$ | 원자핵 |
| X-선 | $10^{17} - 10^{20}$ | $1 \, nm - 1 \, pm$ | 내곽전자 |
| 자외선 | $10^{15} - 10^{17}$ | $400 \, nm - 1 \, nm$ | 외곽전자 |
| 가시광선 | $4 - 7.5 \times 10^{14}$ | $750 \, nm - 400 \, nm$ | 외곽전자 |
| 근적외선 | $10^{12} - 4 \times 10^{14}$ | $2.5 \, \mu m - 750 \, nm$ | 외곽전자에 의한 분자진동 |
| 적외선 | $10^{11} - 10^{12}$ | $25 \, \mu m - 2.5 \, \mu m$ | 분자진동 |
| 극초단파 | $10^{8} - 10^{12}$ | $1 \, mm - 25 \, \mu m$ | 몰광회전(mole光回轉) 전자 스핀 반전 |
| 전파 | $10^{0} - 10^{8}$ | $> 1 \, mm$ | 원자핵 스핀 반전 |

1.5)는 이러한 스펙트럼을 도식화한 것이다. 이들 복사선들의 유형은 파장, 주파수, 그리고 에너지에 의해 결정된다. 전자기 스펙트럼에서 가시광선 영역은 낮은 에너지, 긴 파장 상태에서는 붉은색을 띠고 점차 오렌지색, 노란색, 녹색, 푸른색을 보이다가 가장 높은 에너지, 짧은 파장 상태가 되면 보라색을 띠게 된다. 전자기 스펙트럼에서 눈에 보이지 않은 영역은 두 방향으로 전개가 되는데, 그 가운데 하나가 붉은색에서 적외선으로 갈수록 파장이 짧은 극초단파에서 파장이 수 미터에서 수백 미터에 이르는 중파나 장파와 같은 전파들로 변화하는 것이고, 또 다른 하나는 보라색에서 자외선으로 갈수록 X-선에서 점차 파장이 짧은 감마선 등으로 변화하는 것이다. 온도(에너지와 동등하게 간주된다) 역시 〈도면 1.5〉에 나타나 있는데, 온도가 상승할수록 점차 파장이 짧고 에너지 함량이 높은 것을 볼 수 있다.

스펙트럼 범위 내 복사선의 파장은 수천 킬로미터에서 단일원자의 일부분 정도의 길이까지 다양하다. 이론상으로는, 스펙트럼은 무한하게 지속적으로 나아간다. 〈도면 1.5〉에 우리가 익히 알고 있는 물체들로 이들 파장들의 상대적인 규모를 나타내었다. 막대자로 원자나 분자의 길이를 측정할 수 없듯이, 중파나 장파 같은 전파들은 파장이 너무 길어 원자들과 상호작용을 할 수 없기 때문에 고고자료의 조성에 대

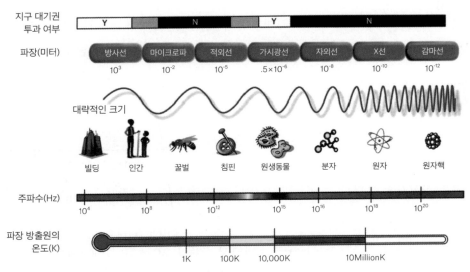

**도면 1.5** 전자기 스펙트럼: 복사선의 종류, 파장의 스케일, 주파수, 온도

한 연구에 활용될 수 없다. 극초단파와 적외선은 앞선 전파들보다는 파장이 짧지만 원자연구를 하기에는 여전히 파장이 길다고 볼 수 있다. 이 두 복사선은 원자보다 큰 생체분자를 연구하는 데에 적합하다. 스펙트럼의 나머지 부분인 가시광선과 자외선, X-선, 감마선은 원소와 동위원소 구성과 같은 원자 스케일의 연구를 수행하기에 적합한 파장을 지니고 있다. 4장에서 상세히 설명될 주요 분석 장비들은 지금까지 언급했던 서로 다른 파장을 지닌 복사선들을 활용한다.

## 1.2.4 측정 단위

고고자료의 구성 성분들을 알아내고 극소량의 원소, 동위원소, 분자들을 측정하기 위해서는 이에 합당한 단위에 대해 알고 있어야 한다.

전 세계의 실험실들에서는 통일된 측정의 단위들을 사용하는데, 이를 국제단위계(International System of Units), 혹은 SI라고 한다. SI 시스템에는 일곱 가지의 기본 단위가 있고, 이 기본 단위들에서 다양한 단위들이 파생되는 것이다. 이러한 기본 단위에는 길이를 측정하는 미터(meters), 무게를 측정하는 킬로그램(kilograms) 등이 포함된다. 부피는 파생된 단위로서, 입방미터(cubic meters, 세제곱미터)를 쓴다. 이러한 단위들은 다양한 크기로 나타내어질 수 있는데, 〈표 1.3〉은 이들 중 대표적인 것들을 보여준다. 즉, 우리들은 미터, 센티미터, 밀리미터 등으로 거리를 측정하고, 킬로그램, 마이크로그램 등으로 무게를 측정하고, 입방미터, 입방센티미터 등으로 부피를 측정한다.

SI 단위는 길이, 무게, 부피 등을 측정하는 절대적인 단위이다. 그렇지만 절대량을 항상 의미 있는 방식으로 측정할 수 있는 것은 아니다. 그러한 경우, 원소나 동위원소, 분자, 혹은 화합물들의 양이나 농도를 나타내기 위해 상대적인 측정 단위가 쓰이기도 한다. 농도는 전체에서 분석되

**표 1.3** 고고화학에서 일반적으로 쓰이는 단위의 크기들

| |
|---|
| Mega (M) = 1,000,000 × = $10^6$ × |
| Kilo (k) = 1,000 × = $10^3$ × |
| Deci (d) = 0.1 × = $10^{-1}$ × |
| Centi (c) = 0.01 × = $10^{-2}$ × |
| Milli (m) = 0.001 × = $10^{-3}$ × |
| Micro (μ) = 0.000001 × = $10^{-6}$ × |
| Nano (n) = 0.000000001 × = $10^{-9}$ × |

는 물질이 차지하는 비율이나, 다른 원소나 동위원소, 분자에 대한 상대적인 양으로 표시한다. 이러한 측정 단위들에는 백분율(part per hundred, pph)이나 퍼센트(%), 천분율(part per thousand, ppt, ‰), 백만분율(part per million, ppm), 십억분율(part per billion, ppb) 등이 있다.

미량의 무기물의 농도를 측정하는 단위로는 주로 ppm을 쓰는데, 사실 이러한 양들은 이해하기 쉽지 않다. 이것이 무엇을 의미하는 것인지 알기 위해 3개의 침실이 있는 평범한 2층짜리 집을 생각해 보자. 아마도 집의 모든 바닥을 덮기 위해서는 백만 조각 정도의 대리석이 필요할 것이다. 1 part per million(ppm)이라 함은 이 집의 대리석 한 조각에 해당하는 양이다. 부피의 개념으로 다시 생각해 보자. 어떤 사람들은 마티니를 즐겨 마시는데, 마티니는 보통 대부분이 진(gin)이고 약간의 베르무트(vermouth)가 첨가된다. 베르무트의 양이 적을수록 마티니의 맛은 더 드라이해진다. 가장 흔한 마티니는 2½온스(oz)의 진과 ½온스의 베르무트로 만들어진다(대략 17%, 혹은 1.7‰). 미터 단위로 나타내면 7.5cl(centilitre, 센티리터)의 진과 1.5cl의 베르무트가 된다. 올리브나 양파, 레몬껍데기 등을 넣고 마시면 좋다. 마티니를 더 드라이하게 만들기 위해서는 베르무트를 조금 넣으면 되는데, 단 5ppm만 첨가할 수도 있다. 만약 ½온스의 베르무트가 5ppm에 해당하는 양이라면 거의 800갤런(gallon, 1갤런은 약 128온스)에 해당하는 진이 있어야 우리가 원하는 비율로 마티니를 만들 수 있다. 800갤런은 12명이 들어가는 목욕탕을 가득 채울 수 있는 양이다. 이제 마시는 일만 남았다.


## 1.2.5 정확도, 정밀도와 감도

정확도와 정밀도, 그리고 감도는 원소 분석(elemental analysis)에서 분석에 사용할 기기를 선택하는 데에 중요한 근거/기준이 된다. 이 용어들은 측정된 결과들이 무엇을 의미하는 것인지를 이해하기 위해서도 알아두어야 할 중요한 개념들이다. 정확도(Accuracy)는 분석 기기가 얼마나 올바른 답을 제시할 수 있는가를 의미하는 것

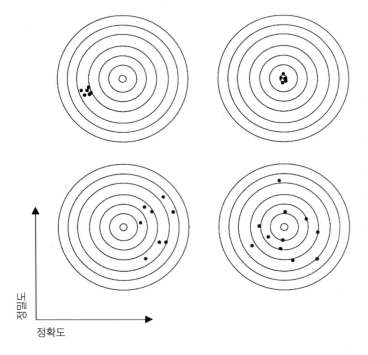

**도면 1.6** 정확도(가로축)와 정밀도(세로축)의 증가에 따른 측정값의 변화를 보여주는 그래프. 정확도와 정밀도가 모두 낮을 경우, 각각의 측정값들은 모여 있지도 않고, 옳은 값(중앙부분)을 측정하지도 못한다. 정밀도가 증가할수록 측정값들은 한군데에 모여 있고, 정확도가 증가할수록 중앙으로 이동한다. 둘 다 높은 경우, 중앙의 옳은 값에 한데 모이게 된다.

정밀도

정확도

이다. 정밀도(Precision)는 정확도와는 별개로 기기가 얼마나 반복해서 같은 측정값을 산출할 수 있는가를 나타내는 것이다. 예를 들어, 68, 70, 그리고 72라는 값을 보여준 분석 장비는 80, 90, 그리고 100이라는 측정값을 낸 장비보다 실제의 값이 어떤 것인가에 관계없이 정밀도가 높다고 할 수 있다. 만약 앞의 예에서 시료의 실제 값이 100이라면 두 번째 분석 기기가 정밀도는 더 낮지만 첫 번째 장비보다 정확도가 더 높은 것이다. 같은 시료를 측정 시, 98, 100, 102라는 값을 산출해 낸 장비는 정확도와 정밀도가 모두 높다고 볼 수 있다. 정확도와 정밀도에 대한 개념은 〈도면 1.6〉에 나타나 있다.

감도(sensitivity)는 얼마나 작은 양을 신뢰도 있게 측정할 수 있느냐를 의미한다. 마이크로그램(0.000001g) 단위까지 측정 가능한 기기는 밀리그램(0.001g) 단위까지 측정할 수 있는 장비보다 더 감도가 높다고 볼 수 있는 것이다. 그렇기 때문에 정밀도는 감도를 제한하는 요소가 될 수 있다. 만약 측정치의 정밀도의 오차가 ± 0.0005g이라면, 해당 장비는 마이크로그램(0.000001g) 단위까지 측정하기에는 적합하지 않지만, 밀리그램(0.001g) 정도의 양은 능히 어림할 수 있을 것이다.

역설적으로 들릴 수도 있지만 일반적으로 위의 세 종류의 기준들 중에서 정밀도가 가장 중요하게 여겨지는데, 그 이유는 앞서 언급했듯 감도가 정밀도에 의해 크게 좌우되기 때문이다. 이에 더하여, 만약 기기의 정밀도가 높다면, 이미 그 구성 원소의 비율이나 양에 대해 알고 있는 표준시료를 이용하여 기기의 오차를 조정할 수 있을 것이다. 하지만 기기의 정밀도가 떨어지는 경우 표준시료를 이용한 오차의 수정 및 조정도 쉽지 않을 것이다. 만약 비슷한 분석방법으로 조사된 두 데이터를 비교할 때와 같이 시료의 실질적인 양을 알아야 하는 경우라면 정확도와 정밀도가 모두 중요할 것이다. 한 시료가 다른 시료와 얼마나 다른지만을 확인하는 경우라면, 정확도보다는 정밀도가 더 중요한 기준이 될 수 있다.

## 1.2.6 시료, 부분시료, 표본

다음 절인 고고화학의 역사로 넘어가기 전에 몇 가지 다른 용어들을 살펴볼 필요가 있다. 시료추출(sampling)은 분석을 위한 자료를 선택하는 작업을 말한다. 어떠한 물질을 시료로 삼고 어떠한 방법으로 시료를 추출할지를 결정하는 것은 매우 중요하며, 연구의 결과를 가늠하는 데에 도움을 줄 수 있다. 일반적으로 연구를 진행할 때 모든 유물들을 전부 분석하기는 어려우며, 오직 일부만이 조사될 수 있다. 전체 집단에 대해 어느 정도의 부분이 시료로 추출되었는지는 추출률(sampling fraction)로 표현한다. 예를 들어, 분석을 위해 전체 고분군의 약 10%를 시료로 선택할 수 있을 것이다. 하지만 대부분의 고고학적 시료를 다룰 때 추출률이 어느 정도인지, 혹은 어느 정도로 설정해야 하는지를 정확히 가늠할 수 있는 경우는 많지 않다. 고고화학자들은 주어진 것에서 시료추출을 시도할 수밖에 없기 때문이다. 예를 들어, 유적을 발굴하면 수천 점에 달하는 토기편들을 확보하게 된다. 이 경우, 만족스러운 분석을 위해 이 가운데 어떠한 시료를 어느 정도 추출해야 하는지를 확실하게 알기란 거의 불가능에 가깝다.

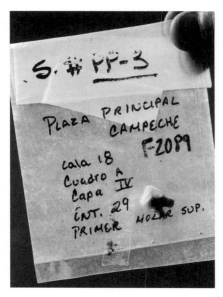

**도면 1.7** 멕시코의 캄페체(Campeche)에서 수습된 첫 번째 어금니를 시료용 봉투에 담아 해당하는 정보를 기입하여 보관해 놓은 모습

분석되는 물질을 칭하는 가장 흔한 표현은 시료(sample)이다. 시료란 분석을 위해 선택된 전체 물질의 일부를 가리키는데, 그것이 반드시 정해진 양을 뜻하는 것은 아니다. 치아의 에나멜 부분에 관한 연구에서는 인간의 아래턱뼈에 있는 첫 번째 어금니를 사용하게 되는데, 일견으로는 어금니 자체가 하나의 시료가 될 수 있다(도면 1.7). 연구를 진행하면서 어금니에서 에나멜의 일부분을 떼어내게 되는데, 약 0.1g 정도 되는 작은 조각이다. 이후 세척 과정을 거쳐 최종적으로 분석에 필요한 5mg의 부분을 확보하게 된다. 이 5mg 역시 치아 에나멜의 시료가 되는 것이다.

부분시료(aliquot)는 좀 더 구체적인 용어인데, 고고화학에서 흔히 사용하는 용어는 아니다. 부분시료는 전체에서 떼어낸 동일한 양의 측정 가능한 일부를 말한다. 예를 들어, 염산(HCl, hydrochloric acid)의 부분시료 5ml는 몇 번이고 반복적으로 동일한 양을 측정해 낼 수 있다. 표본(specimen)은 주로 생물체를 다룰 때 사용하는 용어이다. 개구리는 양서류를 연구하는 데에 사용되는 표본이라고 할 수 있다. 표본 역시, 고고화학에서 흔히 사용하는 용어는 아니다.

## 1.2.7 데이터, 실험기록, 그리고 기록 보관

데이터(Data) 역시 다양한 의미로 널리 사용되는 용어이다. 대부분의 사람에게 데이터는 숫자들을 의미하지만, 사실 데이터는 문자와 이미지를 포함하는 다양한 정보를 포함한다. 데이터는 서로 다른 여러 종류의 정보를 의미한다는 것을 강조하기 위해 복수(plural)로 사용한다. 예를 들어, "이 데이터는 중요하다(these data are important)"라고 말한다.

실험기록은 연구의 진행 상황을 확인하고 필요 시 특정 과정을 반복하기 위해 반드시 잘 보관되어야 한다. 실험기록에는 시료, 선처리 방법, 분석 결과, 보관에 관한 일체의 모든 내용을 포함하고 있어야 한다. 이러한 정보들은 연구가 실제로 진행되었고, 어떻게 완료되었는지에 관한 문서기록이 될 수 있다. 이 모든 정보들이 데이터이며 이들을 보관하는 두 가지 저장매체가 있는데, 노트와 컴퓨터이다. 실험노트는 실험연구의 핵심적인 부분을 차지하며, 모든 정보들의 첫 번째 기록물이라고 할 수 있다. 실험노트는 실험 과정을 설명하고, 모든 실험 데이터를 기록하고, 계산이 어떻게 이루어졌는지를 보여주며, 실험 결과를 보여준다. 실험실 작업에 대한 기록은 연구자가 수행한 실험의 양과 질을 보여주는 중요한 문서인 것이다. 컴퓨터 데이터베이스는 실험 활동에 관한 디지털 기록보관소(digital archive)의 역할을 담당한다.

## 1.3 고고화학의 간추린 역사

고고화학을 더 잘 이해하기 위해서는 그 역사를 아는 것이 필수적이다. 그 시작으로, 화학과 고고학의 역사를 잠시 들여다보자. 화학은 상당히 오래전에 시작되었으며, 그 초반부의 역사는 추적하기가 용이하지 않다. 역사기록이 존재하기 이전에는 자연계에 존재하는 오직 몇 가지의 원소만이 알려져 있었다. 구리(Cu), 금(Au), 은(Ag), 납(Pb), 그리고 주석(Sn)은 자연계에서 존재하고 있는 그 고유의 상태로 이미 수천 년 전에 고대인들에 의해 활용되었다. 지금으로부터 약 5,000년 전 청동기시대의 시작 무렵, 이들의 원소들의 화학적 성질이 밝혀짐에 따라 서로 섞여서 합금의 형태로 만들어지기 시작했다. 구리와 주석(때때로 비소)은 청동을 만드는 데에 사용되었다. 하지만 17세기 중반 처음으로 인(P)이 과학적인 연구를 통해 발견되기 전까지 원소의 정체는 알려지지 못했다. 이후 1860년에 이르러서는 63개의 원소들이 알려졌다.

믿기 어려운 이야기지만, 19세기가 시작할 무렵까지 대부분의 사람들은 지구와 우리의 조상들이 오랜 역사를 지니고 있다는 것을 인지하지 못했다. 교회의 엄격한 규율은 지구가 기원전 4004년에 만들어졌다고 단언했다. 19세기 중반에 이르러 과학자들이 과거의 도구들과 멸종한 동물들의 뼈가 함께 묻혀 있는 것을 발견한 뒤에서야 성서 이전의 인간 활동에 대한 인식이 자리 잡게 되었다. 고고학은 19세기 말에 이르러 학문의 한 분야로 인식되었다. 전문적인 직업으로서의 고고학은 150년 정도의 역사를 지니고 있는 것이다.

이 두 분야의 조합인 고고화학 역시 상당한 역사를 가지고 있다. 이에 대한 논의는 몇몇 글에서 이루어진 바 있다(예를 들어, Pollard et al. 2007; Tite 1991; Trigger 1988). 고고화학의 초기 연구들은 화학자들에 의해 수행되었으며, 현재의 관점에서 볼 때 매우 단순한 화학적인 원리를 고고학적 연구에 적용한 것이었다. 이들 연구는 연대나, 유물의 진위 여부, 유적의 발견에 관한 의문점들을 해결하기 위해 하나, 혹은 몇 가지의 원소들에 집중하였다.

19세기 중엽, 오스트리아의 한 화학자가 물질의 화학조성(chemical composition)을 이용하여 해당 물질의 기원지를 파악하는 것에 대해 언급하였다. 1860년대 프랑스의 지질학자는 돌도끼의 석재에 대한 원산지 추적이 돌을 구성하는 물질의 조성(composition)을 통해 가능할 것이라고 주장하였다. 폴란드의 약사인 오토 헬름(Otto Helm)은 1890년대에 발굴된 미케네의 고대 그리스 유적에서 출토된 호박 구슬(amber bead)의 구성요소들을 연구하여 호박의 원산지를 추적하였다. 선사시대 토기에 대한 최초의 화학적인 연구 결과는 1895년 *Journal of American Chemical Society*를 통해 출간되었다.

20세기 전반에는 세계대전으로 인해 실시된 군 관련 연구들에 의해 탄생한 기술들을 활용한 몇 가지 새로운 기법들이 도입되었다. 광학적 발광 분광법(optical emission spectroscopy, OES)과 같은 기기의 도입은 유럽 청동기의 기원과 관련된 몇몇 주요 연구들을 가능케 하였다. 새로운 기기를 통해 많은 시료들을 측정할 수 있게 되어, 이 시기 유럽에서 출토된 수천 점의 청동기들이 분석되었다(예를 들어, Caley

**도면 1.10** 고고화학 실험실에서 Kelly Knudson이 시료를 준비하고 있다.

이 이루어지는 공간이다.

고고화학 실험실은 위스콘신 대학교 인류학과의 방 몇 개를 사용하고 있다. 두 개의 큰 방이 주 연구실이라고 볼 수 있는데, 하나는 시료를 준비하는 일명 wet lab이고, 다른 하나는 기기들이 있는 분석실이다. 시료 준비실에는 퓸 후드, 가열로, 고순도 물 증류기, 정밀저울, 드릴을 포함한 연마기, 유리 용기와 화학약품들이 준비되어 있다. 이곳의 초음파 수조에서 시료들은 세척되고, 오븐에서 건조되며, 가열로에서 가열되며, 갖가지 산들로 용해되어 분석되기 위한 준비를 마친다(도면 1.10).

이곳 실험실의 주요 기기는 두 대의 유도결합플라즈마 분석기(inductively coupled plasma spectrometers)이다. 오래된 모델은 원자 방출 스펙트럼 분석기(atomic emission spectrometer; ICP-OES)인데, 70가지의 서로 다른 원소들을 ppm[2] 단위까지 정량분석할 수 있다. 1988년 처음으로 운용을 시작한 이래로, 3만여 개가 넘는 고고학적 시료들을 분석하였다. 새로운 모델은 유도결합플라즈마 질량분석기(inductively coupled plasma-mass spectrometer; ICO-MS)로, 액화된 시료들의 (동위)원소 분석

.........

2    역자 주. ppm(part per million)은 '백만분율'이란 뜻이다. 예를 들어 어떤 물 1kg 중에 다른 물질 A가 1mg 함유되어 있는 경우, 그 물은 1ppm의 A를 함유한다고 말할 수 있는 것이다.

을 십억분율(parts-per-billion; ppb) 단위까지 수행할 수 있다. 선처리된 토기, 뼈, 토양과 같은 시료들은 용매에 녹여 플라즈마 실(chamber)에 분사되고, 섭씨 8,000도까지 가열되면 전하를 띤 원자 단위까지 분해된다. 이 과정은 빛과 전하의 형태로 에너지를 생성하게 되는데, 이 에너지를 통해 고고자료들을 구성하는 서로 다른 원소들의 양을 ppm/ppb 단위까지 측정할 수 있는 것이다.

실험실에는 두 명의 정규직 스태프가 있으며, 몇몇의 대학원, 학부학생들이 보조원으로 고용되어 있다. 연구실의 주책임자는 인류학과의 고고학 교수인 더글라스 프라이스이며, 부책임자는 화학박사인 제임스 버턴이다. 고고학과 화학의 조합은 과거에 대한 의문을 해결하는 데 큰 기여를 하였다. 학생들은 이곳에서 시료 준비부터 분석에 이르기까지 모든 과정을 직접 체험하며 학습하게 된다. 학생들은 자신의 연구를 위해 실험기기를 사용하는 동안 자유롭게 실험실을 출입할 수 있다.

실험실은 고고화학적 연구와 관련된 교육의 장이기도 하다. 스태프들은 주기적으로 고고화학과 관련된 강의나 실험코스 등을 개설한다. 세계 각지에서 온 학생들과 학자들은 수주, 혹은 수개월 동안 실험실에 머물면서 이론과 방법론 등을 배운다. 덴마크, 독일, 인도, 노르웨이, 파키스탄, 중국, 스페인, 스위스 등지에서 온 방문학자들은 실험실에서 고고화학의 원리와 연구 과정에 대한 지식을 쌓았다.

과거 인간 활동에 대한 고고학적 질문에 답하기 위해 실험실에서는 다양한 물질들의 구성요소와 원산지에 대한 연구를 진행한다. 이를 위해 뼈, 돌, 토기, 그리고 토양 등에 대한 미량(동위)원소의 분석을 진행해 왔으며, 최근에는 잔존유기물, 석기, 염료 등으로 그 외연을 확장하고 있다. 연구주제는 과거 인간의 식생활, 이주, 물질들의 원산지, 교역과 같은 것에서부터 유적 내부의 구체적인 인간 활동 장소를 알아내는 것까지 다양하다.

현재 고고화학 실험실에서는 5대륙에 걸친 고고유적들에 대한 연구가 진행되고 있다. 아일랜드에서 출토된 뼈들, 남아시아로부터 온 광석과 보석들, 애리조나에서 발굴된 토기, 알래스카에서 수집된 토양, 독일에서 온 사슴 이빨 등을 연구하고 있으며, 호주, 체코, 덴마크, 에콰도르, 그린란드, 헝가리, 아이슬란드, 인도, 멕시코, 파키

스탄, 페루, 루마니아, 스코틀랜드, 세네갈, 세르비아, 스페인, 스웨덴, 터키 등지에서 발굴된 고고자료들도 분석 중에 있다.


## 1.5 요약

이 장에서는 고고화학이 무엇인지 소개하고 주요 개념과 용어에 대해서도 알아보았다. 고고화학은 고고학의 하위학문으로서 고고자료들의 무기, 혹은 유기적인 구성요소들, 예를 들어 원소, 동위원소, 분자, 유기화합물들에 대해 연구하는 분야이다. 고고화학은 미지의 물질의 정체를 밝히고, 유물의 진위 여부를 가리고, 도구들을 만든 재료의 원산지를 추적하고, 과거의 환경과 과거인의 식생활에 대한 정보를 제공한다. 고고화학 연구를 수행함에 있어 이 분야에서 사용하는 용어들을 파악하는 것은 가장 중요하다. 이번 장의 대부분은 여러 물질, 에너지, 유기물, 측정단위, 시료, 실험 과정에 대한 중요한 개념들을 정의하는 것에 할애하였다.

고고화학 분야에 대한 감각의 증진을 위해 이 분야의 간단한 역사에 대해서도 살펴보았다. 고고화학은 고고학과 거의 동시에 시작되었으며 화학적 분석이 가능한 장비들과 분석 절차 등이 화학의 영역 밖에 있는 학자들에게도 점차 알려짐에 따라 지난 50년간 드라마틱한 발전을 이루었다. 초기에 행해졌던 특정 원소에 집중한 간단한 분석들이, 다수의 원소를 파악할 수 있는 분석들로 대체되었다. 질량분석기가 널리 보급됨에 따라 동위원소에 대한 연구는 크게 성장하였다. 유기화학과 고고자료에 잔존하는 미량 유기물에 대한 연구는 최근 20년 사이에 급속도로 발전하였다.

고고화학이 어떻게 연구되는지에 대한 효과적인 안내를 위해, 이러한 연구들을 수행하는 실험실과 장비들에 대해서도 언급하였다. 과거의 흔적들을 연구하고 있는 실험실들은 전 세계에 존재한다. 마지막으로, 실험실이 어떻게 개설되고 운영되는지를 독자들에게 알려주기 위해 현재 저자들이 몸담고 있는 고고화학 실험실에 대한 간략한 설명을 첨부하였다.

읽을거리 ·······················································································································

Brothwell, D.R., and A.M. Pollard (eds.). 2001. *Handbook of Archaeological Science*. London: Wiley/Blackwell.

Caley, C.R. 1951. Early history and literature of archaeological chemistry. *Journal of Chemical Education* 44: 120-123.

Glascock, M.D., R.J. Speakman, and R.S. Popelka-Filcoff (eds.). 2007. *Archaeological Chemistry: Analytical Techniques and Archaeological Interpretation*. Washington, DC: American Chemical Society.

Hardy, B.L., and R.A. Raff. 1997. Recovery of mammalian DNA from middle Paleolithic stone-tools. *Journal of Archaeological Science* 24: 601-611.

Heron, C., and R.P. Evershed. 1993. The analysis of organic residues and the study of pottery use. *Archaeological Method and Theory* 5: 247-284.

Jakes, K.A. (ed.). 2002. *Archaeological Chemistry: Materials, Methods, and Meaning*. Washington, DC: American Chemical Society.

Kanare, H.M. 1985. *Writing the Laboratory Notebook*. Washington, DC: American Chemical Society.

Lambert, J. 1997. *Traces of the Past: Unraveling the Secrets of Archaeology Through Chemistry*. New York: Addison Wesley Longman.

Mills, J.S., and R. White. 1999. *The Organic Chemistry of Museum Objects*. Butterworth- Heinemann: Oxford.

Orna, M.V. 1996. *Archaeological Chemistry: Organic, Inorganic, and Biochemical* Analysis. Washington, DC: American Chemical Society.

Pollard, M., and C. Heron. 2008. *Archaeological Chemistry*. Cambridge: Royal Society of Chemistry.

Pollard, M., C. Batt, B. Stern, and S.M.M. Young. 2006. *Analytical Chemistry in Archaeology*. Cambridge: Cambridge University Press.

Seeman, M.F., N.E. Nilsson, G.L. Summers, L.L. Morris, P.J. Barans, E. Dowd, and M.E. Newman. 2008. Evaluating protein residues on Gainey phase Paleoindian stone tools. *Journal of Archaeological Science* 35: 2742-2750.

Tite, M.S. 1991. Archaeological sciences - past achievements and future prospects. *Archaeometry* 31: 139-151.

제2장

# 고고학자들의 과거에 대한 의문

**2.1 고고학적 문화**
**2.2 시간과 공간**
**2.3 환경**
**2.4 기술**
**2.5 경제**
  2.5.1 음식
  2.5.2 거주지
  2.5.3 원자재와 생산
  2.5.4 교환

**2.6 조직**
  2.6.1 사회조직
  2.6.2 정치조직
  2.6.3 취락유형
**2.7 이데올로기**
**2.8 요약**
읽을거리

이번 장에서는 현대 고고학과 고고화학에서 가장 중요하게 다루어지고 있는 연구주제들에 대해 알아볼 것이다. 우리가 알고자 하는 것이 무엇인지 정확히 파악하면 우리가 그 해답을 찾기 위해 어디를, 어떻게 연구해야 하는지를 결정할 수 있다. 고고학자들은 과거 사람들이 어떤 생김새를 가졌는지, 어떠한 방식으로 살았는지, 어떤 것을 먹었는지, 주변 환경은 어떠했는지, 무엇을 하였는지, 다른 사람들과의 관계는 어떠하였는지, 종교적 믿음은 어떻게 지니게 되었고 이러한 의식은 어떻게 치렀는지 등에 대해 알고 싶어 한다. 이것들은 실제로 과거에 대한 누가, 언제, 어디서, 무엇을, 왜에 해당하는 질문들이다.

인류의 탄생이나, 농경의 기원, 불평등의 발생, 복합사회의 등장들과 관련된 고고학적 주제들은 몇 개 정도이다. 그리고 이에 더하여 큰 질문(주제)들과 작은 질문들이 있다. 큰 질문들은 어떻게 사회가 작동되는지, 사람들이 어떤 종교들을 가지고 있었는지, 사회의 변화는 어떻게 일어나는지, 당시의 환경은 어떠하였는지와 같은 것들이다. 좀 더 작은 질문들은 대부분 물건들의 기능이나 용도, 발견 장소, 연대 등이다. 대부분의 연구들은 큰 주제들을 고찰하기에 앞서 많은 작은 질문들에 대한 답을 찾아야 한다. 이번 장의 주요 내용은 고고학적 연구를 추진시키는 큰 질문들에 관한 것이다.

우리가 기억해야 할 중요한 사항은 고고학자들이 아주 작고 부서진 파편들에 의지하여 과거인이나 사회에 대해 연구한다는 것이다. 고고학자들은 현재 남아 있는 자료를 가지고 과거에 대해 이해하려고 한다. 우리들은 과거부터 현재까지 살아남은 물체나 정보들을 통칭하여 고고학적 기록(archaeological record)이라고 부른다. 고고학은 현재 남겨진 정적인 고고학적 기록과 과거의 활발했던 인간사회 간의 연결을 시도한다. 조그마한 조각이나, 쓰레기, 폐허나 무덤 등을 가지고 어떻게 과거 사람들의 삶을 이해할 수 있을까? 이는 고고학의 본질적인 문제이다. 이를 해결하기 위해, 고고학자들은 우리 선조들과 그들의 사회를 체계적인 방법으로 연구한다. 이러한 절차체계는 고고학적 문화, 시간, 그리고 공간을 포함한다.


## 2.1 고고학적 문화

문화는 두 가지 중요하지만 매우 다른 의미를 지닌 다소 명확치 않은 용어이다. 한편으로, 모든 인간은 문화—다른 행동을 학습하고, 지능과 선택을 활용하여 변화에 적응하는 능력—를 가지고 있다. 문화(culture)는 다른 동물들과 우리를 구분해 주며, 언어, 학습, 도구 사용을 수반한다. 문화는, 즉 인간이 된다는 것이다. 문화에 대한 두 번째 정의는 고고학적 문화(archaeological culture) 개념과 관련되어 있다. 고고학적 문화란 고고학자가 연구하는 과거의 어떠한 단위(unit)이다. 과거의 사회나, 특정한 방식으로 연관지어진 인간집단 등을 고고학적 문화라고 부를 수 있는 것이다. 현대사회에서는 국적이나, 민족, 언어, 종교 등으로 이러한 집단을 구분 지을 수 있다. 미국인, 독일인, 쿠르드족, 침례교도, 기독교도, 무슬림, 중국인 등이 그것이다. 과거의 고고학적 문화는 석재도구나 금속도구, 토기, 특정한 건축 양식 등을 기반으로(혹은 이러한 것들을 복합적으로 고려하여) 구분하게 된다.

예를 들어, 고고학자들은 기원전 제3천년기(the third millennium BC) 동안 중부/서부 유럽에서 발견되는 벨 비커(Bell Beaker) 문화[1]에 대해 이야기한다. 이들은 벨 비커라고 불리는 매우 특정한 모양을 가진 토기를 사용하는 인간집단인데, 유럽 지역에 최초로 청동과 금을 보급하였고, 특정한 매장양식을 가지고 있었다. 이러한 특정한 형태의 토기와 매장양식을 바탕으로 고고학자들은 벨 비커 문화와 동시기 유럽의 다른 인간집단들을 구분해낼 수 있는 것이다. 신대륙의 예를 들자면 위스콘신주에서 기원전 2500년경의 아르카익 시대(Archaic period)에 존재했던 올드 카퍼(Old Copper) 문화가 있다. 올드 카퍼 사람들은 북미 대륙에서 농경이 시작되기 이전, 자연 상태의 동(copper)을 정교하게 가공하여 칼, 창끝, 송곳 등을 제작했던 집단이다. 이들 고고학적 문화를 부족이나, 민족, 국가집단과 동일선상에 놓을 필요는 없다. 오히려 기술, 원자재, 혹은 믿음체계와 같은 것의 공유를 반영한다고 볼 수 있다. 고고학적 문화는 공간, 시간, 그리고 물질문화를 공유한다.

그러므로, 고고학자들은 과거의 고고학적 문화를 인지하고 이를 특정한 사회로 보려 한다. 조각들과 같은 고고학적 기록의 특성과 시공간상의 불분명한 경계로 인해 대부분의 경우 과거의 특정사회는 정확히 확인할 수 없다. 그렇기 때문에, 고고학적 문화는 많은 경우 그 대용물/대체재를 제공한다.


## 2.2 시간과 공간

지금 이 시점에서 우리는 고고학적 문화의 존재에 관해 인지하고 있다. 이제 이 문화들을 시공간상에 배치할 필요가 있다. 고고학의 이 측면을 우리는 문화역사(cultural history)라고 부르는데, 바로 과거에 존재했던 문화집단들의 시간상의 상대적 위치와 공간적 분포를 결정하는 것이다.

.........
1    역자 주. 비커 모양의 토기를 표지유물로 하는 유럽의 초기 청동기 문화.

우디 앨런(Woody Allen)은 시간이란 모든 일들이 한꺼번에 일어난 것이 아니라는 것을 자연이 확인시켜주는 방법이라고 했다. 시간은 고고학자의 시각에서 볼 때 매우 특별한 것이다. 우리가 연구하는 물질들이 얼마나 오래되었는지를 아는 것은 매우 중요한데, 바로 해당 물질들이 동시기에 사용되었는지, 혹은 시간에 따라 선후관계를 두고 사용되었는지를 알려주기 때문이다. 고고학자들은 시간의 흐름을 파악하고, 이를 측정하는 방법을 연구하는 것에 많은 노력을 기울였다. 그 결과, 이제 우리는 여러 가지 방법으로 고고자료가 얼마나 오래되었는지를 알아낼 수 있다. 상대적인 편년(relative chronology)은 과거 물질들의 대략적인 나이를 제공해 준다. 보다 쓸모 있는 방법은 고고자료가 실제 달력상으로 지금으로부터 얼마나 오래되었는지를 측정하는 절대편년(absolute chronology)법이다.

절대편년은 복잡한 기기들과 화학공식을 수반하는 실험과학을 통해 산출된다. 이른바 "달력나이"를 측정하는 가장 흔한 방법은 자연계에 매년 반복되는 이벤트나 (예를들어, 나이테, 빙하나 토양에 해마다 축적되는 층), 방사성 붕괴를 활용하는 것이다. 나이테연대측정법(Dendrochronology)은 나이테를 사용하여 고고유적에서 발견된 나무의 나이를 측정하는 방법이다. 방사성탄소연대측정법(Radiocarbon dating)은 탄소의 방사성 붕괴를 활용하여 유기물질이 사망한 시각을 측정하는 방법이다.

공간은 고고학적 물질들의 지리적 위치와 분포를 나타내는 개념이다. 이들 물질은 어디에서 발견되는가? 얼마나 넓게 분포되어 있는가? 얼마나 오랜 기간 동안 존재하였는가? 고고자료의 지리적 위치를 지도에 표시하는 것은 매우 일상적 작업인데, GIS(지리정보시스템)의 등장으로 인해 훨씬 더 정교해졌다. GIS는 고고자료와 유적이 위치하는 곳과 주변 경관의 특징들을 컴퓨터상의 지도에 표시할 수 있게 해준다. 시간과 공간 정보는 고고자료와 고고학적 문화의 위치를 특정 지을 수 있는 두 가지 필수적인 좌표들을 제공해준다. 시간과 공간 정보를 통해 우리는 비로소 물질들의 연대와 장소를 안다고 말할 수 있다. 이제, 우리는 과거 문화에 대한 보다 흥미로운 의문점을 해결할 준비가 된 것이다.

특정한 고고학적 문화의 시간적, 공간적 한도가 정해진 이후 우리는 이 문화의 어떤 측면이 알고 싶을까? 이 시점부터 사회를 구조적으로 바라보는 시각이 연구에 추가된다. 사실 인간사회는 다양하지만, 이를 구성하는 특정한 공통구성요소들이 존재하기 때문에, 이를 통해 사회가 어떻게 작동하는지 보다 잘 이해할 수 있다. 이러한 구조는 공학, 경제학, 사회학, 정치학, 종교학과 같은 현대사회와 관련된 학문들로 이루어져 있는 대학 조직에서도 관찰된다.

고고학자들은 사회와 고고학적 문화들은 상호작용하는 여러 가지 요소들로 구성되어 있다고 생각한다. 이 요소들은 기술, 경제, 사회조직, 이념 등을 포함한다. 이들 사회는 다양한 구성요소들에게 큰 영향을 끼칠 수 있는 자연적/사회적 환경에 노출되어 있다. 기후변화, 자연재해, 그리고 침략 등에 직면하면, 사회는 변화된 조건에 적응하고 맞추어 나가야 한다. 인구 변동—인구수, 인구밀도, 출산, 사망—은 사회의 중요한 특징 중의 하나이다.

바로 이러한 관점에서, 과거의 고고학적 문화에 대한 질문들은 기술, 경제, 사회조직, 이념, 그리고 인구에 초점이 맞추어져 있다. 이들은 과거에 대한 큰 연구주제들이다. 이들에 대한 어느 정도 수준의 이해를 통해, 비로소 과거 사회를 이해하기 시작할 수 있는 것이다. 이들 중 어떤 것들은 다른 요소들보다 고고학적 기록에서 보다 쉽게 확인할 수 있다. 사회조직이나 이념에 관한 정보보다는 기술과 경제에 관한 정보들이 물질문화를 통해 보다 쉽게 파악되는 것이 일반적이다. 다음 절부터는, 사회를 구성하는 각각의 요소들에 대해 알아보고, 이 요소들의 고고화학과 관련된 측면도 살펴볼 것이다.


## 2.3 환경

사회가 자리하고 있는 환경에는 두 가지 측면이 존재한다. 물리적 환경(지형, 기후, 물, 식물분포, 토양, 암석, 광물)은 인간 사회에 필요한 자원과 조건을 제공한다. 문화적 환경은 인간에 의해서 만들어진 환경이나 물리적 환경 내의 다른 집단과의 관

**도면 2.1** 멕시코 산페드로 넥시초(San Pedro Nex-icho) 마을의 위성사진. 마을 북쪽의 능선에 고고유적이 자리하고 있는 것을 확인할 수 있다.

계를 가리킨다.

　사람들이 살아가는 물리적 환경은 그들의 삶에 다양한 방식으로 영향을 끼친다. 추운 지역에서는, 살아남기 위해 적절한 복장과 거주지가 필수적이다. 건조한 지역에서는 물의 확보를 항상 염두하고 있어야 한다. 물리적 환경은 주요 무기물과 물과 같은 자원들을 제공하기도 하고 부족하게 하기도 한다. 서로 다른 다양한 환경들은 다른 것들을 필요로 하며, 사회로부터의 다양한 대응을 요구한다. 그렇기 때문에 고고학자들은 고대사회들의 환경적인 맥락을 자세하게 연구한다.

　한 가지 기억해야 할 중요한 포인트는 환경은 시간이 지남에 따라 변화한다는 것이다. 고고학적 문화의 시간대에서 환경이 어떠하였는가를 파악하는 것은 필수적이다. 하나의 예로, 현재의 사하라 사막은 지구상에서 가장 건조한 지역이지만, 8,000여 년 전에는 강과 조밀한 초목들이 있어 수많은 목축/농경 마을들이 있었다. 첨단 스캐닝 기술을 활용한 인공위성 사진들은 이 강들의 위치와 이들을 따라 존재했던 몇몇 마을 유적들의 위치를 밝혀냈다(도면 2.1).

　문화적 환경은 인간 활동의 산물이다. 현재, 우리 주위의 대부분은 문화적 환경이라고 할 수 있다. 우리 주변의 경관 중 극히 일부분만이 인간 활동에 의해 변형되지 않았다. 예를 들어 현대의 도시들은 거의 완전하게 인공적으로 조성된 것들이다. 대부분의 도시가 아닌 지역들도 농경이나 삼림관리 등에 의해 변화하였다. 문화적 환경은 사회적인 측면도 포함한다. 다른 인간집단들 역시 우리 주위를 둘러싼 경관의 일부이며 사회의 선택과 행동에 영향을 미친다. 고고학은 인간 행동을 논함에 있어, 두 가지 종류의 환경 모두를 연구하며 이해하려고 노력한다.

## 2.4 기술

기술은 환경에 적응하기 위한 도구, 장비, 시설, 구조물 등을 만들거나 사용하기 위한 방법, 물질, 지식, 준비 과정 등을 포함한다. 돌, 도자기, 금속과 같이 내구성이 있는 물질들로 만들어진 도구나 구조물의 작은 파편들은 일반적으로 유적에서 가장 흔하게 발견되는 고고자료이다. 기술은 인간이 살아남고 성공하기 위한 수단이다. 인간은 날카로운 이빨이나 발톱이 없지만 기술은 석기의 날카로운 면을 제공해줄 수 있다. 인간은 추위를 견디기 위한 깃털이나 두꺼운 털이 없다. 하지만 기술은 불, 옷, 그리고 거주지를 제공해 줄 수 있다.

기술은 그 목적과 가용한 원자재에 따라 다양한 형태를 취한다. 예를 들어, 무엇인가를 절단할 수 있는 날카로운 면은 대나무, 조개껍데기, 돌, 뼈, 혹은 금속으로 만들 수 있다. 기술이 더욱 복잡해지고 정교해짐에 따라, 더 많은 과정, 도구, 준비, 그리고 지식 등을 필요로 한다. 예를 들어, 금속의 발견은 불, 채광, 운반 등에 대한 발달된 기술을 요한다.

기능―도구, 장비, 설비 등의 실질적이고 의도된 사용―은 기술의 또 다른 중요한 측면이다. 하지만 고대의 유물과 구조물들의 용도는 자세히 알기 어렵다. 이 돌칼은 무엇에 쓰던 것일까? 이 고대의 토기는 조리용, 혹은 저장용, 혹은 또 다른 용도로 쓰였을까? 이 방은 거주 목적으로 사용되었을까 아니면 종교적인 의식을 위한 공간이었을까? 그 어떤 발굴현장에서도 이와 비슷한 많은 의문점들은 생길 수밖에 없다. 이러한 질문들은 쉽게 대답할 수 있는 것들이 아니다. 그렇지만 고고화학은 꽤나 자주 이에 대한 실마리들을 제공해준다. 석기들에 대한 현미경 관찰이나, 토기의 잔존 유기물에 대한 분석, 주거지 바닥면에 대한 미량원소 분석 등은 선사시대 사람들이 만들어낸 것들을 어떻게 사용했는지 우리에게 알려줄 수 있다.

## 2.5 경제

경제는 인간이 살아남기 위해 필요한 것들을 획득, 생산 그리고 사용하는 방법과 관련된 것이다. 이러한 것들은 음식, 거주지, 원자재, 그리고 정보 등을 포함한다. 기술이 생존과 성장을 위한 장비, 설비, 구조물들을 만들기 위한 방법, 도구, 정보를 의미한다면, 경제는 필요한 모든 것들을 획득하고 생산하는 방법을 가리킨다.

### 2.5.1 음식

음식물은 인간집단이 살아남기 위해 가장 필요한 것이고 장기간의 생존과 번영을 위해서는 신뢰할 수 있는 충분한 자원이 필수적이다. 고고학에서 생계(subsistence)는 살아가기 위해 우리들이 먹는 음식물들을 뜻하는 용어이고 생계방식(subsistence pattern)은 음식물들을 입수하는 방법들을 의미한다. 선사시대에 인간이 음식을 획득했던 방법은 다양한데, 그중에서도 채집, 동물의 사체 먹기, 사냥, 농경 등이 대표적이다. 대체적으로, 우리의 가장 오래된 선조들은 우리와 가장 가까운 친척인 침팬지와 같은 채식주의자들이었다. 이들은 나뭇잎, 씨앗, 뿌리, 그리고 다른 야채들을 일상적인 주식으로 삼았다. 초기 인류의 식단에서 고기가 어느 정도 중요한 위치를 점했는지는 아직 분명하지 않다. 최근 침팬지들도 가끔은 조그마한 동물들을 사냥하고 먹기도 한다는 사실이 밝혀졌다. 이와 동시에, 큰 사냥감들의 뼈 역시 인류 역사의 초기에 해당하는 고고유적에서 발견된다. 고고학자들은 초기 선사시대에 고기를 얻었던 방법 — 살아 있는 동물의 사냥 vs. 죽은 동물의 사체 획득 — 을 두고 논쟁을 벌인다. 우리 선조들은 육식동물들이 사냥하고 남긴 찌꺼기를 먹었을까? 아니면 스스로가 훌륭한 사냥꾼이었을까? 이는 불확실하며 아마도 두 가지 모두 했을 공산이 크다.

수렵채집이라는 용어는 농경이 시작되기 이전 세계의 많은 지역에서 인간집단들에 의해 행해지던 생계방식을 가리키는 용어이다. 수렵채집은 육상 동식물뿐만 아니라 크고 작은 해양자원들의 활용도 포함한다. 수렵채집은 야생의 식량자원 활용을 의미하는 것이다. 다른 한편으로 작물의 재배와 사육을 수반하는 농경은 자연에 대한 활용보다는 지배에 가깝다. 농부들은 약 10,000년 전부터 자연을 통제하고, 땅을 길들이기 시작했다. 최초의 농부들은 제한된 범위 내에서 작물을 재배하고 가축을 길렀다. 농경지는 작았고 가축들의 수도 많지 않았다. 수렵채집은 여전히 이들이 먹는 음식물의 일부를 제공하는 수단이었다. 인간사회의 규모가 커지고 복잡해짐에 따라, 수확량을 늘리기 위해 농경은 더욱 집약화되었고 농경기술은 더 정교해졌다. 농작물의 생산성을 높이기 위해 관개시설, 계단식 경작, 융기 경작,[2] 거름주기 등과 같은 기술들이 발명되었다.

동물뼈나 식물유체들을 연구하는 고고학자들은 과거 인간의 식생활에 대한 본질적인 증거들을 제공해 줄 수 있으며, 이들 자료를 통해 수렵, 채집, 농경활동을 구분해낼 수 있다. 고고화학자들 역시 이러한 종류의 연구에 중요한 역할을 담당한다. 다양한 종류의 동위원소와 유기물 분석방법들이 과거의 생계방식이나 음식물들의 상대적인 선호도 등을 파악하는 데 활용될 수 있다. 이러한 연구들의 예가 제6장에서 논의될 것이다.

.........

2    역자 주. 홍수와 같은 자연재해를 피하기 위해 흙을 쌓아 경작지를 높게 만든 것.

## 2.5.2 거주지

추위와 비, 포식자들과 다른 인간들로부터의 보호를 위해 대부분의 환경에서 인간들은 특정한 형태를 가진 거주지를 필요로 한다. 거주지는 동굴에서부터, 쓰러진 나무 밑, 구덩이, 집, 성에 이르기까지 매우 다양한 형태를 띤다. 고고과학은 사람들이 거주했던 곳이나 그곳에서 일어났던 인간 활동들과 관련된 연구에 도움을 줄 수 있다. 특히 인간들이 만들었던 취락지(settlements)의 발견과 조사는 고고화학의 중요 연구 분야이다. 이러한 고대의 장소들에 대한 연구는 항공사진, 지오레이더, 자력계 등과 같은 다양한 기법들을 수반한다. 그중의 한 방법은 토양시료의 화학적 조성을 연구하는 것과 관련되어 있는데, 바로 인(phosphorus) 원소를 활용하는 것이다. 이 방법은 오랜 역사를 지니고 있는 만큼, 제6장에서 자세하게 소개될 것이다. 고고화학은 사람들이 직접적으로 거주했던 취락지 내의 공간 활용에 관한 정보 역시 제공해 줄 수 있다. 취락지 내의 주거지와 다른 장소들의 바닥 면에 대한 화학적 조성을 분석하면 그곳들에서 행해졌던 활동이나, 공간의 기능 등에 대해서도 알 수 있다.

## 2.5.3 원자재와 생산

모든 사회들은 음식, 거주지, 도구, 설비, 건축물, 사회기반시설 등을 만들고, 제작하며, 구축하기 위해 원자재를 필요로 한다. 대부분의 이 물질들은 주변 환경에서 찾을 수 있다. 음식, 돌, 점토, 그리고 목재는 많은 선사시대 문화들의 기본이 되며, 주변에 매우 흔하게 존재한다. 다른 한편으로, 많은 사회들에서 주변에 존재하지 않는 원자재들을 원하거나 필요로 하는 경우가 있다. 교역이나 점령을 통해서만 얻을 수 있는 이러한 소위 이국적인 것들은 상당한 가치를 지닌 것으로 인식되었으며, 고고학적으로 매우 눈에 띈다.

원자재의 활용 및 획득과 관련된 단적인 예는 고대의 근동지역에서 찾을 수 있다. 지구상에서 가장 오래된 문명은 약 5,000년 전 지금의 이라크가 있는 티그리스와 유프라테스강 사이 메소포타미아 지역에서 발생했다. 이 지역은 강들이 퇴적시킨 모래와 점토로 이루어진 큰 평야 지대이다. 돌이나 광물, 수목과 같은 유용한 자원들은 수백 킬로미터가량 떨어져 있다. 오로지 비옥한 농경지와 벽돌을 만들 수 있는 점토만이 존재할 뿐이다. 그럼에도 불구하고 이곳이 지구상의 첫 문명의 발상지이며, 이 문명이 크게 성장할 수 있었던 이유 가운데 하나가 주변에 있지 않은 자원들을 얻기 위해 발달시킨 대규모의 교역망 때문이었다.

### 2.5.4 교환

교환은 경제의 중요한 부분이다. 사회 내부나 사회 간의 상호작용을 연구하기 위한 한 방법은 교환품의 분포형태를 파악하는 것이다. 개인과 집단은 물질과 아이디어들을 교환한다. 돌도끼, 흑요석제 칼, 금속제 창끝이나 특정 종류의 음식물이 한 사람(집단)에게서 다른 사람(집단)으로 전해질 때, 고고학자들은 "교환(exchange)"을 말하게 된다.

교환은 세 가지로 구분할 수 있는데, 호혜, 재분배, 그리고 교역이 그것이다. 호혜(reciprocity)는 비교적 동등한 가치를 지닌 물품들 간의 교환행위이다. 물물교환이 호혜의 한 형태라고 볼 수 있다. 호혜, 혹은 호혜적 교환은 때때로 동맹을 결성하거나 친목을 도모하기 위한 선물 증정의 형태를 띠기도 한다. 재분배(redistribution)는 중심지로의 재화의 이동을 포함하는데, 이곳에서 재화들이 사회의 특정 구성원들에게 분배된다. 이러한 재분배 체계는 친척들이나, 군대, 사제들, 장인집단, 혹은 예를 들면 이집트의 피라미드 건설 노동자들을 지원하기 위해 활용된다. 미국의 사회보장제도는 현대사회에서 재분배가 이루어지는 예라고 볼 수 있다. 사회보장제도는 적어도 이론상으로는, 현재 일하고 있는 집단이 벌어들인 수입의 일부를 은퇴한 사람들의 연금을 지불하는 용도로 사용하는 체계를 말한다.

교역(trade)이라고 불리는 경제적인 거래는 재화의 물물교환, 구매, 판매를 포함한다(도면 2.2). 교역은 주로 시장경제에서 일어나며, 화폐본위를 사용한다. 즉, 시장

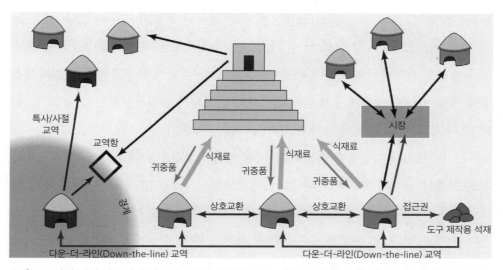

**도면 2.2** 사회 내의 서로 다른 종류의 교환을 묘사한 도식. 몇몇 가구들과 궁전이 보인다. 호혜와 재분배는 화살표의 굵기로 구분된다. 다운-더-라인(Down-the-line) 교역은 특정 재화가 교역 과정을 거침에 따라 점차 원산지로부터 멀어지는 과정을 의미한다. 재분배는 중심지로의 재화의 이동을 포함하는데, 이곳에서 재화들이 사회의 특정 구성원들에게 분배된다. 어두운 색깔의 집(가구)은 다른 사회를 의미한다. 교역은 교환을 위한 가치를 지닌 재화의 이동을 수반한다. 사회는 다른 사회와 항구와 같은 공동 구역을 통해 직접 거래하거나 사회와 사회를 이동하는 상인들을 통해 교역한다. 시장은 물물교환이나 공동통화를 이용하여 교역이나 교환이 일어나는 곳이다.

이란 물물교환이나 공동통화를 이용하여 교역이나 교환이 일어나는 곳을 말한다. 교역은 물건들이 이익 창출을 위해 구매되거나 판매되는 현재의 경제 체계에서는 매우 흔하게 벌어진다. 이 단계의 교환은 복합사회, 전문 장인집단, 원자재의 주기적인 공급, 대규모의 운송체계, 해적들로부터 시장이나 무역업자들을 지켜줄 수 있는 보안체계, 사업을 가치 있게 만드는 충분한 수의 구매자들을 모두 수반한다.

　　고고학자들은 교환과 교역을 연구할 때 주로 "외래계 물품들(exotic materials)"에 관심을 가진다. 주변에서 구할 수 없거나 쉽게 만들 수 없는 물품들의 존재는 집단 간의 상호작용이나 외부와의 연결을 생각해볼 수 있는 즉각적인 증거를 제공해주기 때문이다.

　　이러한 연구에서 매우 유용한 것들은 원산지를 이미 알고 있는 유물이나 물질들이다. 바로 이 분야에서 고고화학이 공헌한 바가 컸다. 실제로 이국적인 물품들이 이동하는 예는 많은데, 보통 이들 물품들은 귀한 돌이나 광물인 경우가 많다. 예를 들어, 고대 멕시코에는 터키석의 산지가 없지만, 이 청록빛을 띠는 아름다운 돌은 현재의 뉴멕시코 지역에서 수입되어 아즈텍 지배계급의 치장에 사용되었다. 고고화학을 통해 고대 멕시코 유적에서 발견된 터키석의 원산지가 뉴멕시코라는 것을 알 수 있었다. 이 사례는 제8장에서 보다 자세하게 다룰 것이다.

선사인들의 경제활동은 서로 다른 여러 가지 방법으로 조직화되어 있었다. 효율적인 조직의 근간이 되는 메커니즘은 노동분업(division of labor)이다. 사회 내의 개개인이나 각 집단들은 경제활동의 효율적인 조직의 일환으로 서로 다른 다양한 종류의 작업을 한다. 이와 관련된 기본적인 사례가 많은 수렵채집집단에서 목격되는데, 주로 성별에 따라 노동의 분업이 이루어진다. 남성들은 주로 사냥꾼들이고 여성들은 주로 채집활동을 한다. 사회가 생계를 유지하는 데에 두 집단 모두 기여를 하는 것이다. 농경사회에 접어들면 개개의 가구들이 음식물을 포함하는 필수적인 물품들의 주요 생산 단위가 된다. 시간이 지남에 따라 집단의 규모가 커지면서, 혹은 집단전체가 특정한 몇몇 물품들의 생산에 참여할 경우 경제활동은 더욱 집약화/전문화된다. 토기제작인, 대장장이, 공예장인과 같은 전문장인집단의 등장은 보다 발전된형태의 농경사회를 의미한다. 보다 복잡한 문명에 이르면 생산 조직은 길드(guild)나 조합과 같이 보다 정략적인 형태를 띠게 된다.


## 2.6 조직

고고학자들은 인접해 있거나 멀리 떨어진 과거 사람들이 어떻게 연관되어 있는지를 연구하기 위하여 주로 사회적, 정치적 조직을 함께 고찰한다. 사회조직(social organization)이란 친족, 결혼, 계급 등으로 정해진 사회 구성원들 간 관계의 구조를 의미한다. 정치조직(political organization)이란 사회 내의 신분, 힘, 권력의 사용과 분배를 가리킨다. 취락유형(Settlement pattern)이란 일정 지역에 인간집단이 지리적으로 어떻게 조직/분포되어 있는가를 설명하기 위한 용어이다. 취락유형에는 사회 및 정치 조직, 주변 경관의 사용 방법 등이 반영되어 있다. 이들 세 가지 개념에 대해 좀 더 자세히 알아본다.

### 2.6.1 사회조직

모든 인간집단의 개개인은 사회 내에서 성공적으로 살아남기 위해 서로서로 관계를 맺는다. 대부분의 인간사회 내에서 개인은 친족, 결혼 관계를 통해 조직을 형성한다. 모든 인간사회에서 가족은 가장 기본적인 공동체 단위이다. 가족은 일반적으로 남성과 여성의 결혼을 통해 만들어진다. 자손들은 부모, 형제들과 친족 관계를 형성한다. 가족들은 결혼과 가문 관계 등을 통해 보다 큰 단위로 만들어질 수 있다. 다른 계보적인 유대관계는 입양이나 선택을 통해 구축될 수 있다.

인간사회의 보다 큰 단위들은 확대가족, 가문, 씨족, 그리고 반족이 있다. 확대가족은 몇 세대에 걸친 살아 있는 가족 구성원들—조부조, 부모, 자식—이며, 20여 명, 혹은 그 이상의 구성원들로 이루어진다. 확대가족은 동시대의 단위이며, 통시성을 지니고 있지는 못하다. 가문은 죽은 자를 포함한 여러 세대에 걸친 가족을 의미한다. 혈통은 가족의 역사이고, 계보이며, 일정 규모의 인간집단이 혈연과 결혼으로 맺어진 형태이다. 가계는 남성이나 여성 친척들과의 관계를 통해 계산 가능하다. 혈통은 많은 수의 세대를 포함하며, 때때로 가공의 신화적인 생물—동물이나 인간—이 창시자로 등장하기도 한다.

### 2.6.2 정치조직

사회 내의 단위들은 정치적인 관계에 의해서도 조직된다. 정치적 관계는 개인 및 사회 단위들 내/간의 힘과 지위의 분배에 기반하고 있다. 힘의 분배는 동등할 수도 있고, 그렇지 못할 수도 있다. 예를 들어 가족 내의 힘은 동등하지 않게 분배되는

데, 부모가 더 많은 권력을 가지고 결정권을 소유하게 된다. 귀족들은 평민보다 더 많은 힘을 지니며, 왕과 왕비는 절대적인 권력을 가지고 있다. 지위, 혹은 계급의 분배 형태는 사회 내 정치적인 구조의 특징을 반영한다. 계급이 동등하게 분배된 사회의 경우 평등(egalitarian)사회라고 말하며 보통은 규모가 작다. 예를 들어, 대부분의 수렵채집집단은 정치조직의 측면에서 볼 때 평등사회라고 할 수 있다.

계급 또는 지위의 분배가 동등하게 이루어지지 않는 사회를 위계(hierarchical)사회라고 부른다. 불평등은 현재 대부분의 인간사회에서 매우 흔하다. 지위는 자원, 정보, 그리고 권력에 대한 접근권을 의미한다. 높은 지위에 있는 사람은 더 많은 것에 대한 접근권이 있고, 지위가 낮은 사람은 한정된 것에 대한 접근권만을 지니고 있다. 계급화된 조직에서 자원은 높은 지위로 이동하고 결정은 밑으로 하달된다. 예를 들어, 왕과 왕비는 세금과 공물을 징수하고 명령을 하달한다.

인간사회의 역사에서 가장 큰 변화 중의 하나는 평등사회에서 위계사회로의 변화일 것이다. 결정적인 변화는 어떻게 지위를 얻게 되었는지이다. 평등사회에서, 지위는 성취하여 획득할 수 있고 영원불멸한 것이 아니다. 이 말인즉, 사회에서 지위는 개인이 살아가면서 이룩한 성과를 바탕으로 결정되는 것이다. 예들 들어, 성공적인 사냥꾼은 그의 능력으로 인해 인정을 받을 것이며 그의 판단은 존중받을 것이다. 치료사로 이름 높은 여성은 그녀의 지식과 능력으로 인해 존중받게 되고 그에 따른 지위도 얻게 될 것이다. 그렇지만 그들의 지위는 오직 그들이 살아 있는 동안에만 유효하다. 다른 한편으로, 귀속지위는 이전 세대에서 다음 세대로 전달되며, 지속성을 지닌다. 자식이 부모의 지위를 물려받는 것이다. 이러한 방법으로, 더욱 큰 힘을 지닌 지배층이 사회에서 그들의 지위를 유지하게 된다.

위계사회들은 보통 계서화(ranked)되거나 계층화(stratified)되어 있다. 계서사회에서는 태어난 순서로 사회 내의 위치가 결정된다. 예를 들어, 첫 번째로 태어난 자식은 모든 부를 상속받고, 일곱 번째로 태어난 아들은 아무것도 가지지 못하는 것이다. 계서는 곧 지위를 결정한다. 선조로부터 자손까지 내려오는 가족의 계보 그 자체도 계서화되기 때문에 혈통 간에도 지위의 높낮이에서 차이를 보인다. 이러한 체계를 일반적으로 계서사회, 혹은 수장사회(chiefdom)라고 한다.

계층분화는 또 다른 수준의 위계화를 보여주는데, 친족 관계가 아닌 사회적 지위를 바탕으로 사회 내의 위치가 결정된다. 계층화된 사회들에는 최하층의 노비부터 최상층의 왕과 왕비에 이르기까지 고정된 계급이나 사회적인 단계가 존재한다. 남아시아의 카스트제도와 같은 사회적 계급이 당신의 삶과 죽음의 장소, 직업, 잠재적인 결혼상대 등을 결정한다. 계층화된 사회에서 지위는 태어난 계급에 의해 결정된다고 볼 수 있다.

계서나 계층분화와 같은 사회조직의 메커니즘은 엄격한 사회적 위계를 공고히 하며 대부분의 사람들로 하여금 부나 힘을 축적하지 못하게 한다. 이러한 메커니즘은 사회의 운영이라는 측면에서 이점이 있는데, 효율적인 의사결정과 물자의 빠른 이동을 가능케 한다. 이와 동시에 이러한 형태의 조직은 힘, 권위, 그리고 부가 오로지 몇몇에게만 집중된다는 것을 뜻하며 대다수의 사람들은 노동력을 착취당하게 된다.

정치조직을 분류하는 방법은 다양하다. 현존하는 모든 분류들은 다소 임의적인데, 어떤 것은 많은 범주들을 가지고 있고 다른 것은 범주들의 개수가 적다. 가장 잘 알려지고 오랫동안 사용된 분류는 군집(band)사회, 부족(tribe)사회, 수장(chiefdom)사회, 그리고 국가(state)로 구분하는 것이다. 각각의 범주는 생계, 사회, 정치적 측면에서 차이를 보인다.

군집은 규모가 작고 이동성이 강한 수렵채집사회를 말한다. 음식물들은 자연에서 직접 얻게 된다. 이러한 야생 자원들은 보통 계절성을 띠기 때문에, 이들은 수확을 위해 한 장소에서 다른 장소로 자주 이동하며 살아간다. 보통 평등사회인 경우가 많으며 지위는 한 세대 이상 지속되지 않는다. 군집사회는 보통 수십 명 정도로 이루어진다.

부족사회는 보통 소규모의 농경 마을을 이루고 살아가며, 평등한 관계를 맺고 살아가며 지위는 개인이 살아가면서 이룩한 성과를 바탕으로 결정된다. 부족들은 군집보다는 규모가 크지만 수장사회보다는 작다. 부족사회는 보통 수백 명 정도로 이루어져 있다.

수장사회는 대규모의 농업사회로 계서에 의해 지위가 결정되며 힘 있는 수장들이 등장하여 사회 전반의 활동들을 지휘하는 조직이다. 보통 수천 명으로 이루어지며 원자재와 위세품을 중심으로 상당한 수준의 교역과 교환이 이루어진다. 수장들이 거주하는 마을은 그렇지 않은 마을보다 규모가 크며 더 다양한 활동들이 벌어진다.

국가는 더욱 큰 조직으로, 문자, 조세제도, 거석 기념물, 장거리 교역 등을 특징으로 한다. 대도시와 중/소규모 도시, 마을 등의 취락유형을 보이며 생산성을 높이기 위해 집약적 농경이 시행된다. 엄격한 계층분화가 이루어지며, 집단의 지도자가 가장 상위에 위치하고, 귀족, 전사, 상인, 평민 등과 같은 순으로 계급이 정해진다. 고대 국가는 수만 명 정도로 이루어져 있다. 제국이라 불리는 규모가 더 큰 국가들도 있으며, 대표적인 예로 로마, 잉카, 아즈텍 등이 있다.

### 2.6.3 취락유형

취락유형의 개념은 경관 내 인간집단의 지리적인 분포와 관계 있으며, 사회조직 그리고 정치조직과 밀접한 관련이 있다. 취락의 유형을 분류하는 여러 가지 유용한 방법 가운데 하나는 크기를 기준으로 가구, 야영지, 마을, 소도시, 대도시 등으로 분류하는 것이다(도면 2.3). 취락유형은 사회조직과 정치조직의 양상을 모두 반영하는데, 이들 조직이 어떠한 형태를 띠는지에 따라 인간집단의 경관 내 공간 사용방식이 다르기 때문이다.

특히, 소규모의 취락과 관련된 개념으로, 이동성과 정주성이 있다. 앞서 논의한 바와 같이 대부분의 수렵채집민들은 가용한 자원의 유무에 따라 취락의 위치를 주기적으로 바꾸는 이동성이 강한 집단이다. 또한, 가축을 기르는 목축 집단의 경우, 목초지를 확보하기 위해 1년에 두 번 이상 취락지를 옮기기도 한다.

가구는 가족이나 확대가족이 거주하는 전형적인 형태의 취락유형이라고 할 수 있는데, 고고학에서는 매우 중요한 연구단위로 여겨진다. 가구는 가족단계에서의 생계, 소비, 생산 등과 같은 것에 대한 자세한 정보를 제공해 준다. 가구는 가족들이 거

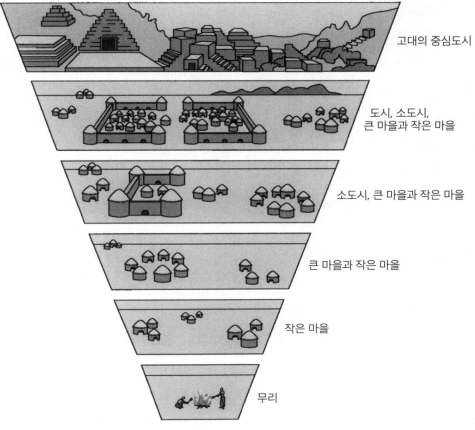

고대의 중심도시

도시, 소도시,
큰 마을과 작은 마을

소도시, 큰 마을과 작은 마을

큰 마을과 작은 마을

작은 마을

무리

**도면 2.3** 취락유형을 크기별로 구분한 도식. 하부에 소규모 집단이 자리하고 상부에 크고 보다 복잡한 취락들이 있다.

주하는 장소이며 조리, 식사, 수면, 저장, 도구의 제작과 수리 등과 같은 필수적인 활동들이 일어나는 곳이다. 더불어, 많은 사회에서 가구는 출산, 죽음, 결혼을 포함한 다양한 의식들이 행해지는 장소이다. 이러한 활동들에 관한 정보들은 가구에 남아 있는 물리적인 흔적들을 통해 고고학적으로 확인할 수 있다. 취락유형 가운데 야영지와 마을은 고고학적으로 구분이 가능하다. 야영지는 원형의 오두막 형태의 집으로, 비교적 둥근 형태로 배치되며 이동성이 강한 수렵채집민들이나 목축 집단들에 의해 제작된다. 마을은 방형의 집들이 좀 더 직선적인 형태로 배치된 형태를 띠며, 정주성이 강한 집단이 거주한다. 원형에서 방형으로 집의 형태가 바뀌는 것은 수렵채집에서 농경으로 생계방식이 전환되는 것과 관계가 있다고 추정된다. 한정된 공간에서는 원형보다는 방형 집자리를 상대적으로 더 많이 지을 수 있고, 새 집을 추가하는 경우에도 방형이 더 효율적이다. 마을은 비슷한 크기와 모양, 그리고 구조를 가진 집들이 균일하게 분포하는 형태를 띤다. 때때로 마을에 일반적인 집들과는 완전히 다른 크기와 형태를 가진 공공건물이 존재하는 경우도 있는데, 이러한 건물들은 종교적 의례나 매장과 같은 의식들과 관련이 깊다.

국가는 대도시, 소도시, 마을 등과 같은 서로 다른 여러 종류의 취락형태들을 포함한다. 소도시와 대도시들은 규모, 인구, 다양성, 공간 활용에서 보다 큰 취락 단위이다. 이러한 특징들은 소규모의 도시보다 대도시에서 더욱 두드러진다. 소도시들과 대도시들은 일정 수준의 계획 하에 조성되며 구역마다 상당히 다른 활동들이 벌어진다. 종교적인 의례나 의식들이 행해지는 구역이 있는가 하면, 장인들이 작업하는 구역도 존재하고, 시장, 공원 등과 같은 구역들도 있다. 소도시는 마을보다 규모가 크고, 보통 하나 이상의 공공건물을 포함하고 있다. 인구 규모는 수백에서 수천 명 정도이다. 이러한 공공시설물들, 예를 들어 사원, 성, 목욕탕, 항구, 수로 등은 대도시에서 더 많이 볼 수 있다. 대도시는 만 명 이상이 거주하며, 매우 다양한 목적을 가진 건축물, 시설물들을 포함하고 있다. 대도시는 보통 장벽이나 방어시설로 둘러싸여 있다.


## 2.7 이데올로기

이데올로기는 인간사회의 관례나 관습의 지침이 될 수 있는 일단의 교리, 믿음, 그리고 규범을 말한다. 이데올로기는 사회 내의 규칙, 관습, 그리고 활동 등에 정당성을 부여한다. 이데올로기는 보통 종교의 형태로 나타나는데, 미지의 것에 대한 설명에 도움을 주고 존재에 관한 해답을 제공해 줄 수 있다. 이데올로기는 사회 내의 규범, 가치, 그리고 믿음을 망라한다. 이데올로기는 사람들이 하는 행동에도 영향을 미칠 수 있다. 사람들이 입는 옷이나, 음식, 생활하는 장소 등에 이데올로기가 반영되어 있을 수 있는 것이다.

이데올로기는 각종 의식(특히 장례의식), 공공 기념물, 상징물, 문자 등을 통해 물리적으로 표현된다. 오늘날, 기독교의 십자가, 유대교의 별, 이슬람교의 초승달 등은 이데올로기의 상징들이라고 볼 수 있다. 이데올로기의 물리적인 표현은 사회적 권력의 상징으로 지배층의 권위와 지배권의 강화를 위해 사용되곤 한다. 정치적인 선전은 보통 이데올로기의 상징들로 점철되어 있다. 인간사회에서 빈번하게 행해지는 의례 행위들은 이데올로기의 표현이라고 볼 수 있다. 이러한 의례들은 보통 상징적이고 규정화된 반복적인 행위들을 수반한다. 이러한 행위들은 애니미즘, 춤, 점(占), 마술, 음악, 신화, 통과 의례, 마법, 샤먼, 사제, 터부와 토테미즘 등을 포함한다. 이들 의례들은 정보, 유물, 건축물 등을 포함하는데, 이러한 행위들과 관련이 있는 유물들은 때때로 고고학적으로 밝혀지기도 한다. 의례(ritual)라는 용어는 때로는 고고학에서 물질문화의 기능이나 용도에 대해 명확히 밝히지 못한 경우 해당 물질문화를 설명하는 데에 활용되기도 한다.

그러나 고고학을 연구함에 있어, 이데올로기적인 것과 실용적인 것을 구분하는 것이 용이하지는 않다. 고대의 믿음체계들과 연관된 물질들이 정확히 어떠한 것들인지 알기 어렵기 때문에, 이데올로기적인 성격을 지닌 유물·유적과 실용적인 성격을 가지고 있는 유물·유적을 구분하는 것은 쉽지 않다.


## 2.8 요약

이번 장에서는 과거 인간사회를 연구하는 틀에 대해 설명하였고, 인간문화가 운용되는 방식, 그리고 이를 반영하는 고고학적 기록들에 나타나는 다양성과 변화 등에 대해 살펴보았다. 이 틀은 과거에 대해 우리가 궁금해 하는 것들 중 일부를 밝혀내기도 하였다. 이 장에서 다루었던 대부분의 주제들은 과거 인간사회의 본질적인 특성, 과거의 경제 체계, 여러 단계의 사회조직과 정치조직, 인간사회와 환경 등과 같은 "큰" 질문들이었다.

대부분의 고고학적 조사는 이들 큰 질문들에 대한 해답을 찾는 것을 궁극적인 목표로 하고 있지만, 때때로 해답은 많은 작은 의문들을 해결하는 과정에서 구해진다. 이들 작은 의문들은 예를 들어 사람들을 어떤 음식을 먹었으며, 먹을거리를 어떻게 구해왔으며, 어떠한 집을 짓고 살았으며, 죽은 자를 어떻게 매장하였는지와 같은 기본적인 질문들이다. 이러한 의문들은 뼈가 얼마나 잘 보존되었는지, 유적에서 어떠한 동물 유체들이 발견되었는지, 석기의 용도는 무엇이었는지, 토기 안의 내용물이 무엇인지, 집의 크기가 어느 정도였는지와 같은 보다 더 구체적인 질문들에 대한 해답을 구하는 과정에서 해소된다. 고고학적인 의문과 연구주제들은 학자들의 수만큼 많을 것이며, 이 의문들 가운데 일부는 고고화학을 통해 해결할 수 있다. 다음 장부터는 본격적으로 고고화학과 보다 직접적으로 관련 있는 내용들을 다룰 것이다.

## 읽을거리

Gould, Richard A., and Michael Schiffer. 1981. *Modern Material Culture: The Archaeology of Us*. New York City: Academic Press.

Kelly, Robert, and David Hurst Thomas. 2009. *Archaeology*. Belmont CA: Wadsworth Publishing.

Kipfer, Barbara Ann. 2007. *The Archaeologist's Fieldwork*. New York: Wiley-Blackwell.

Miller, Daniel, and Christopher Tilley (eds.). 1984. *Ideology, Power, and Prehistory*. Cambridge: Cambridge University Press.

Orser, Charles E. 2004. *Historical Archaeology*. Engelwood Cliffs, NJ: Prentice Hall.

Price, T. Douglas. 2008. *Principles of Archaeology*. New York: McGraw-Hill.

Price, T. Douglas, and Gary M. Feinman. 2007. *Images of the Past*. New York: McGraw-Hill.

Renfrew, Colin, and Paul Bahn. 2008. *Archaeology*. London: Thames and Hudson.

Sharer, Robert, and Wendy Ashmore. 2010. *Archaeology: Discovering Our Past*. New York: McGraw-Hill.

Mark, Q. Sutton, Robert M. Yohe. 2007. *Archaeology: The Science of the Human Past*. London: Allyn & Bacon.

제3장

# 고고학적 물질들

**3.1 서언**
**3.2 고고학적 물질**
**3.3 암석**
**3.4 토기**
**3.5 뼈**
**3.6 퇴적물과 토양**
**3.7 금속**

**3.8 그 밖의 물질들**
3.8.1 유리
3.8.2 안료와 염료
3.8.3 콘크리트, 모르타르, 그리고
　　　회반죽
3.8.4 패각
**3.9 요약**
읽을거리

## 3.1 서언

## 3.2 고고학적 물질

인간이 사용하는 다양한 원자재들은 음식을 만들거나, 건축물을 축조하고, 귀중품을 제작하고, 운송 수단이 되기도 하며, 그 종류는 막대하다. 이들 중 많은 것들이 고고유적에서 발견된다. 남부 일리노이주의 기원전 4000에서 3000년대 사이에 해당하는 수렵민들의 취락 유적인 블랙 어스(Black Earth)는 좋은 예가 될 수 있다. 유적은 상당한 규모를 자랑하는데, 도시의 한 블록 정도 되는 사이즈이며, 문화층의 깊이는 1.5미터 가까이 된다. 재와 배설물을 포함한 유기물질들이 축적되어 토양의 화학적 성질을 알칼리성으로 변화시켰고, 이로 인해 뼈 같은 많은 유기물질들이 보존되기에 좋은 환경이 조성되었다.

보존된 동식물 유체들은 유적을 점유했던 사람들의 식생활에 대한 정보를 제공해준다. 이들은 강, 호수, 그리고 늪지대에서 수자원을 채취하였으며, 산악지대에서 사슴을 잡거나 견과류를 수집하였다. 히코리 조개(Hickory nutshell)라 불리는 담수 조개는 유적의 패총에서 가장 빈번하게 발견되었다. 도토리, 개암, 호두와 같은 견과류도 유적의 거주 구역 전반에서 발견되었다. 이들 견과류는 가을철에 수확이 가능하기 때문에 저장되어 겨우내 음식으로 사용되었던 것으로 보인다. 콩, 팽나무, 야생포도, 감, 갈퀴덩굴 등의 씨앗 역시 많이 출토되었는데, 이들은 늦여름에서 가을에 수확한다.

블랙 어스 유적에서는 거주 구역뿐만 아니라 공동묘역도 있었다. 최소 154기에 해당하는 분묘가 발견되었는데, 이 가운데 어떤 분묘에는 부장품들이 있었다. 부장품 가운데에는 인근에서 구할 수 있는 재료로 만들어진 것도 있었지만, 외래계 유물도 발견되었다. 바다조개껍데기에 구멍을 뚫어 디스크 형태로 만든 부장품이 무덤에 안치된 유아의 목 부분에서 발견되었는데, 대서양이나 맥시코만이 원산지인 것으로 추정된다. 다른 무덤에서는 5대호 인근이 원산지인 구리로 만들어진 쐐기가 시신의 목 상단에 배치되어 있었는데, 유실된 뼈의 일부를 대체하는 용도로 사용된 것으로 보인다. 이러한 물질들은 블랙 어스 유적에서부터 수백 마일 이상 떨어진 곳으로부터 전해진 것이다.

〈표 3.1〉은 블랙 어스 유적에서 망자와 함께 부장된 부장품들을 나타낸 것이다. 매우 다양한 종류의 돌, 뼈, 뿔, 조개껍데기, 광물 등이 있다. 사실 이 유적은 꽤나 이른 시기에 해당하는 것으로, 농경과 진보된 교역, 제작기술이 발달하기 이전에 조성된 것이다. 보다 늦은 시기의 유적에서 보이는 물질들의 다양성은 실로 막대하다.

고고유적에서 발견되는 물질들을 화학적으로 분석하는 작업을 이해하기 위해서는 각 물질들의 맥락—출처, 제작기법, 사용, 폐기—을 파악하는 것이 매우 중요하다. 이 장에서는 고고유적에서 비교적 흔히 발견되는 자료들인 돌, 토기, 뼈, 토양, 금속, 조개껍데기, 안료, 목탄, 식물유체 등에 관해 살펴볼 것이다(도면 3.1). 여기에서는 자세히 다룰 수 없지만 고고유적에서는 이 외에 정말 다양한 물질들이 출토된다.

| 표 3.1 블랙 어스 유적의 분묘에서 출토된 부장품들 | | |
|---|---|---|
| | 홍합 껍데기 | 뼈 핀 |
| | 뼈 송곳 | 고둥껍데기로 만든 실꿰기 장식(bead) |
| | 가공된 사슴뿔 | 어망추 |
| | 가공되지 않은 사슴뼈 | 목가리개 |
| | 처트로 만든 화살촉 | 비다나리 줄기로 만든 실꿰기 장식(bead) |
| | 처트 몸돌 | 엘크뿔잔 |
| | 처트로 만든 뚜르개 | 붉은 황토(ochre) |
| | 처트로 만든 긁개 | 화석 |
| | 처트 격지 | 가공된 셰일 |
| | 돌도끼 조각 | 가공된 돌 |
| | 뼈바늘 | 적철석(Hematite) |
| | 조개 펜던트 | 물에 의한 침식으로 표면이 매끈해진 돌 |
| | 축소화된 유구석부 | 편리가 있는 점판암 |
| | 가공된 거북등껍질 | 형석 크리스털 |

**도면 3.1** 버지이나의 제임스타운(Jamestown) 역사시대 유적에서 발굴된 고고자료들. 좌측 아래부터 칫솔, 펜던트, 브로치, 동전, 골무, 호각, 담뱃대, 유리마개, 도기조각(사진: Kevin Fleming)

## 3.3 암석

석재 유물들은 약 200만 년 전부터 인류의 조상들에 의해 제작되었으며, 이른 시기 고고유적에서 거의 유일하게 발견되는 과거의 흔적이다. 물론 우리의 선조들이 동식물 자원을 활용하여 도구를 제작하는 기술을 지니고 있었지만, 상대적으로 돌은 나머지 재료들에 비해 내구성이 강해 유적에 남아 있을 확률이 높다. 이러한 이유로, 인류의 도구 사용의 역사는 구석기시대부터 시작되는 것이다. 구석기시대, 중석기시대와 신석기시대를 포함하는 석기시대는 약 260만 년 전부터 4,000에서 5,000년 전 사이에 해당하는데, 이는 인류 역사의 99.8%를 차지한다! 이 기간 동안 석기는 올도완식 자갈돌 긁개, 찍개, 망치돌과 같은 종류에서 장신구, 안료, 의례용구, 건축자재, 마연도구, 화살촉 등과 같은 다양한 유형으로 발전하였다. 이들 중 대부분의 석기가 돌로 다른 돌을 때려 만드는 뗀석기였다(도면 3.2). 석기를 다듬는 과정에서 격지들이 떨어져 나가기도 하고, 뾰족한 격지 자체가 무언가를 자르는 도구로 사용되기도

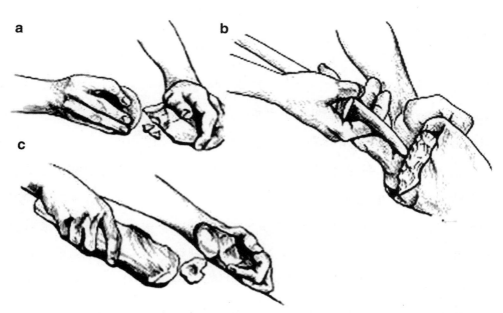

**도면 3.2** 다양한 석기 제작 방법. a. 망치돌을 이용한 직접떼기, b. 사슴뿔로 만든 도구를 이용한 눌러 떼기, c. 사슴뿔을 이용한 직접떼기

하였다.

고고학자들이 석기들의 기능적인 측면들을 관찰하여 기록할 때(예를 들어, 격지, 화살촉, 뚜르개, 갈돌 등), 고고화학자들은 이들 석재를 구성하는 물질들의 특성에 집중한다. 이러한 접근은 암석의 종류와 같은 석재 자체의 지질학적인 특성을 파악하는 것에서부터 시작하여, 세부적인 연구주제에 따라 암석을 구성하는 광물들의 종류와 상대적 비율을 확인하고 원소 및 동위원소에 관한 정보까지 확인하는 것에 이른다.

발굴현장에서는 일차적으로 고고자료의 기능적 특징들을 고찰하게 되고 나아가 이들 자료들이 어떠한 암석으로 만들어졌는지(예를 들어, 녹색암, 처트, 흑요석이나 대리석) 지질학적인 측면에서 알아보는 작업도 이루어진다. 특정한 도구를 만들기 위해 선택된 암석(석재)들은 해당 도구의 기능과도 밀접한 관련이 있다. 흑요석으로는 정교한 양면 석기를 만들 수 있고, 화강암으로는 갈돌을 만들 수 있지만 그 반대는 불가능하다.

암석의 종류는 특별한 지질학 교육과정을 밟지 않아도 기본적인 수준에서 판별 가능하다. 암석의 종류를 구별하기 위해서는 암석을 구성하는 입자의 크기, 조직의 정렬 정도, 균질성, 이질성, 그리고 암석을 구성하는 12가지의 대표 광물의 종류(표 3.2)에 관한 기본적인 지식이 요구된다. 물론 광물의 종류는 수천 가지이지만, 이 가운데 수십 가지의 광물만이 거의 모든 암석의 대부분을 차지하고 있다. 암석을 구성하는 대표적인 광물들은 이들의 특성을 파악하는 것을 통해 구분해 낼 수 있는데, 이 역시 집중적인 지질학 교육과정을 거치지 않아도 가능한 작업이다.

〈표 3.3〉은 암석을 구성하는 대표적인 광물과 그 특성을 나열한 것이다. 광물은 특정한 화학식을 가지고 있을 뿐만 아니라(예를 들어, 방해석은 $CaCO_3$, 석영은 $SiO_2$), 특정한 구조를 가진다. 똑같은 화학조성을 지니고 있는 두 종류의 광물이 서로 다른 구조를 가지고 있을 수도 있다. 이 경우 이 둘은 명백히 다른 광물이고, 그렇기에 다른 특성을 보인다. 아마도 가장 잘 알려진 예가 흑연과 금강석(다이아몬드)일 것이다. 흑연은 순수한 탄소로 이루어져 있는데, 탄소 원자들이 얇은 판 형태로 연결되어 있고 원자와 원자 사이에 전자결합을 공유하고 있지 않다. 그리하여 원자들은 느슨한

표 3.2 주요 암석과 그 특성

| 암석 | 종류 | 물리적 특정 | 주요 구성 광물 |
|------|------|------------|----------------|
| 현무암 | 화성암 | 세립질, 고르게 어두움, 갈색, 청회색, 검정색 | 장석, 휘석, 감람석 |
| 안산암 | 화성암 | 세립질, 고르지만 이물질이 함유, 주로 갈색, 혹은 청회색 톤 | 장석, 각섬석 |
| 유문암 | 화성암 | 세립질, 입자가 고르지만 이물질이 함유 | 장석, 운모, 석영 |
| 흑요석 | 화성암 | 세립질, 입자가 고름, 주로 녹색, 회색, 검정색 | 석영 |
| 반려암 | 화성암 | 어두움, 세립질 | 장석, 휘석, 감람석 |
| 섬록암 | 화성암 | 조립질, 밝고 어두운 광물 | 장석, 각섬석 |
| 화강암 | 화성암 | 밝거나 분홍빛, 조립질, 입자가 고르지 않음 | 장석, 운모, 석영 |
| 셰일 | 퇴적암 | 주로 어두움, 무름, 세립질, 입자가 고름 | 점토 |
| 사암 | 퇴적암 | 모래입자 | 석영, 장석 |
| 석회암 | 퇴적암 | 주로 세립질, 밝음, 무름 | 방해석 |
| 점판암, 천매암 | 변성암 | 주로 어두움, 세립질, 입자가 고름, 때때로 반짝임(셰일의 변성작용으로 생성) | 점토, 운모 |
| 규암 | 변성암 | 단단함, 유리질, 모래입자(사암의 변성작용으로 생성) | 석영 |
| 대리암 | 변성암 | 대부분 밝은색 혹은 흰색(석회암의 변성작용으로 생성) | 방해석 |
| 편마암 | 변성암 | 조립질, 입자가 고름(주로 화강암의 변성작용으로 생성) | 장석, 각섬석, 운모, 석영 |

결합을 유지한 채로 움직임이 가능하기에 흑연은 광물 중에서 가장 무른 편에 속한다. 금강석 역시 순수한 탄소이지만 원자 하나가 서로 다른 4개의 탄소 원자들과 3차원적으로 결합되어 있기에, 알려진 지구상의 물질 중 가장 단단한 편에 속한다.

**표 3.3** 암석을 이루는 주요 광물과 그 특징

| 광물 | 색 | 쪼개짐 | 경도 | 주요 구성 암석 |
|---|---|---|---|---|
| 석영 | 밝은 색, 맑음 | 부정형 | 유리나 강철보다 단단함 | 사암, 화강암 |
| 백운모 | 밝은 색, 흰색/ 노란색 | 얇게 벗겨짐 | 유리나 강철보다 훨씬 무름 | 화강암, 편마암 |
| 장석 | 밝은 색, 흰색이나 분홍빛 | 사각형 덩어리 | 유리나 강철과 같은 경도 | 대부분의 화성암과 변성암, 사암 |
| 방해석 | 밝은 색 | 능면체[1] 쪼개짐 | 유리나 강철보다 훨씬 무름 | 석회암 |
| 감람석 | 어두운 색, 녹색 | 부정형 | 유리나 강철보다 단단함 | 어두운 화성암 (현무암과 반려암) |
| 석류석 | 어두운 색, 붉은색 | 부정형 | 유리나 강철보다 단단함 | 일부 변성암 |
| 흑운모 | 어두운 갈색 혹은 검정색 | 얇게 벗겨짐 | 유리나 강철보다 훨씬 무름 | 화강암, 편마암 |
| 각섬석 | 어두운 색 | 60°와 120° 두 방향 쪼개짐 | 유리나 강철과 같은 경도 | 대부분의 변성암, 안산암 |
| 휘석 | 어두운 색 | 90° 직각 쪼개짐 | 유리나 강철과 같은 경도 | 어두운 화성암 (현무암과 반려암) |

방해석과 아라고나이트는 또 다른 예이다. 둘 다 칼슘카보네이트(탄산염), 혹은 $CaCO_3$로 이루어져 있지만, 서로 다른 구조를 가진다. 예를 들어 조개껍데기는 이 두 광물을 모두 함유하고 있고, 현미경을 통해 각각의 광학적 특성을 파악하여 구분이 가능하다. 그러므로, 화학적 방법을 이용하여 특정 광물을 추론해볼 수는 있지만, 보다 확실한 판별을 위해서는 암석현미경(petrographic microscope)과 같은 장비를 동원하여 광물의 형태적인 특성을 관찰하거나, X선 회절분석(XRD)을 통해 결정구조를 직접적으로 확인해야 한다. 아울러, 연구자들은 결정구조를 밝혀주는 X선 회절분

.........

1     역자 주. 세 개의 축 길이는 같고, 축각이 90°가 아닌 결정 격자를 말한다.

석과 원소 분포에 관한 정보를 제공하는 X선 형광분석(XRF)의 차이를 인지하고 있어야 한다.

　암석의 종류를 아는 것만으로도 원산지에 대한 정보를 일정 부분 얻을 수 있다. 예를 들어, 흑요석은 상대적으로 최근에 조성된 화산지대나 그 주변에서만 발견할 수 있다. 보다 더 확실히 산지를 알 수 있는 경우도 있는데, 녹색 파추카(Pachuca) 흑요석과 같은 암석은 멕시코 분지(Valley of Mexico)에서 발견되며, 힉스톤(Hixton) 규암은 미국 위스콘신주의 중서부에서 찾을 수 있다. 그러나, 이러한 특별한 경우를 제외하고는 대부분의 석제품들에 대한 원산지 추적은 보다 정교한 분석을 요한다.

　그동안 고고화학 분야에서 가장 중점적으로 고찰된 방법론 중의 하나는 흑요석과 같은 주요 암석의 화학적 "지문"을 구축하여 원산지를 알아내는 것이다. 이상적으로는, 연구자들은 다양한 방법으로 암석의 원소들을 분석하여 각각의 원산지별 원소 분포를 파악한 후, 이를 고고자료의 원소 분석 결과와 비교하여 유물의 원산지를 추적한다. 하지만 유물과 특정 원산지의 원소 분포가 데이터상 "일치"함이 곧 해당 유물의 원산지를 찾았음을 의미하지는 않는다. 정확히 말하자면 이 둘을 화학적으로 구분할 수 없다는 것에 가깝다. 그렇지만 이를 바탕으로 원소 분포상 유물과 화학적으로 명백히 구분 가능한 원산지들을 제외해 나갈 수 있을 것이고, 이를 지속해 나간다면, 궁극적으로 특정 고고자료의 원산지를 추적할 수 있을 것이다.

　고고유적에서 출토되는 빈도는 주요 암석이나 광물에 비해 높지 않지만 매우 중요하게 여겨지는 지질학적 물질들 중에는 자연금속, 귀금속, 보석, 안료 등이 있다. 이 물질들은 매우 드물기 때문에 그 산지도 매우 한정적이며 높은 가치를 지니고 있다. 그렇기 때문에, 고고학적인 맥락에서 이들이 발견되었다면 원거리 자원 활용, 교역이나 외부 인간집단과의 상호작용을 상정해 볼 수 있는 것이다. 이러한 이유로 흑요석, 옥, 터키석, 대리암, 철광석, 자연금속, 처트 등과 같은 물질들은 고고학자들과 고고화학자들의 큰 관심을 받고 있다.

　이러한 지질학적 물질들의 연구를 위해서는 때때로 육안이나 광학현미경으로는 구분하기 어려운 미세한 입자들에 대한 기초적인 분석이 요구된다. 이러한 분석을 수행하기 위해서 X선 회절분석(XRD)이나 라만 적외선 분광기(Raman infrared spectroscopy)가 주로 활용되는데, 차후에 사례연구를 통해 소개될 것이다. XRD는 주로 분말시료의 분석에 사용되는데, 상대적으로 다양한 종류의 광물들로 구성되어 있는 복잡한 물질에는 적용이 어렵다. 라만 적외선 분광기의 경우, 암석을 있는 그대로 분석할 수 있어 유물을 파괴하지 않아도 된다는 장점이 있다. 이 분석들은 주로 원산지를 추정하는 연구를 위해 활용된다.

암석 자체의 판별이나 원산지를 추정하는 연구 이외에도 사용흔 분석, 잔존유기물이나 DNA와 같은 생체 분자에 관한 연구가 있으며, 이들은 이후의 장들에서 자세히 논의될 것이다.


## 3.4 토기

석기는 지금으로부터 수백만 년 전부터 사용되어 왔지만, 불에 구운 점토 인물상은 약 25,000년 전 이전까지 등장하지 않았고, 실제 사용을 목적으로 만들어진 토기는 지금으로부터 약 16,000년 전에 이르러서야 등장하였다. 상대적으로 무르고 상하기 쉬운 점토는 고온(>700 °F)에서 가열하게 되면 매우 단단해지기 때문에 내구성이 비약적으로 상승하게 된다. 이러한 이유로 토기편들은 수천 년 가까이 된 유적에서도 빈번하게 관찰된다.

점토는 재료의 특성상 매우 다양한 형태로 제작이 가능하기에, 점토로 제작된 유물들은 모양과 기능에서 엄청난 다양성을 지니고 있다. 그렇기 때문에 이들은 가장 많이 연구된 종류의 유물이기도 하다(도면 3.3). 이 연구의 대부분은 유물의 기능, 양식, 문양, 제작기법과 같은 것들을 논하고 있으며, 이곳에서 자세히 다루기에는 너무도 그 내용이 방대하다.

기본적으로 유물이 점토로 제작되었는지의 여부는 발굴 과정에서 손쉽게 확인할 수 있다. 다음 단계의 연구라고 할 수 있는 토기의 원산지에 관한 연구는 형태적,

**도면 3.3** 토기를 제작하는 기본 과정. 1, 2-반죽을 준비; 3, 4-기형을 완성; 5-문양 넣기; 6-완성된 토기

양식적인 정보를 바탕으로 편년 작업을 통해 토기를 시공간에 배치하는 작업을 수반한다. 때로는 점토를 구성하는 광물이나 원소에 대한 분석을 통해 구체적으로 어디에서 토기가 만들어졌는지를 알아내기도 한다.

비록 이 유물들이 "점토"로 만들어지는 것은 맞지만, 제작 과정에서 가열되어 이를 구성하는 광물들의 본래 구조가 파괴되기 때문에 현미경이나 XRD로는 기존 점토에 관한 정보를 알아내기가 힘든 경우가 많다. 또한 거의 모든 점토 유물들은 점토 이외에 다른 물질들도 포함하고 있는데, 일반적으로 가열 시 토기를 강화하기 위해 첨가하는 비짐(temper)이 대표적인 예이다. 토기 제작자들이 흔히 사용하는 비짐에는 모래가 있는데, 이들 모래를 구성하는 광물들을 판별해 낼 수 있다면 이를 바탕으로 토기를 제작한 장소의 지리적인 범위를 좁혀볼 수 있을 것이다. 광물의 결정이 작아 육안이나 확대경으로 확인이 불가능하다면 토기편의 얇은 단면을 제작하여 관찰한다. 토기의 단면을 0.03밀리미터 정도 되는 두께로 잘라내게 되면 대부분의 광물은 투명하게 보이게 되어 암석관찰용 편광현미경(petrographic microscope)을 통해 관찰하면 각각의 광물이 지닌 구조적인 특성들을 판별해 낼 수 있다.

조개껍데기나 뼈 같은 물질들이 비짐으로 활용된 경우, 앞서 언급한 모래비짐만큼 지리적인 원산지를 좁힐 수는 없지만 때때로 토기의 제작 기법에 관련된 정보와 제작 지역에 관한 문화적, 지리적인 정보를 제공해 준다.

토기들의 지리적인 원산지를 추적하기 위해 가장 널리 쓰이는 고고화학적인 연구방법은 화학적인 분석들을 활용하는 것이다. 고고학의 토기 연구에서 중요한 연구주제 가운데 하나는 특정한 지역에서 제작되었던 것으로 알려진 토기의 양식이나 문양과 흡사한 토기가 거리가 떨어진 다른 유적에서 출토되었을 경우 해당 지역으로 토기가 교역을 통해 유입되었는지 혹은 모방을 통해 지역 내에서 제작되었는지를 밝히는 것이다. 이러한 의문은 외부로부터 유입되었을 것으로 보이는 특정 양식이나 문양을 가진 토기와 그렇지 않은 재지토기의 화학적인 조성을 해당 양식/문양의 기원지에서 출토된 토기의 화학적 조성과 비교해 보는 것을 통해 해결할 수 있다. 만약 전자의 두 종류의 토기 간의 화학적 조성이 흡사하다면, 모방에 의해 재지인들에 의해 제작된 것이고, 외부양식을 지니고 있는 토기와 기원지에서 출토된 토기의 화학적 조성이 비슷하다면 이주나 교역을 통한 직접적인 교역을 상정할 수 있다. 만일 세 가지 토기의 화학적 조성이 모두 첨예하게 다르다면, 새로운 가설의 설정이 필요하다.

그간 고고학에서 이러한 종류의 화학적인 연구가 많이 이루어져 현재는 세계 여러 지역에서 출토된 토기의 화학적 조성에 관한 상당히 방대한 규모의 데이터베이스가 축적되어 있다. 이들 자료는 토기의 원산지를 추적하는 연구자들에게 유용하게 사용된다. 특히 미주리 주립대학교 반응로 센터(Missouri University Research Reactor center, MURR)의 연구진들은 이 데이터베이스를 지역별로 나누어 "점토 조성 참고표(compositional paste reference units)"를 제작하여 새로운 데이터들과의 비교를 가능케 하였다.

물질을 이루는 구성요소들을 변화시킬 수 없는 다른 원자재들과는 달리, 토기의 구성요소는 인위적으로 변화시킬 수 있으며, 이러한 특성은 화학적인 분석 결과의 해석에 큰 변수로 작용할 수 있다. 토기 제작자들은 토기의 종류에 따라 각기 다른 특성을 지닌 태토를 사용할 수 있다. 심지어 토기의 각 부위마다 조금씩 다르게 제작된 태토를 사용하기도 하는데, 멕시코의 베라크루즈에서 출토된 토제 물병의 경우 저부, 여과기, 구연부의 입구 부분에 각기 다른 배합의 점토와 비짐을 첨가하여 3가지 서로 다른 태토를 배합하여 제작하였다.

　　북부 애리조나의 토기 제작자들은 만코스(Mancos) 셰일을 주성분으로 하는 점토나 화산지대의 친리 형성물(Chinle formation)[2]로 이루어진 점토를 사용하였기 때문에 같은 마을에서 출토된 토기라고 하더라도 서로 다른 화학적 조성을 나타내는 경우가 있다. 뉴멕시코 지역의 토기 제작자들 역시 이와 비슷한 만코스와 친리 점토를 사용하여 토기를 제작하였기 때문에 이들 두 지역에서 출토된 토기들은 다른 지역에서 출토된 토기들과 비교했을 때 화학적으로 보다 유사하다고 할 수 있다.

　　파키메(Paquime)[3] 마을의 토기 제작자들은 하나의 토기를 만드는 데 최대 7종류 이상의 점토를 혼합하였다. 이는 곧 토기 제작자 각자의 선택에 따라 토기의 화학적 조성에 변화의 폭이 넓다는 것을 의미한다. 이 경우, 토기 제작과 태토의 원산지에 관한 일반적인 추론은 맞지 않을 가능성이 높으며 이를 위해서는 추가적인 확인 작업이 요구된다.

　　토기의 제작 과정이 끝난 이후에도 토기의 화학적인 조성에 지대한 영향을 끼칠 수 있는 요인이 있는데, 그것은 바로 고고학적 맥락 하에서 후퇴적 과정 중에 발생하는 원소의 추가, 또는 이탈현상이다(속성작용-diagenesis라고도 한다). 석기와 같은 유물들은 지질작용에 의해 변색 등과 같이 표면에 변화가 올 수는 있다. 그렇지만 토기는 특유의 다공성 구조로 인해 표면적이 넓기 때문에 화학 반응성이 높다. 다공질의 구조적인 특징과 높은 화학 반응성으로 인해 나트륨이나 칼륨과 같이 용해성이 높은 원소들은 지하수에 의해 용해되어 토기 밖으로 이탈하기도 하고, 반대로 지하수에 본래부터 포함되어 있던 원소들이 토기의 미세조직 내에 축적되기도 한다. 이러한 변화들은 원소 분석을 통한 화학적 조성을 파악하는 연구에 영향을 끼치게 된다.

.........

2　　역자 주. 애리조나 북부에 주로 분포하는 트라이아스기 말기에 생성된 지질형성층.

3　　역자 주. 카사 그란데(Casa Grandes)라고도 불리는 북부 멕시코의 유적. 유네스코 세계문화유산으로 지정되어 있다.

이러한 속성작용에 의한 변화 이외에, 발굴 후에 이루어지는 세척이나 보존처리 과정도 토기의 화학적인 조성을 변화시킬 수 있다. 그러므로, 연구자는 분석을 통해 알아낸 토기의 화학적 조성이 만들어질 당시의 구조와 다를 수도 있다는 것을 항상 인지하고 있어야 한다.

또한 토기는 단순한 물질이 아닌 다양한 기술로 인위적으로 제작된 것임을 인지하고, 토기의 화학적 조성들은 단지 지리적인 산지를 의미하는 것이 아닌 인간의 선택을 나타내는 것임을 고려해야 한다.

## 3.5 뼈

뼈는 보존 조건이 허락한다면 고고유적에서 때때로 발견되는 유물이다. 뼈가 주로 출토되는 곳은 음식찌꺼기들이 폐기된 장소나 분묘이다. 또한, 뼈나 뿔, 조개껍데기와 같은 물질들은 여러 종류의 도구를 제작하기 위한 재료로 사용되었다. 고고학자들은 잘게 부수어진 뼛조각들을 통해 동물의 속과 종, 성별, 나이, 개체 수, 뼈가 조각난 원인 등을 밝혀낸다. 뼈들은 동물들이 사냥되었는지, 이후 스캐빈지(scavenge)[4]가 있었는지, 어떠한 방식으로 도살되었는지, 생계에서 고기가 얼마나 중요한 비중을 차지하였는지, 동물은 언제 죽었는지, 가축화는 어떻게 진행되었는지에 관한 답을 줄 수 있다.

인간의 유해에도 이와 비슷한 종류의 정보들이 내재되어 있다. 인간의 뼈는 우리의 신체를 지탱해 주는 것 이상의 역할을 한다. 치아는 뼈에서 가장 단단한 부위이며 대부분의 구성 물질은 인회석 계통의 광물이다. 치아의 법랑질은 인체의 보존이 용이하지 않은 환경하에서도 잘 보존되는 것으로 알려져 있다. 광물질과 유기물이 혼합된 뼈는 상대적으로 부패와 오염에 취약하다. 뼈의 외피질과 섬유질을 구분하

.........

4    역자 주. 동물의 사체를 먹는 행위.

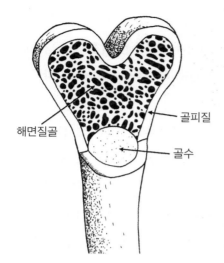

해면질골

골피질

골수

**도면 3.4** 뼈를 구성하는 주요 조직. 골피질은 단단하고 밀도가 높아 신체를 지탱한다. 해면질은 가볍고 밀도가 낮으며 신진대사와 관련하여 중요한 역할을 담당한다.

는 것은 시간이 지남에 따른 뼈의 생존율을 이해하는 데서 매우 중요하다(도면 3.4). 대부분의 뼈들은 두 종류의 조직(골피질과 해면질)을 다 포함하고 있는데, 뼈의 부위마다 이 두 조직의 비율이 달라진다. 골피질은 단단하고 밀도가 높은 뼈로 신체를 지지하는 역할을 담당하며, 팔다리에 더 많이 포함되어 있다. 해면질은 그 조직이 마치 스펀지 같은 형태를 띠고 있으며 갈비뼈, 척추, 골반 등의 내부에 존재한다. 해면질은 비록 신체를 지지하는 역할은 미미하지만 동물의 신진대사와 관련하여 큰 역할을 담당한다. 마치 스펀지와 같은 다공성의 무른 성질로 인해 해면질은 후퇴적 과정 중 가장 먼저 소멸된다.

　　인간의 뼈에는 망자에 관한 수많은 정보들이 들어 있다. 뼈를 통해 나이와 성별에 관한 정보를 얻을 수 있다. 팔다리뼈의 길이와 두께는 체적과 완력에 관한 사실들을 알려준다. 뼈는 망자가 겪었던 질병과 그로 인한 증상에 관한 흔적들도 내포하고 있다. 뼈에 대한 연구를 통해 죽었을 당시의 나이, 죽음의 원인, 성별, 살아오면서 앓았던 병과 사고, 직업, 이주, 영양 상태와 관련된 많은 것들을 알아내는 것이 가능하다. 뼈는 유기물이므로, 때로는 DNA를 함유하고 있어, 이를 통해 고대의 가계를 파악할 수 있다.

　　뼈는 구조적이고 생리학적인 기능을 가진 세포조직이다. 신체의 기본적인 틀을 구성하고 지지하며, 움직임을 위한 신체 각 부위의 연결점들을 제공한다. 또한 신진대사와 혈액과 관련된 기능을 수행하는데, 예를 들어 뼈의 골수는 백혈구를 생성한다. 이러한 역할과 기능들을 수행하기 위해 뼈는 상당히 복잡한 물질들로 구성되어 있다.

뼈는 유기분자들과 무기질 결정이 혼재된 물질이다. 뼈의 조직은 섬유 형태로 이루어져 있는데, 이는 유기 콜라겐 조직과 칼슘 인산염 결정(인회석)들로 구성되어 있다. 이 두 구성요소 이외에 뼈를 이루는 또 하나의 주성분은 수분(물)이다. 완전히 건조되었을 때, 유기조직은 뼈의 30%, 무기질은 뼈의 70%를 차지한다. 뼈가 만들어질 때에는 칼슘이나, 인산염, 물과 같은 주요 물질 이외에 다수의 미량 성분들도 조직 내에 포함된다. 뼈를 구성하는 주요 무기물질 중 하나로 수산화인회석(Hydroxy-apatite)을 들 수 있는데, 이 물질로 인해 뼈가 단단함을 유지하게 된다.

콜라겐은 생물체를 구성하는 주요 단백질의 하나로, 힘줄을 지탱하는 선형의 분자구조들과, 피부와 내부 장기를 보호하는 탄력성 있는 층을 형성한다. 콜라겐은 인체를 구성하는 단백질의 4분의 1을 차지하고 있다. 건조 상태의 뼈를 기준으로, 뼈를 구성하는 유기물질의 90%는 콜라겐이다. 생물체에서 상당히 중요한 위치를 차지하고 있는 콜라겐이지만, 그 구조는 꽤나 단순한데, 아세트산, 프롤린, 그리고 4-하이드록시프롤린으로 이루어져 있다.

뼈는 인간이 섭취한 음식과 물을 통해 인체 내부로 들어온 무기질과 유기분자들로 만들어지기 때문에, 이 과정에서 발생하는 화학반응으로 인해 망자의 뼈에는 살아 생전의 식생활과 관련된 정보들이 고스란히 담겨 있다. 그러므로, 뼈에 포함된 원소와 동위원소에 관한 연구는 과거인의 식생활 복원에 매우 중요한 역할을 담당한다. 원소 분석은 뼈의 무기질 성분을 연구하는 반면, 동위원소 연구는 유기질에 연구의 초점을 맞춘다. 뼈와 치아에 대한 동위원소 분석을 통해 망자의 출신지나 과거의 기후도 어림해 볼 수 있다. 선사시대의 뼈를 연구함에 있어 고고화학의 역할에 대해서는 제4장에서 추가적으로 다룰 것이며, 제7장에서는 이와 관련된 연구사례가 소개될 것이다.

## 3.6 퇴적물과 토양

퇴적물(Sediment)은 지질고고학에서 매우 중요한 용어이다. 물을 포함한 여러 가지 이동인자들(예를 들어, 바람, 경사 등)에 의해 이동될 수 있는 그 어떠한 물질(점토, 모래, 실트, 자갈, 나뭇잎, 패각 등)도 퇴적물이라고 칭할 수 있다. 퇴적물은 결국에는 쌓여서 층을 이루게 되며, 물과 암반층을 제외한 지구상의 모든 표면을 구성한다. 거의 모든 매장문화재들이 퇴적층에서 발견된다. 암반층은 형성되기까지 너무나 오랜 시간이 소요되기 때문에 고고자료들이 퇴적되어 암반층을 형성하는 것은 거의 불가능하다.

토양(Soil)은 지표면의 풍화작용에 의해 제자리에서 형성된 침전물이다. 여기에서 풍화작용이란, 지표상의 쇄설(碎屑)이나 색, 질감, 구조상의 변화를 야기하는 화학적, 생물학적인 과정을 말한다. 이러한 주요 과정들에는 강수, 서리, 동·식물에 의한 변형 등이 있다. 토양은 반드시 지표면에만 존재하는 것은 아니다. 고토양은 지저에서도 나타나며, 이는 과거의 지표면에 대한 증거가 될 수 있다.

토양은 퇴적물의 표면에서 생성되며 보통 서로 다른 물리적이고 화학적인 풍화작용을 수반하는 몇 개의 층으로 구분될 수 있다. 토양은 풍화의 조건과 그 모재(母材)에 따라 다양한 종류가 있으며 온도나, 강수, 해당 지역의 식생 등에 따라 달라지기도 한다. 하지만 대부분의 토양은 풍화 과정이나 함유하고 있는 물질들의 용해성과 같은 측면에서 공통점을 지니고 있다.

대부분의 토양은 형성 과정 중에 몇 개의 층을 생성하게 된다. 최상층은 유기(organic) 혹은 O-층이며, 먼지, 낙엽 등을 포함하는 지표상에 집적되는 유기물질들을 함유하고 있다. O-층은 유기물들의 부식으로 인해 어두운 색을 띤다. 다음 층인 A-층(혹은 topsoil) 역시 유기물을 함유하여 비교적 어두운 색을 띠며, 조직이 성기고 잘 바스러진다. 지표로부터 온 빗물에 A-층의 무기질과 영양분들이 용해되어 하부 층인 B-층(혹은 subsoil)으로 내려가게 된다. 대부분의 용해된 무기질들은 이 층에서 축적되게 된다. B-층은 색이 상대적으로 밝고, 유기물의 비율은 낮으며, 조직이 보다

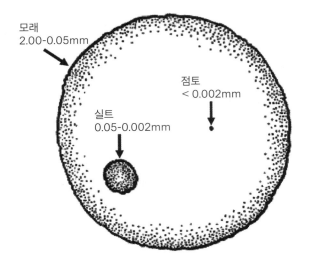

모래
2.00-0.05mm

점토
< 0.002mm

실트
0.05-0.002mm

**도면 3.5** 모래, 실트, 점토의 상대적인 크기 비교. 이들은 퇴적물과 토양의 무기 성분의 구성요소가 된다.

치밀하다. 보다 밑의 C-층은 모암의 쇄설 작용이 시작되는 과도기 층이라고 볼 수 있으며, C-층의 하부에는 모암이 자리하고 있다. 화학적·물리적인 풍화, 동식물의 활동 등에 의해 모암의 용해와 쇄설 작용이 시작되고, 암석을 퇴적물로, 퇴적물을 토양으로 변환시킨다.

입자의 크기는 퇴적물의 성격을 나타내는 가장 중요한 요소의 하나이다. 자갈, 모래, 실트, 점토 등은 퇴적물을 이루는 주 구성물이다(도면 3.5). 이 서로 다른 퇴적물들의 표준적인 크기 범주는 〈표 3.4〉에 나타나 있다. 자갈은 크고 상당히 거칠며 잔자갈부터 표력까지의 크기가 이에 포함된다. 모래는 까칠한 촉감을 지니며 육안으로 입자를 확인할 수 있다. 실트는 상대적으로 곱고 매끄러우며 입자가 작아 현미경을 통해서만 확인 가능하다. 점토의 입자는 극도로 작아 오직 고배율의 전자현미경을 통해야만 볼 수 있다. 점토는 끈적이며, 수분을 함유하면 가소성

**표 3.4** 퇴적물들의 표준적인 크기 범주

| | |
|---|---|
| 자갈 | >2.0mm |
| 표력 | >256mm |
| 왕자갈 | 64 – 256mm(야구공 크기) |
| 잔자갈 | 2 – 64mm(25센트 동전 크기) |
| 모래 | 0.10 – 2.0mm |
| 매우 거친 모래 | 2.0 – 1.0mm |
| 거친 모래 | 1.0 – 0.5mm |
| 중간 모래 | 0.5 – 0.25mm |
| 고운 모래 | 0.25 – 0.10mm |
| 매우 고운 모래 | 0.10 – 0.05mm |
| 실트 | 0.05 – 0.002mm |
| 점토 | <0.002mm |

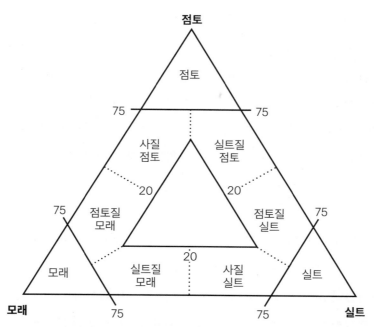

**도면 3.6** 토성 삼각형. 퇴적물의 특성을 기술하기 위해 고안되었으며, 모래, 실트, 점토의 상대적인 비율(%)에 기반한다. 예를 들어, 60%의 실트, 40%의 모래로 이루어진 퇴적물은 사질 실트가 되는 것이다.

을 지닌다.

토양학자들은 토양의 특성을 나타내기 위해 모래, 실트, 자갈의 상대적인 분포 비율을 활용한다. 이를 나타낸 다이어그램(도면 3.6)을 토성 삼각형이라고도 부르는데, 사질 실트, 점토질 모래와 같은 용어들을 활용하여 퇴적물의 특성을 설명한다. 다이어그램의 세 면은 각각 모래, 실트, 점토가 퇴적물 내에 몇 퍼센트 있는가를 나타낸다. 특정 퇴적물에 있어, 이 세 가지 구성요소의 상대적 분포비율이 측정되면 이를 다이어그램 상에 점으로 표시하게 되는데, 이 위치가 해당 퇴적물의 명칭을 결정한다. 예를 들어, 어떤 퇴적물이 30%의 모래, 10%의 점토, 60%의 실트를 함유하고 있다면 사질 실트가 되는 것이다.

자갈, 모래, 실트, 점토와 같은 입자들 이외에도, 지표에는 다른 여러 물질들이 축적되는데, 유기물질들, 화산 쇄설물, 꽃가루, 식물석, 전분 등이 이에 해당한다. 부엽토라고도 불리는 토양의 유기물질들은 식물, 동물, 미생물들의 잔해로 이루어져 있고, 심하게 부식되어 있을 수도, 그렇지 않을 수도 있다. 살아 있는 생물체들 역시 토양 내에 존재한다. 토양 내 유기물질들의 상대적인 양은 퍼센트로 나타내며, 유기물질이 열에 약한 특성을 이용하여 시료를 고온으로 가열하기 전과 후의 무게 차이를 통해 계산한다.

퇴적물은 자원, 환경과 기후, 취락 내 활동, 기술, 건설 등과 관련된 고고학적 의문들에 대한 해답을 제시해줄 수 있다. 고고학적 맥락에서, 퇴적물은 다음과 같은 의미들을 지니는데, (1) 토기와 건축물의 원자재, (2) 과거인들이 살아갔던 생활면, (3) 색소를 굳게 하거나, 의료, 미용 활동 등에 활용된 재료 등이다.

점토는 선사시대에 토기 제작용으로 주로 사용되었다. 실트는 토기 제작에 쓰이기도 하지만, 건축물의 벽을 조성하거나, 진흙 벽돌, 혹은 구운 벽돌을 만드는 데에 흔히 사용되었다. 이밖에 퇴적물들은 선사인들에 의해 벽이나 무덤, 혹은 다른 큰 건축물들을 건설하는 데에 사용되었다. 예를 들어, 고대 중국에서는 집의 기반을 닦거나, 도시의 성벽을 쌓는 데 다진 흙을 사용하였다. 나무로 만든 틀에 실트를 넣고 무거운 다짐 막대로 압착하여 이것들을 층층이 쌓아 벽을 올려나갔다. 만리장성의 일부는 이러한 다진 흙으로 건축되었으며 2,000년이 지난 지금까지도 안정적으로 무너지지 않고 있다.

지표를 구성하는 토양과 퇴적물은 과거나 현재나 인간 활동과 가장 밀접한 관계를 맺고 있다. 인간의 취락지는 거의 언제나 퇴적층에서 발견된다. 인간들은 땅을 파고 집을 지으며 그 와중에 계속해서 퇴적물들을 주변으로 이동시킨다. 인간들은 또 그들이 활동한 물리적, 화학적 흔적들을 땅에 남긴다. 물리적 흔적들은 수혈이나 기둥구멍, 다짐 등과 같이 눈에 보이는 것들이다. 화학적 흔적들은 다양한 인간 활동의 결과로 생성되는 눈에 보이지 않은 원자, 분자 단위의 퇴적물들을 말한다. 예를 들어, 비료를 주는 행위는 경작지에 매우 특징적인 유기물들을 잔존시키게 되는데, 이들은 과학적인 분석을 통해 확인할 수 있다. 인산염은 인간 거주의 증거로 주로 제시되는데, 이 성분이 뼈나 배설물들에 포함되어 있기 때문이다. 인간 활동들은 그 종류에 따라 독특한 화학적 흔적을 남기게 되며, 이들에 대한 면밀한 분석을 통해 어떠한 활동이었는지 역추적이 가능한 것이다.

토양과 퇴적물에 대한 고고화학적 연구는 이들이 담고 있는 다양한 정보의 양만큼이나 중요한 영역이라고 볼 수 있다. 선사시대 점유지의 토양은 유적의 규모와 범위, 선사인들의 활동양상, 층위, 가용자원, 당시의 환경 등에 관한 정보를 담고 있을 가능성이 있다. 비록 토양의 화학적인 특성을 바탕으로 이들 정보를 알아내는 것이 결코 쉬운 일은 아니지만, 다수의 원소들에서 유의미한 증거들이 수집되고 있다. 아레니우스는 토양 내 인산염(phosphate)과 인간 활동과의 관계에 대해 1929년 처음 논하였고, 이러한 정보를 바탕으로 과거 유적의 위치나 해안선을 어림하였다.


## 3.7 금속

금속이란 내부에 전자들이 자유롭게 분포하고 있는 물질을 말하는데, 일반적으로 전자들이 특정 원자와 결부되어 있어 자유로이 분포하지 못하는 다른 물질들과 차이를 보인다. (전자들이 자유로이 분포할 수 있기 때문에)전기를 잘 전도하는 특성 이외에, 특유의 광택과 연성을 지닌다. 전자들이 특정 원자와 결부되어 있는 일반적인 물질들의 경우 이 화학적 결합이 끊어져야 원자들의 이동이 가능하다. 그러나 금속은 화학적 결합의 끊어짐 없이 원자들이 이동 가능하기 때문에, 대부분 부러지지 않고 잘 휘거나 구부러지는 것이다. 이 연성과 특유의 광택이 과거인들이 금속에 흥미를 갖게 된 한 원인이었을 것이다.

대부분의 원소의 가장 근본적인 형태는 금속이다. 그렇지만 거의 모든 원소는 화학 반응성이 높기 때문에, 자연계에서 근본적인 형태로 발견되지 않는다. 자연계에서 순수한 금속의 형태로 존재하는 화학반응성이 없는 원소들을 귀금속(noble metal)이라고 하는데, 예를 들어 금, 은, 백금, 그리고 백금족 원소인 오스뮴과 이리듐 등이 있다. 때때로 구리를 귀금속에 포함시키기도 하지만, 구리는 화학반응을 하고 상대적으로 흔하기 때문에 비금속(base metal)으로 분류되는 경우가 많다.

**도면 3.7** 자연 구리 덩어리를 단조하여 제작한 구리 창촉. 위스콘신주와 미시건주의 올드 카퍼(Old Copper) 문화 출토, 약 1500 BC.

유럽과 중동지역의 경우, 구리로 된 유물이 고고유적에서 출토되는 사례가 많아 "금속병용기(Chalcolithic)"―혹은 "구리시대(Copper Age)"―가 일반적인 석기-청동기-철기의 삼시대에 추가되기도 하였다. 미시건주의 어퍼반도(Upper peninsula)에는 천연구리가 풍부하여 "구리문화(Copper culture)"라고 불리는 고고학적 문화가 존재한다(도면 3.7). 구리는 선사인들에게 매력적이고 실용적인 물질이었을 것이다. 가장 이른 형태의 구리 유물은 주로 펜던트나 보석의 형태이다.

주석, 납, 아연과 같은 원소나 자연 합금인 오스미리듐(오스뮴+이리듐)이나 아와루아이트(니켈+철) 역시 자연계에서 근본적인 형태(금속)로 존재할 수 있다. 그러나 이러한 예는 극히 드물며, 특수한 환경하에서만 확인할 수 있고, 그 양도 극히 적어 잘 활용되지 못하였다.

자연 구리는 보통 다른 구리광물들 내에 존재하는데, 탄산동(copper carboates) 계열인 밝은 푸른색을 띠는 남동석(azurite)이나 밝은 녹색의 말라카이트, 다양한 황화물들과 비산염 화합물들이 그 예이며, 이들은 현대의 구리 생산을 위한 주요 채광물이기도 하다. 이 광물들을 산소가 부족한 환경에서 가열하면 보다 금속의 성질을 띠는 구리(metallic copper)로 변환된다. 특히, 비소가 함유된 구리 황화물이 이 과정을 거치게 되면 일정량의 비소가 용해된 구리가 된다. 이렇게 만들어진 합금은 순수한 구리보다 용융점이 낮으면서, 고온에서 더욱 잘 흐르고, 다루기 쉬우며, 더 단단한 금속제품―예를 들어 비소청동과 같은―을 탄생시킬 수 있다. 이 지대한 발견은 석기시대에서 청동기시대로 나아가는 전환점이 되었다.

가장 이른 시기에 인간에 의해 사용된 청동은 레반트와 메소포타미아에서 출토된 비소청동으로 알려져 있지만, 대부분의 고고학 유적에서 발견되는 청동기들은 주석이 합금된 청동으로 제작되었다. 물론 이들을 제작하기 위해 자연계에 존재하는 구리-주석 황화물들이 우연히, 혹은 의도적으로 채취되었을 수 있다. 그렇지만 자연계에서 대부분의 주석은 구리와는 관계없는 맥락에서 주석석(cassiterite)이나 산화물의 형태로 존재하기에, 주석합금 청동기를 제작하기 위해서는 구리와는 별개로 주석을 지속적으로 채취하여 공급해야 했다.

고대 청동기 제작의 기술적, 지리적 역사를 고찰하는 것은 고고측정학에서 매우 활발한 연구분야 중 하나이다. 현재 가장 적극적으로 이루어지고 있는 연구는 납 동위원소를 활용하는 것이다. 비록 납 자체는 청동을 제작하는 데 필수적인 요소는 아니지만, 자연계에 존재하는 구리 광석에 포함된 미량의 납이 청동기의 제작 과정에서 혼입될 수 있다. 납에는 4가지 주요 동위원소 204, 206, 207, 208이 있는데, 이들 간의 상대적 비율이 지리적인 환경에 따라 달라진다. 청동은 그 원산지가 다양할 수도 있고, 재사용되는 경우도 있기 때문에 납 동위원소를 활용하여 청동기를 연구할 때에는 이러한 점을 염두에 두어야 한다.

금속을 다루는 기술이 발전하여 산소가 부족한 환경에서도 높은 온도를 유지할 수 있게 되자(그리함으로써 금속으로부터 산소와 황을 벗겨낼 수 있었다) 아연, 주석, 납, 철 등과 같은 금속들도 제작할 수 있게 되었다. 청동기시대 이후에 등장하는 철기시대(청동기시대와 약 천여 년간 중복된다)는 기원전 2천년기 후반 어느 시기에 중동지역에서 시작되었다. 비록 이러한 변화가 인류사에 있어 선형적인 발전(linear progress)의 형태를 보여준다는 인식이 지배적이지만, 사실 초기의 철기들은 청동기와 비교하여 질이 좋지 못하였다. 철을 제작하기 위해서는 보다 높은 온도를 필요로 했고, 철은 탄소 함유량이 적어 청동보다 더 잘 부러졌다. 몇몇 학자들은 구리나 주석이 부족하여 청동기의 제작이 어려워지자, 이에 대한 대체수단으로 철기가 생산되기 시작했다고 보고 있다. 그렇지만 기술은 빠르게 발전했고, 인류는 결국 탄소 함유량이 많은 강철을 생산할 수 있게 되었다. 강철은 청동에 비해 더 단단하며, 그러한 이유로 철제 무기나 방어구를 중심으로 점차 청동제를 대체해 나갔다.

철은 이미 철기시대 이전에 그 존재가 밝혀졌고 사용되었다. 비록 소수이지만 수메르 문화에서부터 이른 이누이트(Inuit)에 이르기까지 많은 고대의 문화권에서 철로 만들어진 유물들을 볼 수 있다. 대부분의 경우 이들은 미지의 장소에서 기원한 것으로—예를 들어 철을 뜻하는 메소포타미아 언어는 "천국으로부터 온"이다—여겨졌다. 특정 지역에서는 흔치 않은 지질학적 환경으로 인해 자연적인 또는 "지양의(telluric)" 철이 만들어지기도 한다. 지금으로부터 6,000만 년 전 중부 그린란드의 서쪽 해안가에서 철 성분 함유량이 높은 마그마가 석탄이 다량으로 퇴적된 층으로 분출되었다. 석탄은 철 성분이 높은 용암과 반응하여 산화철(iron oxide)을 천연철(native iron)과 탄화철(iron carbide)로 변화시켜 때때로 수 미터에 이르는 철 덩어리가 형성되기도 했다. 굳어진 용암은 그린랜드 서부 디스코섬(Disko Island) 해안가에 현무암 절벽으로 남게 되었는데, 이것이 풍화되면서 내부에 있던 철 덩어리들이 드러나게 되었다. 이들은 인간 문화와는 동떨어진 것처럼 보이지만, 사실 유럽 박물관들에 소장된 최소 11점의 철제 유물들이 이곳의 철로 만들어졌다.

금속은 그 특성상 얇은 판의 형태로 만들어도 빛이 투과되지 않기 때문에, 관찰을 위해서는 투과광(transmitted light) 대신 직접적인 반사광(reflected light)이 사용된다. 그렇기 때문에, 금속현미경으로 금속 표면을 관찰할 때에도 조명기를 시료의 위에 배치하여 직접 빛을 비추게 된다. 이러한 편광(polarized light) 하에서 금속을 회전시켜가며 그 표면 색채, 밝기, 질감들을 면밀하게 관찰하면, 천연금속과 금속광석, 그리고 합금을 구분하는 것이 가능하다.

금속을 연구함에 있어 화학적 분석들 역시 활용 가능하다. 금속을 화학적으로 분석할 때에 고고학자가 주로 관심을 가지는 원소는 구리와 주석이다. 금속의 화학적 판별은 특별히 높은 정밀도나 감도를 요하지 않는다. 금속의 판별에는 X선 형광분석이 주로 활용되었는데, 최근에는 비파괴 분석이 가능한 소형의 휴대 가능한 기기가 개발되었다. X선 회절분석은 금속의 구조를 바탕으로 그 종류를 판별하는데, 해당 금속이 강철(steel)과 같이 합금일 경우 판별이 용이하지 않을 수 있다.

# 3.8 그 밖의 물질들

유리, 안료와 염료, 모르타르와 시멘트, 패각

위에 예시된 물질들은 암석, 토기, 뼈, 금속 등과 같이 우리가 이미 앞서 언급했던 고고유적에서 흔히 발견되는 물질들 이외에 발견되는 것들의 극히 일부에 해당한다. 사람들이 과거에 사용했거나 제작했던 모든 종류의 것들은 물리적으로, 혹은 화학적으로 고고유적 내에 존재한다.

유적 내에 남겨진 물질들 가운데 손상되기 쉬운 것들은 후퇴적 과정에서 대부분 소멸된다. 각종 식물이나 동물의 피혁류 등이 가장 먼저 분해되어 사라진다. 매우 건조하거나 매우 습하여 물질의 보존에 유리한 환경하에 있는 유적에서는 과거 건설이나, 땔감, 도구 등으로 사용되었던 나무들이 다수 발견될 수도 있다. 극도로 춥거나, 습하거나, 건조한 환경은 생물체의 유기조직들을 보존시키기도 하는데, 냉동인간(Iceman), 안데스(Andes)의 결빙된 제물(sacrificial victim) 등이 그 예가 될 수 있다. 최근 미국 오리건(Oregon)주의 동굴에서 발견된 분석(coprolite)들은 지금으로부터 14,250년 전 아메리카 대륙에 이미 인류가 존재하고 있었다는 것을 알려주었다. 〈도면 3.8〉은 고고유적에서 출토될 수 있는 여러 종류의 물질들이 각기 다른 환경의 후퇴적 과정에 얼마나 영향을 받는지를 나타낸 것이다. 〈표 3.5〉는 지표 아래에서 여러 다른 물질들이 변형되거나 손상되지 않고 얼마간 잔존하는지, 또한 이들 물질이 살아남을 가능성이 높은 환경과 그렇지 못한 환경이 무엇인지를 정리한 것이다.

이번 장(Chapter)에서는 고고유적에서 흔히 발견되는 물질들을 주로 다루었다. 물론 지면의 한계로 인해 여기에서 다루지 못한 물질들도 있다. 나무, 목탄, 각종 식물유체, 깃털, 직물 등과 같이 상대적으로 발견 빈도가 높지 않은 물질들이 그것이다. 본 장의 마지막 절에서는 특히 고고화학적인 측면에서 주목할 만한 유리, 안료와 염료, 모르타르와 시멘트, 패각에 대해 좀 더 알아보고자 한다. 안료와 염료는 그림이나 장식, 의복과 관련이 있다. 유리는 본디 구슬이나 귀금속, 용기 등의 제작에 활용되었고, 후에 창문의 주재료가 되었다. 모르타르와 시멘트는 주로 건축물을 지탱

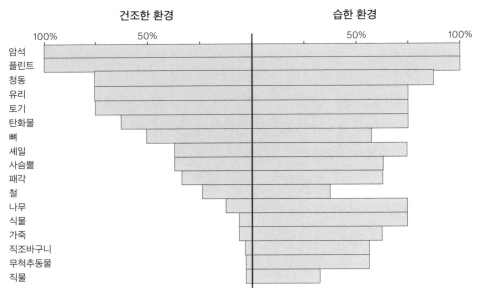

**도면 3.8** 건조하거나 습한 환경하에서 서로 다른 물질들의 생존율(Coles 1979를 따름)

**표 3.5** 고고자료들의 표준적인 생존 기간과 그 조건(Sutton and Yohe 2003: 103)

| 물질 | 표준 생존 기간 | 생존에 용이한 조건 | 생존에 불리한 조건 |
|---|---|---|---|
| 암석 | 수백만 년 | 대부분 | 침식성이 강한 환경에 노출 |
| 구리/청동 | 수백만 년 | 대부분 | 습기, 산소 |
| 금 | 수백만 년 | 대부분 | 거의 없음 |
| 유리 | 수백만 년 | 대부분 | 개간(開墾), 산성 토양 |
| 세라믹(토기) | 수천 년 | 대부분 | 동결풍화작용(凍結風化作用), 개간, 산성 토양 |
| 철 | 수백 년 | 산소가 차단되거나 부족함 | 습기, 산소 |
| 뼈 | 수개월에서 수년 | 빠른 매몰, 습지, 불에 탄 경우, 알칼리성 토양, 화석화 | 지표면에 드러남, 습하고 건조한 기후의 반복, 산성 토양 |
| 식물체 | 수주에서 수년 | 건조함, 추움, 습지 | 습기, 온난한 기온, 산성토양 |
| 피부 | 수일에서 수주 | 건조함, 추움, 습지 | 습기, 온난한 기온, 산성토양 |

하는 재료가 되고, 회반죽은 바닥이나 다른 건축 자재로 활용되곤 한다. 해수와 담수에서 채취한 다양한 종류의 패류는 음식으로 섭취된 후 남은 패각들은 폐기물로 퇴적되기도 하고, 건축 자재로 사용되기도 하며, 장식품과 같은 물건들을 제작하는 데 쓰이기도 하였다.

### 3.8.1 유리

유리는 단단하지만 마치 액체와 같이 분자들이 임의적으로 조직되어 있어 결정구조가 없다. 이러한 특징은 유리가 고체화되는 속도가 매우 빨라 분자들이 서로 일정한 구조로 연결될 수 있는 에너지를 잃기 때문에 나타난다. 비록 결정구조가 없는 고체를 만드는 다른 물체들도 있지만 여기에서 말하는 유리는 그것이 인공적으로 제작되었든 자연적으로 형성되었든, 주성분이 실리카($SiO_2$)인 것을 말한다. 유리 분자는 임의적으로 조직되어 있기 때문에 광범위한 화학적 결합망을 가지고 있지 않으며, 그렇기에 반투명하거나 투명하다.

순수한 실리카는 약 1,700°C 정도에서 용해되며, 이는 선사시대나 자연계에서 불가능한 온도이다. 주기율표상에 첫 번째 단(세로)에 위치하는 1족 알칼리 금속계 원소들은 이 용융점을 낮출 수 있다. 두 번째 단에 위치하는 2족 알칼리 토금속계 원소들은 용해된 유리의 점성을 높여, 원자들의 이동성을 감소시켜 결정화를 가능케 한다. 이들 원소는 결정화 과정에서 유리에 견고함을 더해준다. 나트륨이나 칼륨과 같은 알칼리계 원소들을 다량으로 함유하고 있는 암석들은 900°C보다 낮은 온도에서도 용해된다. 여기에 약간의 수분만 있다면 추가로 100°C 정도 용융점을 낮출 수 있다. 만약 땅 속의 마그마 상태인 암석이 지표면으로 분출되어 수분을 상실할 경우, 용융점은 급속도로 상승하게 되어 흑요석과 같은 자연 유리가 형성될 수 있다. 그러므로 대부분의 흑요석은 실리카를 70~75%가량 함유하고 있으며, 7~12% 정도의 산화물($Na_2O$와 $K_2O$)과 10~15% 정도의 알루미나($Al_2O_3$)를 포함하고 있다.

이렇게 실리카와 다른 물질들을 혼합하여 용융점을 낮추어 여러 유리제품을 생산할 수 있었다. 지금까지 알려진 가장 오래된 유리제품은 약 2,500 BC 무렵 이집트와 근동지역에서 출토되었으며, 이 시점은 청동을 제련할 수 있는 1,000℃ 이상의 온도의 불을 다루는 기술이 축적된 때이다. 유리제품을 제작할 정도의 고온에 도달하기 위해서는, 해당 환경을 조성할 수 있는 가마를 구성하는 물질과, 이러한 온도를 일정 시간 유지할 수 있게 하는 연료 및 통풍에 대한 지식이 있어야 한다. 최초의 유리제품은 구슬이었는데, 태초에는 금속 슬래그(slag)나 파양(faience)[5] 도자기를 제작하는 과정에서 생겨난 부산물로 등장했을 것으로 여겨진다. 파양, 혹은 이집트 파양 도자기는 점토를 사용하지 않은 도자기로, 모래나 나트론(natron), 방해석 함량이 높은 석회 등을 주성분으로 하며, 제작 과정에서 광물질의 소결작용에 의한 표면 유리화(vitrification)로 인해 다양한 색깔의 밝은 광택이 있는 표면을 가지게 된다.

초기의 유리들은 실리카 함량이 높은 모래와 알칼리성의 식물 재(ash), 혹은 알칼리성의 광물과 석회의 혼합을 통해 제작되었다. 그러므로 많은 수의 이른 시기 유리제품들은 그 화학적 구성이 흑요석과 흡사하다. 예를 들어, 70% 정도가 실리카, 15%의 산화나트륨($Na_2O$) + 산화칼륨($K_2O$), 그리고 10%의 산화칼슘(CaO) + 산화마그네슘(MgO)으로 이루어져 있다. 현재 생산되고 있는 대부분의 유리제품 역시 이런 "소다 석회(soda-lime)"형 구성을 보인다.

이른 시기 유리제품들은 그 아름다움과 가치로 인해 장식품으로 인식되었다. 가장 오래된 유리 꽃병은 그 연대가 1500 BC 정도이며 메소포타미아 지역에서 출토되었다. 유리를 제작하는 기본적인 레시피가 만들어지면서 다른 성분들을 추가하여 특히 다양한 색을 내는 것을 통해 그 가치를 높였다. 이 시기 유리에는 종종 약간의 철 성분이 추가되기도 하였는데, 의도치 않은 갈색이나 녹색을 발색시키는 원인이 되기도 하였다. 보다 풍부한 색감을 내기 위해서 또 다른 물질들을 추가할 수 있는데, 예를 들어, 코발트는 깊은 푸른색을 내고, 우라늄은 밝은 노란빛은 내기 위해 첨가된

.........

5　　역자 주. 본문에서 설명하고 있는 파양 도자기는 흔히 알려진 유럽의 주석 유리 도자기와는 다른 것이며, 본문에 설명된 방식으로 고대 이집트에서 주로 제작되었다.

**도면 3.9** 현재 영국박물관에 소장중인 리쿠르고스(Lycurgus) 컵. 왼쪽과 오른쪽 컵의 모습은 빛을 서로 다른 방향에서 비추었을 때 두 가지 다른 색이 나타나는 이색성(二色性)의 특징을 보여준다.

다. 광택과 투명도에 변화를 주기 위해 또 다른 성분들이 추가되기도 한다.

유리 불기(Glassblowing) 세공기술은 기원전 1세기 말엽이 되어서야 등장한다. 유리 불기의 도입은 제작 과정을 단축시키고 유리기의 모양과 디자인을 훨씬 다양하게 하였다. 로마인들은 유리산업을 확장시켰고 로마 장인들이 제작한 유리병, 주전자, 꽃병 등은 유럽과 지중해 전 지역에서 발견된다.

알렉산드리아, 이집트, 시돈(Sidon), 시리아 등지에 있는 유리 제작 중심지들을 점령한 로마인들은 그들의 유리제품을 현재의 유리공예 수준으로 발전시켜 예술품의 경지에 이르게 하였다. 로만 글라스라 불리는 이 유리제품들 가운데 가장 잘 알려진 것은 리쿠르고스(Lycurgus) 컵이라고 불리는 이색성(二色性)의 용기이다. 이 유리기는 전면에서 직접 빛을 받으면 밝은 녹색을 띠고, 컵의 안쪽에서 바깥쪽으로 빛을 비추면 검붉은 루비색을 나타낸다(도면 3.9). 20세기에 이르러서야 이러한 현상의 원인이 유리 제작 시 추가된 극도로 작은 금과 은 입자들이 가시광선을 선별적으로 흡수, 반사하는 현상에 있다는 것이 밝혀졌다.

중국에서는 또 다른 유리 제작 전통이 발현하였는데, 역시 그 시점은 청동기의 제작이 가능할 정도의 온도를 다룰 수 있는 기술이 등장한 이후이다. 하지만 중국에서는 알칼리 광물질이나 칼슘, 마그네슘 대신 납 산화물과 플럭스, 바륨 등이 유리를 안정화시키는 첨가물로 활용되었다.

유리 제작 시 납 산화물을 첨가하는 기법은 18세기 유럽지역에 이르러 더욱 발전하게 된다. 납 산화물은 유리를 부드럽게 만들어 절단을 용이하게 하며, 밀도와 굴절률을 높인다. 이는 유리를 더욱 빛나게 하여 납유리(lead glass) 혹은 "크리스털"의 제작을 가능케 하였다.

흑요석과 달리 인공적으로 제작한 유리는 다양한 성분들이 혼합된 기술의 산물이다. 유리가 지닌 고유의 특성을 위해 필요한 주요 성분들의 종류는 정해져 있지만, 이들을 포함한 유리를 구성하는 여러 성분들은 서로 다른 다양한 재료에서 추출된 것이다. 따라서 유리를 구성하는 각 성분들의 농도 및 상대적인 양은 어떠한 재료를 얼마나 선택하는지에 따라 크게 달라지게 된다. 그러한 이유로, 흑요석의 경우와 달리 유리에 대한 성분분석 결과는 특정한 지질학적 원산지를 추정하는 데에 활용되기 어렵다. 그렇지만 주요 유리 제작 중심지들의 서로 다른 혼합 방법에서 기인하는 특유의 성분비의 차이를 이용하여 제작 기원지를 어림하는 연구에 기여할 수 있다. 예를 들어, 북아메리카 대륙이 유럽의 식민지였을 당시 유럽에서 제작된 다량의 유리구슬들이 교역을 통해 아메리카 대륙으로 유입되었다는 사실이 유리의 성분분석을 통해 밝혀졌다.


## 3.8.2 안료와 염료

자연계에 존재하는 착색제(colorant)들은 크게 두 가지로 나눌 수 있다. 안료(pigments)는 불용해성의 고체 형태로 일반적으로 광물질이며, 염료(dyes)는 보통 액체 형태로 사용되고 일반적으로 유기물이 원재료이다. 안료들은 주로 벽화를 그리거나 토기를 장식하는 것과 같이 표면 처리를 위한 도료로 사용되는 반면, 염료들은 주로 동식물성 섬유에 색을 입히는 데 쓰임새가 있다.

안료와 염료는 특정한 파장의 빛을 반사하는 화합물이므로 다른 물질들을 착색하는 데 적합하다(McLaren 1986). 이들 착색제는 자연 상태 그대로, 혹은 인공적으로

합성해서 사용되며 물에 녹을 수도, 그렇지 않을 수도 있고 광물질이거나 유기질로 구성되어 있다. 물에 용해되지 않는 착색제는 광물질로 이루어진 안료이며, 용해성의 유기질 착색제는 염료이다.

대부분의 고고학적 맥락에서 보이는 안료들은 광물질들이지만 목탄이나 불탄 뼈 역시 안료가 될 수 있다. 〈표 3.6〉은 안료로 사용되는 광물들의 화학적 구조식과 추가적인 정보들을 나타낸 것이다. 일반적으로 철 산화물들은 안료료 가장 널리 활용되었다. 적철석(hemetite, $Fe_2O_3$)은 흙과 같은 촉감의 광물로 붉은빛의 황토색(red ochre)을 내는 데 쓰이는데, 산화수 +3 형태의 철 산화물이다. 적철석의 원석은 반짝거리는 검은색이지만 분쇄되어 가루의 형태가 되면 붉은 빛을 띤다. 적철석은 많은 경우 점토에 자연적으로 존재하며 1% 정도만 함유되어 있어도 붉은색을 나타내게 할 수 있다. 이렇게 적철석을 함유하고 있는 점토들이 안료로 사용되었다.

철 산화물이 수화(hydrated)한 형태($FeO(OH)$)인 갈철석(limonite)이나 침철석(goethite)은 적철석과 마찬가지로 원석일 때에는 검은색을 띠지만 분말 형태에서는 갈색빛이 도는 노란색이 된다.

자철석(Magnetite, $Fe^{+2}Fe_2^{+3}O_4$)은 검정색 철 산화물로, 자연계에도 존재하지만 적철석을 함유하는 점토를 산소가 부족한 "환원" 환경에서 소성할 때 생성되는데, 이로 인해 철의 산화수가 +3 형태에서 +2 형태로 변화하게 된다. 반대로, 자철석을 함유하는 점토를 산소가 풍부한 환경에서 소성하면 자철석이 산화되어 적철석이 된다. 이러한 철의 산화와 환원반응은 대부분 철 산화물을 일정량 함유하고 있는 토기의 소성 이후 색깔을 결정하는 요인이라고 할 수 있다.

구리 광물은 밝은 푸른색이나[6] 녹색을 나타내는 안료로 사용되었다. 이들은 대부분 수화 광물이거나 탄산염의 형태로, 토기를 소성할 때 필요한 온도에서는 분해되므로 토기 표면을 착색할 때는 소성 후에 착색되어야 한다. 니켈이나 크로뮴(chro-

.........

6    역자 주. 구리 광물은 조선시대에도 청색을 내는 용도로 흔히 사용되었는데, 예를 들어 남동석(azurite)을 가루로 만든 "석청"이 있다.

**표 3.6** 착색제로 활용되는 대표적인 광물들의 발색, 화학구조식, 추가적인 정보들

| 광물 | 발색 | 구조식 | 비고 |
|---|---|---|---|
| 적철석(Hematite) | 붉은색 | $Fe_2O_3$ | 붉은 황토색(red ochre)을 발색. 도/토기의 안료로 광범위하게 사용됨 |
| 자철석(Magnetite) | 검정색 | $Fe_3O_4$ | 주로 도/토기의 안료로 사용됨. 적철석을 환원 환경에서 소성하는 과정에서 생성 |
| 침철석(Goethite) | 노란색/갈색 | $FeO(OH)$ | 노란 황토색(yellow)을 발색 |
| 갈철석(Limonite) | | | |
| 진사(Cinnabar) | 버밀리온(Vermillion) 붉은색 | $HgS$ | 열에 취약 |
| 남동석(azurite) | 진청색 | $CuCO_3$ | 열에 취약 |
| 공작석(Malachite) | 밝은 녹색 | $CuCO_3$ | 열에 취약 |
| 황(Sulfur) | 노란색 | $S$ | 열에 취약 |
| 석황(Orpiment) | 오렌지-노란색 | $As_2S_3$ | 열에 취약. 주로 계관석, 진사 등과 함께 쓰임 |
| 계관석(Realgar) | 오렌지-붉은색 | $As_4S_4$ | 주로 석황, 진사 등과 함께 쓰임. 열에 취약 |
| 규공작석(Chrysocolla) | 터키석색 | $(Cu,Al)_2H_2Si_2O_5(OH)_4 \cdot n(H_2O)$ | |
| 천람석(Lazurite) | 군청색 | $(Na,Ca)_8(AlSiO_4)_6(SO_4,S,Cl)_2$ | 값어치가 높음. 청금석(lapis lazuli)의 주요 구성물질 |
| 방해석(Calcite) | 흰색 | $CaCO_3$ | |
| 석고(Gypsum) | 흰색 | $CaSO_4 \cdot 2H_2O$ | |
| 카올린/고령토(Kaolin) | 흰색 | $Al_2Si_2O_5(OH)_4$ | |
| 경석고(Anhydrite) | 흰색 | $CaSO_4$ | 석고를 가열하는 과정에서 생성. 자연계에도 존재 |
| 목탄(Charcoal) | 검정색 | $C$ | |

mium) 계열의 광물 역시 드물지만 푸른색이나 녹색을 내는 안료로 활용된다.

대부분의 안료들은 고형의 광물들을 분쇄하여 가루로 만든 형태로, 진한 색을 띤다. 많지 않지만, 불용해성 안료 중의 일부는 동식물로부터 만들어지기도 하는데, 나무나 견과류의 껍질이나, 동물의 뿔이 원재료가 될 수 있다. 안료들은 용해되지 않기 때문에 표면을 착색하기 위해서는 점착성 물질과 혼합해서 사용되어야 하는데, 이들 가운데는 고무나 수지, 계란의 흰자위(egg albumin)나 또 다른 동물성 점착제들이 있다.

안료의 가장 이른 사용례는 구석기시대 후기 프랑스와 스페인에서 보이는 동굴 벽화인데, 가장 오래된 것은 지금으로부터 30,000년 이전에 그려진 것으로 추정된다. 이들 안료는 계란의 흰자위, 광천수, 혈액 등의 점착성 물질들과 혼합하여 사용되었다.

선사시대의 예술 활동에 관한 연구에 휴대용 라만 분광계(portable Raman spectroscopy)가 도입되는 사례가 늘고 있다(도면 3.10). 이 접근법은 실제 유적지에서 비파괴적인 방법으로 분석이 가능하며, 고대 벽화를 그리는 데 사용된 안료와 점착제에 관한 신뢰도 높은 정보를 제공해 준다. 〈도면 3.11〉은 선사시대 스페인의 동굴벽화에 대한 라만 분광분석 결과로 나타난 분광사진(spectrograph)이다. 스페인 알타미라 동굴벽화의 붉은색, 노란색, 흰색, 검은색, 갈색 부분에 대한 라만 분광분석 결

**도면 3.10** 벽화 안료의 화학적 조성을 X선 형광분석 장비를 통해 측정하고 있다.

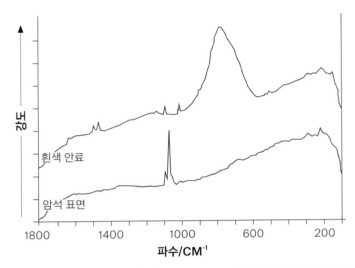

**도면 3.11** 후기 구석기시대 스페인 라 칸델라리아(La Candelaria) 동굴 벽화의 흰색 부분에 대한 라만 분광 분석 결과. 상단의 흰색 광물인 웨웰라이트(whewellinte)가 수화석회와 더불어 상단의 스펙트럼에 나타나 있다. 하단의 스펙트럼은 비교를 위해 아무런 벽화도 그려지지 않은 자연표면의 결과를 나타낸다(Edwards et al. 1999).

과 열변형(heat alteration)이 확인되지 않았다. 이는 안료의 준비 과정에서 재료를 불에 태우지 않았다는 것을 의미한다.

염료는 대부분 유기질이며, 용해성이 강하고 면, 양털과 같은 옷감이나 섬유를 염색하는 데 쓰인다. 안료나 염료는 식물, 곤충, 패각 등과 같은 다양한 천연 재료로 만들어진다. 염료의 용해성은 옷감에 색을 입히고, 반복적인 세탁 과정에 대한 내성을 가지는 데 중요한 역할을 한다. 옷감이나 섬유를 염색하는 방식은 크게 두 가지로 나눌 수 있다. 건염(建染, vat dyeing)은 물에 염료를 용해시킨 이후 옷감을 그 물에 적셔 염색하는 방식인데, 이후 옷감을 건조시키면 염료가 직물의 조직 내에 염착(染着)되어 본색을 내게 된다. 이 방법은 주로 인디고 염료(indigo dye)의[7] 염색에 활용되는데, 인디고는 화학적 환원 반응을 거치지 않으면 물에 용해되지 않기 때문에 주로 알칼리성 수용액으로 발효시켜 사용한다. 매염(mordant dyeing)은 옷감을 철이나 알

.........

7    역자 주. 인디고는 쪽풀에서 채취한 청색의 식물성 천연 염료를 말한다.

루미늄과 같은 금속염 매염제(媒染劑)에 적신 후 염색하는 방법이다. 매염제는 염료와 합쳐져 불용성 화합물을 형성하여 색을 직물 조직에 염착시키는 역할을 한다. 매염은 식물성 염료에 사용되는 방법이며, 붉은색, 노란색, 보라색 등의 염색에 활용된다. 두 가지 염색 방법 모두 환경조건이 나쁘지 않다면 수천 년 동안 발색을 유지할 수 있다.

박층 크로마토그래피(thin layer chromatography, TLC)나 고성능 액체 크로마토그래피(high performance liquid chromatography, HPLC)는 염료의 성분을 추정하는 데 주로 사용된다. 과거의 염료와 발색에 대한 정보를 얻기 위해 고대 페루의 직물들이 학자들의 주요 연구대상이 되었다. 콜럼버스 시대 이전(pre-Columbian)의 안데스 지역에서 직물은 인간사회에서 중요한 의미가 있었는데, 라마나 알파카의 털이나 면이 주재료로 쓰였다. Jan Wouters와 그의 동료인 Noemi Rosario-Chirinos는 HPLC와 자외선 가시광선 분광법(ultraviolet – visible spectroscopy, UV – VIS)을 사용하여 기원전 300년부터 1532년 사이 콜럼버스 시대 이전의 각기 다른 문화에서 만들어진 염색 직물을 현재의 페루 천연 염색 직물과 함께 연구하였다. 이러한 기기들을 통해 염료의 각기 다른 성분들을 분리하여 정량적인 분석을 하거나, 그 성격을 파악할 수 있다.

몇몇 대표적인 염료의 기원이 되는 원재료와 그 발색에 대한 정보를 간략하게 소개하고자 한다.

동물성 붉은색: 코치닐은 중남미의 선인장에 기생하는 연지충(Coccus cacti)을 말려 제조한다. 염료의 주성분은 연지충의 무게의 약 20%를 차지하는 카민산(carminic acid)이며. 이 색소가 아름다운 붉은 빛을 발색시킨다.

식물성 붉은색: 꼭두서니과(Rubiaceae) 식물의 뿌리나 껍질 안쪽에서 구한다.

식물성 노란색: 남아메리카에는 노란색 염료로 사용될 수 있는 식물이 15종 이상 분포하고 있다. 이들 플라보노이드(flavonoid)계 색소의 주성분은 루테올린(lute-olin)과 아피제닌(apigenin)이다. 플라보노이드는 식물에 널리 분포하고 있는 2차 대사 산물(secondary metabolite)로, 식물체의 꽃 등이 노란색, 붉은색, 청색 등의 빛깔

을 내게 하는 역할을 한다. 루테올린과 아피제닌은 식물의 꽃에 주로 분포한다.

식물성 푸른색: 푸른색, 혹은 보라색 계열의 인디고는 대부분 대청(Isatis tinctoria)이나 땅비싸리속(Indigofera) 식물들로부터 추출된다. 이들 식물의 잎에는 인디칸(indican)이라는 글리코사이드(glycoside) 성분이 있는데, 잎을 물에 적셔 발효시키는 과정을 통해 이들 성분을 인디고 염료로 변환시키는 것이다. 발효된 잎에서 추출된 침전물들은 잿물과 같은 알칼리용액과 혼합하여 덩어리로 만들어 건조시킨 후 분말 형태로 만든다. 이 분말을 여러 가지 물질들과 섞어 다양한 빛깔의 푸른색을 내는 것이다. 현대의 인디고는 인공적인 재료들을 합성하여 만드는데, 청바지의 데님(denim) 옷감을 만드는 데 사용된다.

타닌(tannin): 다종다양한 식물체의 액포나 표피의 왁스 층에서 얻을 수 있는데, 타닌은 갈색이나 짙은 갈색을 낼 수 있다. 타닌은 떫고 쓴 식물성 폴리페놀로 단백질과 결합하여 응고시키는 작용을 한다. 타닌은 가죽을 무두질하는 과정에도 중요한 역할을 담당하였다.

페루지역의 염료들은 매염제 및 다른 첨가물들과 혼합되어 제조공정을 단축 및 발색 유지 기간의 연장을 꾀하였다. 이들 매염제 및 첨가물들에는 알루미늄염(aluminum salts), 철의 파생물들, 식물의 재, 타닌, 석회, 소변, 식초 등이 있다. 유기질의 염료들은 선사시대의 물질자료의 표면에서 상대적으로 빠르게 소멸되는 경향에 있어 분석이 쉽지 않다. 염료나 섬유는 고고유적이나 박물관 수장고에서 쉽게 변질되거나 소멸된다. 직물이 본래의 색을 완전히 잃게 되면 분석은 더욱 복잡해지고 힘들어진다. 색이나 조직이 심하게 변질된 직물의 경우에는 염료 자체에 대한 추적보다는 변질로 인해 생성된 물질들이 무엇인지를 파악하는 것이 유용한 접근법이 될 수 있다.

### 3.8.3 콘크리트, 모르타르, 그리고 회반죽

콘크리트, 모르타르와 회반죽은 주로 건축물의 자재로 활용되는 혼합물이다. 콘크리트는 인공적으로 성형한 석재를 만드는 데 사용된다. 콘크리트는 시멘트에 모래와 자갈 같은 서로 다른 입자의 크기를 가진 골재(骨材), 그리고 물을 혼합하여 만든다. 시멘트는 결합재로서, 불에 태운 석회를 분말 형태로 만든 것을 주성분으로 한다. 시멘트에는 두 가지 종류가 있는데, 공기 중에서 경화되는 기경(气硬) 시멘트와 수중에서 경화되며 상대적으로 내구성이 더 강하고 불용성인 수경(水硬) 시멘트가 그것이다. 모르타르는 건축 과정에서 석재들 사이의 틈을 메우고 이들을 고착시키는 데 사용된다. 모르타르는 보통 지름 5밀리미터 이하의 골재를 함유하는 반면, 콘크리트는 이보다 더 큰 크기의 골재들로 제작된다. 회반죽은 또 다른 형태의 혼합물로 노출된 표면을 덮어 이를 보호하는 역할을 한다. 회반죽은 표면을 부드럽게 하여 미화하는 효과를 나타내기 위해 고운 입자들로 이루어져 있다.

석회($CaCO_3$)는 단단하고 방수 효과가 있는 시멘트를 만드는 데 흔히 사용되는 물질이며 석회암의 구성물로 지구의 각 지역에 분포하고 있다. 석회는 무르기 때문에 쉽게 분말의 형태로 만들 수 있으며, 가열하면 화학적 구조가 변하는데, 이러한 특성을 이용하여 시멘트와 같은 강력한 결합재를 제작할 수 있다. 석회를 900°C 온도에서 연소시키면 생석회(quicklime)가 되며, 이를 물과 반응시키면 소석회(slaked lime, $Ca(OH)_2$)가 생성된다. 이 가수(加水)석회를 공기 중에 방치하면 이산화탄소를 흡수하여 건조되면서 석회가 된다(도면 3.12).

바바(Barba)와 그의 동료들은 멕시코의 고대도시 테오티와칸(Teotihuacán)을 건설하는 데 사용된 석회의 원산지에 관한 흥미로운 연구 결과를 발표하였다. 서기 100년경 면적이 26km²에 이르는 이 거대한 도시에는 약 12만 5,000명의 인구가 거주하였다. 이 계획도시 내에는 여러 구역들이 있었는데, 피라미드, 궁전, 의례구역, 주요 도로, 행정지구, 거주 구역, 수공업 작업장, 교역장, 터널, 두 개의 운하화(canalized)된 강, 그리고 의례를 위한 동굴 등이 그것이다(테오티와칸은 제8장 원산지에서도 다룰 것이다).

석회 생석회
$$CaCO_3 + \text{heat at } 900°C \rightarrow CaO + CO_2$$
$$CaO + H_2O \rightarrow Ca(OH)_2 \text{ 소석회}$$
$$Ca(OH)_2 + CO_2 \rightarrow CaCO_3 + H_2O$$

**도면 3.12** 석회 결합재와 시멘트의 제작 과정이 2,000년 전 도시의 대부분 건축물들은 회반죽으로 둘러싸여 있었다. 회반죽으로 둘러싸인 면적에 대한 가장 신뢰할 만한 근사치는 1,200만 m²로, 상상조차 할수 없는 양이다. 더욱 놀라운 점은 이 고대도시의 주변에는 회반죽을 제작하는 주원료인 석회암이 전혀 발견되지 않는다는 것이다. 테오티와칸이 위치하고 있는 멕시코 계곡(Valley of Mexico)은 거대한 화산 분지로, 상대적으로 근자에 생성된 화산암들로 이루어져 있다. 도시에서 가까운 석회암 산지는 도시를 기준으로 남쪽, 북서쪽, 동쪽의 3군데에 위치하고 있는데, 60~150km 정도 떨어져 있다. 회반죽의 제작, 운반, 사용과 관련한 일련의 공정은 이 도시의 경제활동에 큰 영향을 미쳤을 것이며 그렇기에 원료가 되는 석회의 구체적인 원산지를 밝히는 것은 매우 중요한 연구라고 할 수 있다.

바바와 그의 동료들은 이 세 군데의 산지에서 석회 시료를 채취하여 각 시료 고유의 화학적 특성을 알아내어, 이를 도시의 회반죽 내에 포함된 석회의 그것과 비교하였다. 이를 위해 여러 가지 과학적인 분석법이 도입되었다. 석회 산지에서 채취한 시료의 원소 조성은 XRF를 통해 알아냈고, 도시 회반죽의 원소 조성 및 분포는 주사 전자현미경–에너지 분산 X선 분광법(Scanning Electron Microscope-Energy Dispersive X-ray Spectroscopy, SEM-EDS)을 통해 밝혀냈다. 미량원소의 조성은 레이저 제거 유도 결합 플라즈마 질량 분석법(laser ablation inductively coupled plasma mass spectrometry, LA-ICP-MS)을 통해 알아냈는데, 이 접근법은 매우 작은 회반죽 덩어리의 분석에 유용하게 사용될 수 있다. LA-ICP-MS는 여러 종류의 미량/희소원소들을 높은 해상력으로 비교적 빠르고 정확하게 분석해 낼 수 있으며, 특히 시료 간 주요 원소들의 조성에 두드러진 차이가 없을 경우 그 활용도는 배가된다. 결과적으로 이 기기는 회반죽의 원산지를 추적하는 데 매우 큰 역할을 담당하였다.

고대의 회반죽과 석회 산지들의 분석 결과를 비교한 결과, 회박죽을 만드는 데 사용된 석회는 도시에서 북서쪽으로 60km 정도 떨어진 이달고(Hidalgo)주에 위치한 (세 군데의 석회 산지 중) 가장 가까운 산지에서 채취한 것으로 밝혀졌다. 시료들의 주요 원소 및 미량원소에 대한 분석 결과를 통해 이달고 지역이 테오티와칸에서 사

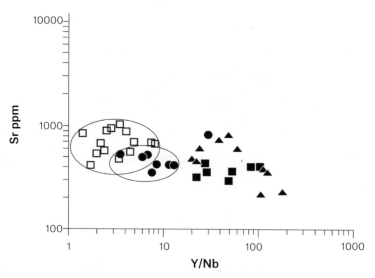

**도면 3.13** 스트론튬(Sr) 원소의 함유량(ppm)과 이트륨(Y)과 니오븀(Nb) 원소 간의 비율을 나타내는 log-log 산점도. 흰색 사각형: 테오티와칸의 회반죽 시료. 흑색 원: 이달고(Hidalgo) 지역의 석회 산지. 흑색 삼각형: 모렐로스(Morelos) 지역의 석회 산지. 흑색 사각형: 푸에블라(Puebla) 지역의 석회 산지. 흰색 사각형과 흑색 원의 영역이 중복되는 것으로 보아 이달고 지역의 석회가 테오티와칸의 건축물 외벽을 마감하는 회반죽의 주요 원산지임을 알 수 있다(Barba et al. 2009에서 차용).

용된 회반죽의 원산지인 것을 확인할 수 있었다(도면 3.13). 석회암의 채취, 회반죽의 제작, 운반과 관련하여 동원된 대규모의 노동력은 국가단계의 사회조직을 갖춘 테오티와칸 내 조밀하게 계획된 인력 관리체계를 잘 보여준다.

### 3.8.4 패각

패각은 고고유적에서 가끔씩 발견되는데, 자연적인 퇴적의 결과로 유적에 남겨지거나 인간 활동의 부산물로 버려진다. 굴, 대합, 홍합, 가리비, 삿갓조개를 포함하는 다양한 패류들은 현재만큼이나 과거에도 중요한 식량자원이었다. 패류 섭취의 역사는 수십만 년 전으로 거슬러 올라간다. 패류는 수량이 풍부하고 비교적 쉽게 채집할 수 있으며 주요 영양소인 단백질과 필수 미량 무기 원소인 철, 구리, 마그네슘의 공급원이다. 민물, 해양성 패류 모두 고고유적에서 발견된다.

패류는 생물분류체계상 연체동물문에 속하며 패각과 발을 가지고 있다. 단각류(univalve)는 하나의 패각으로 이루어진 것으로 고둥이나 소라 등이 이에 해당한다. 쌍각류(bivalve)는 두 개의 패각이 맞물린 형태를 띠고 있고, 대합이나 가리비, 굴 등이 대표적이다. 지구상에는 다종다양한 민물, 해양성 연체동물들이 서식하고 있다. 패류가 식용으로 소비된 이후, 패각은 타공하여 구슬을 만들거나, 낚싯바늘 등으로 가공되어 사용되었다. 패각을 분쇄하여 석회의 원료나 토기의 비짐(temper), 건축 자재로 활용하기도 하였다. 남태평양의 일부 지역에서는 개오지과(cowrie) 패각이 귀중품으로 여겨져 장거리 교역의 대상이 되기도 하였으며, 심지어는 화폐로도 사용되었다.

다량의 패각이 쌓여 만들어진 패총은 수천 번의 식사가 남긴 폐기물이라고 볼 수 있는데, 세계 각지의 해안이나 강가의 자연제방에서 발견된다. 이들 패총은 때에 따라 길이와 너비가 수십 수백 미터, 높이가 15m에 이를 수 있다. 샌프란시코만의 에머리빌(Emeryville) 패총은 평면상의 크기가 $100 \times 300m$에 달하며(미식축구장 6개의 면적), 높이는 10m가 넘는다(3층 건물 높이).

유적의 계절성은 성장선(growth ring)을 생성하는 몇몇 연체동물의 패각을 통해 알아낼 수 있다. 성장선을 통해 해당 패류가 수확된 시점, 즉 인간 활동이 있었던 시점에 대한 추정이 가능한 것이다. 예를 들어, 많은 연체동물들의 껍질에는 해마다 층(layer)이 더해진다. 〈도면 3.14〉에서 보이는 굴껍질에는 수 개의 성장선이 나타나 있는 것을 확인할 수 있다. 이들 패각에 대한 면밀한 조사를 통해 이들의 나이와 수확 시기를 알아내는 것이 가능하다.

식생활과 계절성 이외에, 패각은 유적 주변의 식생과 기후변화에 대한 정보도 제공한다. 패류는 종류에 따라 서식하는 물의 깊이가 다르고, 선호하는 수온이나 염도, 유속이 다르다. 패각은 칼슘, 탄소, 산소 등으로 구성된 탄산칼슘($CaCO_3$)으로 이루어져 있다. 패각에 내재된 산소 동위원소들 간의 비율은 패각이 생성될 당시의 수온에 따라 달라진다. 그렇기에, 이 산소 동위원소비는 시간이 지남에 따른 (기온 변화와도 관계가 있는) 수온 변화에 대한 정보를 제공해 준다. 이들 정보를 통해, 해당 패

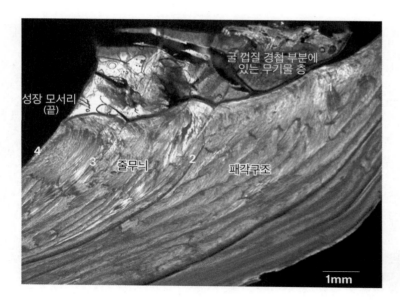

굴 껍질 경첩 부분에
있는 무기물 층

성장 모서리
(끝)

4

3 줄무늬 2 패각구조

1mm

**도면 3.14** 굴 껍질에
나타나는 성장선

각에 어느 연안에서 채취되었는지도 추론이 가능하다.

이와 관련하여, 선사시대 캘리포니아에서 주로 구슬을 만드는 재료로 사용되었
고, 주요 장거리 교역의 대상이기도 하였던 *Olivella biplicata* 고둥에 대한 연구가
있다. 얼킨스(Eerkens)와 동료 연구자들은 이 지역에서 서식하는 현대의 고둥과 고
고유적에서 발견된 고둥의 패각을 이용하여 산소 동위원소비(ratio)를 측정하였다
(도면 3.15).

현대의 *Olivella biplicata* 고둥에 대한 산소 동위원소비는 해당 지역의 바다의
수온 및 다른 조건들을 반영한다. 〈도면 3.16〉은 산타바바라(Santa Barbara)에서 채
취한 동일 패각을 0.5mm 간격으로 나누어, 나누어진 각 구역의 산소 동위원소비를
측정한 것이다. 이 패각 시료는 완전한 1년간의 성장을 기록하고 있으며, 동위원소
비는 4계절의 변화에 따른 수온의 변화를 나타낸다.

동위원소 분석 결과 캘리포니아 해안가를 두 개의 권역으로 나눌 수 있었다. 즉,
패각이 캘리포니아 해안의 북쪽에서 2/3 지점까지의 지역에서 채취된 것인지, 남쪽
에서 1/3 지점까지의 지역에서 제작된 것인지를 확인할 수 있게 된 것이다. 총 10점
의 고고유적에서 출토된 패각시료가 분석되었다. 이 중 6점은 캘리포니아 남동부의

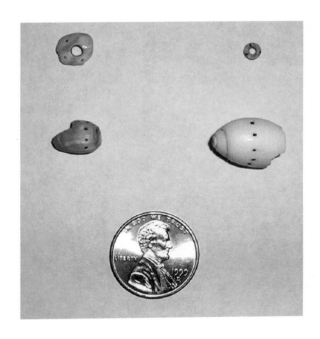

**도면 3.15** 세 곳의 고고유적에서 출토된 *Olivella biplicata* 고둥과 현대의 고둥 (흰색). 크기 비교를 위해 동전과 함께 촬영함

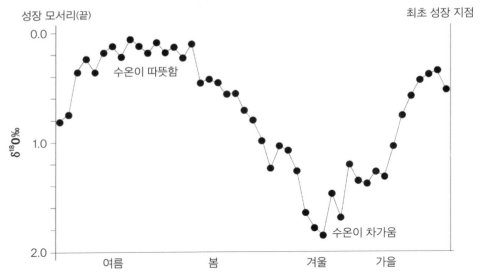

**도면 3.16** 동일한 패각을 0.5mm 간격으로 구간을 나누어 측정한 산소 동위원소비의 값. 패각의 성장은 우측으로부터 좌측으로(가을 →겨울 →봄 →여름) 진행. 흑색의 원 하나가 하나의 측정치임

오언스 밸리(Owens Valley)에서 출토된 것이고, 4점은 북부의 내륙지역에서 출토된 것이었는데, 이들 지역은 멀게는 해안가에서 수백 km 떨어진 장소이다. 분석 결과,

모든 시료들은 캘리포니아의 남쪽에서 제작된 것임이 밝혀졌다.

미량원소 분석도 패류의 구분을 위해 사용되었지만 몇몇 제약이 따랐다. 1980년 케서린 밀러(Katherine Miller)는 패각의 탄산칼슘 내 칼슘 성분을 치환(substitute)하는 마그네슘이나 스트론튬, 바륨과 같은 미량원소들을 통해 패각을 지역적으로 구분할 수 있음을 보여주었다. 셰릴 클라센(Cheryl Claassen)은 북아메리카 남동부 멕시코만 쪽으로 흘러나가는 마그네슘염 함유량이 높은 강물과 대서양 쪽으로 흐르는 마그네슘염 함유량이 낮은 강물의 차이를 이용하여, 해당 지역 고고유적에서 출토된 패각의 원산지를 멕시코만/대서양 연안으로 구분할 수 있었다. 그렇지만 퇴적 이후의 속성작용(diagenesis),[8] 패각의 연소 등이 패각 내 원소 조성에 영향을 끼쳐 원소 분석의 정확성을 저해할 수 있다는 것도 밝혀졌다.

## 3.9 요약

이번 장에서는 고고학자들이 조사 과정에서 맞닥뜨릴 수 있는 주요 물질들에 대해 알아보았다. 이들 중에는 건축물이나 도구를 제작하는 데 활용되는 암석, 용기나 모형으로 제작되는 토기, 동물자원 섭취 과정의 부산물이자 도구 제작 및 다양한 용도로 활용되는 뼈, 인간들이 거주하는 표면이자 건축물의 원자재로도 쓰임이 있는 퇴적물과 토양, 현대사회에서는 다방면에서 널리 사용되지만 산업화 이전까지는 주로 도구나 장신구를 제작하는 용도로 사용된 금속 등이 있었다.

앞서 살펴본 이러한 물질들이 지닌 특유의 물리적, 화학적 조성으로 인해, 이들에 관한 연구를 위해서는 각 물질의 성격에 맞는 특정한 종류의 접근법들이 필요하다. 어떠한 종류의 물질을 대상으로 삼는지에 따라 연구주제, 과정, 활용되는 장비들

.........

8    역자 주. 퇴적물에서 고결된 퇴적암이 생성되는 과정에서 나타나는 여러 변화의 총칭. 해저나 호저(湖底)에 퇴적된 물질이 오랫동안 물리적·화학적·생화학적·광물학적 변화를 받아 고화하여 퇴적암으로 변해가는 작용을 말한다.

이 달라진다. 예를 들어, 암석에 대한 연구는 주로 기능과 원산지에 초점이 맞추어져 있다. 암석은 주로 무기성분으로 이루어져 있어, 이를 대상으로 한 원소 분석법이 시행된다. 각 물질들은 종류마다 그 특징들이 다양하기에, 이 장은 이들이 지닌 주요한 성질들을 설명하는 데 할애하였다. 뒤따르는 장들에서는 이 물질들을 어떻게 연구할 것인지에 관해 자세히 다루고자 한다. 물론 고고유적에서는 이 장에서 다루지 않은 다종다양한 물질들이 발견된다. 그리고 이들의 정체를 밝히는 것이 고고화학의 주요 목적 중 하나라고 볼 수 있다.

## 읽을거리

Claassen, Cheryl. 1998. *Shells*. Cambridge: University of Cambridge Press.
DeMarrais, E., C. Gosden, and A.C. Renfrew. (eds.) 2004. *Rethinking Materiality: The Engagement of Mind with the Material World*. Cambridge: McDonald Institute for Archaeological Research.
Douglas, R.W. 1972. *A History of Glassmaking*. London: G.T. Foulis & Co Ltd.
Eerkens, J.W., G.S. Herbert, J.S. Rosenthal, and H.J. Spero. 2005. Provenance analysis of *Olivella biplicata* shell beads from the California and Oregon Coast by stable isotope fingerprinting. *Journal of Archaeological Science* 32: 1501-1514.
Gould, R.A., and M. Schiffer. 1981. *Modern Material Culture: The Archaeology of US*. New York: Academic.
Henderson, J. 2000. *The Science and Archaeology of Materials: An investigation of inorganic materials*. London: Routledge.
Jakes, Kathryn A. (ed.) 2002. *Archaeological Chemistry: Materials, Methods, and Meaning*. American Chemical Society.
Rosenfeld, A. 1965. *The Inorganic Raw Materials of Antiquity*. London: Weidenfeld & Nicolson.
Tait, H. (ed.) 1991. *Five Thousand Years of Glass*. London: British Museum Press.
Vandenabeele, P., and L. Moens. 2005. Overview: Raman Spectroscopy of pigments and dyes. In *Raman Spectroscopy in Archaeology and Art History*, G. M. Edwards Howell and John M. Chalmers (eds.), pp. 71-83. London: Royal Society of Chemistry.
Wisseman, S.U., and W.S. Williams. 1994. *Ancient Technologies and Archaeological Materials*. Amsterdam: Gordon & Breach.

제4장

# 분석 방법들

**4.1 확대**
　4.1.1 광학현미경
　4.1.2 주사전자현미경
**4.2 원소 분석**
　4.2.1 분광기
　4.2.2 유도 결합 플라즈마 분광분석기
　4.2.3 X선 형광분석기
　4.2.4 탄소 질소 분석기
　4.2.5 중성자 방사화 분석
**4.3 동위원소 분석**
　4.3.1 산소 동위원소
　4.3.2 탄소와 질소 동위원소
　4.3.3 스트론튬 동위원소
　4.3.4 질량분석기

**4.4 유기물 분석**
　4.4.1 유기물 분석법
　4.4.2 기체/액체 크로마토그래피-
　　　질량분석기
**4.5 광물과 무기화합물**
　4.5.1 암석기재학
　4.5.2 X선 회절
　4.5.3 적외선 분광법
**4.6 요약**
읽을거리

　이번 장에서는 고고화학을 조금 다른 각도에서 조명해 보고자 한다. 즉, 연구에 활용되는 다양한 분석법과 이를 위한 여러 장비들에 관해 깊이 있게 알아볼 것이다. 이러한 분석에는 확대, 원소 분석, 동위원소 분석, 유기물 분석, 광물과 무기화합물 분석 등이 있다. 이번 장의 목적은 고고화학 실험실에서 실시되는 여러 가지 분석에 대한 일반적인 범주들을 기술하는 데 있다.

　고고학자들은 삽, 트라울(trowel), 붓에서부터 질량분석기와 원자로에 이르기까지 많은 종류의 도구와 장비들을 활용한다. 특히 실험실에서 사용되는 여러 장비들은 대개 약어로 표시된다. 이번 장에서는 이들을 다섯 종류의 범주로 나누어 기술하고자 하는데, (1) 주사전자현미경(Scanning Electron Microscope, SEM)을 포함하는 여러 종류의 현미경들, (2) 유도 결합 플라즈마 질량분석법(Inductively Coupled Plasma – Mass Spectrometry, ICP-MS)과 같은 분광분석법, (3) 원자로를 사용하는 중성자 방사화 분석(Neutron Activation Analysis, NAA), (4) X선 회절(X-ray Diffraction, XRD), (5) 가스 크로마토그래피(Gas-Cromatography, GC)와 질량분석기(Mass Spectrometry, MS)를 이용한 분자 분석 등이 그것이다. 이 장비들은 다양한 종류의 고고학적 물질자료들의 구성요소에 관한 정보를 알아내는 데 도움을 줄 수 있다. 각 방법마다 장단점이 있고, 각기 다른 구체적인 종류의 정보를 제공해 준다.

화학 분석에 활용되는 장비들은 대체적으로 두 가지 종류로 나눌 수 있는데, (1) 인이나 철 성분과 같은 개별 원자들의 양을 측정하는 원소나 동위원소 분석법, (2) 염료나 동물의 지방과 같은 유기화합물을 판별하는 분자 단위의 분석법이 그것이다. 이러한 분류는 화학 분야에서 오랫동안 인지되어온 무기와 유기 분석의 구분을 반영하는 것이라 할 수 있다.

분광기(spectroscope or spectrometer)는 대개 원소 분석에 활용된다. 분광분석법은 원자와 빛 간의 상호작용을 연구하며, 주로 전자기 스펙트럼에 대한 관찰을 통해 결과를 도출한다. 질량분석기는 스펙트럼 대신 전자기장(electromagnetic field)을 사용하여 원자들을 질량에 따라 분류한다. 즉, 무게(wright)나 양(mass)을 측정하여 이를 원소나 동위원소를 분류하는 기준으로 삼는 것이다.

유기화합물에 대한 분자 단위의 분석을 할 때에는 각 분자들의 물리적인 특성이 활용될 수 있다. 이 크로마토그래피(chromatographic) 기법은 휘발성(volatility)이나 용해성(solubility)과 같은 특성들을 활용하여 각각의 유기화합물들을 분리해 낸다. 이러한 접근법은 전술했던 질량분석기와 함께 사용되어 개별 분자 단위의 유기화합물들을 분리하고 질량을 측정하는 데 활용된다.

비취나 터키석을 포함하는 다양한 종류의 무기화합물들은 고유의 결정구조와 원소 조성을 통해 구별할 수 있다. 연구자들은 암석현미경(petrographic microscope)과 XRD를 활용하여 이들의 결정구조를 밝혀내고 적외선(IR) 분광법을 통해 결정구조 내의 화학 결합 방식을 알아낸다. 이러한 정보들을 통해 개별 광물들을 판별해 낼 수 있다.

이번 장의 각 절들은 비슷한 형태로 구성되어 있다. 먼저, 분석의 방법을 설명하고, 분석에 사용되는 장비에 대한 서술이 뒤따른다. 몇몇 분석 기법에 대해서는 사례를 들어 이해를 도울 것인데, 더 많은 사례들이 5~9장에 서술될 것이다. 분석 결과를 어떻게 해석하는지에 대한 정보도 제공할 것이다. 이 장의 결론 부분에는, 각 분석법에 대한 요약과 적절한 분석 장비를 선택하는 요령에 대한 내용이 포함될 것이다.


## 4.1 확대

고가의 크고 복잡한 실험장비들은 그 자체로도 위압감을 주지만 그들이 할 수 있는 일들을 생각하면 더욱 대단하게 다가온다. 하지만 물질의 특성을 파악함에 있어 가장 강력한 도구이자 고고학자들이 가장 흔히 사용하는 것은 현미경, 특히 쌍안현미경(binocular microscope) 이다. 고고화학 장비에 현미경을 포함시키는 것이 조금 이상하다고 여겨질 수 있으나, 여기에는 몇 가지 이유가 있다. 광학현미경은 고고학 관련 실험실에서 가장 저렴하고 구조가 단순한 기기 중 하나이다. 광학현미경을 다루기 위해 특별한 교육을 받아야 할 필요도 없으며, 유지 및 운용 비용도 거의 들지 않는다. 유물을 분쇄할 필요가 없어 비파괴 조사가 가능하며, 무엇보다 대부분의 현미경들은 휴대가 가능하다.

화분(pollen), 씨앗, 토기, 석기, 뼈, 직물, 금속을 포함한 대부분의 물질들은 현미경을 통해 관찰할 수 있다. 현미경은 고고자료들의 표면을 면밀히 관찰하기 위해 사용되며, 확대 기능을 통해 시각적 정보를 제공한다. 또한 작은 목탄이나 패각을 판별하는 작업에도 현미경이 활용될 수 있다. 도구를 사용하면서 남겨지는 흔적을 관찰하거나, 토기 내부의 비짐을 통해 원산지를 추적하는 것과 같은 연구에서 특히 현미경은 활약할 수 있다. 석기의 제작 과정에서 파생되는 초소형의 돌 부스러기들(microdebitage)은 석기의 제작이나 기능과 관련된 정보를 제공하며, 씨앗, 화분, 식물석(phytolith),[1] 작은 뼛조각 등은 당시의 식단에 대해 알려준다. 숙련된 연구자들은 현미경을 통해 다양한 물질들을 판별할 수 있으며, 새로운 정보를 찾아내기도 한다.

.........

1    역자 주. 식물석은 다양한 식물 조직들에 의해서 만들어진 초미세(1mm 내외) 결정들이다. 대부분의 식물석들은 이산화규소(silicon dioxide)를 주요 성분으로 하고 있다.

고고학 연구에는 일반적인 분류상 두 가지 종류의 현미경이 사용되는데, 광학현미경과 전자현미경이 그것이다. 전자현미경에는 SEM 이외에도 주사터널링현미경(Scanning Tunneling Microscope, STM), 원자력현미경(Atomic Force Microscope, AFM) 등이 있다. 이들 전자현미경은 관찰 과정에서 물질들의 원소 조성도 알아낼 수 있기 때문에, 하나의 기기로 시각적인 정보와 화학적인 정보를 모두 알아낼 수 있다는 이점이 있다.

## 4.1.1 광학현미경

광학현미경은 내부가 비어 있는 원통의 끝부분에 렌즈를 달아 물체를 확대해서 볼 수 있게 한다(도면 4.1). 망원경에도 같은 원리가 적용되어 있다. 광학현미경의 확대 범위는 대략 5~100배 정도인데, 좀 더 정교한 모델의 경우 1,000배까지 배율을 높일 수 있다. 관찰하고자 하는 시료를 올려놓는 재물대(platform) 밑에 시료를 비추기 위한 광원이 주로 위치한다. 하나의 경통(鏡筒)을 가진 표준적인 현미경으로는 물체가 지닌 깊이감을 관찰할 수 없다. 쌍안현미경의 경우, 두 개의 독립된 경통으로 같은 물체를 관찰하므로, 3차원 관찰이 가능하다. 이러한 이유로, 쌍안현미경은 식물의 유체나, 소형의 유물, 사용흔, 절단흔 등을 관찰하는 데 이상적이다.

이들 표준적인 현미경보다 더 정교한 이미지를 제공하는 기기들도 있는데, 암석현미경(투과광을 사용)과 이와 비슷한 금속현미경(반사광을 사용) 등이 있다. 주로 10~40x 정도의 배율을 가진 쌍안현미경과는 달리 암석현미경과 금속현미경은 40~1,000x에 이르는 배율을 지니고 있어서, 몇 밀리미터에서 수 마이크론(1마이크론 = 1/1,000밀리미터)에 이르는 아주 작은 물질들을 관찰할 수 있다. 이들에 관해서는 4.5.1에서 좀 더 자세히 다룰 것이다.

**도면 4.1** 광학현미경의 기본 구조와 원리

시각적 관찰

접안렌즈

대물렌즈
표본

집속렌즈

광원

## 4.1.2 주사전자현미경(Scaning Electron Microscope)

보다 더 정교한 수준의 현미경으로는 SEM이 있다. SEM(도면 4.2)은 엄청난 수준의 배율을 제공하지만(약 2,500배), 고고학자들에게 SEM이 유용한 이유는 배율 때문이 아닌 특유의 깊이감 있는 이미지 때문이다. 광학현미경은 초점이 하나이기 때문에, 입체감이 있는 시료의 경우 초점을 맞추게 되는 평면 이외의 부분에 대한 정확한 관찰이 불가능하다. 반면 SEM는 그림자가 있는 선명한 상(像)을 제공하므로, 시료의 완연한 3차원적 모습을 보여줄 수 있다. 이러한 강점으로 인해 SEM은 씨앗이나 포자, 화분 등의 시료를 조사할 때나 동물의 이빨 자국이나 도구의 사용흔 등을 연구할 때 광학현미경에 비해 보다 유용하게 사용될 수 있다.

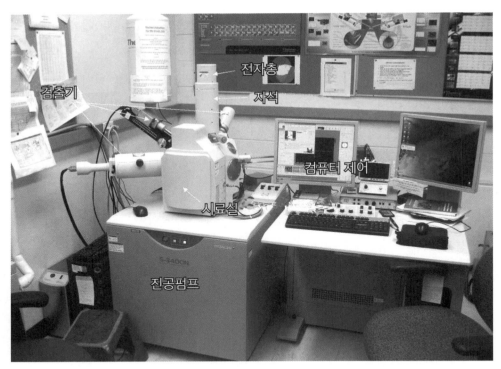

**도면 4.2** 주사전자현미경(SEM)의 구성. 시료를 놓는 진공실(sample chamber), 전자를 주사하는 주사기(electron gun), 전자빔의 초점을 좁히는 자기 렌즈(magnets), 탐지기(detecter), 이미지가 나타나는 모니터 등으로 구성되어 있다.

SEM은 유물 및 고고자료들의 고화질 이미지를 확보하기 위해 널리 이용된다. 육안으로는 관찰이 불가능한 식물의 유체(도면 4.3)나 극소형의 석기 조각들도 SEM을 통해 확인할 수 있다. SEM이 지닌 배율의 범위는 엄청난데, 25에서 250,000배에 이른다. SEM은 빛의 파장 대신 고에너지 전자를 이용하여 이미지를 만들어낸다. 이러한 전자들은 마치 빛의 파장과 같은 역할을 수행하는데, 다른 점이라면 파장이 빛보다 훨씬 짧아 이를 이용하여 보다 작은 크기의 물체를 관찰할 수 있다는 것이다. 시료는 밀실 내에서 진공상태에 놓이게 된다. 이후 전자를 빔(beam)의 형태로 시료에 주사한다. 이 빔이 여러 개의 자기 렌즈를 통과하면서 매우 좁은 범위로 초점이 좁아지게 된다. 전자빔이 시료에 닿는 순간, 주사 위치에 대응되는 표면의 2차 전자가 탈락하게 된다. 진공실 내부의 탐지기가 이 신호를 증폭하여 컴퓨터로 보내면, 모니터에 관찰하고 있는 물체 표면의 3차원 이미지가 나타나는 것이다.

**도면 4.3** SEM을 통해 본 화분의 모습. 사진상으로 보이는 이미지의 깊이, 즉 3차원적 측면이 두드러진다. 해바라기(*Helianthus annuus*), 나팔꽃(*Ipomoea purpurea*), 접시꽃(*Sildalcea malviflora*), 백합(*Lilium auratum*), 앵초(*Oenothera fruticosa*), 피마자(*Ricinus communis*) 등의 화분이 나타나 있다. 약 500배 정도 확대하였으며, 좌하단의 콩과 같은 모습을 한 알갱이의 길이가 약 50μm 정도이다. 다트머스 대학 전자 현미경 실험실(Dartmouth College Electron Microscope Facility) 제공.

SEM은 물질의 구성요소들에 관한 해상도 높은 정보도 제공해줄 수 있다. 예를 들어, 토기편과 같은 시료의 표면을 마연하여 매끈하게 만든 경우, 다수의 전자가 이에 반사되어 소위 "후방산란(backscetter)"이 일어나는데, 이러한 산란 현상의 강도는 태토 내의 광물이 지닌 원자 밀도(atomic density)에 비례한다. 예를 들어, 석영($SiO_2$)은 자철석($Fe_3O_4$)보다 원자 밀도가 낮으며 BSE(backscatter electron, 후방산란전자) 이미지(도면 8.4)에서 현격하게 어둡게 표시된다. 이러한 방법으로, SEM은 선명한 확대 이미지와 더불어, 특정 물질이 함유하고 있는 광물질들에 대한 정보도 제공해 줄 수 있는 것이다.

SEM이 고고학자들에게 제공하는 또 하나의 큰 이점은 원소 분석을 가능케 한다는 것인데, 이를 "마이크로빔(micro beam)" 분석이라 칭하기도 한다. 이 분석을 위해서는 시료의 표면을 높낮이 없이 완전히 평평하게 가공할 필요가 있다. 약 1-2센티미터 정도의 시료를 절단 용구로 잘라 평평한 표면을 얻고, 에폭시와 같은 수지(resin)를 밑부분에 덧대어 받침대를 만든다. 노출된 평평한 절단면은 처음에는 거친 연마제를 사용하여 말끔하게 다듬고, 점차 고운 연마제로 거의 표면이 거울같이 보일 정도로 마연한다. 이후 표면을 전도성이 있는 금이나 탄소 등으로 얇게 코팅하는데, 이 작업을 전자 증착(electro-vapor deposition)이라 한다. 시료를 전도성의 물질과 함께 진공상태에 놓고 빛이 날 정도로 가열하게 되면, 전도성 물질들이 증발한 후 시료 표면에 응결하여 얇은 막을 형성한다. 이렇게 전처리된 시료는 SEM으로 관찰할 준비가 끝난 것이다.

시료에 주사되는 전자빔이 표면에 닿으면, 해당 표면에서 각 시료에 따라 고유한 2차 X선이 방출되는데, 이를 이용하여 주요원소나 미량원소의 양, 존재 유무 등을 수천분율 단위의 정밀도로 측정할 수 있다. 다만 100ppm 이하의 극미량원소까지 확인할 정도로 민감하지는 않다. 전자빔 자체는 지름이 1마이크론 정도의 영역만 시료에 주사하게 되지만 이후 발생하는 2차 X선은 이보다 더 큰 수 마이크론 범위에서 발생하므로, 연구자들은 SEM을 통해 원소 분석을 할 때 이 점을 인지하고 있어야 한다. 즉, 지름이 수 마이크론 정도의 면적이 측정할 수 있는 가장 좁은 범위인 것이다. 이러한 점은 토기에 대한 분석을 실시할 때 문제가 될 여지가 있다. 수백 마이크론 이상의 크기를 가진 광물질의 경우 비교적 정확하게 측정이 가능하지만, 1마이크론 이하의 입자들로 이루어진 진흙의 경우 특정 위치마다 공극률(porosity)도[2] 다르고, 지름이 수 마이크론인 범위 내에 여러 다른 광물 알갱이들이 섞여 있을 수 있기 때문이다. 그러므로 반복적으로 측정하여 일관성 있는 결과를 도출하는지 면밀하게 검토해 보아야 한다. 이 밖에 음극선 루미네센스(cathodoluminescence) 장치 등을 SEM에 부착하여 시료에 대한 추가적인 화학적 조성 분석을 수행할 수 있다.

## 4.2 원소 분석

원소 분석은 분석 대상이 되는 물질의 구성 요소들, 즉 조성을 알아내어 해당 물질이 어떠한 종류의 원소들로 이루어져 있는지를 파악하는 작업이며, 거의 모든 화학연구에서 필수적인 요소라고 볼 수 있다. 원소 분석은 고고화학 분야에서 매우 큰 부분을 차지하고 있는 연구법이며, 그 적용 범위 또한 넓다. 원소 분석은 수십 년 전부터 고고학 분야에 적용되었으며 고고유적에서 출토되는 거의 모든 물질들이 그 대상이 되었다.

원소 분석은 그 발달 과정을 되짚어보는 것을 통해 가장 잘 이해할 수 있다. 우리 주위를 둘러싸고 있는 것들이 어떠한 물질들로 이루어져 있는지를 알고자 함은 인류의 오랜 시도 중 하나였다. 세상에 존재하는 수많은 것들 가운데 아마도 불이 가장 신비롭고 매력적인 것으로 다가왔을 것이다. 불은 물을 증기로, 나무를 재로, 날고기를 스테이크로 변환시킴과 동시에 열과 빛을 내는 미지의 힘이었다. 아리스토텔레스(Aristotle)는 세상의 모든 물질들은 흙, 물, 공기, 불의 네 가지 요소로 이루어져 있다고 생각하였고, 대부분의 초기 문명들에서 이들은 자연을 구성하는 가장 기본적인

.........

2    역자 주. 토양 입자 사이의 틈을 말한다.

요소로 인식되었다. 그리스와 로마인들은 눈에 보이지 않지만 물질을 구성하는 원자의 개념을 생각해 내었지만, 그것의 존재는 이보다 훨씬 이후에 이르러서야 증명이 되었다.

현대 과학이 태동하고 원소들에 대한 체계적인 연구와 실험이 서기 9세기 무렵 아랍권에서 시작되었다. 현대 화학의 아버지라 할 수 있는 페르시아의 자비르 이븐 하이얀(Jabir ibn Hayyan)은 여러 가지 화학 실험을 하였고 다양한 종류의 실험기기들도 발명하였는데, 증류(distillation), 결정화(crystallization) 등과 같은 기본적인 화학적 반응들을 발견하고 이를 개념화하였다. 그는 염산, 질산뿐만 아니라 비소, 안티모니, 비스무트와 같은 원소들을 발견하고 특징들을 기록하였다. 그는 순수한 황과 수은을 처음으로 분리해 낸 사람이기도 하다. 그는 체계적으로 이들 원소들에 대해 서술하였고, 금속원소와 비금속원소를 구분하여 화학 주기율표의 기본적인 틀을 제공하였다.

주기율표는 1896년 러시아의 화학자인 드미트리 멘델레예프(Dmitri Mendeleev)가[3] 당시까지 알려진 66가지의 원소들을 체계적인 틀에 따라 배열하면서 처음 만들어졌다. 멘델레예프는 원소들을 질량과 다른 여러 가지 특성들을 이용하여 배열하였고 이 배열에서 보이는 반복적인 패턴들(주기율)을 통해 그의 주기율표에 아직 발견되지 않은 새로운 원소들이 추가될 것임을 예측했다. 이 표는 현재 100여 개가 넘는 원소들을 포함하고 있으며, 새로운 원소들이 지속적으로 추가되고 있다. 이들 가운데 90개가 자연적으로 생성될 수 있는 원소들이며, 고고유적에서 출토되는 모든 물질문화들은 이들 원소로 이루어져 있다.

위에서 언급한 자연적으로 생성될 수 있는 90개의 원소들 가운데, 전 우주에서 가장 많은 양을 차지하는 것은 수소이다. 다른 원소들은 항성(별)들의 핵반응이나 초신성의 폭발 과정에서 생성된다. 별 내부에서는 수소가 핵융합을 하여 헬륨이 만들어지고, 헬륨 또한 핵융합을 하여 높은 원자번호를 가진 원소들을 생성하는데, 이러

.........

3    역자 주. 러시아의 화학자로, 주기율표를 처음으로 고안해낸 것으로 알려져 있다.

한 과정을 거쳐 원자량이 56에 이르는 철과 같은 원소도 만들어지게 된다. 별이 탄소를 만들어내기 시작하면, 추가적으로 중성자가 늘어나게 되어 Fe-57나 Ni-62와 같이 무거운 원자핵들이 생성될 수 있다. 별이 소멸될 시점에 이르러 대폭발을 일으키게 되면, 이들 원소들은 우주 공간으로 퍼져나가게 된다. 별의 소멸을 동반하는 이러한 폭발로 아원자 입자(subatomic particle)들도 충격파에 휩쓸려 우주로 나오게 되는데, 이들이 이전부터 우주 공간에 존재하던 원소들과 상호작용하면서 주기율표상 철보다 원자량이 큰 매우 무거운 원소들이 만들어진다.

원소의 생성과 관련한 이러한 별의 작용은 원소의 상대적 양과도 깊은 관계가 있다. 초기에 생성되는 탄소, 산소, 질소, 나트륨, 알루미늄, 실리콘 등의 가벼운 원소들은 별의 폭발 단계에 이르러서야 만들어지는 금, 백금, 우라늄과 같은 원소들보다 상대적으로 양이 많다. 이 가벼운 원소들이 고고학적 물질문화를 형성하는 주 구성요소이다. 탄소, 수소, 산소, 질소 등은 거의 모든 유기분자들을 구성하는 주요원소들이며, 이들보다 상대적으로 양이 많지 않은 실리콘, 알루미늄, 나트륨, 칼륨, 칼슘, 마그네슘, 철 등은 주로 지질적인 물질들(예를 들어, 암석)을 구성한다. 원소의 상대/절대적인 양은 다양한 물질들의 본질을 결정하는 요소가 되므로, 역으로 이들 원소에 대한 분석을 통해 물질의 정체를 판별할 수 있다.

원자질량이 무겁고, 드물게 존재하는 원소들이 고고유적에서 발견되는 유물들의 주요 구성요소가 아닌 것은 자명하다(그러나 때때로, 보기 드문 금과 같은 물질들이 발견될 때도 있다). 이러한 원소들은 전체의 1퍼센트 미만으로 극미량 존재하기 마련이다. 다양한 물질들에 포함된 이들 미량원소의 상대적인 양은 경우에 따라 분명한 차이를 보이는데, 흥미로운 것은 물질 내의 미량원소의 양이 다르더라도 그 외의 다른 구성요소들에 차이가 없다면 물질이 가진 고유한 특성이 크게 변화하지 않는다는 점이다. 그렇기 때문에 미량원소들은 물질 자체를 판별하는 것에는 크게 도움이 되지 않지만, 같은 물질로 이루어진 서로 다른 시료 간의 미묘한 차이를 찾아내는 데 지대한 역할을 할 수 있다. 예를 들어, 자연 상태의 동(구리)은 현대의 정제된 구리와 은의 함량에서 큰 차이를 보이므로 이를 바탕으로 구분이 가능하다. 이러한 미량원소들의 양을 통해 고고화학 연구자들은 고고유적에서 발견된 특정 물질이 어느 지역에서 온 것인지, 즉 원산지를 추적하는 것이 가능하다. 하지만 물질 내 미량원소를 변화시키는 요인에 지리적인 차이만 있는 것은 아니다. 예를 들어, 뼈에 포함되어 있는 스트론튬과 바륨의 양은 해당 생물체의 식단에 따라 변하며, 우라늄과 희토류는 매장된 환경의 오염 정도에 따라 달라질 수 있다.

20세기 중반 이전까지 원소 분석에는 주로 다양한 종류의 습식법과 비색법(colorimetric), 분광 사진법(spectrographic)과 같은 방법들이 사용되었다. 그러나 이들 분석법은 시간이 많이 소요되고, 진행이 더뎌 물질 전체의 1퍼센트 이상을 차지하는 주요원소들을 판별하는 데 국한하여 적용되었다. 20세기 중반, 특히 방출 분광기법의 도입으로 민감도와 효율성이 증대됨에 따라 동시에 많은 원소들을 판별할 수 있게 되었다. 냉전시대 핵과 우주 분야에 투입된 연구 자금은 여러 종류의 정밀한 다중원소 분석법들을 탄생시켰고, 수십 가지의 원소들을 한번에 검출하는 NAA와 같은 방법도 고안되기에 이르렀다.

이들 다중원소 분석법으로 인해 원산지 추적 연구가 전환점을 맞이하게 되는데, 여러 원소들을 한번에 측정함으로써 해당 물질의 원산지를 보다 정확하게 추정할 수 있게 되었기 때문이다. 20세기 후반에 이르러 기기의 민감도가 더욱 개선됨에 따라 ppb(십억분율) 단위의 극미량원소까지 측정할 수 있게 되어 기기가 필요로 하는 시료의 양이 밀리그램 범위로 크게 줄게 되었다. 이에 따라 원소 분석은 석기나 토기의 원산지를 추적하는 고고학적 연구에 일상적으로 적용되고 있다. 근자에 이르러 분석기기들은 더욱 개선되어, 원소들의 양을 어림하는 것을 넘어 동위원소의 비율까지 측정할 수 있게 되어 완전히 다른 차원의 연구가 가능하게 되었다.

## 4.2.1 분광기

시료가 어떠한 원소들로 이루어졌는지를 알아내기 위해 널리 사용되는 분석기기에는 분광기(spectroscopy)와 분광광도기(spectrometry)가 있다. 분광기는 특정

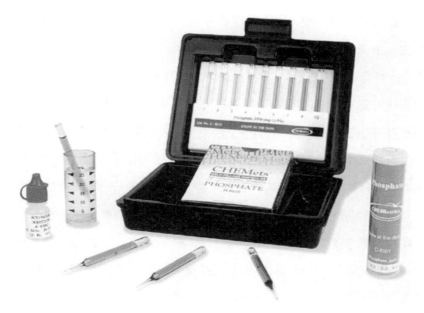

**도면 4.4** 인 테스트기는 시료의 색 및 농도를 10개의 대조군과 비교하여 인 성분의 구체적인 양을 어림한다. 색이 진해질수록 인의 농도가 높은 것이다. 사진에서 보이는 테스트기는 CHEMetrics 사에서 제작한 것이다.

원자가 방출(emission)하거나 흡수(absorption)하는 빛을 측정한다. 이 빛은 주기율표상 원자의 종류에 따라 특정한 파장이나 에너지를 지니게 된다. 사실 가장 단순하고 오래된 형태의 원소 분석은 분광법이 아닌 비색법이다. 이 방법은 용매에 시료를 용해시켜 특정 원소가 시약과 반응할 때 발색되는 것에 기반한 것이다. 시약과 반응 후에 나타나는 색은 원소의 종류에 따라 다르므로, 이를 바탕으로 원소를 판별할 수 있다. 만약 색의 농도가 원소의 양과 비례한다면 이 방법으로 원소의 양을 어림할 수도 있는 것이다.

현재까지도 고고학에서는 토양 내 인의 함량을 조사할 때 비색법을 사용한다(도면 4.4). 인은 토양과 퇴적물에 존재하며 과거 인간 활동의 지표가 될 수 있다. 토양 내 인의 함유량을 어림하기 위해서는 토양시료를 염산 및 아스코르브산과 섞어 인 성분을 산에 용해시킨다. 이 반응은 특징적인 푸른색을 만들어내는데, 이것으로 인 성분이 포함되어 있는지를 확인할 수 있다. 또한 색의 농도는 곧 인 성분의 농도를 의미하므로 절대/상대적인 양도[4] 어림할 수 있는 것이다. 발색의 정도에 대한 가늠은 육안으로도 가능하며 기기를 사용할 때도 있다.

하지만 비색법으로 판별 가능한 원소들은 많지 않을 뿐더러, 몇몇 원소들은 같은 색을 나타내기도 한다. 비색법보다 진보된 형태인 분광법은 시약 대신 전자기스펙트럼을 사용하지만 결국 원소를 판별하는 원리는 비슷한데, 스펙트럼의 특정 부분이 시료를 구성하는 특정 원소의 유무 및 양을 어림하는 데 사용될 수 있다는 것이다.

비교적 간단한 비색 분광기는 다음과 같은 부품들로 구성되어 있는데, 빛을 발산하는 램프, 프리즘이나 회절 격자와 같이 빛을 흩뜨려 스펙트럼의 형태로 만드는 분산체와 분산된 빛의 일부만 통과하게 만든 틈인 슬릿(slit) 등으로 이루어진 단색광기(monochrometer), 특정 색을 지닌 빛이 통과하는 시료, 그리고 시료에 어느 정도의 빛이 통과하였는지를 측정하는 감광성 검출기(photosensitive detector) 등이다(도면 4.5). 백퍼센트의 빛이 시료를 통과한다면 어떤 파장의 빛도 흡수하지 않은 것이므로 시료 용액은 깨끗한 것이다(즉 아무 원소도 포함되어 있지 않다는 뜻이다). 시료 용액의 색이 점점 진해질수록 적은 양의 빛이 시료를 통과하게 되고 흡수되는 빛의 양이 많아진다. 이 흡수된 빛의 양을 검출기를 통해 측정할 수 있다. 시료 내의 원소

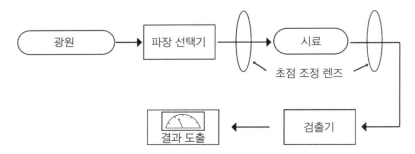

**도면 4.5** 간단한 흡수 분광기의 모식도. 광원이 프리즘이나 격자(grating, 촘촘한 틈의 격자를 만들어서 틈새로 빛의 회절을 유도하는 부품)를 비추면 스펙트럼이 생성되고, 이 중 일부가 시료를 통과하여 검출기에 이르게 되면 검출기는 시료에 의해 특정 색이 얼마나 흡수되었는지를 측정한다.

.........

4    역자 주. 절대량의 추정은 인 성분의 함유량에 따른 발색의 정도에 대한 구체적인 정보가 구비되어 있을 경우에만 가능하다.

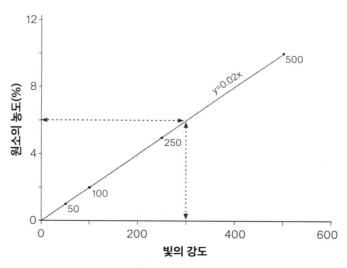

**도면 4.6** "working curve"의 예. 표준시료를 통해 빛의 강도와 원소의 농도 간 상관관계를 밝힌다. 예를 들어, 표준시료 내에서 특정 원소가 0, 1, 2, 5, 10% 농도로 포함되어 있다면 이들이 방출하거나 흡수하는 빛의 방사 강도는 각각 50, 100, 250, 500이 된다. 이 패턴을 바탕으로 미지의 시료에서 측정한 300의 강도가 6% 정도의 원자농도를 의미한다는 것을 추론할 수 있는 것이다.

의 양은 이미 양을 알고 있는 대조군과의 비교를 통해 측정할 수 있다. 원소의 함유량을 알고 있는 표준시료가 흡수하거나 방출하는 빛의 방사 강도를 측정하여, 표준시료 내의 원소의 농도와 빛의 강도 간의 "working curve" 그래프를 만들어 이를 바탕으로 실제 시료의 농도를 알아내는 것이다(도면 4.6).

　　이보다 더 복잡한 기기로 원자흡수분광계(atomic absorption spectroscopy)를 들 수 있는데, 앞서 소개한 간단한 분광분석기와 비슷하지만 색의 농도가 아닌 원자의 움직임으로 인해 흡수되는 빛을 측정한다(도면 4.7). 원자흡수분광법은 보통 "플레임 AAS"라고 부른다. 시료를 용매에 용해시켜 불꽃에 분사하여 원자화(atomize)시키면, 이들 원자들은 특정한 파장을 가진 광자(photon)를 흡수하면서 고에너지 상태(high-energy state)가 된다. 광자들은 분석기기에 부착된 램프에서 공급되는데, 이 램프는 원하는 길이의 특정한 파장의 빛을 방출할 수 있다. 예를 들어 칼슘을 측정하기 위해서는, 칼슘 필라멘트를 가진 램프가 칼슘에 필요한 특정 파장을 지닌 빛을 시료에 공급해 준다. 검출기는 얼마나 많은 양의 '칼슘 빛(calcium light)'이 시료에 흡

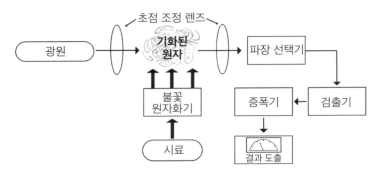

도면 **4.7** 원자흡수분광계의 모식도. 특정한 파장의 빛이 특정 원소에 흡수되면 검출기에 의해 흡수된 빛의 양이 측정된다. 흡수된 빛의 양은 시료 내의 특정 원소의 양에 비례한다.

수되었는지를 측정하는데, 이는 시료 내의 칼슘의 함량과 비례한다. 같은 원리를 통해 적절한 빛을 사용한다면 다른 원소들도 측정할 수 있다.

새로운 기기들은 "방출"법을 활용한다. 여러 종류의 광원(램프)을 요하고 흡수되는 빛을 측정하거나 하는 대신, 이들 기기는 원자를 또 다른 방법으로 자극시켜 고에너지 상태로 만든 후, 자극 상태의 원자가 방출하는 광자들을 측정한다. 물질에서 분리되어 쉽게 원자화시킬 수 있고 가시 영역 내에 스펙트럼을 지닌 원소들은 방출법이나 흡수법 모두 적용이 가능하다. 이 원소들은 주기율표의 1족과 2족, 그리고 전이 금속들이다. 스펙트럼에 자외선 영역을 포함시키면 몇몇 원소들이 추가될 수 있는데, 대표적으로 토양에 대한 고고학적 연구에서 중요하게 다루어지는 인이 있다.

## 4.2.2 유도 결합 플라즈마 분광분석기

현재 사용되는 가장 흔한 유형의 방출분광기는 유도 결합 플라즈마 방출 분광기(inductively coupled plasma-optical emission spectrometer, ICP-OES)인데, 이 기기는 시료를 주입한 가스 플라즈마에 전류를 흘려보내 시료를 원자화시킨다. 이러한 발광 분광분석 과정에서 시료는 고온으로 가열된다. 이러한 온도에서 각각의 원소들은 그들 고유의 색으로 빛나게 된다. 이를테면, 칼륨의 경우 붉은색, 나트륨의 경우 노란색을 띤다. 시료로부터 방출되는 빛이 단색광기를 거치면 검출하고자 하는 원소에 맞는 파장을 가지게 되고, 이후 검출기가 빛의 강도를 측정하게 된다(도면 4.8).

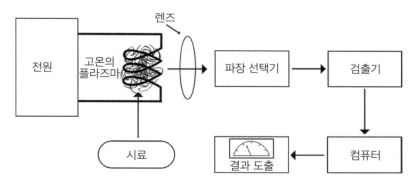

**도면 4.8** ICP 분광분석기의 모식도. 시료에 특정 빛을 비추는 대신, 시료 자체를 플라즈마 내에서 고온으로 가열한다. 시료 내의 원소가 빛나면서 특수한 파장을 지니게 되면, 이 서로 다른 색의 빛의 양을 검출기가 측정하게 된다. 각각의 빛의 양은 시료 내의 특정 원소의 양에 비례한다.

방출 분광법은 다양한 원소들의 농도를 측정하는 데 사용된다. 복잡한 혼합물로 구성된 시료가 높은 온도로 가열되었을 때 방출하는 스펙트럼은 여러 개의 단색광선들(각각의 원소들이 방출하는 스펙트럼의 결합체)로 구성되어 있다. 빛이 분광기에 의해 개개의 스펙트럼선으로 분리되면 원소에 따라 스펙트럼에 특정 패턴이 나타난다. 빛의 강도(광도)는 혼합물 내의 원소의 양에 비례한다. 이 원리는 물질을 구성하는 원소들에 대한 정량적인 분석을 가능케 한다.

이상적으로, 기기의 방출원(emission source)은 시료를 완전히 원자화시키고 안정적인 신호를 제공할 수 있어야 하는데, 대표적으로 아르곤(Ar) 플라즈마가 있다. 원자, 이온, 전자들의 집합체인 가열된 아르곤 기체는 RF(radio frequency) 유도 코일에서 생성된 자기장(magnetic field) 내에서 플라즈마의 형태로 존재하게 된다. 이러한 유도 결합 상태는 격렬한 열과 함께 엄청난 양의 아르곤 이온과 전자를 만들어 낸다. 이 결과로 8,000~10,000K(켈빈)에[5] 가까운 온도의 열이 발생하는데, 이는 거의 태양 표면 온도에 가깝다. 이러한 조건은 상당히 다루기 어려운 시료들도 자극하여 원자화시킬 수 있다.

.........

5    역자 주. 켈빈(Kelvin)은 절대 온도의 단위이다. 절대 온도 0℃는 0K로 나타내며, 0켈빈은 −273.15℃와 같다.

전통적으로 시료를 자극하는 자극원으로 불꽃, 아크(arc),[6] 스파크(spark) 등이 있다. 불꽃은 비교적 저온이기에 높은 에너지를 받아야 자극되는 시료들, 특히 시료 내에 농도가 낮은 원소를 분석하는 데는 적합하지 않다. 게다가, 연소 생성물과 불꽃 은 화학적인 간섭을 일으킨다. 아크와 스파크는 보다 높은 온도를 제공할 수 있지만, 시료가 가진 특성에 큰 영향을 받는다. 시료 내 원소 조성의 미묘한 변화는 시료를 자극하는 조건에 변화를 초래하게 되는데, 정확한 판별을 위해 표준시료와의 정밀한 비교, 혹은 내부표준[7]을 사용하는 방법이 있다.

방출 분광법을 가능하게 하는 소스(source) 물질로서 아르곤 플라즈마는 여러 장점들이 있다. 아르곤은 비교적 활발하지 않은 기체이며, 시료와 반응하지 않아서 화학적인 간섭을 최소화할 수 있다. 플라즈마 상태의 온도에서는 원자화가 완전하게 이루어지기 때문에, 스펙트럼이 분자 요소에 영향을 받지 않는다. 검출 한계가 높아 대부분의 원소를 판별할 수 있고, 정확도와 정밀도 역시 높다. 그렇기에 ICP-OES는 다른 방법들보다 시료 준비 단계가 상대적으로 간단하고 필요로 하는 시료의 양도 적다.

ICP-OES를 이용하여 한꺼번에 다수의 원소를 검출하거나, 순차적으로 각각의 원소를 판별할 수 있다. 전자의 경우 다색 광원기(polychromator)나 직접 판독 분광 계(direct-reading spectrometer)를 활용하여 단일 시료 내 최대 60 종류의 원소를 동 시에 검출하는 것이 가능하다. 순차검출 시에는 컴퓨터 기반의 단색광기 시스템을 사용하게 된다. 플라즈마 소스 물질 내 시료에서 방출되는 빛은 단색광기의 슬릿을 통해 통과되고 이 스펙트럼의 각 지점을 검출기가 스캔하는 것이다. 이런 순차적인 검출 방법을 사용하는 경우 1분에 수 개의 원소를 판별하는 것이 가능하다.

현재 대부분의 원소 분석의 결과는 분석 장비의 종류에 따라 백만분율(ppm) 이나 십억분율(ppb) 단위로 표시된다. 〈도면 4.9〉는 현대적인 분광기로 골회(bone

6    역자 주. 두 개의 전극 간에 생기는 호 모양의 전광.
7    역자 주. 정량분석을 하는 경우, 시료에 알려진 양의 표준물질을 가한 후 얻어진 분석치와 첨가한 표준물 질의 양의 비교를 통해 시료 내 성분의 양을 측정하는 방법을 내부표준법이라고 한다.

```
Sample name      : PAL
Sample number    : 1383
Programme        : BONE      19-May-89

NAME        MV INT      CONCEN      DILCOR

AL          60.86        0.51       149.83
BA           7.55        0.05        14.77
CA        1840.66     1320.4       384660
FE          29.72        0.09        25.33
K           19.96        3.14       913.39
MG         613.88        9.99      2909.0
MN          11.17        0.06        17.29
NA         956.19       38.35       11172
P         2144.46      581.22      169322
SR          91.11        1.29       376.58
ZN          10.88        0.48       140.03
CA/P                                 2.2718
BA/SR                                0.04

Dilution factor : 291.319
```

**도면 4.9** ICP 분광분석기의 결과 출력물. 원소의 이름(NAME), 빛의 밝기(MV INT), 용액 내 원소의 농도(CONCEN), 실제 시료에 포함된 원소의 양(DILCOR), 희석 배율(Dilution factor) 등이 나타나 있다.

ash)를 분석한 결과물이다. 위로부터 첫 3줄은 시료에 대한 정보, 분석 시 사용한 프로그램, 분석 날짜 등의 정보를 담고 있다. 그 밑에 자리한 4개의 열은 좌측으로부터 검출된 원소이름(NAME), 밀리 볼트(millivolt) 단위로 측정된 빛의 밝기(MV INT), ppm 단위로 측정된 분석 용액 속에 용해되어 있는 원소의 농도(CONC), 원소의 농도와 희석 배율(dilution factor)을 통해 계산된 실제 시료에 포함되어 있는 원소의 양(DILCOR)을 나타낸다. 대부분의 분석장비들은 결과값들을 손쉽게 편집하여 원하는 방식으로 출력할 수 있게 해주는 기능이 있는데, 〈도면 4.9〉의 경우에는 각 원소의 양을 나타내는 최우측열 하단에 시료 내에 포함된 칼슘과 인의 비율(CA/P), 바륨과 스트론튬의 비율(BA/SR)을 계산하여 보여주고 있다. 최하단에는 위에서 실제 시료에 포함된 원소의 양을 계산할 때 필요한 희석 배율이 나타나 있다.

### 4.2.3 X선 형광분석기

원소 분석의 역사를 살펴보면 가시광선을 사용하는 것에서부터 시작하여 점차 눈에 보이지 않은 빛을 활용하는 것으로 변화해 온 것을 알 수 있다. X선 형광분석기

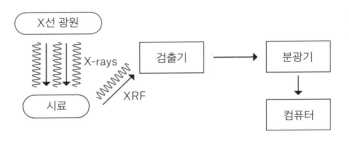

도면 **4.10** X선 방출분광기의 모식도. X선에 의해 자극("가열") 된 시료 내의 각각의 원소들에서 방출되는 2차 X선(XRF)을 검출기를 통해 측정한다. 각 X선의 강도는 시료 내 해당 원소의 양에 비례한다.

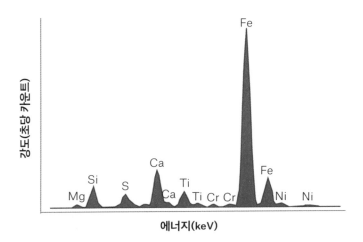

도면 **4.11** XRF 분석의 결과 물. (2차)X선의 강도(Y축)는 시료 내 각 광물의 상대적인 양을 의미한다.

(X-ray Fluorescence Spectroscopy, XRF)는 방출분광기와 비슷하지만, 원자를 자극하기 위해 전류 대신 X선을 사용한다는 점이 다르다고 할 수 있다. 특정 파장을 지닌 빛을 시료에 공급해야 하는 흡수법과는 다르게, XRF는 방출되는 빛(X선)으로 원자를 자극시킨다. 이 방법은 자외선을 사용하여 물체를 빛나게 하는 원리와 비슷하다. 고에너지의 X선이나 감마선 의해 자극받은 시료는 특유의 2차 X선(혹은 형광X선)을 방출하게 된다(도면 4.10). 이때 시료 내에 포함된 각각의 원소마다 고유의 2차 X선을 방출하기에 이것이 어떠한 원소인지 알 수 있는 것이다. 또한 특정 원소에서 방출되는 2차 X선의 강도를 측정하여 시료 내에 해당 원소가 어느 정도 포함되었는지를 알아내는 것도 가능하다(도면 4.11).

시료가 용매에 용해된 형태로 준비되어야 하는 대부분의 분광분석법과는 달리, XRF는 분말 형태의 고체시료에 적용이 가능하다. XRF는 특히 토기나 석기와 같

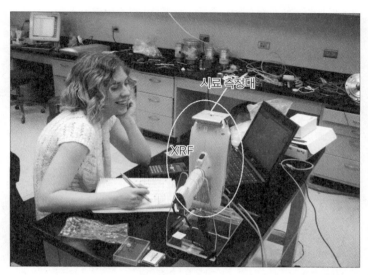

**도면 4.12** 고고화학 전공 학생인 Brianna Norton이 Bruker 사의 "Tracer III" 휴대용 XRF를 사용하여 인간의 치아를 비파괴적으로 분석하고 있다.

은 고고자료를 연구하는 데 유용하다. XRF는 때때로 비파괴 방식으로 적용되기도 하며, 최근에는 휴대용 XRF가 도입되어 발굴 현장에서 바로 사용되기도 한다(도면 4.12).

X선 분광분석법은 SEM과 함께 사용될 때 그 활용도가 배가된다. SEM은 매우 짧은 파장의 고에너지를 지닌 전자를 사용하는데(15,000v 이상), 이는 마치 X선과 같은 역할을 하여 시료를 자극, 2차 X선을 방출하게 한다. 그렇기 때문에, X선 검출기가 SEM에 장착되면, 수 마이크론 넓이에 해당하는 아주 좁은 영역의 원소 조성을 파악할 수 있다. 이러한 특성을 활용하여 선사시대 토기를 제작하는 데 사용된 태토나 비짐 내에 어떠한 광물 알갱이들이 포함되어 있는지 확인할 수 있다.

### 4.2.4 탄소 질소 분석기

분광분석법과는 다른 원리로 원소 분석을 가능케 하는 기기들도 있는데, 이들은 몇몇 특정한 원소들을 판별할 목적으로 제작되었다. 고고화학 분야에서 활용되는 이

**도면 4.13** Carlo-Erba NA 1,500 CNS(탄소, 질소, 황) 분석기

러한 기기에는 탄소 질소 분석기(carbon and nitrogen analyzer, CN analyzer)가 있고, 보다 복합적인 분석이 가능한 기기로는 CHN, CHNS 또는 CHNSO(탄소-C, 수소-H, 질소-N, 황-S, 산소-O)가 있다. 이 장비들은 유기와 무기의 다양한 시료 내의 탄소와 질소(그리고 수소, 황, 산소와 같은 다른 원소들)를 동시에 판별하는 것이 가능하다. 탄소 질소 분석기의 작동 원리는 다음과 같다(도면 4.13).

시료는 무게를 측정하여 주석으로 만들어진 실험 용기에 담겨 연소실에서 $1,020^{\circ}C$로 가열한다. 시료가 산소가 충분한 공간(연소실)에서 고온으로 가열되면 강한 반응을 일으켜, 완전히 산화된다. 일차적인 연소 생성물들($CO_2$, $N_2$, $NO_x$, 수분)은 먼저 연소실 내의 산화촉매(oxidation catalyst)를 거쳐 $650^{\circ}C$로 가열된 금속 구리를 포함하고 있는 환원 반응기(reduction reactor)를 통과한다. 이 과정에서 과잉산소들이 제거되고 질소 산화물들은 환원되어 질소 원소화(化)된다. 이후, 질소, $CO_2$, 수분은 과염소산마그네슘(magnesium perchlorate) 튜브로 옮겨져 수분을 제거하게 된다. 그 다음, 질소와 탄소가 크로마토그래피 기법을 통해 분리되며 최종적으로 열전도성 검출기(thermal conductivity detector)를 통해 이 두 원소의 농도를 측정하게 되는 것이다. 이후 같은 방법으로 이미 탄소, 질소 농도를 알고 있는 표준시료를 측정하여 이를 바탕으로 시료 내의 이 두 원소에 대한 정량분석을 실시한다.

시료 내 탄소와 질소의 비율은 인골이나 동물뼈 시료의 보존 상태를 가늠하는 기준으로 사용될 수 있는데, 이를 바탕으로 방사성탄소연대 측정이나 동위원소 분석에 합당한 시료인지 아닌지를 판별할 수 있다. 살아 있는 생물체 내의 탄소/질소비는 3.2 정도이며, 고고유적에서 발견된 뼈의 탄소/질소비가 2.8에서 3.5 사이라면 위에서 언급한 추가적인 분석들에 적합한 시료라고 볼 수 있다.

## 4.2.5 중성자 방사화 분석

원소 분석을 하기 위한 기기들 중 지난 50여 년 동안 가장 널리 사용된 장비는 NAA이다. 이 방법은 때때로 기기 중성자 방사화 분석(instrumental neutron activation analysis, INAA)이라고 불리기도 한다. NAA는 빛의 스펙트럼에서 가장 높은 에너지 영역에 있는 감마선을 사용하여 다양한 종류의 원소들을 ppm 단위로 검출해 낼 수 있다. 분석에는 원자로(nuclear reactor)가 필요하다.

NAA는 원자로에서 생성되는 열중성자(thermal neutron)[8]를 사용하여 시료 내 원자핵을 자극한다. 원자가 열중성자를 흡수하면, 원자 질량이 증가하게 되고 원자핵이 불안정한 상태가 된다. 이 과정에서 방사성 붕괴가 일어나게 되고, 그 결과로 감마선을 포함한 방사선이 방출된다(도면 4.14). 이때 방출되는 감마선은 붕괴하는 원자들의 종류에 따라 특정한 파장을 띠게 되고, 그 강도는 붕괴하고 있는 원자의 수에 비례한다. 일반적으로, 시료에 포함된 각 원소의 방사성 붕괴 속도에 따라 시료에 중성자를 조사한 후 수일에서 수주 이후에 방출되는 감마선의 강도를 측정하게 된다. 이 접근법으로 대부분의 원소들을 높은 정밀도로 검출해 낼 수 있다. NAA는 분말 형태의 시료를 필요로 하는데, 토기나 흑요석과 같은 고고자료에 적용될 수 있다.

.........

8  역자 주. 원자핵에서 방출된 중성자가 다른 원자핵과 충돌하여 에너지를 잃어 주위의 매질과 열적 평형 상태를 이룬 것.

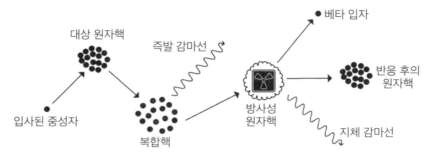

**도면 4.14** 중성자 방사화 분석의 원리. 중성자가 시료 내 원소의 원자핵에 충돌하면, 원소가 불안정해져 방사성이 된다. 이 원소가 방사성 붕괴를 하며 감마선을 방출하게 된다. 방출된 감마선의 파장, 강도를 통해 시료 내에 포함된 원소에 대한 판별 및 정량분석이 가능하다.


## 4.3 동위원소 분석

스코틀랜드의 화학자 프레더릭 소디(Frederick Soddy)는 원자번호가 같고 화학적 특성은 동일하지만 무게가 다른 원자들을 지칭하기 위해 동위원소(isotope)라는 **9** 용어를 처음으로 사용하였다. 현대 화학에서 동위원소란 양성자의 수가 같아 화학적 특성은 똑같으면서도 중성자의 수가 달라 같은 원소 기호를 부여받지만 서로 다른 무게를 지니는 원소를 이르는 말이다.

동위원소는 현대 화학의 거의 모든 분야에서 다루어지고 있다. 고고화학에서 동위원소는 다양한 맥락에서 날로 그 적용 범위를 넓혀가고 있다. 다양한 고고자료 내에 여러 종류의 동위원소들이 존재하는데, 이들을 통해 주요한 고고학적 의문들을 해소할 수 있다. 〈표 4.1〉에 이들 중 몇몇에 해당하는 정보들을 나타냈는데, 원소의 종류, 자연계에서의 상대적인 양, 이들이 포함되어 있는 고고자료, 그리고 이들을 통해 알아낼 수 있는 고고학적 지식의 종류 등이 포함되어 있다. 산소, 탄소, 질소, 스트론튬 등의 동위원소는 고고자료를 연구하는 데 특히 유용하게 사용되며, 이 장에서

..........

9    역자 주. 원소와 원자의 경우 전자는 종류, 후자는 개수의 개념으로 이해하면 수월하다.

표 4.1 고고학적 연구에 중요하게 활용되는 동위원소들에 대한 정보

| 원소 | 동위원소 | 자연계에서 상대적 분포 (%) | 고고자료 | 과거에 대한 정보 |
|---|---|---|---|---|
| 수소 | $^2H/^1H$ | $^1H$=99.985, $^2H$=0.015 | 물, 뼈 | 기후, 환경, 기원 |
| 탄소 | $^{13}C/^{12}C$ | $^{12}C$=98.89, $^{13}C$=1.11 | 뼈, 토양 | 식생활, 환경, 원산지 |
| 질소 | $^{15}N/^{14}N$ | $^{14}N$=99.63, $^{15}N$=0.37 | 뼈, 토양 | 식생활, 환경 |
| 산소 | $^{18}O/^{16}O$ | $^{16}O$=99.76, $^{18}O$=0.204 | 뼈, 퇴적물 | 기후, 기원 |
| 황 | $^{34}S/^{32}S$ | $^{32}S$=95.00, $^{34}S$=4.22 | 뼈 | 식생활, 기원 |
| 스트론튬 | $^{87}Sr/^{86}Sr$ | $^{86}Sr$=9.86, $^{87}Sr$=7.02 | 뼈, 토기 | 기원 |
| 납 | $^{208}Pb/^{206}Pb$ $^{207}Pb/^{206}Pb$ $^{206}Pb/^{204}Pb$ | $^{206}Pb$=24.1, $^{208}Pb$=52.4, $^{207}Pb$=22.1, $^{204}Pb$=1.4 | 뼈, 토기, 금속 | 기원, 원산지 |

보다 자세하게 다루고자 한다.

## 4.3.1 산소 동위원소

산소 동위원소는 고고학에서 과거의 환경이나 인구의 이동성을 연구하기 위해 주로 활용된다. 동위원소의 측정값들은 항상 두 가지 동위원소의 비율로 나타내는데, 측정된 시료의 양이나 원소의 농도와 무관하다.

18 산소 동위원소와 16 산소 동위원소는 대기의 기온과 직접적으로 연결되어 있기 때문에 과거의 기후를 추정하는 데 유용하다. 산소 동위원소비는 해양 퇴적물, 빙하 코어(core), 동물의 유해를 포함하는 다양한 종류의 자료들을 대상으로 하여 과거 기온의 대용치(proxy)로 사용될 수 있다. 이 두 동위원소의 상대적인 양은 증발, 응결, 증산(transpiration) 등과 같이 온도와 관계 있는 작용들에 의해 좌우된다.

바다 표면에서 증발이 일어날 때, 바다에 포함되어 있던 산소 동위원소 중 보다 가벼운 $^{16}O$가 상대적으로 높은 증기압을 받아 우선적으로 대기상으로 방출된다(도

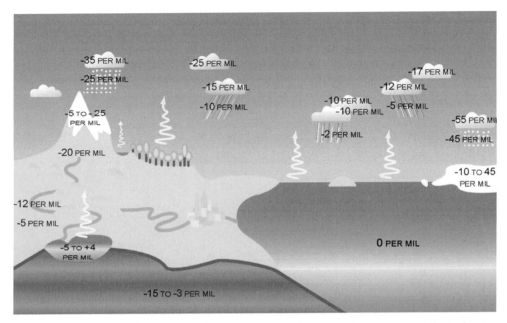

**도면 4.15** 산소 동위원소 측정치($\delta^{18}O$)는 온도, 위도, 고도에 따라 달라진다. 바다 표면에서 $^{16}O$는 $^{18}O$보다 더 빨리 증발된다. 비구름이 내륙지역이나 온도가 낮은 지역으로 이동함에 따라, 보다 무거운 $^{18}O$ 동위원소가 강우에 더 많이 섞여 나가게 되고 구름 내 $^{18}O$의 양은 점차 줄게 된다. 이러한 원리를 이용하여 $\delta^{18}O$ 값은 대기의 온도에 대한 대용치(proxy)로 활용될 수 있는 것이다.

면 4.15). 바다에서 생성된 물기를 머금은 구름이 내륙지역으로 이동하면, 보다 무거운 $^{18}O$가 강우에 섞여 나가고 구름 내의 $^{18}O$는 지속적으로 감소한다. 이러한 이유로, 극지방과 내륙에서 내리는 비보다 해안지역에서 내리는 비에 $^{18}O$가 더 많이 포함되어 있다. 응결작용 역시 온도에 큰 영향을 받으므로, 높은 고도의 지역이나, 고위도의 지역에서는 $^{18}O$의 감소가 더욱 빠르게 일어난다. 내륙지역 지표면에서 일어나는 증발 및 식물체로부터 발생되는 증발산(evapotranspiratio) 작용은 보다 가벼운 $^{16}O$ 동위원소를 대기 중으로 방출시키게 되고, 이로 인해 무거운 동위원소들이 지표상의 물과 식물체에 남겨진다. 건조지역에서는 활발한 증발 활동으로 인해 지표수와 식물체 내의 산소 동위원소비($\delta^{18}O$)가 다른 지역보다 상대적으로 더 높다.

강우에 포함된 $\delta^{18}O$ 값은 식물체를 통해 동물체에까지 전달된다. 인간 신체 내의 산소 동위원소 값을 좌우하는 가장 큰 요소는 음용하는 물의 $\delta^{18}O$ 값이다. 음식이나 대기 중의 산소 동위원소 값의 영향은 미미한 편이다. 인간이 마시는 음용수의 주 공급원은 강우이다.

인간의 유해의 경우, 산소 동위원소들은 주로 뼈나 치아의 에나멜층에 분포한다. 주로 보존 상태가 좋고 후퇴적 과정에서 잘 살아남는 치아가 산소 동위원소 분석 시료로 채택되는 경우가 많다. 이 에나멜층의 주요 구성 성분인 수산화인회석(hydroxyapatite)은 인산염과 탄산염 성분으로 구성되어 있는데, 두 성분 모두 산소 동위원소를 함유하고 있다. 두 성분 모두 신뢰할 만한 결과값을 산출하지만, 탄산염의 경우가 시료도 적게 필요하고, 준비 단계도 덜 복잡하다.

산소 동위원소 측정치는 $^{18}O$과 $^{16}O$ 사이의 비율로 구한다. 이 비율과 표준시료의 값 간의 차이로 결과값($\delta^{18}O$)을 산출하며, 단위는 천분율(permil, ‰)로 표시한다. 표준시료로는 보통 인산염의 경우 VSMOW(Vienna Standard Mean Ocean Water), 탄산염의 경우 PDB(PeeDeeBee dolomite)를 사용한다. 표준시료의 값은 주로 음수이며, 0‰(PDB)에서 −90‰(PDB), 혹은 +20‰(VSMOW)에서 −70‰(VSMOW) 사이이다.

## 4.3.2 탄소와 질소 동위원소

고고학에서 탄소와 질소 동위원소는 주로 과거의 식생활에 대한 연구에 활용되지만, 고환경이나 여타 인간 활동을 이해하는 데에도 유용하다. 탄소와 산소 동위원소는 대리석을 위시한 탄삼염 암석들의 원산지를 추적하는 연구에 활용되기도 한다. 탄소 동위원소 분석은 고토양의 범위나 특정 식물 종의 분포 정도를 파악하고자 할 때에도 이용될 수 있다. 이 단락에서는 인골 자료에 집중하여, 탄소와 질소 동위원소가 과거의 생계와 식생활에 관한 어떠한 정보를 제공해 줄 수 있는지에 관해 설명하고자 한다.

탄소 동위원소($^{13}C/^{12}C$)와 질소 동위원소($^{15}N/^{14}N$)는 뼈의 콜라겐 성분을 추출하여 이를 질량분석기(mass spectrometer)로 측정하는 것을 통해 확인할 수 있다. 뼈에 포함된 이들 동위원소의 양은 해당 생물체의 물질대사 과정에 의해 좌우되지만, 그 비율은 생물체가 섭취한 음식의 동위원소비를 반영한다. 인골에서 채취한 $\delta^{13}C$ 값의 범위는 −5‰에서 −25‰ 사이다. 신체 내 $^{13}C$ 동위원소의 양을 변화시키는 원인은 크게 두 가지가 있는데, 음식으로 섭취하는 식물의 종류에 따라 달라질 수 있고, 육상자원과 해양자원 중 어떤 쪽을 선호했는지에 따라서도 변화할 수 있다. $^{13}C$ 동위원소는 옥수수와 같은 특정한 종류의 열대성 식물에 더 많이 포함되어 있으며, 해양생물에도 많이 분포한다. 그러므로, 뼈의 콜라겐에서 측정한 탄소 동위원소 측정치의 음수 값이 보다 작을수록 옥수수와 같은 $C_4$ 식물이나 해양생물을 주식으로 삼았음을 의미한다. 〈도면 4.16〉은 $C_3$과 $C_4$ 식물 종류에 따른 탄소 동위원소 측정값의 차이와 이를 인간이 주식으로 섭취하였을 때 뼈의 콜라겐에 잔존할 수 있는 동위원소 값을 나타낸 것이다.

질소 동위원소는 탄소 동위원소와 거의 같은 방식으로 활용되지만 생계에 관한 또 다른 정보를 제공해준다. $^{15}N$(자연계 질소의 0.37%)와 $^{14}N$(자연계 질소의 99.63%)의 비율은 $\delta^{15}N$으로 나타내며, 그 값은 보통 −5‰에서 +10‰ 사이로 측정된다. 질소 동위원소비는 식단 내에서 육류의 비율, 민물 어류의 역할, 그리고 먹이사슬의 영양 단계(trophic level)에 대한 정보를 제공한다. 즉, $\delta^{15}N$이 보다 큰 양수 값을 보일수록 먹이사슬에서 상위에 위치하는 것이다. 탄소와 질소 동위원소 분석에 대한 보다 자세한 내용은 7장인 환경과 식생활에서 다룰 것이다.

이와 관련하여 북아메리카 동부의 예를 간단히 논하고자 한다. 크리스토퍼 콜럼버스(Christopher Columbus)가 미국 대륙에 도착한 1492년 무렵, 미국의 동부지역에 거주하는 대부분의 아메리카 인디언들은 옥수수를 주식으로 삼고 있었다. 옥수수는 멕시코 남부지역에서 지금으로부터 5,000여 년 전부터 재배되기 시작한 이래 북쪽으로 퍼져 나갔다. 옥수수는 기름지고 생산성이 좋은 음식이다. 옥수수가 북아메리카 동부 인디언 사회에 끼친 영향력이 상당히 크기에, 이 작물이 언제부터 이들의 식단에 포함되기 시작했는지를 알아내는 것은 매우 중요한 고고학적 질문이 될 수 있다. 옥수수는 열대성 식물이기 때문에, 북아메리카 동부에 자생하던 식물들과는 다른 탄소 동위원소 비율($^{13}C/^{12}C$)을 지니고 있다. 이러한 이유로, 인골 자료를 통해 측

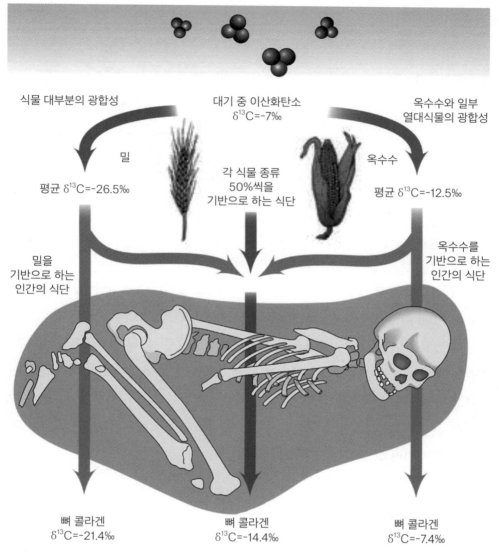

**도면 4.16** $C_3$과 $C_4$ 식물은 탄소 동위원소비($\delta^{13}C$) 값에서 큰 차이를 보인다. 이 그림에서는 옥수수($C_4$)와 보리($C_3$)를 각각 섭취하였을 때와 함께 섭취하였을 때의 $\delta^{13}C$ 값을 나타내었다. $C_3$을 포함하는 대부분의 식물과 열대 식물들이 포함된 $C_4$ 식물군은 서로 다른 광합성 방식을 지니고 있으며, 이것이 이 둘 간의 $\delta^{13}C$ 값의 차이를 야기한다. 이를 인간이 주기적으로 섭취하면 각각의 식물군과 비슷한 동위원소 값이 뼈의 콜라겐에 반영되는 것이다. $C_3$과 $C_4$ 식물을 골고루 주기적으로 섭취한 경우 동위원소 값은 이 둘의 중간값을 나타낸다.

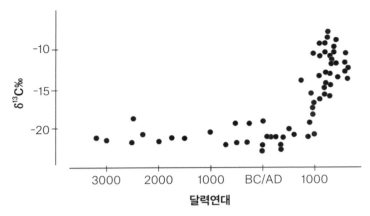

**도면 4.17** 지난 5,000년간 미국 동부에서 출토된 인골로 측정한 $\delta^{13}C$ 값. AD 750 이후의 급격한 증가 추세는 고인디언들의 생계에 옥수수가 추가된 결과를 반영한다.

정된 $\delta^{13}C$ 값을 통해 사람들이 옥수수를 주기적으로 섭취하였는지 여부를 판단할 수 있는 것이다. 미국 동부에서 발굴된 서로 다른 여러 시간대의 인골 자료의 탄소 동위원소 측정치는 이 지역에서 언제부터 옥수수가 섭취되기 시작하였는지를 밝히는 데 결정적인 역할을 하였다. 〈도면 4.17〉은 지난 5,000년간을 반영하는 이 지역 인골 자료에서 측정한 탄소 동위원소 측정값들을 나타낸 것이다. A.D. 750년경 보이는 갑작스러운 값의 변화는 이 지역 사람들의 식단에 옥수수가 도입되어 급속도로 확산되어 주식으로 자리 잡아 가는 양상을 반영한다.

### 4.3.3 스트론튬 동위원소

스트론튬 동위원소 값은 $^{87}Sr/^{86}Sr$ 비율로 산출하는데, 과거의 인구이동과 관련된 연구에 주로 활용되었다. 그러나 이 밖에도 스트론튬 동위원소는 토기, 석기, 직물, 동물 등의 기원이나 원산지를 추적하는 연구에도 기여할 수 있는 가능성이 있다.

분석을 하고자 하는 경우, 우선 치아의 에나멜 성분을 시료로 하여 당사자가 태어난 장소에 대한 정보를 담은 동위원소 값을 얻는다. 인골이 발견된 지역의 동위원소 신호는 몇 가지 방식으로 얻을 수 있는데, 앞에서 치아를 추출한 개체의 뼈, 해당

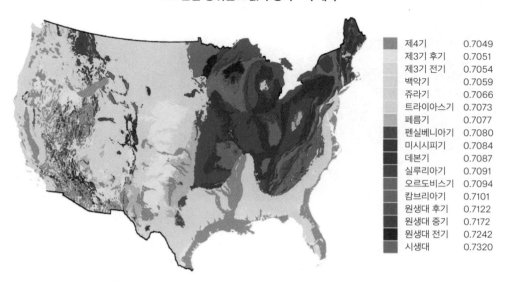

스트론튬 동위원소 값 추정치 - 미 대륙

| | |
|---|---|
| 제4기 | 0.7049 |
| 제3기 후기 | 0.7051 |
| 제3기 전기 | 0.7054 |
| 백악기 | 0.7059 |
| 쥬라기 | 0.7066 |
| 트라이아스기 | 0.7073 |
| 페름기 | 0.7077 |
| 펜실베니아기 | 0.7080 |
| 미시시피기 | 0.7084 |
| 데본기 | 0.7087 |
| 실루리아기 | 0.7091 |
| 오르도비스기 | 0.7094 |
| 캄브리아기 | 0.7101 |
| 원생대 후기 | 0.7122 |
| 원생대 중기 | 0.7172 |
| 원생대 전기 | 0.7242 |
| 시생대 | 0.7320 |

**도면 4.18** 각 지질시대별 미국 전역 모암(bed rock)들의 스트론튬 동위원소 값 추정치. 출처: Beard and Johnson 2000.

인골이 출토된 유적에서 함께 출토된 다른 인골이나 동물의 뼈, 혹은 현재 유적 주변에 서식하는 동물의 스트론튬 동위원소 값을 측정하는 것이다. 특별한 경우를 제외하고는, 대부분의 지역에서 적어도 수천 년 전부터 고유한 스트론튬 동위원소 값을 유지하고 있다고 알려져 있다. 이러한 측정치들은 세계 각 지역의 암석, 토양, 물 등을 통해 확보되어 있다. 〈도면 4.18〉은 북미 대륙 모암(bed rock)들의 스트론튬 동위원소 값의 추정치를 나타낸 것이다.

  잔존 기간이 수천 년 이내인 치아 에나멜 성분은 유적의 후퇴적 과정을 상대적으로 잘 견뎌낸다. 분석을 할 때에는 첫 번째 영구 어금니가 시료로 선호되는데, 이 치아의 에나멜층이 임신 단계나 영아기 때에 형성되기 때문이다. 시료를 준비할 때에는 시료로 하고자 하는 부분의 표면을 치아용 드릴로 갈아내는데, 이를 통해 치석 및 에나멜층의 최외곽 부분을 제거하여 잠재적인 오염의 가능성을 크게 줄일 수 있다(도면 4.19). 이후, 해당 부분을 소형 톱(crosscut blade)과 같은 도구로 치아에서 떼어낸 다음, 표면의 상아질을 드릴로 제거한다. 깨끗한 표면을 찾기 어려운 경우, 어

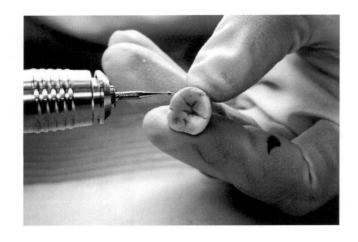

**도면 4.19** 치아의 에나멜 성분을 추출하는 모습. 첫 번째 단계는 표면을 드릴로 갉아내 오염물을 제거하는 것이다.

금니 옆부분을 잘라내어 내부의 에나멜 성분을 5-10밀리그램 정도 떼어낸다.

떼어낸 시료는 2-5mg 정도로 무게를 재어 5molar(mol/L)[10] 농도의 질산에 용해시킨다. 이 중 스트론튬 성분을 이온교환수지를 사용하여 정제하고, 티타늄으로 만들어진 필라멘트에 올리면 시료 준비 작업이 완료된다(도면 4.20). 분석을 위해서는 열이온화질량분석기(thermal ionization mass spectrometer, TIMS)가 사용되는데, 이 기기는 필라멘트의 저항을 이용하여 고체 시료를 가열함으로써 이온을 만들어 동위원소비를 측정하는 장치이다. 측정된 $^{87}Sr/^{86}Sr$ 동위원소비의 분별(mass fractionation) 효과는[11] 자연 상태에서 그 비율이 변화하지 않는 동위원소를 이용해 보정할 수 있다. $^{87}Sr/^{86}Sr$ 값은 두 동위원소의 비율과 미국 국립표준기술연구소(National Institute of Standards and Technology, NIST) 표준시료 987의 값(0.710250) 간의 차이로 나타낸다.

스트론튬 동위원소는 고대 인디언들의 유적인 차코 캐니언의 푸에블로 보니토

.........

10    역자 주. 몰(mol)은 원자, 분자, 이온과 같은 물질의 기본 단위 입자 여러 개를 묶어 물질의 양을 나타내는 단위이다. molar는 mol 농도의 단위이며, mol/L로 나타낸다.

11    역자 주. 같은 원소라도 무거운 동위원소에 비해 가벼운 동위원소는 열 이온화 과정에서 더 빨리 이온화되기 때문에 측정치는 실제 동위원소비와 다를 수 있는데, 이와 같이 동위원소 존재 비가 달라지는 현상을 통칭하여 분별 작용/효과라고 한다.

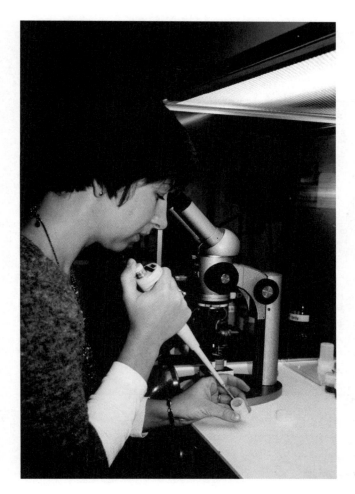

**도면 4.20** 열이온화질량분석기 (thermal ionization mass spectrometer)로 스트론튬 동위원소 값을 측정하기 위해 스트론튬 시료를 필라멘트에 올리는 모습

에서 출토된 목재와 옥수수를 연구하기 위해서도 활용되었다. 푸에블로 보니토는 고대의 아파트단지라고 할 수 있는데, AD 850-1200년 사이에 약 1,000여 명의 인구가 거주했다. 소나무, 전나무와 같이 큰 나무 기둥을 확보할 수 있는 목재들이 푸에블로 보니토를 건축하는 데 사용되었지만, 이들 수종은 차코 캐니언 근처에서는 자생하지 않는다. 건물에 사용된 나무 기둥의 평균 길이는 5미터 정도이고, 지름은 22센티미터이며, 무게는 약 275킬로그램에 달했다. 총 200,000여 개의 나무 기둥이 사용되었을 것으로 추정되었는데, 그렇다면 주변에서 자생하지도 않는 이 목재들을 어디에서 확보할 수 있었을까?

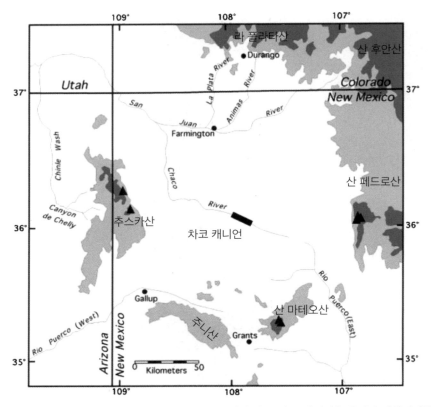

**도면 4.21** 차코 캐니언을 중심에 위치시킨 미국 남서부지역 지도. 차코 캐니언을 둘러싼 산악지대들은 푸에블로 보니토 유적의 건물을 지을 때 사용된 목재들의 잠재적인 원산지가 될 수 있다. 밝은 회색으로 표시된 지역은 현재 소나무가 자라는 지역이고, 어두운 회색으로 표시된 지역이 전나무가 자라는 지역이다. 삼각형은 해당 연구의 시료를 채집한 지점이다.

    차코 캐니언의 기후 조건은 수목류가 자라기에는 너무 건조하였다. 현재 소나무나 전나무, 가문비나무 등은 유적을 둘러싸고 있는 산악지대에 자생하고 있다(도면 4.21). 푸에블로 보니토의 서쪽과 남쪽에 위치한 이들 산지에서 채취한 토양의 스트론튬 동위원소 값과 유적의 값을 비교해본 결과 거의 일치하였다(도면 4.22). 추스카(Chuska)산과 산마테오(San Mateo)산이 자리한 이들 지역은 유적에서 80킬로미터 이상 떨어져 있으며, 차코 캐니언의 고대 건축물을 짓는 데 사용된 목재의 대부분이 이곳에서 벌목된 것으로 추정된다(도면 4.21).

    차코 캐니언에서 출토된 옥수숫대를 이용하여 비슷한 연구가 진행된 바 있다.

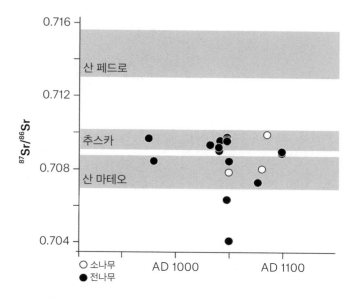

**도면 4.22** 푸에블로 보니토 유적 목재들의 $^{87}Sr/^{86}Sr$ 값. 목재들의 절대연대는 연륜연대 측정법을 통해 확인하였다. 밝은 회색 부분이 유적에서 사용된 목재들이 현재 자생하는 지역의 $^{87}Sr/^{86}Sr$ 값의 범위를 나타낸다.

고고학적 조사 결과 차코 캐니언에서는 수천 명의 사람들을 천여 년간 부양할 수 있는 옥수수를 재배하기 위한 물과 경작지를 내부적으로 확보할 수 없었을 것으로 추정되었다. 현재에도 이 지역의 농경은 상당히 제한적이며, 고기후 연구에 따르면 과거에도 농경에 적합한 기후 조건을 갖추지 못했다. 타 지역 토양의 스트론튬 동위원소 값과 유적에서 출토된 옥수숫대의 측정값을 비교해본 결과 일부 옥수수들은 유적의 80km 북쪽에 위치한 농경지에서 수입되어온 것으로 밝혀졌다.

스트론튬 동위원소 값을 활용하여 선사인들이 태어난 곳도 추정 가능하다. 인간의 유해에서 스트론튬 동위원소 값을 측정하여 그 기원지를 밝히는 연구가 고고학 분야에 도입된 이후 30여 년이 흘렀다. 이 접근법의 기본은 인간의 치아에 있는 에나멜의 스트론튬 동위원소 값과 특정 지점의 값을 비교하는 것이다. 스트론튬 동위원소 값은 지리적인 위치에 따라 변화하기 때문에, 인간 치아의 측정치가 해당 인간이 사망한 지점(매장지)에서 얻은 값과 다르다면, 이주를 가정해 볼 수 있다. 이 방법에 대한 보다 자세한 내용은 8장에서 다룰 것이다.

### 4.3.4 질량분석기

질량분석기들은 원자질량단위(atomic mass unit, AMU)[12] 이하로 무게를 분별할 수 있기에, 특정 원소의 동위원소비를 측정할 수 있다. 대부분의 원소들은 1원자질량단위 이상의 원자 무게를 지니고 있다. 화학적으로는 동일한 원소라고 할 수 있지만, 동위원소들은 서로 다른 개수의 중성자를 가지고 있다. 이러한 특성으로 인해 화학적인 특성에는 차이가 없지만 무게가 달라지게 된다. 예를 들어, 모든 스트론튬 원자는 37개의 양성자를 포함하고 있다. 바로 이것이 원소로서의 스트론튬의 성질을 결정한다. 안정한 스트론튬 원자는 47, 49, 50, 그리고 51개의 중성자를 가질 수 있는데, 양성자(37)를 더한다면 각각 84, 86, 87, 그리고 88 원자질량을 가지게 된다. 이들 중 하나인 $^{87}Sr$은 방사성 동위원소인데, 반감기가 500억 년인 $^{87}Rb$의 붕괴로 탄생한다. $^{87}Sr$과 $^{86}Sr$의 비율은 지리적인 위치에 따라 큰 차이를 보이며, 이 특성은 고고학 분야에 널리 활용될 여지를 지닌다.

질량분석기는 전자기스펙트럼의 가시광선이나 다른 파장들을 사용하지 않는다. 이 장비들은 원자와 분자들을 무게에 따라 분리하여 "질량 스펙트럼(mass spectrum)"상에 분포시킨다. 이후 각 입자들의 개수를 세어 이미 알려진 원자나 분자의 그것과 비교하게 된다. 질량분석기는 각각의 입자들에 전하(electric charge)를 주입하여 이를 전자기장을 통해 가속시키는 방법을 통해 이들을 무게에 따라 분류한다.

질량분석기에는 몇 가지 종류가 있다. 흔히 볼 수 있는 유형으로 사중극자 질량분석계(quadrupole mass spectrometer)가 있는데, 이온화된 원자를 4개의 전극주로 구성되는 사중 양극 내에서 다양한 전압으로 가속화시키는 방식이다(도면 4.23). 전압의 변화주기가 올바르게 이루어졌다면 이에 맞는 무게를 지닌 원자들이 유도되어 각 전극주를 통과하며 검출기로 이동하게 된다. 지나치게 가벼운 원자의 경우 통과 속도가 빨라 중간에 탈락하게 되고, 지나치게 무거운 원자는 유도에 반응하지 않는

.........

12    역자 주. 원자의 질량을 측정하는 단위로, 근사적으로 $1.66057 \times 10^{-27}$kg의 값을 가진다.

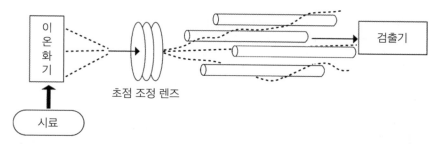

**도면 4.23** 사중극자 질량분석계(quadrupole mass spectrometer)의 모식도. 서로 다른 무게를 지닌 원자들이 이온화되어 4개의 전극주를 통과한다. 특정한 전압과 그 변화주기에 따라 특정한 무게를 지니는 이온만이 검출기까지 다다른다.

다. 그러므로, 특정 전압과 주기변화에 반응하는 특정한 무게를 지닌 원자만이 성공적으로 검출기까지 다다를 수 있다.

사중극자 질량분석계는 상대적으로 낮은 분리 기능을 지니며 간섭에도 취약하다. 예를 들어, 같은 원자 무게를 지닌 $CaO^{+1}$와 $Fe^{+1}$는 구분해 낼 수 없다. 하지만 장치가 간편하다는 장점도 있어 선박이나 우주선의 기내에 설치할 수 있으며, 크로마토그래프와 연계하여 분자들에 대한 분석도 가능하다.

질량분석기의 분리 성능과 간섭에의 저항성은 강력한 자석을 활용하는 것을 통해 높일 수 있다. 자기 섹터 질량분석기(magnetic sector mass spectrometer)는 이온을 가속시켜 강력한 자기장 내로 유도하는데, 이 자기장을 지나며 이온화된 원자들은 본래 움직이던 방향에서 수직으로 굴절되게 된다. 가벼운 무게를 지닌 원자일수록 자기장에 의해 더 크게 굴절되어 본래의 경로에서 더 많이 이탈하며, 무거운 원자일수록 본래의 경로를 유지한다. 같은 방향으로 굴러가고 있는 골프공과 탁구공에 수직 방향으로 선풍기를 작동시킨다고 생각해 보자. 무게가 가벼운 탁구공은 경로를 크게 이탈하는 반면, 상대적으로 무거운 골프공은 덜 이탈할 것이다. 여기에서 마치 선풍기의 바람세기를 조절하듯이 자기장의 강도를 조절하면 특정한 경로로 원자들을 굴절시킬 수 있다. 이러한 원리로 특정한 무게를 지닌 원자들을 검출기로 유도할 수 있는 것이다.

적절한 강도의 자기장이 형성되고 알맞은 위치에 검출기가 자리한다면 특정한

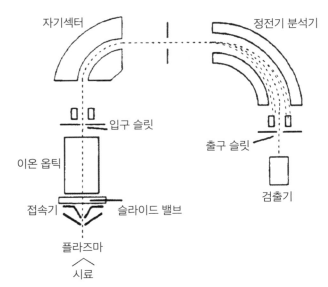

자기섹터

정전기 분석기

입구 슬릿

출구 슬릿

이온 옵틱

접속기    슬라이드 밸브

검출기

플라즈마

시료

**도면 4.24** ICP-MS의 기본 요소. 시료들은 플라즈마 내에서 이온화되고, 자기장을 통과하며 무게에 따라 분류된 후 검출기로 향한다. 검출기는 각각의 다른 무게를 가진 원자들을 검출해 낸다.

범위의 무게를 가진 원자들을 검출해 낼 수 있다(도면 4.24). 자기장이 원자를 밀어내는 강도는 입자의 속도에도 비례하기에, 연구자는 무게에 더해 또 하나의 판별 기준을 갖출 수 있다. 이러한 장비들은 일반적으로 사중극자 질량분석계보다 크고 무거우며, 가격도 비싸다. 이 장비들은 원자질량단위보다 현저히 작은 무게 차이도 감지할 수 있기 때문에, 비슷한(같은) 원자질량을 지닌 물질들도 구별해 낼 수 있다.

    자기 섹터 질량분석기는 시료들이 자기장까지 이르는 방법에 따라 세분할 수 있다. 많은 장비들이 최근에는 플라즈마를 이용한다(ICP-MS). 질량분석기에서는 원자들을 이온화하는 데 플라즈마를 사용한다. ICP-OES에서는 플라즈마가 특정한 스펙트럼을 방출하지만, 질량분석기에서는 가시광선은 활용되지 않는다. 〈도면 4.25〉는 위스콘신 대학교 고고화학 실험실의 ICP-MS의 모습이다.

    사중극자 질량분석계나 마그네틱 섹터 질량분석기 모두 하나 이상의 이온검출기(수집기: collector라고도 부른다)를 지니는데, 대부분의 동위원소 분석에 적합한 정밀도를 가지고 있다(0.01%를 상회). 다수의 수집기들을 이용하여 서로 다른 동위원소비를 동시에 측정하는 것도 가능하다. 이러한 다수의 수집기들은 ICP-MS나 위에서 언급된 열이온화질량분석기(TIMS)에 흔히 활용된다. TIMS는 정제된 원소를 플

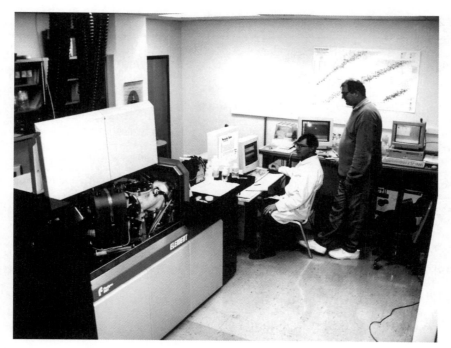

**도면 4.25** 위스콘신 대학교 고고화학 실험실의 ICP-MS의 모습

라즈마가 아닌 필라멘트로 가열하여 이온화한다.

ICP-MS는 액화시킨 시료를 사용하지만, 대부분의 고고학 시료들(토기편, 석기)은 액화시키기 쉽지 않다. 그렇기에, 레이저가 활용되기도 한다. 레이저 제거 유도 결합 플라즈마 질량분석법(LA-ICP-MS)에서는 고체 시료의 일부를 레이저를 이용, 기화시켜 플라즈마로 유도시킨다.

질량분석기는 보통 두 개 이상의 동위원소 값을 측정하고 그들 간의 비율을 계산해 낸다. 이때, 표준시료를 함께 측정하여 이를 통해 기기의 정밀도를 검증하고 측정치에 대한 보정을 실시한다. 분석의 결과에는 계산된 동위원소비와 함께 다른 정보들도 제공되는데, 〈표 4.2〉는 질량분석기의 결과를 나타낸 것이다. 이 경우에는 TIMS로 인간의 치아 속 에나멜의 스트론튬 동위원소 값을 측정한 것인데, 왼쪽으로부터 첫 번째 열에는 시료들의 고유번호가 부여된다. 다음 열에 시료들이 채취된 유적 이름이 표기되고, 보정을 거친 $^{87}Sr/^{86}Sr$ 값과 오차범위가 표시된다. "Ratios"열은

**표 4.2** 인간 치아 에나멜의 스트론튬 동위원소비를 측정한 질량분석 결과표

| 시료번호 | 유적 | 보정된 $^{87}Sr/$ $^{86}Sr$ 값 | % 오차범위 | 비율 | 날짜 | 보정 이전의 87/86 측정값 | 표준시료의 측정값 | 표준시료의 개수 |
|---|---|---|---|---|---|---|---|---|
| F5025 | Xcambo | 0.709006 | 0.0007 | 88/100 | 3/23/09 | 0.709020 | 0.710264 | 10 |
| F5026 | Xcambo | 0.708865 | 0.0007 | 89/100 | 3/23/09 | 0.708879 | 0.710264 | 10 |
| F5027 | Xcambo | 0.708983 | 0.0008 | 86/100 | 3/23/09 | 0.708997 | 0.710264 | 10 |
| F5028 | Xcambo | 0.709043 | 0.0008 | 87/100 | 3/23/09 | 0.709057 | 0.710264 | 10 |
| F5029 | Xcambo | 0.708123 | 0.0007 | 87/100 | 3/23/09 | 0.708137 | 0.710264 | 10 |

100의 측정 시도에서 성공적으로 측정한 횟수를 나타내며, 측정을 실시한 날짜, 보정 이전의 87/86 동위원소비의 측정값, 표준시료의 측정값, 보정에 활용된 표준시료의 개수 등이 순차적으로 표시된다.

## 4.4 유기물 분석

음식을 포함한 많은 종류의 물질문화―고기, 생선, 새, 야채, 과일, 나무, 가죽, 뼈, 뿔, 짚, 깃털―들은 유기물질이며, 살아 있는 생명체로부터 나온다. 이들은 선사시대 거주지 근처에 많이 존재하고 있었을 것이다. 좋지 않은 소식은 대부분의 "생체" 요소들은 쉽게 변질되고 부패하여 현재까지 보존되기가 어렵다는 점이다. 곰팡이와 박테리아는 이들 탄소 기반의 물질들을 먹어치우며 소멸시킨다. 그럼에도 불구하고 좋은 소식은 이들 유기물질들이 때때로 유물과 퇴적물 등에 흔적을 남겨 수천 년의 세월 동안 살아남는다는 점이다.

토기, 석기, 갈판, 회반죽, 분변, 토양과 퇴적물 같은 다양한 종류의 고고학적 물질들에 유기화합물들이 포함되어 있을 수 있다. 가장 대표적인 예가 토기의 내부 조직 속에 스며들어 있는 미량 유기화합물인데, 토기의 조직이 유적의 후퇴적 과정이

**표 4.3** 고고자료에서 확인할 수 있는 유기잔존물

| 기본 구성요소 | 복합 분자 | 맥락 | 제공하는 정보들 |
|---|---|---|---|
| 지질 | 지방 | 토기 잔존물, 토양 | 식생활, 활동지역 |
| 아미노산 | 단백질 | 토양, 도구 | 활동지역 |
| 핵산 | DNA, RNA | 동식물 유체 | 물질의 정체 |
| 단순당 | 다당류, 전분 | 토기 잔존물, 토양 | 식생활 |
| 테르펜 | 피치와 수지 | 고무진, 수지 접착제 | 물질의 판별과 모체 |
| 탄화수소 | 타르와 왁스 | 타르와 왁스 | 물질의 판별과 모체 |

나 자연의 속성작용에서 이 물질들을 상대적으로 잘 보존하기 때문이다. 이러한 유기 분자들은 오랜 기간 점토에 단단히 점착되어 그 상태를 유지하게 된다. 토기 내측 기벽에 점착된 유기물들의 연대가 지금으로부터 약 6,000년 전으로 측정된 사례도 있다. 눈에 보이지 않는 미량 유기물들은 탄화된 찌꺼기와 같은 눈에 보이는 잔존물과는 구별된다. 토기의 조직 속에 스며들어 있는 이들 유기물질들에 대한 연구는 유물의 용도, 당시의 식생활을 포함하는 과거 사회와 관련한 다양한 정보를 제공해 준다. 이러한 고고화학 분야를 "생체분자(biomolecular)" 고고학이라 칭하기도 한다.

고고자료에서 흔히 발견되는 유기잔존물로는 지질(lipid), 아미노산, 핵산, 단순당, 테르펜, 탄화수소 등이 있다. 이 잔존물들이 이루는 분자의 종류 및 고고유적에서의 맥락 등을 〈표 4.3〉에 정리하였다.

지질은 이러한 유기잔존물의 대표적인 종류이자 고고화학자들에 의해 가장 많이 연구된 물질이다. 지질은 살아 있는 생명체의 조직의 구성요소로, 세 가지 정도의 특질로 규정될 수 있다. 지질 성분은 (1) 물에 용해되지 않고, (2) 메탄올, 클로로포름, 에테르 등과 같은 유기 용매에 용해되며, (3) 분자구조에 긴 사슬의 탄화수소들을 지니고 있다. 지질은 세포 내 가장 효율적인 에너지 저장소이다.

때로 지질이라는 용어는 지방(fat)의 유의어로도 사용되지만, 지방은 지질 성분의 하위집합이다. 지질은 다양한 형태로 존재하는데, 대표적으로 알코올, 알데히드,

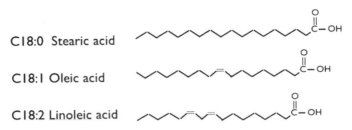

**도면 4.26** 18개의 탄소를 지닌 지방산: 이중결합이 없는 포화스테아르산(stearic acid), 하나의 이중결합을 가진 단일불포화올레산(oleic acid), 두 개의 이중결합을 지닌 고도불포화리놀레산(linoleic acid)

지방산, 왁스, 담즙산, 스테롤 등이 있다. 이들 가운데 고고유적에서 가장 자주 접하는 종류는 지방산과 스테롤이다. 고고학적 맥락에서 추출한 이들 성분들의 판별을 통해 해당 유기화합물들이 어떠한 생물체로부터 기원했는지 알아낼 수 있다.

지방의 주 구성요소인 지방산은 말단 카복실산기(terminal carboxylic acid group, -COOH)를 지닌 긴 사슬의 탄화수소체[13]이다. 지방산의 다른 모든 탄화수소들이 카복실산기와 하나의 원자가(valence)에 의해 단일결합(single bonds)된 형태를 포화(saturated)지방산이라고 한다. 이 경우 수소 원자의 수가 최대화되므로, "포화"상태라 칭한다. 또 다른 주요 지방산들은 서로 이중결합(double bonds)된 탄소 원자들을 지니고 있는데, 이 경우 각각의 이중결합마다 수소 원자 2개가 줄어들게 되므로, "불포화(unsaturated)"지방산이라고 부른다. 이 가운데 하나의 탄소 이중결합을 가진 지방산을 단일불포화(monounsaturated)지방산, 하나 이상의 이중결합을 지닌 지방산을 고도불포화(polyunsaturated)지방산이라 한다.

지방산들은 탄화수소 사슬에 포함된 탄소의 개수와 이중결합의 수를 이용한 약식 표기법으로 구분할 수 있다. 예를 들어, 18개의 탄소를 지니는 포화지방산인 옥타데칸산/스테아르산(octadecanoic acid/stearic acid)은 C18:0으로 표기되며, 20개의 탄소를 지니고 4개의 이중결합구조를 가지고 있는 아라키돈산(arachidonic acid)은 경우 C20:4로 나타낼 수 있다(도면 4.26).

.........

13 역자 주. 지방산은 수소(H) 원자로 둘러싸인 탄소(C) 원자의 사슬로 구성되어 있다.

| CH$_2$(OH) | R-COOH | CH$_2$-O-CO-R | |
| CH(OH) | + R-COOH | → CH-O-CO-R | + 3 H$_2$O |
| CH$_2$(OH) | R-COOH | CH$_2$-O-CO-R | |
| Glycerol | Fatty acids | Triglyceride | Water |

**도면 4.27** 글리세롤과 세 개의 지방산이 결합한 결과 트리(tri-)글리세라이드와 물이 생성된다.

지방산은 외딴 유리형(free form)으로는 미량으로만 존재하며, 대부분의 세포에서 글리세롤(glycerol)과 결합되어 글리세라이드(glyceride)의 형태로 존재한다(도면 4.27). 글리세롤은 한 개, 두 개, 세 개의 지방산들과 결합하여 각각 모노(mono-)글리세롤, 디(di-)글리세롤, 트리(tri-)글리세롤을 형성한다.

지질은 고고학적 맥락에서 다른 유기화합물들보다 더 잘 보존되며, 기체 크로마토그래피–질량분석기(gas chromatography-mass spectrometry, GC-MS)와 같은 장비로 분석이 가능하다. 물에 용해되지 않는 특성(소수성)은 고고자료 내에서 이들의 생존성을 높이는 결과를 가져온다. 지질 성분은 수백만 년 전의 퇴적물에서도 발견되며, 세포구조가 없는 물질에서도 확인된 바 있다. 동물체와 식물체의 지질 성분들은 큰 차이를 보이며, 동물이나 식물 내에서도 종류에 따라 함유하고 있는 지질 성분들이 다르다.

또한, 동물에 포함된 지방산들은 대부분 포화지방산이고 고도불포화지방산들은 식물성 기름에 주로 많기 때문에, 동물체와 식물체에서 두 지방산은 그 분포 비율에 있어 상당한 차이를 보인다(표 4.4). 그러므로, 이 분포 비율은 토기 사용과 관련한 정

| 근원 | 비율 |
| --- | --- |
| 돼지 비계 | 0.23 |
| 버터 | 0.05 |
| 옥수수유 | 4.55 |
| 해바라기유 | 5.29 |
| 잇꽃기름 | 7.06 |

**표 4.4** 동물성, 식물성 생물체 내의 고도불포화지방산과 포화지방산의 비율

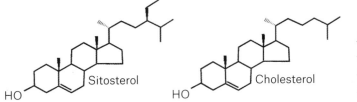

**도면 4.28** 식물체에 존재하는 시토스테롤(sitosterol)과 동물체에 존재하는 콜레스테롤의 구조

보를 제공할 수 있다. 하지만 현실적으로 이 방법을 적용하는 데는 무리가 있다. 생물체의 특성을 파악할 수 있는 특성을 지닌 지방산들은 불포화지방산인 경우가 많은데, 이들은 화학적 구조가 안정적이지 못해 잘 분해된다. 짧게는 6개월 내에 불포화지방산은 대부분 소멸될 수 있으며, 이에 따라 포화지방산과 불포화지방산 간의 비율은 급격하게 변화할 수 있기 때문에 이 비율은 결과적으로 신뢰도 있는 가늠자가 될 수 없는 것이다.

비록 대부분의 연구가 지방산에 집중하고 있지만, 스테롤(sterol) 역시 주요 분석대상이 될 수 있다. 동물체와 식물체 내의 스테롤 구성은 확연하게 다르며, 심지어는 생물 종에 따라 다를 수도 있다(도면 4.28).

대부분의 스테롤 성분들은 종류에 따라 식물체와 동물체 어느 한쪽에만 분포하며 양쪽에 모두 분포할 수 있는 스테롤은 극히 드물기 때문에, 서로 다른 여러 종류의 생물체들이 같은 토기에서 조리되거나 같은 도구에 의해 가공되었다면 스테롤을 통해 동물성 집단과 식물성 집단을 효과적으로 구분해 낼 수 있다.

생물체의 분변이나 배설물과 직접적으로 연관된 지질 성분들도 있는데, 스테롤이나 담즙과 같은 성분들이 토양이나 분석(糞石, coprolite)에서 발견될 수 있다. 이들 스테롤 성분의 부산물로 알려진 것이 5β-스테놀(5β-stenol)인데, 동물의 내장기관 내에서 콜레스테롤로부터 만들어진다. 5β-스테놀은 분변이나 배설물의 명확한 증거가 된다. 선사시대의 농경지에서 5β-스테놀을 찾을 수 있다면 이를 통해 과거인들이 동물의 분변을 비료로 사용했음을 추론할 수 있다. 고고학적인 맥락에서 스테롤 성분에 대한 연구는 분석이나 세포조직에 제한되어 있었지만 근자에 이르러 토기나 퇴적물을 대상으로도 이루어지고 있다.

$$R_1\text{-}\overset{\text{COOH}}{\underset{\text{NH}_2}{\text{C-H}}} + R_2\text{-}\overset{\text{COOH}}{\underset{\text{NH}_2}{\text{C-H}}} \longrightarrow \quad R_2\text{-C-H} + H_2O$$

**도면 4.29** 두 개의 아미노산이 반응하여 펩타이드 결합과 물이 생성된다.

$$HO\text{-}C\text{-}C\text{-}N\text{-}C\text{-}C\text{-}N\text{-}C\text{-}C\text{-}N\text{-}C\text{-}C\text{-}N\text{-}C\text{-}C\text{-}NH_2$$

**도면 4.30** 다섯 사슬의 펩타이드 결합. 단백질은 보통 수천 개의 펩타이드 결합으로 이루어져 있다.

고고자료의 유기잔존물은 대부분의 경우 지질 성분이지만 이 밖에 단백질이나, 당 성분, 탄수화물을 대상으로 수행된 연구도 있다. 단백질은 대단히 복잡한 형태의 분자로, 연속적인 펩타이드(peptide) 결합으로 연결된 긴 사슬의 아미노산으로 구성된다. 아미노산은 생체 분자로, 4개의 그룹으로 구성되어 있는데, 카르복실 그룹, 아미노 그룹, 수소 원자, 그리고 아미노산의 종류를 결정짓는 R 그룹이 그것이다. 하나의 아미노산의 아미노 그룹이 다른 아미노산의 카르복실 그룹과 반응할 때 물과 함께 펩타이드 결합이 형성된다(도면 4.29). 단백질은 수천 개의 펩타이드 결합으로 이루어져 있다(도면 4.30).

비록 단백질은 잘 분해되어 보존이 용이하지 않아 지질 성분만큼 연구되지는 못했지만, 생물체를 상당히 구체적인 수준으로 추정할 수 있는 가능성 때문에 근자에 이르러 주목을 받고 있다. 인간을 포함한 동물들은 상당한 수준의 면역 반응을 하며, 단백질은 종마다 다르기 때문에 이 특성들을 통해 해당 단백질이 구체적으로 어떤 동물에서 유래했는지 파악할 수 있다. 실험실에서 인위적으로 면역 반응을 일으키는 특이적 결합을 유도하여 특정 단백질의 기원을 밝히는 것이다. 예를 들어 석기에 남아 있는 미량 혈흔과 당시 석기로 사냥했었을 법한 송어, 사슴, 곰 등과 같은 동물들 간의 면역 반응이나 "항-항체(anti-antibody)" 반응을 통해 석기의 혈흔이 어떠한 동물의 것인지 확인해 볼 수 있다. 물론 이러한 접근법은 매우 초기 단계이며 충분한 검증작업을 거쳐야 한다.

고고학 분야에서 유기물 분석이 거둔 가장 큰 성과는 토기 내 생체 분자들과 지방산에 대한 연구에서 찾을 수 있다. 유약을 덧바르지 않은 토기는 음식물의 잔재들을 흡수한다. 이 잔존물들은 유기 용매들을 이용해 토기 기벽 내부의 조직으로부터 추출할 수 있으며, 기체/액체 크로마토그래피–질량분석기(Gas/Liquid Chromatography – Mass Spectrometry, LC/GC-MS)를 이용하여 분석한다.

고고자료 내의 지질에 대한 초기의 연구는 주로 박층 크로마토그래피(thin-layer chromatography, TLC)나 적외선 분광법(IR spectroscopy)에 의존하였다. 이들 기법은 매우 넓은 범위의 분류밖에 제공하지 못했으며, 분해되어 일부가 유실된 성분들의 분석[14]에 적합하지 않았다. 그리하여 이후 도입된 GC-MS가 이러한 연구의 표준적인 장비가 되었다. GC-MS는 서로 다른 유기화합물들을 분리해 낼 뿐 아니라, 그들의 질량을 측정하여 스펙트럼 상이 놓이게 한다. 이를 통해, 유기화합물 내 각 구성요소들의 판별과 그들 사이의 미세한 차이들을 확인할 수 있게 되었다. 이러한 차이는 탄소 사슬의 구조, 이중이나 삼중 결합의 위치, 분지 사슬(branched chain)의 방향 등에서 확인할 수 있으며 이 모든 것들이 모체가 되는 생물을 추론하는 데 중요한 역할을 할 수 있다.

예를 들어 연구자들은 토기의 내용물을 분석하여 올리브 기름, 우유, 우지(suet), 카놀라 기름 등을 포함한 다양한 음식물의 존재를 확인하였다. 남아프리카공화국 남서지역의 곶(Cape)에서 출토된 토기 내부에서는 해양동물의 지질 성분이 검출되어, 물개고기가 토기 내에서 조리되었을 가능성을 시사하였다. 마야 지역 리오 아줄(Rio Azul) 유적의 토기에서는 코코아 성분이 확인되었는데, 이와 관련한 보다 자세한 내용은 5장에서 다룰 것이다.

.........

14 역자 주. 저자가 전술한 바 있듯, 고고자료에서 확인되는 대부분의 지질 성분들은 후퇴적 과정에 의해 부분적으로 분해되어 완전치 못한 형태이다.

다양한 종류의 지질 성분들이 토기에서 확인되었으며 같은 토기 안에서 여러 종류의 지질 성분들이 함께 나타나기도 하였다. 예를 들어, 타니아 우데만스(Tania Oudemanns)와 얍 분(Jaap Boon)은 네덜란드 지역의 철기시대 토기의 내부 잔존물들을 분석하였는데, 단백질의 지표가 되는 피롤(pyrrole)과 톨루엔(toluene), 당의 증거가 되는 퓨란(furan), 지방, 왁스, 기름에서 유래한 유기산 등을 확인할 수 있었다. 이러한 분자들은 이 토기가 다방면으로 사용되었음을 알려준다.

토기 내부의 지질 성분의 양과 종류, 그리고 위치와 관련된 정보는 저장용 토기와 조리용 토기를 구분할 수 있게 해주었다. 예를 들어, 조리용 토기의 경우 물이 자주 끓어오르기 때문에 지질 성분들이 구연부 주변에 집중적으로 밀집되어 있다.

토기 내부에서 추출된 지질 성분의 특성을 이용하여 해당 토기와 관련된 음식물을 좀 더 구체적으로 추론할 수도 있다. 포화지방산과 불포화지방산의 비율은 동물성과 식물성을 판별하는 근거로 활용된 바 있다. 물고기의 경우, 이중/삼중 결합을 가진 고도불포화지방산을 많이 함유하고 있다. 또한 식물체에만 존재하는 시토스테롤과 동물체에만 존재하는 콜레스테롤의 존재를 통해 이 둘을 구별할 수 있다. 유제품의 경우 아실(acyl)기 지질과 다량의 콜레스테롤을 포함하고 있다. 알코올, 켄톤(kentone), 그리고 알케인(alkane)의 특징적인 분포는 양배추와 같은 채소의 잎의 표지가 된다.

다양한 연구들에서 과일, 우유, 와인, 올리브 기름, 타르, 시더우드(cedarwood) 기름 등의 존재가 확인되었으며, 단백질도 발견되어 토기에서 특정 동물이 조리되었음을 추정할 수도 있었다. 고고화학에서 미량 유기물을 연구하는 분야는 그 중요성이 날로 높아지고 있다.

비록 미량 유기물 분석이 고고학 분야에 크게 기여할 잠재성을 지니고 있지만, 몇 가지 문제가 있는데, 대부분의 경우 유적의 후퇴적 과정에서 외부로부터 새로운 생체 분자들이 유입되거나 기존 분자들이 분해되어 확인하기 어려운 형태의 물질로 변화하는 등의 오염문제이다. 또 다른 문제는 같은 토기에서 서로 다른 다양한 식재료들이 보관되거나 조리되는 경우이다. 서로 다른 식재료들의 지질 성분들이 섞이게 되면 각 식재료들이 지닌 고유의 지질 분포 패턴에 대한 확인이 어려워지고 이를 바탕으로 각 식재료를 구별해 내는 것도 힘들어진다.

토기와 같은 고고자료에서 지질 성분을 분석하는 기본적인 과정은 다음과 같다. (1) 토기편을 갈아 분말의 형태로 만든다. (2) 메탄올이나 클로로폼 등과 같은 용매와 함께 초음파처리(ultrasnicate)한다. (3) 원심분리하여 침전물 이외의 전지질(total lipid extraction, TLE)을 분리한다. (4) 질소가스에 용매를 증발시켜 전지질만 확보한다. (5) 전지질에 휘발성이 매우 강한 용매를 투입하여 GC-MS로 분석한다. GC-MS는 전지질 내의 화합물들을 긴 관에 통과시키는데, 관을 가열시키면 전지질 내 휘발성이 강한 화합물들은 상대적으로 빠른 속도로 통과하게 되고 휘발성이 약한 물질들은 늦게 통과한다. 분자 화합물들은 휘발성이 큰 순서로 시차를 두고 관을 빠져나오게 되며 이 순서 그대로 검출기로 유도되어 peak 형태로 기록된다. 전지질 내의 각 분자 화합물들은 검출기 내에서 잘게 세분되는데, 이후 질량분석기로 주입되어 질량에 따라 분류된다. 분자 화합물들은 그 종류에 따라 서로 다른 방식으로 세분되며, 그렇기에 이를 활용하여 각 화합물들에 대한 동정(同定)을 시도할 수 있다. 분석의 결과로 도출된 질량 스펙트럼(mass spectra)을 이미 스펙트럼을 알고 있는 분자와 비교하면 구체적인 판별이 가능하다.

분석 장비의 발전은 이제 연구자로 하여금 단일 지방산의 $\delta^{13}C$ 값을 측정할 수 있게 한다. 각기 다른 종류의 생물체에 포함된 지방산은 해당 생물체 내의 탄소 동위원소비를 반영하므로, 지방산의 $\delta^{13}C$ 값을 통해 기원 생물에 대한 추정을 할 수 있다(도면 4.31). 예를 들어, 기름을 사용한 고대의 등잔에 대한 연구는 등잔에서 추출한 지방산의 $\delta^{13}C$ 값과 돼지, 소, 양 등에서 도출한

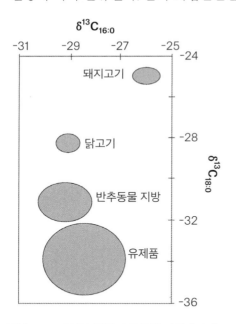

도면 4.31 다양한 종류의 동물성 자원에서 추출한 팔미트산(C16:0)과 스테아르산(C18:0)의 $\delta^{13}C$ 값. Dudd and Evershed(1998)의 데이터 값.

$\delta^{13}$C 값을 비교하여 등잔에 사용된 기름의 정체를 밝힐 수 있었다. 같은 방법을 사용하여 신석기시대 토기에서 유제품의 존재를 확인한 연구도 있다.

### 4.4.1 유기물 분석법

유기물질의 분석에는 대표적으로 두 가지 방법이 있다. 첫 번째 방법은 크로마토그래피를 이용하여 복잡하게 혼합된 유기 분자들을 분리해 내는 것이다. 이 방법은 지표가 될 만한 소수의 분자들에 대한 추적을 포함한다. 두 번째 방법은 활용 빈도가 높지는 않은데, 핵자기공명법(Nuclear Magnetic Resonance)이나 적외선 분광법(IR spectroscopy)을 이용하여 분자들에 포함된 원자와 그 결합들을 분석하는 것이다. 분석한 결과로 도출된 스펙트럼은 시료의 오염도나 보존 정도에 좌우되기는 하지만, 잔존하는 물질들의 기원에 대한 정보를 제공한다. GC-MS의 경우 분석의 결과로 추출한 유기물에 포함된 다양한 분자들의 무게와 양에 대한 정보를 담고 있는 크로마토그램을 도출하는데(도면 4.32와 4.35), 이 스펙트럼들을 이미 알고 있는 물질들의 스펙트럼과 비교하여 해당 유기물에 대한 동정을 실시할 수 있다.

**도면 4.32** 토기에 잔존하는 유기물의 GC-MS 분석결과로 출력된 데이터

## 4.4.2 기체/액체 크로마토그래피-질량분석기

　　유기잔존물 분석 장비 가운데 가장 널리 알려진 것은 크로마토그래피와 질량분석기를 결합한 형태의 기기이다. 서로 다른 유기물질들이 섞여 있을 때, 이를 분리하고 판별하는 일반적인 방법을 "크로마토그래피(chromatograph)"라고 한다. 크로마토그래프는 문자 그대로 "색채 글쓰기(color writing)"라는 의미를 지니고 있으며, 초기의 방법은 시료 내 구성요소들을 색조의 차이로 분리하였다. 이 방법의 기본적인 원리는 흡수력이 뛰어난 종이를 길게 잘라 한쪽 끝에 잉크로 점을 찍고 알코올 몇 방울을 가하는 것을 통해 쉽게 확인할 수 있다. 알코올이 종이에 퍼지면, 잉크 내의 여러 성분들이 알코올에 용해되면서 점으로부터 분리되어 서로 다른 속도로 점차 바깥쪽으로 퍼져나온다. 그 결과로서 나타나는 것이 여러 개의 동심원인데(도면 4.33), 각각의 원은 잉크의 구성요소(색깔)라고 할 수 있다. 크로마토그래피는 "고정상(stationary phase)"과 "이동상(mobile phase)"으로 이루어져 있으며, 위의 경우, 고정상은 흡수율이 높은 종이, 이동상은 알코올이 된다. 시료의 분리는 시료를 이루는 요소들의 물리적인 특성의 차이에 의해 이루어지는데, 잉크의 예에서는 알코올에 대한 용해성의 차이로 분리가 이루어졌다.

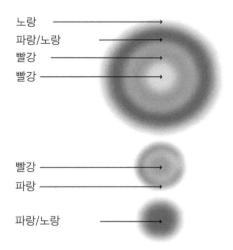

노랑
파랑/노랑
빨강
빨강

빨강
파랑

파랑/노랑

**도면 4.33** 이동상으로 알코올을 사용한 간단한 종이 크로마토그래피를 통해 잉크의 색을 분리할 수 있다.

위의 예에서 설명한 종이 크로마토그래피(paper chromatograhy)는 실제로 초기에 유기물질들을 분석하는 데 활용되었다. 시료들은 주로 고정상으로 사용되는 압지(absorbent paper)의 밑부분에 놓이게 되고, 이후 이를 이동상으로 사용되는 용매 위에 위치시켜 이를 흡수하게 한다. 보다 흔히 볼 수 있는 형태는 고정상으로 종이가 아닌 유리판에 실리카 겔(silica gel)과 같은 흡수력이 강한 물질의 얇은 막을 입힌 것이 있다. 박층 크로마토그래피(TLC)라고 불리는 이 방법에서, 시료를 구성하는 각기 다른 구성물들은 상대적인 용해성의 차이에 의해 서로 다른 거리만큼 유리판 위를 이동한다. 시료의 구성물들은 잉크만큼 다채로운 색을 띠지는 않는다. 그렇지만, 유리판에 특정한 물질과 반응하여 색을 내는 시약을 도포(spray)하거나, 불에 그을려 눈에 보이지 않는 구성물을 드러내는 방법 등을 통해 보완이 가능하다. 화학적인 시약이나 불에 그을리는 방법을 채택하지 않더라도, 형광물질을 UV 램프와 함께 사용하면 다양한 구성물들을 효과적으로 분리해 낼 수 있다.

크로마토그래피로 화합물들을 분리할 수는 있지만, 이를 통해 분리된 개별 물질들이 구체적으로 무엇인지는 알 수 없다. 그렇기 때문에 연구자는 해당 시료에 포함되어 있을 가능성이 높은 물질이 무엇일지에 대한 일정 수준의 지식이 있어야 한다. 이들 후보 물질들을 동일한 조건하에 실제 시료와 함께 분석하면 시료 내 구성물들에 대한 구체적인 동정이 가능하다(도면 4.34).

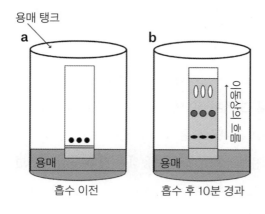

용매 탱크

a

b

000

용매의 이동성

용매

용매

흡수 이전

흡수 후 10분 경과

**도면 4.34** (a) 3개의 시료를 고정상이 되는 판 아래에 위치시키고, 판의 끝부분을 이동상이 되는 용매와 접촉시킨다. (b) 용매가 고정상에 흡수되어 올라오면, 용해성이 강한 화합물들은 고정상의 상단부까지 이동상과 함께 올라오게 되고, 그렇지 못한 물질들은 하단부에 남게 된다.

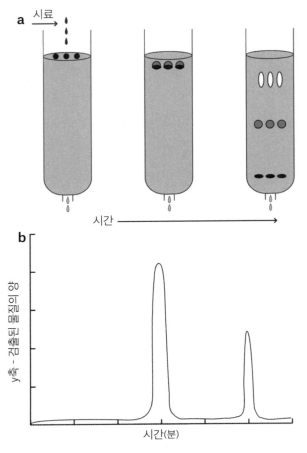

**도면 4.35** 액체 크로마토그래피(liquid chromatography, LC)의 모식도. (a) 액체가 담겨 있는 칼럼(기둥 모양의 실험용기) 위로 시료를 떨어뜨리면 무거운 분자들이 보다 빠르게 움직여 하단부의 밸브를 통해 먼저 빠져나간다. (b) 분석의 결과는 그래프로 도출되어 어떠한 물질이 먼저 하단부의 밸브를 통해 빠져나갔는지 기록된다.

　　TLC와 종이 크로마토그래피는 간단하고 가격이 저렴한 장점이 있지만, 복잡한 물질에는 적용할 수 없다는 한계가 있다. 이후 도입된 정교한 장비들을 사용하는 방법은 보다 적은 양의 시료를 필요로 하며, 더욱 높은 해상도를 갖추고 있다. 이들 방법 역시 구성요소들의 물리적인 특성에 기반한 고정상과 이동상을 사용하는 원리는 같다(도면 4.35). 가장 널리 사용되는 방법은 이동상으로 액체 용매(liquid chromatography, LC)나 가열된 가스(gas chromatography, GC)를 사용한다. 고정상으로 매우 미세한 크기

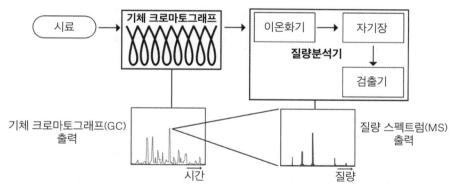

**도면 4.36** 기체 크로마토그래피–질량분석기(GC-MS)의 모식도. 시료는 가스 형태로 변환되어 기체 크로마토그래피 장치 내에서 구성물질들의 고유한 물리적인 성질에 의해 분리된다. 이후 이온화된 분자들은 세분되어 질량분석기의 자기장으로 보내져 질량이 측정된다. 세분된 분자보다 작은(submolacular) 조각들의 특징적인 분해 패턴들은 본래 물질의 정체를 추론하는 데 활용될 수 있다. 하단의 그래프는 GC와 MS의 결과로서 각각 출력된다.

의 구멍들이 뚫린 다공성 물질을 사용하기도 하는데, 이 물질은 마치 필터와 같은 작용을 하여 작은 크기의 분자들은 통과시키고 그보다 큰 분자들은 걸러낸다. 이 방법은 상대적으로 크기가 큰 분자인 지방산이나, 기름, 왁스 등을 분리하는 데 사용한다.

이러한 장비들이 종이 크로마토그래피나 TLC와 다른 점은 물질들을 시간에 따라 분리한다는 것이다. 종이 크로마토그래피나 TLC는 이동상을 따라 물질들이 분리되어 이동한 거리를 측정하지만, 최근의 장비들은 물질들이 액체/기체 이동상에 실려 특정 지점을 통과하는 시간을 측정한다. 예를 들어, 가장 마지막 단계에 위치한 검출기는 분리된 물질이 언제 도착하는지를 기록한다(도면 4.36). 보다 이동성이 강한(용해성이나 휘발성이 강한) 물질이 먼저 도착하게 되며, 그 반대의 경우는 상대적으로 늦게 검출기에 이른다.

이들 장비에도 단점이 있는데, 분리된 개별 물질들이 구체적으로 무엇인지에 대한 정보를 제공해 주지는 못한다는 것이다. 그렇기 때문에 상대적으로 잘 알려진 구성물로 이루어졌을 것이라 추정이 가능한 시료의 경우, 비교 대상이 될 만한 물질을 함께 분석하여 결과를 직접적으로 비교하는 것을 통해 정체를 확인할 수 있다. 그렇지만 고고자료에서 추출한 유기물들은 일부 분해된 것들이 대부분이기 때문에 연구에 어려움이 따를 수 있다.

시료에서 보다 많은 정보를 간취하기 위해 LC나 GC와 같은 크로마토그래피 장비들은 질량분석기(MS)와 연결되어 사용되기도 한다. 크로마토그래피로 분리된 물질들이 질량분석기로 이동되어 2차적인 분석에 활용되는 것이다(도면 4.37). 이러한 LC-MS나 GC-MS 같은 장비에서 질량분석기는 크로마토그래피가 분리한 물질들의 질량과 분포 비율을 측정하며, 이 정보들은 물질의 판별 및 동정에 활용될 수 있다. 시료 내의 분자들은 질량분석기에 다다르기 이전에 그 종류에 따라 특징적인 방식으로 분해되는데, 질량분석기는 이렇게 세분된 분자보다 작은(submolacular) 조각들의 질량과 상대적인 분포 역시 측정할 수 있다. 이러한 특징적인 분해 패턴을 이미 알고 있는 물질들의 분해 패턴들을 담고 있는 데이터베이스와 비교하는 것을 통해 특정한 분자 화합물에 대한 동정을 시도할 수 있다.

예를 들어, 미국 남서부 지역에서 출토된 토기의 잔존 유기물에 대한 GC-MS 분석에서는 초콜릿의 주요 구성물질인 테오브로민(theobromine) 성분이 검출되었다(도면 4.37a). GC의 결과물로 도출된 크로마토그램에서 테오브로민과 이 물질의 분해로 탄생한 자녀 물질들(daughter products)을 확인할 수 있었으며(도면 4.37b), 질량분석기는 분자 질량에 대한 측정을 통해 테오브로민과 그 파생물들의 존재를 추가적으로 확인시켜 주었다(도면 4.37c).


## 4.5 광물과 무기화합물

자연에서 발견할 수 있는 광물과 무기화합물들은 명확한 화학조성을 지니고 있고 결정구조 또한 균질한 편이다. 석탄과 석유계 탄화수소(petroleumhydrocarbon)는 유기물이므로 광물에서 제외된다. 흑요석은 결정구조를 지니지 않기에 광물이라고 볼 수 없다. 대부분이 실리카($SiO_2$)로 구성된 처트(chert)나 플린트(flint)와 같은 암석들은 화학조성이 비교적 균질하지만 규칙적인 결정구조를 보여주지 않기 때

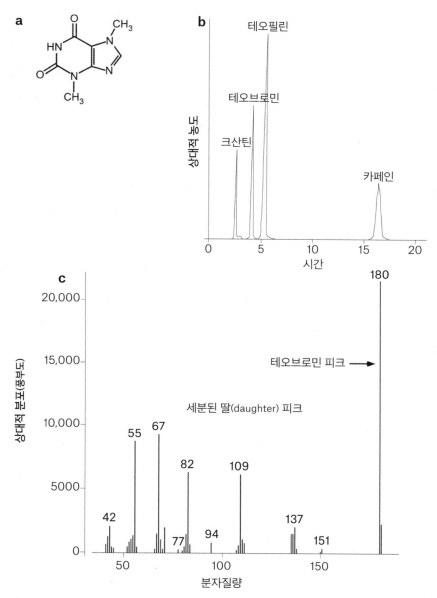

**도면 4.37** (a) 테오브로민 성분의 분자구조, (b) 커피와 초콜릿 등에서 발견되는 화학성분들에 대한 크로마토그램. 좌에서부터 우로 갈수록 휘발성이 약한 물질이다. 각각의 피크(peak)는 서로 다른 화합물을 의미한다. 피크의 높이는 해당 물질의 양에 비례한다. (c) 테오브로민의 질량 세분화 패턴(b의 크로마토그램에서 약 4분 지점에 등장). 오른쪽의 큰 피크는 테오브로민 분자의 기준(base) 피크이며, 좌측의 작은 피크들은 세분된 분자 조각들의 피크이다. 이미지 출처: A rapid extraction and GC/MS methodology for the identification of Psilocybn in mushroom/chocolate concoctions: Mohammad Sarwar and John L. McDonald, courtesy of the USA. Department of Justice

문에 광물이 아니다. 구리는 광물이지만, 놋쇠나 청동은 자연계에 존재하지 않고 고정된 원소 조성을 가지고 있지 않기 때문에 광물이 아니다. 인위적으로 만들어진 물질도 광물이 될 수 있지만, 해당 물질이 자연에서도 발견되어야 한다. 적철석(hematite)은 토기를 굽는 과정에서 조성되는 산화 환경에서 인공적으로 만들어질 수 있지만 자연에서 찾을 수 있으므로 광물로 인정된다. 인공 루비 역시 이와 비슷한 맥락에서 광물이 될 수 있지만 큐빅 지르코니아는 광물로 분류되지 않는다.

광물은 화학적 조성과 그 구조에 의해 정의되므로, 같은 화학조성을 지니지만 다른 구조를 가질 수 있으며 이 경우 완전히 다른 광물이라고 볼 수 있다. 다이아몬드와 흑연은 모두 순수한 탄소이지만 원자의 배열이 다르므로 다른 물질이다. 이와 비슷한 맥락에서, 탄산칼슘($CaCO_3$)은 특정한 화학조성을 가지고 있지만 서로 다른 결정구조를 가진 아라고나이트(aragonite)와 방해석(calcite)으로 존재하기에 같은 광물로 볼 수 없다. 즉, 방해석과 아라고나이트는 화학 성분($CaCO_3$)은 같으나 결정계가 다른 동질 이상 광물이다.

원자의 배열은 물질의 특성을 판별하는 데 매우 중요한 기준이 될 수 있으며, 이러한 관점에서 광물을 연구하는 방법은 원소 조성을 파악하는 연구법과 결을 달리한다. 이러한 연구의 주요 도구는 현미경, X선 방법, 분자 분광법 등이 있다. 이들은 물질을 구성하는 원소들 사이의 상대적인 분포를 측정하는 것이 아닌, 물질의 구조나 원자 간의 결합을 직접적으로 조사한다.

암석은 하나 이상의 광물로 이루어져 있는데, 육안으로 이를 식별하지 못할 경우 암석현미경(petrographic microscope)을 사용하며, 불투명 산화물이나 광석광물, 금속 등의 물질의 경우 금속현미경(metallographic microscope)을 이용한다. 암석은 그 조성으로 종류를 판별할 수 있으므로, 암석 내에 포함된 광물의 상대적인 분포 비율을 파악할 필요가 있을 경우에는 현미경의 렌즈 부분에 방격(grid)를 덧대어 이를 통해 암석을 관찰하며 격자마다 어떠한 광물이 있는지를 어림하는 방법을 시도해 볼 수 있다. 예를 들어, 10x10 방격은 100개의 격자를 포함하고 있다. 만약 40%의 격자에서 석영을 확인할 수 있다면, 이 암석의 약 40%는 석영으로 이루어졌다고 볼 수 있는 것이다. 이러한 작업을 암석의 위치를 달리하여 반복적으로 시도한다면, 연구자는 보다 정확도가 높은 암석 내의 광물 조성에 대한 정보를 얻게 된다. 또한 광물의 원소 조성은 매우 균질하기 때문에, 이를 통해 암석을 구성하는 주요원소의 조성을 어림할 수도 있다.

물질 자체의 동정에 주요원소들이 사용되고 미량원소들이 물질의 기원지를 추정하는 데 활용되는 것처럼, 암석을 구성하는 주요 광물들은 해당 암석의 정체를 밝히는 데 주로 활용되며(예를 들어, 세립질의 휘석과 사장석, 감람석은 현무암을 가리킨다), 미량 광물은 암석의 지질학적인 기원지를 추론하는 데 도움을 줄 수 있다.

XRD나 적외선 분광기는 한두 종류의 광물을 포함하는 암석에 대한 분석에 적합하다. 광물의 숫자가 늘어날수록, XRD나 적외선 분광분석의 결과로 도출되는 스펙트럼에 여러 개의 중복된 피크가 나타나 복잡성이 증대된다. 그러므로 이들 장비는 주요 광물의 동정에 주로 활용된다.

암석을 이루는 광물의 수가 상대적으로 다양하고 많은 경우(대부분의 암석이 이에 해당한다), 암석현미경이 가장 효과적인 장비가 될 수 있다. 후방산란전자와 X선 검출기를 활용하는 SEM 역시 광물의 조성을 파악하는 매우 유용한 도구이다. 그렇지만 SEM의 경우 특유의 고배율로 인해 한 번에 관찰 가능한 면적이 좁아 광물의 상대적 분포를 어림하는 데는 어려움이 따른다. 하지만 이러한 특성을 이용하여 10-20 밀리미터 이하의 매우 작은 광물 입자를 확인할 수 있으며, 이러한 작은 입자들은 토기를 포함하는 지질학적 물질의 산지를 추정하는 데 중요한 근거가 된다.

### 4.5.1 암석기재학

광학적 광물학(optical mineralogy)은 무기물질의 구조를 관찰하기 위해 빛이 한쪽으로만 진동하는 편광(polarized light)[15]을 사용한다. 흑요석처럼 결정구조를 가지

.........

15    역자 주. 편광판은 구조적 특성으로 특정한 방향으로 진동하는 빛만을 통과시키는데, 여기서 특정한 방

지 않고 구성물질이 균질한 물질의 경우, 특정한 방향성을 띠지 않기 때문에 편광에 어떠한 영향도 받지 않는다. 마찬가지로, 고도로 대칭적인 광물인 암염(hailite)과 다이아몬드 역시 그 구조에서 방향성을 띠지 않기에 편광에 특별히 반응하지 않는다. 그렇지만 대부분의 광물은 이러한 고도의 대칭적 구조를 가지고 있지 않으며, 빛을 여러 방향으로 다르게 굴절시킨다. 편광의 방향적 특성에 맞추어 광물을 배치하면 광물이 가진 고유의 결정 대칭(crystal symmetry) 특성을 파악할 수 있다. 이들 정보와 다른 광학적인 정보들—색깔과 쪼개짐 같은—을 통해 광물을 비교적 정확하게 판별할 수 있다.

암석현미경(도면 4.38)은 특별한 종류의 쌍안현미경이며, 암석이나 토기 같은 물질을 연마하여 제작한 두께가 0.3밀리미터 정도인 얇은 박편을 관찰한다. 이 박편은 너무 얇아 시료의 하부에서 비추는 빛을 그대로 투과시킨다. 박편을 관찰하기 위해 두 가지 종류의 빛이 사용되는데 일반적인 빛과 편광이다. 편광은 빛의 진동이 한 방향으로 제한되어 있으며, 그 원리는 편광 선글라스로 눈부심을 억제하는 것과 같다. 많은 광물들은 편광이 투과할 때 색이나 밝기가 변한다. 이러한 변화는 박편에 존재하는 특정 광물을 확인하는 데 활용된다. 지질학자가 암석현미경으로 암석 내의 광물을 조사한다면, 고고학자들은 주로 토기 내의 광물이나, 입자의 크기, 조직적인 특성 등을 관찰하여, 이를 바탕으로 태토의 산지나 제작지를 추론한다.

암석현미경과 관계가 깊은 현미경으로 금속현미경이 있다(도면 4.39). 금속현미경은 암석현미경과 비슷한 시각적 장치와 편광을 사용하여 금속이나 금속광석들을 관찰하는데, 암석현미경과 다른 점은 이들 시료는 박편으로 제작하여도 불투명하다는 것이다. 그렇기 때문에, 투과광이 아닌 금속현미경은 반사광(reflected light)을 사용한다. 이 경우 시료들이 투명하지 않기에 박편을 0.3밀리미터까지 얇게 만들 필요가 없는 대신, 수지(resin)에 넣어 한쪽 면을 평평하게 만든 후 마이크론 단위의 홈을 찾을 수 없을 정도로 고도로 연마하는 작업이 요구된다. 이 작업은 연구자로 하여금

.........

향으로 진동하는 빛을 편광이라고 한다.

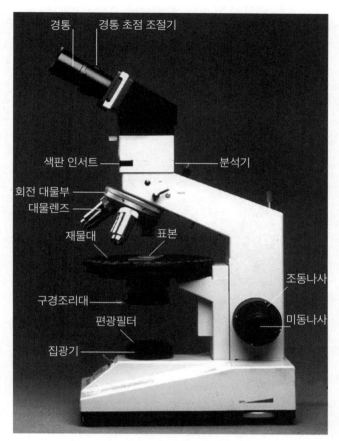

**도면 4.38** 암석현미경의 각 부위. 시료가 놓이는 재물대(stage) 하부에 편광필터(rotatable polariser)가 있다. 사진 출처: University of Cambridge DoITPoMS Micrograph Library

금속의 입자구조를 관찰할 수 있게 해주며, 이를 통해 금속기의 제작 기법과 관련된 정보를 얻을 수 있다. 금속현미경은 자연금속의 이용에서부터 청동기와 철기의 사용, 그리고 역사시대의 야금술에 이르기까지 금속기의 제작 기술에 대한 연구에 주로 이용된다.

구리가 저온에서 두들김을 통해 단조되면(이를 가공 경화라고 한다), 구리 입자들은 납작해지고, 길어지며, 얇아진다. 구리 원자는 구리 입자 내에서는 자유로이 움직일 수 있지만, 가공 경화되어 납작해진 구리에서는 쉽게 움직이지 못한다. 이러한 이

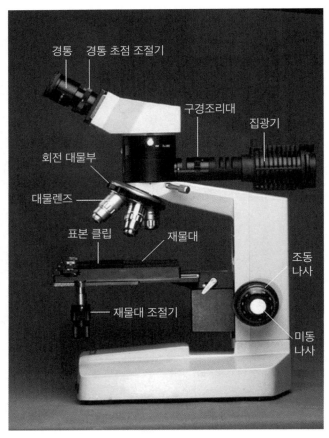

**도면 4.39** 금속현미경의 각 부위. 암석현미경과 달리 투과광을 사용하지 않기 때문에 재물대 하부에 빛을 발생시키는 장치가 없다. 사진 출처: University of Cambridge DoITPoMS Micrograph Library

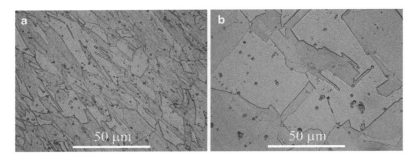

**도면 4.40** 금속현미경으로 관찰한 (a) 가공 경화된 구리와 (b) 이후 800°C로 가열되어 "풀림(annealing)" 을 거친 구리의 모습. 가공 경화된 구리의 경우 방향성이 명백히 보이는 반면, 풀림 이후의 구리는 방향성 이 없고 입자의 크기도 커진 것을 확인할 수 있다. 하단의 스케일 바는 50마이크로미터(0.05밀리미터) 크기 이다. 자료 출처: Image courtesy of the University of Cambridge DoITPoMS Micrograph Library

유로 가공 경화된 구리는 일반 구리와 같이 쉽게 모양이 변형되지 않는 것이다. 경화된 구리는 단단하고 강하지만 동시에 부러지기도 쉽다. 하지만 이를 가열하면 입자들이 더욱 크고 고른 형태(equidimensional)로 재결정화되는데, 이 과정을 "풀림(annealing)"이라고 한다. 〈도면 4.40〉은 (a) 가공 경화된 구리와 (b) 이후 800°C로 가열한 구리를 금속현미경으로 관찰한 것이다. 이러한 관찰을 통해 과거의 금속기 제작 기법에 관한 정보를 얻을 수 있다.

### 4.5.2 X선 회절

X선의 발견 이후 얼마 지나지 않은 1913년, 윌리엄 헨리 브래그(William Henry Bragg)와 그의 아들인 윌리엄 로런스 브래그(William Lawrence Bragg)는 암염과 같은 결정체들에 X선을 투과시키면서 나타나는 패턴들에 대해 조사하였다. 그들은 이러한 패턴들이 결정체(crystal)들 내의 원자 배열에 반응하여 만들어진다는 것을 알아내었고, 이 X선의 패턴들을 이용하여 원자 배열을 추정할 수 있는 계산식도 고안하였다. 이러한 업적으로 그들은 노벨상을 수상하였으며, 당시 윌리엄 로런스 브래그는 25세로 최연소 수상자가 되었다.

XRD는 말하자면 손목시계에 반사된 태양 빛이 일직선으로 눈에 완벽하게 들어오는 것과 같은 방식으로 작동한다. XRD에서 X선은 빔(beam) 형태로 광물에 투사된 후 반사(회절)되어 검출기로 향하는데, 이때 반사되는 각도가 측정된다(도면 4.41). X선은 결정체의 원자층에서 반사되는데, 결정체 내부로 보다 깊숙하게 침투한 X선은 더 먼 거리를 이동하여 하부의 원자층에서 반사된다. 그렇기 때문에 깊숙하게 침투한 X선은 결정체의 표면에서 반사된 X선보다 뒤처지게 된다.

일반적인 경우 결정체 깊숙이 침투하여 반사된 X선과 표면까지 도달하여 반사된 X선은 파동이 일치하지 않아 파장 간에 (상쇄)간섭이 발생하기에, 검출기에서 X선을 확인할 수 없다. 그렇지만, 깊숙하게 침투한 X선이 추가적으로 이동한 거리가 입사되는 파장의 정수배(integer multiple)와 같을 경우 파동의 일치가 일어나 보강

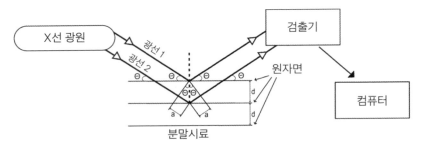

**도면 4.41** X선 회절분석기에서 빔(beam)의 방향과 검출기

간섭(constructive interference)[16]이 발생, 반사된 X선을 검출기에서 관찰할 수 있게 된다(도면 4.41). 다시 말해, 입사된 X선의 파장 *l*의 정수(*n*)배가 결정체의 원자층 간의 거리(*d*)의 두 배에 해당하는 값에 입사각(*θ*)의 사인값을 곱한 결과(=추가적인 이동거리)와 같을 때 반사된 X선을 검출기에서 관찰할 수 있는 것이다. 바로 이것이 브래그가 발견한 공식이다.

$$nl = 2d\ sin(\theta)$$

X선의 파장 *l*은 이미 그 특성에 대해 알고 있기 때문에, 연구자가 알아야 할 유일한 값은 입사각이자 반사각인 *θ*이며, 그렇기에 이 각도에 대한 측정을 통해 결정체의 물리적인 특성에 따라 배열된 원자층 간의 간격 *d*를 계산해 낼 수 있다. 이를 바탕으로 해당 결정체(광물)의 결정구조를 유추할 수 있는 것이다.

자연계에 존재하는 거의 모든 광물의 반사(회절)각에 대한 정보는 이미 위의 계산 공식을 통해 알려져 있으며, 자료화되어 있다. 현대의 분석 장비는 이 회절 데이터와 관찰된 회절각을 직접 비교하여 특정 광물을 판별해 내기 때문에 분석 과정에서 실질적인 계산이 필요하지는 않다.

⋯⋯⋯

16  역자 주. 파장과 진폭이 같은 두 파동이 서로 만나서 마루(파동의 가장 높은 지점: crest)와 마루 또는 골(파동의 가장 낮은 지점: trough)과 골이 일치하는 경우를 보강 간섭이라고 한다. 이에 반해 이들이 일치하지 않는 경우를 상쇄 간섭이라고 한다.

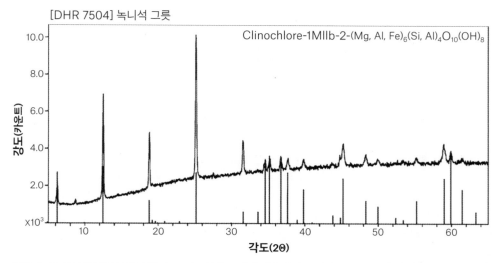

**도면 4.42** X선 회절분석기의 결과표. 가로축은 X선의 방출장치와 검출기 사이의 각도를 나타내며, 우측으로 갈수록 값이 커진다. 세로축은 빛의 강도이다. 좌에서 우로 연속적으로 표시되는 선은 시료의 XRD 패턴이며, 특정 각도에서 회절되어 발생하는 강한 X선은 검출기에 감지되어 피크로 표시된다. 하단의 수직선들은 광물들의 회절각에 대한 정보를 담고 있는 데이터베이스를 활용하여 현재의 시료와 가장 흡사한 패턴을 보이는 광물을 나타낸 것인데, 이를 통해 시료의 구성물이 녹니석의 일종인 클리노클로어(clinochlore)라는 것을 알 수 있다.

실제로 분석을 할때에는 5-10밀리그램 정도의 시료를 채취하여 분말의 형태로 만든 후 회절분석기(diffractometer)의 중앙에 위치시키면, 검출기(도면 4.41)가 시료 주위를 회전하며 각기 다른 각도에서의 X선의 강도를 측정하며 그 결과로 그래프가 출력된다(도면 4.42). 그래프에는 특정 각도에서 회절된 X선에 대한 정보가 X선의 강도와 함께 표시되고, 이를 알려진 광물들을 회절 데이터베이스와 비교하여 시료에 어떠한 광물들이 포함되어 있는지 알아낸다. 〈도면 4.42〉의 예에서는 고고유적에서 발굴된 석재 그릇이 녹니석의 일종인 클리노클로어(clinochlore)로 제작되었음이 XRD를 통해 밝혀졌다.

## 4.5.3 적외선 분광법

전자기 스펙트럼에서 가시(visible)의 영역을 넘어서면 보다 깊고 긴 파장을 지

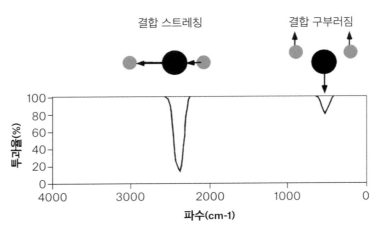

결합 스트레칭        결합 구부러짐

**도면 4.43** 이산화탄소 분자의 적외선 스펙트럼. 두 개의 서로 다른 종류의 파장이 흡수된 것을 보여준다. 적외선의 파장은 특정한 분자 진동을 판별하는 근거가 될 수 있으므로, 이를 통해 물질 내에 어떠한 분자들이 존재하는지 추정할 수 있다.

닌 적외선과 마이크로파의 영역에 진입한다. 이 파장들은 너무 크기에, 단일 원자들과는 반응하지 않는다. 그렇지만, 원자들의 집합인 분자들과 상호작용을 하기에는 적절한 규모가 될 수 있다. 적외선 분광법(IR)은 분자에 진동을 유발시킨다. 특정한 적외선 파장은 특정 분자의 진동 방식과 공명하며, 이때 분자는 적외선의 에너지를 흡수한다. 예를 들어, 이산화탄소 분자는 특정 파장의 적외선을 흡수하여 이를 진동으로 변환하는데, 그 결과로 분자 내 탄소 원자와 산소 원자 간의 거리가 증감(stretch)한다(도면 4.43). 또 다른 파장의 적외선은 다른 형태의 진동을 유발하여 분자 내 산소와 탄소 원자의 위치를 결합축으로부터 벗어나게(bend) 한다(도면 4.43). 물도 이산화탄소와 비슷한 진동 방식을 가지고 있지만, 내부의 원자가 다르므로 진동을 유발하는 적외선의 파장이 다르다. 즉, 적외선의 파장은 특정한 분자 진동을 판별하는 근거가 될 수 있으므로, 이를 통해 물질 내에 어떠한 분자들이 존재하는지 추정할 수 있다.

　가장 기본적인 형태의 IR 분광법은 비색법(colorimetry)이나 흡수 분광법(absorption spectroscopy)과 비슷하다. 분광기는 적외선을 투명한 필름 형태로 만든 시료에 조사하고 시료가 흡수하는 빛의 파장과 양에 대한 정보를 기록한다. 그러나 대부분의 현대적인 장비들은 "라만 산란(Ramam scattering)"[17]을 활용한다. 라만 분광법은 특정한 파장의 적외선이 시료로 조사되고 이때 시료에 닿은 이후 이탈하여 산란되는 빛의 파장을 기록한다.

분자의 회전과 진동은 입사되는 빛으로부터 에너지를 흡수하므로, 시료를 통과하여 산란되는 빛에는 에너지가 많이 남아 있지 않게 된다. 빛의 에너지가 줄면 파장이 길어지므로,[18] 산란된 빛의 파장은 줄어든 에너지만큼 길어지게 될 것이다. 즉, 입사광과 산란광의 에너지 차이는 분자를 진동시키거나 회전시키는 데 필요한 에너지와 같으므로, 이 차이를 바탕으로 분자의 성질을 특정하는 것이다. 결과로 나타나는 스펙트럼은 단순한 IR 스펙트럼보다 물질의 특성을 더욱 많이 담고 있다. 라만 분광법은 기본적인 IR 분광법에 비해 훨씬 다양한 종류의 물질에 적용할 수 있다는 장점도 지니고 있다. 또한 오로지 물질의 표면에서 반사되는 빛만을 다루기에, 비파괴적이다. 근자에는 휴대형 라만 분광기가 도입되어 발굴현장이나 박물관에서 이용되고 있다.

## 4.6 요약

이 장은 고고화학 분야에서 활용될 수 있는 서로 다른 여러 종류의 분석법들에 대한 개요를 담고 있다. 이 장에서 다룬 주요 카테고리는 확대, 원소 분석, 동위원소 분석, 유기물 분석, 광물과 무기화합물 분석 등이다.

확대 분석은 관찰을 요하며 그러한 점에서 이 장에서 다룬 분석법들 가운데 가

.........

17  역자 주. 빛이 어떤 물질을 통과할 때 빛의 일부가 진행 방향에서 이탈해 다른 방향으로 진행하는 현상을 산란이라고 하며, 산란된 빛은 때때로 원래 빛의 에너지보다 작거나 많은 에너지를 가지기도 한다. 산란된 빛이 원래의 에너지를 잃거나 얻으면서 산란되는 과정을 라만 산란이라고 하며, 이 산란광은 물질의 고유 특성으로 분자의 분자 구조를 추론할 수 있다(IT 용어사전, 한국정보통신기술협회).

18  역자 주. 일반적으로 빛의 파장과 에너지는 반비례 관계로 파장이 짧으면 에너지가 크고, 파장이 길면 에너지가 작다.

장 주관적이다. 그와 동시에 가장 효과적인 분석법이기도 하다. 고고자료에 대한 관찰이 가능한 확대 분석 장비들은 매우 다양한데, 가장 크게 분류하자면 광학현미경과 전자현미경으로 나눌 수 있다. 광학현미경은 가시광선을 사용하며, 렌즈를 사용하여 사물을 약 500배 정도까지 확대해서 관찰할 수 있다. 원자력현미경(AFM)이나 터널링현미경과 같은 전자현미경들은 5백만 배에 가까운 배율을 보유하고 있어 탄소 원자까지도 포착할 수 있다. 어떤 전자현미경들은 화학적인 분석을 할 수 있는 기능도 갖추고 있다.

원소 분석은 물질의 화학적 조성(구성비)을 밝히는 것으로, 고고화학에서 상대적으로 널리 활용되고 있다. 분석에는 SEM, ICP 분광기, 질량분석기, 탄소 질소 분석기, NAA 등을 활용한다. 원소 분석을 위해 어떠한 분석 장비를 사용할지 선택할 때는 가용성, 찾고자 하는 원소의 종류, 시료의 특성과 크기, 가격, 소요시간 등이 고려되어야 한다. 거의 모든 종류의 고고학적 물질들이 원소 분석의 대상이 될 수 있다.

동위원소 분석은 지난 30여 년간 고고화학의 중요한 분야로 자리 잡았으며, 주로 원산지를 추정하거나 식생활과 관련된 연구에 활용되었다. 고고학에서는 일찍이 대리석과 금속의 원산지를 추정하는 데 동위원소가 활용된 바 있다. 6장에서 다룰 게티의 쿠로스상(the Getty Kouros)의 재료가 되는 대리석의 산지를 추정하기 위해 탄소와 산소 동위원소가 활용되었다. 납 동위원소는 철과 구리 같은 금속기의 산지를 추정하기 위해 분석되었다. 현재는 스트론튬, 산소, 납 동위원소 등이 인골이나 동식물의 탄생/기원 지역을 밝히는 데 이용되고 있다. 동위원소 분석은 고고학적 연구에 크게 기여할 잠재성을 지니고 있다.

유기물질들은 고고화학 분야의 마지막 개척자들이다. 유기분자들과 화합물들은 다양한 조건하에서 생존하여 과거의 동식물 활용 양상에 대한 정보를 제공한다. 이들은 부서진 토기 조각의 조직 내, 석기 표면이나 주거지의 바닥면, 수혈 내부, 갈돌의 표면 등과 같이 다양한 맥락의 고고자료에 남아 있다. 유기물들은 생체 분자 특유의 분해성으로 인해 후퇴적 과정을 거치며 상당 부분이 유실되기에, 분석에 어려움이 따른다. 고대의 유기잔존물에 대한 데이터베이스를 구축하는 일은 길고도 느리게 진행되고 있다.

이 장에서 다루었던 다양한 분석 장비들에 대한 정보들을 〈표 4.5〉에 정리해 보았다. 표에는 분석의 원리와 단위, 시료와 결과로 얻는 데이터의 종류, 분석 비용, 고고학에의 적용 분야 등에 관한 정보가 나타나 있다.

다행으로 생각해야 할 점은, 우리에겐 다양한 종류의 가용할 장비들이 있다는 것이다. 각 장비들이 지닌 능력들은 서로 다르며 도출하는 분석의 결과도 다르다. 그러므로 분석에 사용할 장비를 선택할 때 신중을 기해야 한다. 가장 중요하게 고려되어야 할 사항은 분석의 대상이 되는 물질과 분석의 목적(의문점)이다. 이러한 사항들을 고려하여 연구자에게 필요한 정보(원소의 농도, 동위원소비, 분자의 동정 등)가 무엇인지를 파악한 후, 이에 적합한 장비를 선택한다. 서로 다른 장비가 비슷한 정보를 제공하는 경우도 있다. 예를 들어, 원소들의 농도는 XRF, NAA, ICP-OES 등으로 측정이 가능하다. 그러므로, 데이터의 정밀도나 질 역시 고려의 대상이 된다.

고주파 플라즈마에 의한 발광을 광원으로 사용하는(ICP) 원자흡수분광계(atomic absorption spectroscopy)와 방출 분광기(emission spectroscopy)는 가시광선 영역에서 빛을 흡수하고 쉽게 이온화되는 원자—Ca, Sr, Ba—들을 분석하는 데 가장 효과적이다. 그러나 이들 장비는 민감도가 약하기에 십억분율(part per billion, ppb) 단위의 측정보다는 백만분율(part per million, ppm) 단위의 분석에 적합하다. 유도 결합 플라즈마–질량분석기(ICP-MS)는 현재 원소 분석에서 가장 일반적인 분석 장비이며, 민감도가 월등하게 높아 1조분율(parts per trillion, ppt) 단위로 분석이 가능하지만 분자 이온 간섭에 취약하다. NAA는 주기율표의 하단에 자리한 원자량이 큰 원소들을 중성자로 타격하여 쉽게 "방사화(activation)"시킬 수 있으므로, 이들의 분석에 적합하다.

민감도와 정확도는 고고학적 물질을 분석하는 장비를 선택할 때 중요한 고려사항이 될 수 있다. 〈표 4.6〉은 원소 분석에 이용되는 다양한 분광분석 장비들의 민감도와 정확도를 정리한 것이며, 여기에는 원자흡수분광기(AAS)와 방출 분광기/질량분석기(OES/MS) 등이 포함되어 있다.

**표 4.5** 고고화학 분야에 활용되는 분석 장비

| 분석 장비 | 원리 | 분석의 단위(물질) | 시료의 형태 | 결과로 얻을 수 있는 출력물/데이터 | 분석 비용 (시료 한정)[19] | 적용 가능한 고고자료/맥락 |
|---|---|---|---|---|---|---|
| 광학현미경 | 빛의 굴절에 따른 확대 | 물체를 2 – 1,000배 확대 | 자연 상태 | 사진 | $1 | 대부분의 고고자료 |
| SEM | 전자를 이용한 확대 | 물체를 25 – 100,000배 확대 | 미세 물질/연마한 단면 | 사진 | $10 범위 | 대부분의 고고자료 |
| ICP-OES | 분광 분석 | 원소 | 액체 | ppm 단위의 원소의 분포/조성 | $10 범위 | 석기, 토기, 뼈, 금속 |
| ICP-MS | 질량 분석 | 원소/동위원소 | 액체/고체 | ppb 단위의 원소의 분포/조성 | $10 범위 | 석기, 토기, 토양, 뼈, 금속 |
| IR | 적외선 분광 분석 | 광물, 생체분자 | 분말, 얇은 필름, 자연 물질 | 분자의 동정 | $10 범위 | 암석, 유기 분자 |
| TIMS | 열 이온화 질량 분석 | 동위원소 | 정제된 원소 | 동위원소비 | $100 범위 | 토기, 뼈, 금속 |
| XRD | X선의 회절 | 결정체 | 분말, 단일 결정 | 광물의 동정 | $10 범위 | 광물, 안료 |
| XRF | X선의 형광 발광 | 원소 | 분말/자연상태 | ppm 단위의 원소의 분포/조성 | $10 범위 | 석기, 토기, 토양 |
| NAA | 감마선의 복사 | 원소 | 분말 | ppm 단위의 원소의 분포/조성 | $10-$100 범위 | 석기, 토기 |
| GC-MS | 휘발성/분자의 무게 | 복합 유기 분자 | 용매에 용해된 상태 | 분자 동정 및 상대분포 | $10 범위 | 식재료, 염료, 수지 |
| LC-MS | 용해성/분자의 무게 | 복합 유기 분자 | 용매에 용해된 상태 | 분자 동정 및 상대분포 | $10 범위 | 식재료, 염료, 수지 |

19 역자 주. 기술된 분석 비용은 해외 출간된 시점을 고려할 필요가 있다. 예를 들어 근거에는 GC-MS 분석의 경우 시료 한 점당 $500이다.

| 분석 기법 | 민감도 | 정확도 (%) |
|---|---|---|
| AAS – 화염 | 1 – 10ppm | 1 – 5 |
| AAS – 흑연 코팅 고온로 | 1 – 10ppb | 1 – 5 |
| OES/AES | 100ppm | 7 – 10 |
| ICP-AES | 0.5 – 100ppb | 3 – 5 |
| ICP-MS | 50 – 1,000ppt | 0.1 – 1.0 |
| LA-ICP-MS | 1 – 100ppm | 5 – 10 |

표 **4.6** 원소 분석에 이용되는 분광분석 장비들의 민감도와 정확도. 출처: Pollard et al.(2007)

실제로 분석을 할 때, 분석 장비의 선택은 보다 현실적인 조건들—분석 비용이나 접근성—등에 의해 좌우될 때가 많다. 장비의 접근성이나 분석 시간, 분석 비용 등은 연구자가 분석 장비를 선택할 때 어쩔 수 없이 중요한 고려사항이 된다. 이 중 그 어떤 것도 감당이 되지 않은 조건이 될 수 있기 때문이다. 예를 들어 대학 실험실에 위치하여 분석 비용은 비싸지 않지만 접근성이 떨어지는 장비를 활용하거나, 비용이 많이 들지만 즉시 가용한 상업적인 실험실을 이용할 수 있는데, 연구자가 가진 시간이나 자금에 따라 선택이 달라질 것이다.

물론 세부적인 차이는 존재하지만, 원소 분석을 위해 고안된 대부분의 기기들은 적절한 민감도, 정밀도, 정확도를 지니고 있고, 정확한 보정을 통해 올바르게 사용한다면 성공적인 결과를 도출한다. 이러한 장비들을 사용하여 분석을 실시할 때 고려하게 되는 또 하나의 요소는 시료 준비 과정이다. 기기에 따라 시료 준비 과정에서 시료를 잘게 부수어 파괴해야 할 수도 있고 장비마다 필요로 하는 시료의 양이나 질이 다르기 때문에 이에 대한 준비가 필요하다. 상당수의 분석 장비들이 시료를 분말로 만들거나 액화시키는 등 파괴적인 방법을 사용한다. NAA와 XRD는 분말 형태의 시료가 필요하며, ICP-MS는 액체나 고체 상태의 시료가 필요하다. GC-MS에서 시료는 분석에 앞서 가스 형태로 변환된다. 고고자료 가운데 출토 빈도가 드물고 그 학술적 가치가 높은 것들은 파괴 분석의 대상이 되기 어려울 것이다. 시료를 안치하는 공간이 큰 몇몇 장비들은 비파괴적인 분석을 수행할 수 있다. 또한 레이저 제거(laser ablation, LA)와 같은 새로운 방법은 시료에 극히 작은 손상만을 입히면서 분석을 가능하게 한다.

분석이 필요한 시료의 크기 역시 중요 고려사항 가운데 하나이다. 일반적으로 파괴 분석에 몇 그램 정도의 시료가 필요하다면 큰 문제가 되지 않을 수 있다. 그러나 초기 호미닌의 치아와 같이 극히 드물거나 크기가 작은 물질들은 비파괴적인 분석이나 매우 작은 양의 시료를 요구하는 장비로밖에 분석하지 못할 것이다. 분석 장비들을 갖추고 있는 실험실들은 각 장비에 적합한 시료 준비 절차와 분석이 가능한 시료들에 대한 기준을 정해 놓고 있다.

**읽을거리**

Ciliberto, Enrico, and Giuseppe Spoto. 2000. *Modern Analytical Methods in Art and Archaeology.* Vol. 155 in Chemical Analysis. New York: Wiley & Sons.

Egerton, Ray F. 2008. *Physical Principles of Electron Microscopy: An Introduction to TEM, SEM, and AEM.* New York: Springer.

Mills, John S., and Raymond White. 1996. *The Organic Chemistry of Museum Objects*, 2nd edition. Oxford: Butterworth-Heinemann.

Parker, Sybil (ed.) 1987. *Spectroscopy Source Book.* McGraw-Hill science reference series. New York: McGraw-Hill.

Pillay, A.E. 2001. Analysis of archaeological artefacts: PIXE, XRF or ICP-MS? *Journal of Radioanalytical and Nuclear Chemistry* 247: 593–595.

Pollard, Mark, Catherine Batt, Ben Stren, and Suzanne M.M. Young. 2007. *Analytical Chemistry in Archaeology.* New York: Cambridge University Press.

Sandford, Mary K. (ed.) 1993. *Investigations of Ancient Human Tissue: Chemical Analyses in Anthropology.* Amsterdam: Gordon & Breach Science Publishers.

Skoog, Douglas A., F. James Holler, and Timothy A. Nieman. 2006. *Principles of Instrumental Analysis.* Pacific Grove, CA: BrooksCole.

제5장

# 동정과 진위 판별

**5.1 고고화학이 할 수 있는 것**
**5.2 동정과 진위 판별**
**5.3 동정**
   5.3.1 녹말과 초기 농경
   5.3.2 태평양 섬의 식물 동정
   5.3.3 키틀리 크릭(Keatley Creek)
       유적 주거지 바닥
   5.3.4 차코(Chaco)의 코코아

**5.4 진위 판별**
   5.4.1 게티(Getty) 박물관의 쿠로스
   5.4.2 빈랜드(Vinland) 지도
   5.4.3 마야의 크리스털 해골
   5.4.4 토리노의 수의
읽을거리

# 5.1 고고화학이 할 수 있는 것

이전 장(2장)은 고고학자들이 과거를 연구하며 밝히고자 하는 보다 일반적이고 주요한 질문들에 대해 다루었다. 우리의 조상들은 어떠한 모습을 하고 있었는지, 어떠한 방식으로 살았는지, 무엇을 먹었는지, 그들이 거주하는 환경은 어떠했는지, 그들이 어떠한 것들을 하였는지, 그들과 다른 집단과의 관계는 어떠하였는지, 종교적인 믿음과 의례는 어떠하였는지 등과 같은 것이다. 고고학자들은 이러한 질문들에 대한 답을 구하기 위해 다양한 관점, 생각, 방법, 분야 등을 활용한다. 현장조사(field work)는 과거 인간들이 매장하거나, 버리거나, 잃어버린 여러 종류의 유물들에 대한 기본적인 정보를 제공한다. 동물고고학(archaeozoology), 식물고고학(archaeobotany), 생물고고학(bioarchaeology), 지질고고학(geoarchaeology), 토기, 석기, 고건축 전공자들은 발굴 및 현장조사를 통해 수습된 물질들에 대해 심층적인 연구를 진행한다. 동물고고학자들은 뼈에 대한 연구를 통해 사냥되고 가축화된 동물들과 과거 인간의 먹잇감들에 대한 정보를 제공한다. 생물고고학자들은 인간의 유해를 연구하여 그들이 영위했던 삶에 관한 정보들―나이, 성별, 질병과 트라우마, 죽음의 원인 등―을 알려줄 수 있다.

고고화학은 전술했던 고고학자들의 과거에 대한 여러 의문점들을 해결하는 데 도움을 줄 수 있다. 고고화학은 3장에서 밝혔듯 석기, 도기, 토기, 뼈, 금속, 퇴적물 등 여러 물질자료들을 연구하는 데 활용될 수 있다. 고고화학은 미지의 물질을 동정하거나, 유물에 대한 진위 판별, 유물과 건축물의 기능, 주변 환경의 특징, 물질문화의 원산지나 기원지 파악, 식생활 복원과 같은 작업에 유용하게 활용된다. 앞으로의 장들에서는 고고화학이 어떻게 활용될 수 있는지 사례 제시를 통해 자세히 살펴볼 것이다.


## 5.2 동정과 진위 판별

고고화학의 가장 기본적인 임무는 미지의 물질에 대한 동정과 정체를 알지 못하는 유물의 진위 판별이다. 이는 이 분야의 중요 연구 영역이다. 동정은 물체를 구성하는 물질이 무엇인지를 확인하는 작업이다. 진위 판별은 물체의 진품 여부를 밝히는 것이다. 고고학과 미술사학 분야에서는 주로 유물이나 미술품의 감별 작업을 의미한다. 진위 판별은 때때로 방사성탄소연대측정과 같은 고고학적 연대측정법으로 이루어질 수도 있다. 그러나 대부분의 경우 보다 자세한 방법을 도입하여 유물을 제작하는 데 활용된 기법들이 해당 유물의 추정 연대와 결부되는지를 확인한다.

현미경에서부터 가용한 가장 복잡하고 정교한 분석 장비에 이르기까지, 동정과 진위 판별을 위해서는 다양한 방법들이 동원된다. 이 장에서 다루는 사례들은 현미경을 통해 남아메리카에서 채집한 녹말 입자에 대한 종(species) 단위의 동정을 시도하여 초기의 작물 재배와 관련된 증거를 수집한 연구, SEM을 사용하여 태평양 섬들의 식물 유체의 정체를 밝히거나 남아메리카 고구마 재배의 확산을 밝힌 연구, 암석 현미경을 활용하여 브리티시 컬럼비아 지역의 주거지 바닥의 토양미세조직의 특징과 내용물을 파악한 연구, 마지막으로 GC-MS을 사용하여 뉴멕시코주 차코 캐니언 출토 토기 내부에서 초콜릿 성분을 확인한 연구 등이다.

고고학과 미술사 분야의 진위 판별에 관한 몇 가지 사례들 역시 다루어질 것이다. 유명한 그리스 조각상인 게티 쿠로스(Getty Kouros)는 현대에 이르러 구성물질과 원산지에 관한 면밀한 분석을 실시한 이후에도 진위를 판별하지 못하였다. 콜럼버스의 미 대륙 발견 이전 시점으로 추정됨에도 신대륙이 묘사된 빈랜드(Vinland) 지도 역시 또 다른 미스터리이다. 이 유물의 진품 여부 역시 아직까지 밝혀지지 않고 있다. 수정으로 된 인간의 두개골 모양의 조각들이 발견되어 중앙아메리카 마야문명에서 제작된 것으로 주장되었으나 면밀한 분석을 통해 이들이 위조품이라는 것이 밝혀졌다. 마지막 사례는 가장 유명한 종교 관련 유물 가운데 하나인 토리노의 수의인데, 세 군데의 서로 다른 실험실에서 방사성탄소연대측정법으로 제작 시기를 추정한 결과 예수가 사망한 시점보다 훨씬 후대인 13세기로 밝혀졌다.


## 5.3 동정

대부분의 고고자료에 대한 동정 작업은 발굴 과정에서, 혹은 발굴된 유물이 분류되어 정리된 직후에 이루어진다. 분류가 완료된 유물들은 그 자체에 관한 자세한 기술에 더해, 위치와 맥락에 관한 정보들과 함께 보관된다. 유물의 종류(예를 들어, 화살촉, 갈돌, 송곳, 토기편 등)와 재질(예를 들어, 흑요석, 사암, 뼈, 점토 등) 등에 관한 정보도 이에 포함된다. 그러나 어떠한 물건들은 정체를 바로 알 수 없다.

고고유적을 발굴하면 미스터리에 쌓인 물건들을 많이 만날 수 있다. 그 가운데는 어떠한 측면의 정보도 알아낼 수 없는 유물도 있다. 유물이 어떤 종류인지 ─ 예를 들어 돌망치인지, 혹은 안료인지 ─ 는 알 수 있지만 유물을 이루고 있는 물질이 무엇인지를 모르는 경우도 있다. 극히 작은 크기의 석기, 분말 형태의 안료, 건축용 모르타르(mortar), 수지나 액상 수지(pitch)와 같은 유기물이나 식물의 유해 등은 쉽게 정체를 파악할 수 없다. 고고화학은 이러한 어려움을 해소하는 데 도움을 줄 수 있다.

암석이나 광물과 같은 무기물질들에 대한 일차적인 분석에는 현미경이 활용된다. 쌍안현미경(binocular microscope)은 토기에 포함된 모래 크기의 혼입물을 관찰하는 데 적합하다. 이 작업은 간단하면서도 유물에 대한 파괴를 최소화할 수 있는 방법이다. 토기에 혼입된 광물들을 연구하는 보다 정교한 방법은 암석현미경을 사용하는 것이다. 암석기재학적(Petrographic) 연구는 복잡하고, 해당 분야에 대한 보다 많은 지식을 필요로 한다. 또한 토기를 일정 수준 파괴하여 얇은 박편을 제작한 이후에만 이를 통해 관찰이 가능하다.

근자에 이르러 토기 내에 혼입된 광물에 대한 동정에 활용되는 또 하나의 기법은 4장(4.5)에서 다룬 라만 적외선 분광법인데, 휴대가 가능하고 비파괴적이라는 장점이 있다. 라만 분광법은 분자의 진동에 대한 정보를 제공하는 것을 통해 시료에 대한 정성 및 정량 분석을 가능하게 한다. 적외선 분광기는 분자의 진동을 유발하는 것을 통해 분석을 수행하며, 화합물의 구조와 관련된 정보를 제공한다. 특정한 적외선 파장은 특정 분자의 진동 방식과 공명하는 원리를 이용하는 것이다.

이러한 연구의 하나로 중국 청동기시대의 석기를 분석한 사례가 있다. 징(Z.C. Jing)은 휴대용 라만 적외선 분광기를 이용하여 이들에 대한 비파괴 분석을 진행하였다. IR 분광기는 〈도면 5.1〉에 나타나 있듯이 비교 대상이 되는 표준시료(왼쪽)와 실제시료(오른쪽)의 스펙트럼을 분석 결과로 도출한다. 적외선 에너지는 하단의 축을 따라 표시되며 긴 선의 모양은 광물이 어떠한 에너지 범위의 적외선을 흡수하는지를 가리킨다. 선의 골이 깊어질수록 더 많은 적외선을 흡수한 것이다. 적외선의 흡수가 강한 이 지점들을 통해 특정 화학적 결합을 추론할 수 있다. 예를 들어, 〈도면 5.1〉의 왼쪽 표준시료 스펙트럼의 최하단부에 위치한 광물은 방해석($CaCO_3$)인데, $CO_3$의 진동에 따른 복수의 에너지 흡수가 나타나 있다. 오른쪽 스펙트럼의 최하단부에 위치한 시료 M49:7의 선은 표준시료에 나타난 방해석의 스펙트럼과 일치하므로 이 시료가 대리석[1]으로 이루어져 있음을 알 수 있다. 이 외에도 다양한 유물들이

.........

1    역자 주. 방해석은 대리석의 주요 구성물질이다.

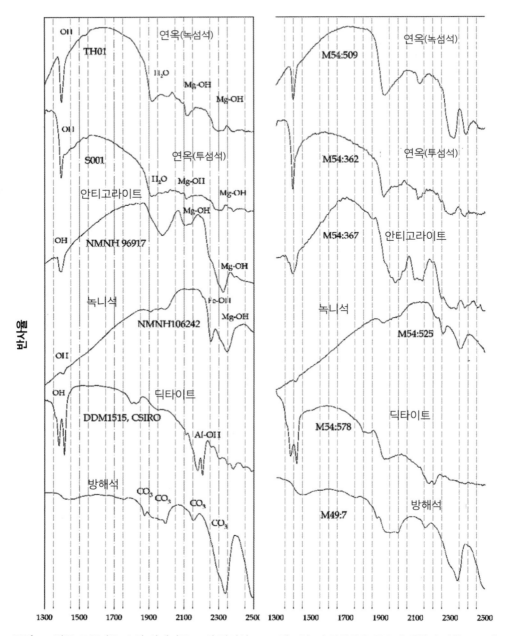

**도면 5.1** 광물 표준시료(좌)와 실제시료(우)의 적외선(IR) 스펙트럼. 각 광물들은 특유의 화학적 결합으로 인해 고유의 IR 스펙트럼을 지니기 때문에 서로 다른 여러 가지 모양의 스펙트럼을 확인할 수 있다. 이러한 원리로, 표준시료의 스펙트럼과 시료의 그것을 비교하면 광물에 대한 동정이 가능하다. 출처: Z.C. Jing

딕타이트(dickite), 녹니석(chlorite), 안티고라이트(antigorite), 연옥(nephrite) 등으로 제작되었음을 확인할 수 있었다.

점토, 황토(ochre), 혹은 분말화된 광물 안료와 같이 입자의 크기가 너무 작은 물질들은 암석현미경으로 관찰할 수 없기 때문에, 라만 분광법이나 X선 회절분석법을 통해 분석한다. 하지만 이 두 가지 방법은 물질 내에 포함된 광물의 수가 많은 경우 적용하기 어렵다.

유기화합물에 대한 동정은 또다른 방법을 이용한다. 정체를 알고자 하는 소량의 물질을 유기 용매에 용해시킨다. 이후 물질 내부에 포함된 각 유기화합물들을 크로마토그래피와 질량분석기를 통해 확인한다. 물질 내에 어떠한 화합물들이 어느 정도 존재하는지를 확인하는 것을 통해 물질에 대한 동정이 가능하다. 상대적으로 순수한 유기물질의 경우 적외선 분광기 역시 활용될 수 있다.

물질의 동정에는 현미경이 큰 역할을 하며, 지금부터 소개할 사례들—남아메리카 초기 재배작물과 관련된 녹말 입자 연구, 태평양 섬들의 식물 유체와 고구마 재배의 확산 연구, 브리티시 컬럼비아 지역의 주거지 바닥 퇴적물에 대한 연구—을 통해 이를 확인할 수 있다. 마지막으로 GC-MS을 사용하여 고대 뉴멕시코주 지역의 토제 컵 내부에서 초콜릿 성분을 확인한 연구를 소개한다.

## 5.3.1 녹말과 초기 농경

**물질** 녹말(전분) 입자

**분석 장비** SEM

**연구의 종류** 동정

**장소** 에콰도르

**고고학적 시간대** 아르카익(Archaic), 9000 BP

**고고학적 질문** 녹말 입자에 대한 분석을 통해 고대 열대 아메리카 지역에서 어떤 농작물이 재배되었는지 알 수 있을까? 열대 지역을 점유했던 사람들은 어떠한 작물을 섭취하였는가?

**주요 참고문헌** Dickau, Ruth, Anthony J. Ranere, and Richard G. Cooke. 2007. Starch grain evidence for the preceramic dispersals of maize and root crops into tropical dry and humid forests of Panama. *Proceedings of the National Academy of Science* 104: 3651-3656.

Holst, Irene, Jorge Enrique Moreno P., and Dolores R. Piperno. 2007. Identification of teosinte, maize, and Tripsacum in Mesoamerica by using pollen, starch grains, and phytoliths. *Proceedings of the National Academy of Sciences* 104: 17608-17613.

Perry, Linda, Daniel H. Sandweiss, Dolores R Piperno, Kurt Rademaker, Michael A. Malpass, Adan Umire, and Pablo de la Vera,. 2006. Early maize agriculture and interzonal interaction in southern Peru. *Nature* 440: 76-79.

과거에 존재했던 물질 가운데 어떤 것들이라도 현재 시점까지 살아남을 수 있다는 것은 놀라운 것이다. 많은 경우 가장 단단한 물질들만이 살아남아, 해당 지역에서 고대 인간의 활동이 있었음을 알려준다. 음식물, 피부, 나무, 깃털 같은 물질들은 땅속에서 오랜 기간 살아남을 수 없다. 그러한 이유로, 인류 역사의 가장 이른 시기에 해당하는 증거물은 석기인 경우가 많다. 열대 기후는 전반적으로 물질의 보존에 좋지 않은 환경이다. 따뜻한 기온, 많은 양의 강수, 울창한 숲, 산성의 토양은 인간 활동의 흔적들을 대부분 파괴한다. 예를 들어, 우리들은 과거 열대 아메리카에 거주했던 인간들의 식생활이나 활동들에 대해 아는 바가 많지 않다.

그러나 이러한 환경에서도 살아남는 물질들이 있다. 이들 중의 하나는 극히 작은 크기의 녹말(전분) 입자들이다. 많은 식물 종들이 과실, 씨앗, 근경(rhizome), 괴경(tuber)에 녹말을 함유하고 있다. 녹말은 광합성 과정에서 생성되며 글루코스의 형태로 식물이 저장한 에너지의 결과물이다. 녹말 입자는 주로 글루코스 분자로 이루어져 있고 준결정 구조를 가진다. 입자의 크기는 1에서 100마이크로미터이며, 구체나 타원형의 형태를 띤다. 녹말 입자는 많은 경우 종(species) 단위까지 구분이 가능하다. 에너지의 저장을 위해 만들어졌기 때문에, 녹말의 분자는 상대적으로 오래 살아남을 수 있다. 이러한 이유로, 녹말 입자는 과거 인간의 식생활과 관련하여 고고학 연구의 대상이 될 수 있다.

녹말 입자들은 건조한 동굴 내부나 열대 우림에서도 발견된다. 석기의 표면이나, 토기 내부, 고고유적지의 토양에서 발견되는 경우도 있다. 녹말 입자는 다양한 종류의 물리적, 화학적인 세척 작업을 통해 고고자료로부터 분리해 낼 수 있다. 분리된 입자의 종(species)에 대한 동정을 위해 주로 쌍안현미경이나 SEM이 활용된다. 녹말 입자는 석기의 용도나, 특정 지역의 과거 환경, 고대의 식생활에 대한 정보를 제공하였다. 씨앗, 뿌리, 괴경 등은 고대 인간들이 녹말을 주로 섭취하는 경로가 되었다.

석기로부터 분리한 녹말 입자에 대한 최근의 연구에서 이 분석의 유용성이 잘 드러난다. 해당 지역은 연 강수량이 최대 3미터에 달하며, 고고유적의 보존 상태 역시 매우 좋지 않았다. 유적 내부에서 그 어떠한 직접적인 유기물질이 발견되지 않았음에도 불구하고, 석기의 미세한 틈에 남은 잔존물들을 초음파 진동기로 추출할 수 있었다. 녹말 입자들은 중수(重水)를 사용한 부유법을 통해 나머지 잔존물로부터 분리하여 세척 후 400배율의 현미경으로 관찰하였다. 녹말 입자에 대한 동정은 이미 형태를 알고 있는 녹말 입자들과의 비교를 통해 이루어졌다.

녹말 입자들에서 몇 가지 종류의 식물종들을 확인할 수 있었다(도면 5.2). 옥수수, 카사바(manioc), 애로루트(arrowroot)의 녹말 입자들이 얌(yam)과 같은 재지 식물의 녹말과 함께 발견되었다. 옥수수, 카사바, 애로루트 등은 본디 중남미지역에서 재배되었던 작물들인데, 아메리카 대륙을 종으로 가로지르며 퍼져 나갔다. 미대륙에서 옥수수는 매우 중요한 식량 자원이며, 멕시코 남부 태평양 연안 지역의 고지대에서 지금으로부터 9,000여 년 전부터 재배되기 시작했다. 멕시코의 남쪽에 자리잡은 파나마 지역에서는 7,800년 전부터 옥수수 재배의 증거가 보인다. 카사바와 애로루트는 뿌리 작물로 남아메리카가 원산지일 것으로 추정된다. 카사바는 브라질 남서쪽에서 재배되기 시작했으며 기원이 되는 야생종은 아직까지 발견되지 않았다. 카사바는 파나마에서 지금으로부터 약 7,000여 년 전부터 재배되기 시작하는데, 이는 이 작물이 옥수수의 재배가 남하한 시점과 비슷한 시기에 북상했음을 알려준다. 애로루트는 남아메리카가 원산지일 것으로 추정되고 있으며, 7,500년 전부터 파나마에서 확인된다.

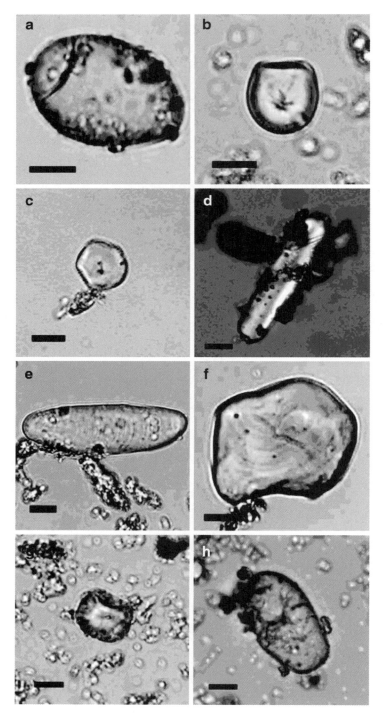

**도면 5.2** 고배율로 확인된 녹말 입자들. (a) 애로루트, (b) 카사바, (c) 옥수수, (d) 마속(Dioscorea sp.), (e) 칼라테아속(Calathea sp.), (f) 플로리다소철속(Zamia sp.) (g) 옥수수, (h) 마속(Dioscorea sp.). 사진에 보이는 스케일은 10마이크로미터

## 5.3.2 태평양 섬의 식물 동정

**물질** 탄화 곡물(목탄)

**분석 장비** SEM

**연구의 종류** 동정

**장소** 태평양

**고고학적 시간대** AD 1000-1500

**고고학적 질문** 태평양 섬들의 고고유적에서는 어떠한 식물들이 발견되는가?

**주요 참고문헌** Carter, G.F., 1950. Plant evidence for early contacts with America. *Southwestern Journal of Anthropology* 6: 161-182.

Fitzpatrick, S., & Callaghan, R. 2009. Examining dispersal mechanisms for the translocation of chicken (Gallus gallus) from Polynesia to South America. *Journal of Archaeological Science* 36: 214-223.

Storey, A.A., Miguel Ramirez, J., Quiroz, D., Burley, D., Addison, D.J., Walter, R., Anderson, A.J., Hunt, T.L., Athens, J.S., Huynen, L., Matisoo-Smith, E.A., 2007. Radiocarbon and DNA evidence for a Pre-Columbian introduction of Polynesian chickens to Chile. *Proceedings of the National Academy of Science* 104: 10335-10339.

Ballard, C., Brown, P., Bourke, R.M., Harwood, T. (Eds.) 2005. *The Sweet Potato in Oceania: a Reappraisal*. New South Wales: University of Sydney Press.

O'Brien, P. 1972. The sweet potato: its origin and dispersal. *American Anthropologist* 74: 342-365.

목탄은 고고유적에서 발견되는 거의 완전히 탄화된 나무나 식물 조직들을 이르는 용어이다. 공기가 부족한 상태에서 나무나 유기물질이 가열되어 생성되는 탄소 덩어리인 목탄은 엄밀히 말해 무기물이다. 그렇기 때문에, 다른 유기물질들이 소멸되는 와중에도 살아남을 수 있다. 다른 한편으로 목탄은 물리적인 충격에 약하기 때문에, 동물의 활동이나 토양의 냉-해동 주기에 의해 쉽게 부서지기도 한다.

목탄은 몇 가지 이유에서 유용하다. 목탄은, 형상이 보존된다면 식물 조직의 본래의 모양을 거의 완전하게 갖추고 있어 이를 통해 종 단위의 동정이 가능하다. 그렇기 때문에, 고고유적에서 어떠한 종류의 나무들이 의도적으로, 혹은 우연한 계기에 의해 불에 탔는지 알아낼 수 있다. 이러한 정보를 바탕으로 과거 환경이나 목재의 선

**도면 5.3** 현대의 삼부커스(엘더베리) 줄기의 유조직(parenchyma tissue)을 SEM으로 관찰한 모습

택에 있어 문화적인 차이 등에 관한 설명이 가능할 것이다.

보존 상태에 따라 다르지만, 일반적으로 목탄에는 나무의 생물학적인 구조가 그대로 드러나기 때문에, 이를 바탕으로 종 단위의 동정이 가능하다. 드물게는 탄화되지 않은 나무 자체가 보존된 상태로 그대로 발견되기도 하는데, 이 경우도 물론 나무 조직의 형태를 바탕으로 동정할 수 있다. 이러한 나무의 조직은 크기가 매우 작아서 육안으로는 식별이 어려우며, 40에서 100배 정도의 배율로 확대하여 그 특징을 관찰한다.

탄화된 식물 유체에 대한 연구는 씨앗, 견과, 열매, 나무 조직 등을 넘어 또 다른 범위로 확장되었다. 특히, SEM을 사용하여 탄화된 식물의 유조직(parenchymous tissues)을 연구한 예가 있다. 유조직은 식물의 대부분을 이루고 있으며, 줄기나 뿌리, 꽃잎, 과실의 과육 등과 같이 모든 기관에 존재한다. 얇은 벽 모양의 유조직은 다량의 빈 공간과 특징적인 세포 사이구역을 지니고 있다(도면 5.3).

유조직은 뿌리나 괴경 등에서 쉽게 확인할 수 있는 일반적인 세포조직이다. 식물의 뿌리와 괴경은 선사시대 인간 집단들에게 매우 유용환 탄수화물원이나, 이들

기관은 보존성이 매우 떨어지기에, 고고유적에서 발견되는 탄화된 식물 유해에서는 거의 확인할 수가 없었다. SEM 분석 기법의 발전과 표준시료에 대한 체계적인 정리, 유조직에 대한 정보의 축적 등으로 인해 과거 인간의 식단에 새로운 식물성 식품들이 추가되고 있다.

예를 들어 대부분의 태평양 지역에서는, 토란이나 카사바, 고구마와 같은 뿌리 작물들은 거의 발견되지 않았다. 토란(*Coloscia esculenta*)은 때때로 열대의 감자라고도 불리며, 태평양의 여러 인간 집단들의 주식 가운데 하나이다. 토란은 약간의 독성이 있기 때문에 먹기 전에 반드시 조리해야 한다. 토란의 구근은 탄수화물이 풍부하며 끓이거나 구워 먹거나, 가루 형태로 가공되기도 한다. 카사바(*Manihot esculenta*)는 섭취가 가능한 뿌리를 가진 관목으로, 열대, 아열대 기후에서 서식한다. 때로 마니옥(manioc)이라고도 불리는데, 이들의 뿌리는 2년까지 저장할 수 있을 정도로 보관성이 뛰어나며, 가루로 만들거나, 끓여서, 혹은 생으로 먹기도 한다.

고구마는 잘 알려진 작물이다. 고고학에서 고구마(*Ipomoea batatas*)는 재배의 역사와 태평양 지역에서의 확산과 관련하여 주요 연구대상이었다. 고구마는 폴리네시아 동부(하와이, 이스터섬, 뉴질랜드)와 뉴기니의 고지대에서 주요한 작물이었다. 그러나 그 기원지는 남아메리카로 알려져 있다.

유럽인들이 뉴질랜드에 처음 방문하여 표본을 채취해 가기 이전에 이미 고구마는 태평양의 여러 섬들에서 재배되고 있었다. 그러나 고구마의 초기 확산과 관련된 직접적인 고고학적 증거는 부족하였다. 그러나 1989년, 남태평양의 쿡 제도에 자리한 바위그늘에 대한 발굴조사에서 탄화된 식물 유체가 발견되었는데, 연대는 AD 1000년 정도로 추정되었으며, 이는 유럽인들이 이 지역에 도달하기 한참 전의 시점이다. SEM을 통한 면밀한 분석을 통해 이들 가운데 상당수가 고구마임이 밝혀졌다.

태평양 지역과 관련하여 또 다른 흥미로운 증거는 칠레에서 발견된 연대가 AD 1000-1500년 사이로 추정되는 닭 뼈이다. 닭은 중국에서 가축화되기 시작하여 태평양을 건너 점차 확산되어 갔다. 칠레에서 발견된 닭 뼈는 스페인인들이 도착하기 이전에 이미 닭이 남아메리카에 존재했음을 나타낸다(도면 5.4). 남은 문제는 누가 (고

**도면 5.4** 남아메리카에서 닭 뼈는 송곳이나 주걱으로 만들어 사용되었다. 이들 유물은 콜럼버스가 미 대륙에 당도한 시점 이전부터 이미 존재하고 있었다.

구마와 닭과 같은) 동식물들을 각 지역에 처음 출현하게 하였는가이다. 태평양 지역의 탐험가들일까? 그렇지 않으면 남아메리카의 여행자들일까? 폴리네시아인들이 남아메리카까지 항해하여 닭을 확산시키고 고구마를 받아온 것일까? 아니면 그 반대일까?

### 5.3.3 키틀리 크릭(Keatley Creek) 유적 주거지 바닥

**물질** 주거지 바닥의 퇴적물

**분석 장비** 암석현미경

**연구의 종류** 동정

**장소** 브리티시 컬럼비아, 캐나다

**고고학적 시간대** 400 BC-AD 1500

**고고학적 질문** 주거지 바닥은 어떻게 만들어졌으며 내부의 구성물은 무엇인가?

**주요 참고문헌** Hayden, Brian. 2000. *The Pithouses of Keatley Creek*. New York: Harcourt. Hayden, Brian, Edward Bakewell, and Rob Gargett. 1996. The world's longest-lived corporate group: Lithic sourcing reveals prehistoric social organization near Lillooet, British Columbia. *American Antiquity* 61: 341-356.

과거 인간과 관련된 퇴적물들을 현미경을 통해 관찰하는 미세구조형태학(Micro-morphology)은 고고과학에서 빠르게 확대되고 있는 연구 분야이다. 이들 퇴적물은 주로 매일같이 축적되는 눈에 보이지 않은 쓰레기와 먼지를 포함하고 있는 과거의 주거지 표면에서 채취한다. 이러한 퇴적물에는 과거 인류가 남긴 유기물질들과 유물들의 부산물이 혼입되어 있어 표준적인 토양 분석 방법은 이러한 퇴적물의 연구에 적합하지 않다. 현미경을 통한 과거의 생활면(living surface)에 대한 미세구조형태학적 연구는 인간 활동에 대한 보다 깊이 있는 이해를 가능하게 한다.

미세구조형태학적 연구를 위해서는 유적에서 블록 형태로 퇴적물을 채집하여야 한다. 채집된 블록에 폴리에스터 수지를 주입하여 단단하게 굳힌 다음, 얇은 판으로 잘라내어 암석현미경으로 20-200배 확대하여 관찰한다.

현미경 관찰을 통해, 퇴적물의 조성(광물과 유기물질)과 질감(퇴적물 입자의 크기와 그에 따른 분류), 구성물 간의 관계와 구조 등을 확인하게 된다. 터키의 이른 신석기 유적인 차탈회육(Çatalhöyük)에서는 몇몇 주거지 바닥에서 50회가 넘는 점토 덧바름(coat)의 흔적을 발견하기도 하였다.

키틀리 크릭은 브리티시 컬럼비아의 선사시대 주거유적이다. 이곳에서 발굴된 주거지 바닥면에 대한 미세구조형태학적 분석은 바닥 다짐의 증거와, 인간 활동의 결과로 남겨진 여러 소형의 유물들을 확인시켜 주었다. 유적에는 수혈주거지 100여 기가 집중되어 있고, 현재에도 이 모습을 육안으로 볼 수 있다(도면 5.5). 총 주거지 수는 120기이며, 가장 큰 주거지의 크기는 지름이 18-21미터 정도로, 거의 테니스 코트 크기만큼 크다. 이들은 선사시대 북아메리카의 가장 큰 구조물들 가운데 하나이다. 유적은 2800 BC 무렵 점유되기 시작하였지만 가장 점유 밀도가 높았던 시기는 300 BC에서 AD 1000 사이이다.

이 주거지들의 생활면은 그 내용물 및 맥락과 관련하여 상당한 양의 정보를 제공해 주었다(도면 5.6). 바닥면에 대한 분석을 위해 몇 가지 방법이 동원되었는데, 미세구조형태학 권위자인 보스턴 대학교의 폴 골드버그(Paul Goldburg)가 분석을 담당하였다. 〈도면 5.7〉은 그의 분석 시료 가운데 하나의 모습이다. 시료는 천장, 바닥

**도면 5.5** 캐나다의 브리티시 컬럼비아 내륙에 위치한 키틀리 크릭 유적

**도면 5.6** 키틀리 크릭 유적에서 발굴된 대형 수혈주거지의 바닥면

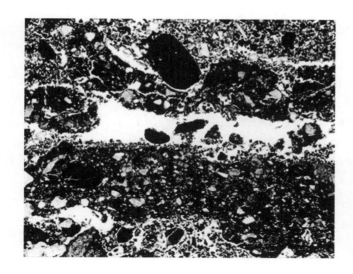

**도면 5.7** 키틀리 크릭 주거지 바닥면의 미세구조형태 단면. 도면의 하반부(lower half)에서 상대적으로 단단하게 다져진 퇴적물들의 모습을 확인할 수 있다. 도면의 실제 폭은 3.5밀리미터 정도이다.

면, 노지, 재층, 수혈 등 유적의 여러 다른 맥락에서 채취되었다. 암석현미경을 통해 시료를 연구한 결과, 도면의 하단부에 보이는 것처럼 잘 다져진 사질 실트층을 확인할 수 있었다. 바닥면과 관련된 퇴적물들에는 입자가 고운 광물들이 많이 분포하였는데, 이들은 주로 밝은색을 띤다. 뼈, 재, 불탄 돌, 미세한 목탄과 같은 인간 활동의 결과로 남겨지는 물질들은 전반적으로 많지 않았다. 그렇지만 1-2밀리미터 두께의 연어뼈로 이루어진 퇴적이 바닥면 바로 위에서 관찰되는 경우가 있었다.

추가적으로, 〈도면 5.7〉에서 보이는 시료의 경우 주거지 바닥면과 그 상단의 퇴적층 사이에 비어 있는 틈이 보이는데, 식물체의 소멸에 따라 생성된 것으로 보이며, 아마도 식물로 직조한 돗자리를 깔았던 흔적으로 추정된다. 발굴 과정에서 바닥면 위의 퇴적층을 상대적으로 쉽게 걷어낼 수 있었던 점과 무관하지 않을 것이다. 미세구조형태학적 분석을 통해 주거지가 점유되던 시점의 바닥면과 폐기된 이후 퇴적된 물질들의 특성을 자세히 확인할 수 있었다.

### 5.3.4 차코(Chaco)의 코코아

**물질** 토기 내부의 유기잔존물

**분석 장비** LC-MS, GC-MS

**연구의 종류** 동정/기능 파악

**장소** 푸에블로 보니토, 차코 캐니언, 미국 남서부

**고고학적 시간대** 아나사지(Anasazi) AD 850-1250

**고고학적 질문** 차코 캐니언에서 발견되는 실린더 형태의 병의 용도는 무엇이었는가? 차코 캐니언의 원거리 교역은 어디까지 도달하였는가?

**주요 참고문헌** Crown, Patricia L., and W. Jeffrey Hurst. 2009. Evidence of cacao use in the Prehispanic American Southwest. *Proceedings of the National Academy of Sciences* 106: 2085-2086.

Henderson, John S., Rosemary A. Joyce, Gretchen R. Hall, W. Jeffrey Hurst, and Patrick E. McGovern. 2007. Chemical and archaeological evidence for the earliest cacao beverages. *Proceedings of the National Academy of Sciences* 104: 18937-18940.

뉴멕시코주 북서쪽에 위치하는 차코 캐니언은 고고유적이 많이 분포하고 있는 대단위 유적지이며 고대 푸에블로 인디언들 문화의 중심지였다. 이 고대 사회의 특징 가운데 하나는 물자 조달을 위한 교역망인데, 거의 모든 물품들이 원거리에서 조달되었다. 토기들을 원거리에서 수입하는 것은 그리 드문 것이 아니지만, 차코 사람들은 그들의 집을 지을 때 사용하는 무게가 수백 킬로그램에 달하는 대형 통나무들도 수백 킬로미터 이상 떨어진 곳에서 수입하였다. 상당히 거리가 떨어진 곳에서 음식물을 가져온 증거도 있으며, 구리 종과 같은 완성품들의 경우 1,000킬로미터 이상 떨어진 메소아메리카(Mesoamerica)[2] 지역에서 수입하였다(도면 5.8).

메소아메리카가 원산지인 구리 종과 금강 앵무(Scarlet Macaws) 같은 이국적인 수입품의 존재는 고고학자인 퍼트리샤 크라운(Patricia Crown)으로 하여금 또 다른

---

2 역자 주. 북부를 제외한 멕시코의 대부분과 과테말라, 엘살바도르와 온두라스, 벨리즈 등을 포함하는 지역으로 이곳에서 아즈텍과 마야 같은 초기 문명이 발생했다.

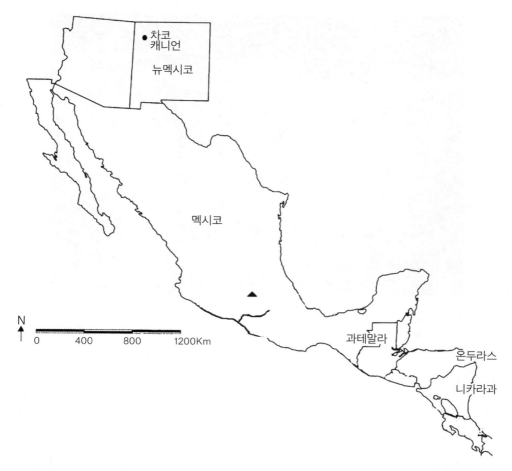

**도면 5.8** 뉴멕시코주 차코 캐니언과 초콜릿이 수입되었을 것으로 추정되는 중앙아메리카 지역 다른 나라들의 위치

메소아메리카산 수입품이 있었을 가능성을 고려하게 하였다. 그 가운데 하나가 차코 캐니언에서 가장 큰 유적인 푸에블로 보니토에서 다수 발견된 특이한 실린더 형태의 토기이다(도면 5.9). 이 용기들은 푸에블로에서 유행하던 방식인 흰색 바탕에 검은색 무늬를 가지고 있지만, 그 형태가 일반적인 푸에블로 토기들과는 확연하게 다르다. 하지만 이러한 실린더 형태의 병은 메소아메리카에서는 익히 알려져 있다. 메소아메리카에서 출토된 이러한 토기들 가운데 몇몇에는 이 용기가 초콜릿을 음용하기 위해 사용되었음을 알리는 각인과 그림이 표면에 드러나 있다. 이 지역에서 초콜

**도면 5.9** 차코 캐니언에서 출토된 실린더 형태의 토기. 사진 출처: University of New Mexico, http://www.sciencedaily.com/releases/2009/02/090203173331.htm

릿은 이미 1500 BC 전부터 활용되어 왔기에, 크라운은 푸에블로 보니토의 토기도 같은 용도로 사용되었을 가능성이 있다고 보았다.

*Theobroma cacao*("Theobroma"는 그리스어로 신의 음식이라는 뜻)는 카카오나무의 학명이다. 카카오나무로부터 초콜릿의 원료가 되는 카카오콩을 수확한다. 카카오나무는 열대성 식물로, 그리 크지 않은 상록수이며 중앙아메리카와 아마존의 정글 지대에 서식한다. 최근의 연구에 의하면 남아메리카에서 최초로 재배되어 중앙아메리카 쪽으로 확산되었던 것으로 추정되며 몇몇 지역에서는 화폐로도 사용되었다.

메소아메리카 지역에서의 초콜릿 음용은 현대의 멕시코 지역에서 사용되고 있는 초콜릿 용기와 비슷한 형태를 하고 있는 고대의 토기(위에서 언급한 실린더 형태의 용기)에 대한 연구를 통해 비교적 근자에 이르러 밝혀졌다. 고고학자인 존 헨더슨(John Henderson)과 로즈메리 조이스(Rosemary Joyce), 그리고 고고과학자인 패트릭 맥거번(Patrick McGovern)과 미국 허시(Hershey) 초콜릿 사(社)의 화학자인 제프리 허스트(Jeffrey Hurst)는 이 용기들에 남아 있는 잔존 유기물을 분석하였다.

**도면 5.10** 테오브로민(3,7-dimethylxanthine)의 화학구조

시료로는 온두라스에서 출토된 토기가 사용되었고, 추출된 잔존물의 분석에는 LC-MS와 GC-MS가 활용되었다. 오직 토기 내에 흡수된 잔존물만을 추출하여 분석하였으며, 추출은 토기편을 증류수, 메탄/메탄올, 클로로폼/메탄올 등에 넣고 가열하는 것을 통해 이루어졌다. 토기에 흡수된 유기물들이 상대적으로 보존이 잘되는 이유는 이들이 토기 내부 조직 속에 점착되어 오염 및 후퇴적 과정으로부터 상대적으로 안정적으로 보호받기 때문이다.

연구자들은 카카오콩에 풍부하게 분포하고 있는 카페인과 같은 성질의 화학물질인 테오브로민, 혹은 3, 7-다이메틸잔틴(3, 7-dimethylxanthine)(도면 5.10) 성분을 추적하였다. 테오브로민은 카카오와 초콜릿의 명백한 증거이다. 헨더슨과 동료들은 온두라스에서 1000-1400 BC 무렵 사용되었을 것으로 추정되는 토기편에서 테오브로민 성분을 확인할 수 있었다.

이후 푸에블로 보니토에서 출토된 실린더 형태의 병에서도 테오브로민 성분이 검출됨에 따라 수천 킬로미터 떨어진 마야문명의 카카오 농장과 푸에블로 보니토 사이의 연결고리를 찾을 수 있었다.


## 5.4 진위 판별

고고학자나 미술사학자들은 가끔은 유물이나, 물건, 조각, 그림 등이 진품인지 밝혀달라는 의뢰를 받기도 한다. 의뢰의 내용은 진품인지를 밝혀달라는 것이지만 많은 경우 고고측정학이 찾아내는 것은 진품이 아니라는 증거이다. 만약 문제가 되는 유물

이 가품임을 증명하는 실험을 통과한다면, 드문 경우 진품으로 인정받기도 한다.

유물이 가품임을 입증하는 절차는 대부분 유물을 구성하고 있는 물질에 대한 연대측정이나, 제작 기법에 대한 확인, 진품이 제작될 당시에는 존재하지 않았던 물질의 존재에 대한 조사 등을 포함한다. 이러한 실험을 통과하지 못한 물건들은 가품으로 판명될 수 있지만, 이러한 테스트를 모두 통과한 물건일지라도 가품 제작자들이 당시에 존재했던 물질들을 사용하여 당시의 기법으로 제작하였을 가능성을 배제하기 힘들다. 예를 들어, 토리노의 수의는 지금으로부터 2,000여 년 전 제작된 예수의 수의로 알려져 있었으나, 방사성탄소연대측정 결과 AD 13세기대의 물건으로 밝혀졌다. 양피지에 그려진 빈랜드의 지도는 콜럼버스 이전 15세기에 제작된 북아메리카가 묘사된 최초의 지도라고 주장되었다. 양피지의 절대연대는 15세기 초로 밝혀졌지만 이것만으로는 진품이라는 증거가 되지 못했는데, 현대적인 연대측정법에 대한 지식을 지닌 가품 제작자가 15세기 초에 만들어진 양피지를 구해 그 위에 지도를 그렸을 가능성이 제기되었기 때문이다. 토리노의 수의와 빈랜드의 지도에 대한 추가적인 내용은 이후에 이 장에서 자세히 다룰 것이다.

고고측정학적 진위 판별은 고대 문서들에 나타난 단어나 서체, 글쓰기 방식 등을 연구하는 팔레오그레피(paleography)를 통해 밝혀진 증거들로 인해 보완될 수 있다. "Archaic Mark"는 마가복음(Gospel of Mark)의 사본으로 여겨졌으며, 연대는 13에서 14세기로 추정되었다. 메리 오르나(Mary Orna)에 의한 고고측정학적 연구는 삽화에 사용된 안료가 프러시안 블루(Prussian Blue)라는 것을 밝혀내었고, 이 안료가 1704년에 발명되었다는 것을 근거로 그녀는 Archaic Mark가 가품임이라고 주장하였다. 그러나, 진품을 17세기에 복원한 증거일 수도 있다는 의견도 개진되었다. 해당 문서의 말씀(text)들은 4세기경의 성경인 바티칸 사본(Codex Vaticanus)을 따른 것으로 밝혀졌다. 2006년 시카고대학교는 Archaic Mark 디지털 사본을 제작하여 추가적인 연구를 수행하였는데, 이 문서에서 1860년에 필립 버트만(Philipp Buttman)에 의해 제작된 신약성서(New Testament)에서 보이는 철자상의 오류와 같은 오류가 있음을 스테판 칼슨(Stephen Carlson)이 밝혀냄에 따라 최종적으로 가품이라는 것이 확인되었다.

진위 판별에 있어 고려되는 중요한 또 하나의 요소는 유물 관리대장이다. 최초 발굴/발견 시점부터 이동, 소유권 이전 등의 사항이 자세하고 면밀하게 기록된 유물은 현대의 수집가가 구입한 기록밖에 없는 유물과 비교하여 신뢰성이 매우 높다고 할 수 있다. 예를 들어 Archaic Mark는 시카고대학교에 1937년에 처음 입수되었으며, 토리노의 수의에 대한 알려진 기록은 1357년부터 시작한다.

진위 판별은 문제의 여지를 남기기도 한다. 박물관 소장 유물에 대한 연구는 매우 가치 있는 일이다. 다만 판매를 목적으로 하는 사적인 수집품―때로는 고고학적 맥락에서 불법적으로 취득된―에 대한 진위 판별은 그것이 진품으로 판정될 경우 유물의 가치를 매우 높여줄 수 있기 때문에, 추가적인 도굴과 불법적 취득을 조장할 수 있다. 이러한 이유로 박물관이나 문화재 관련 기관들은 고고학자의 골동품들에 대한 진위 판별을 권장하지 않는다.

## 5.4.1 게티(Getty) 박물관의 쿠로스

**물질** 돌-대리석
**분석 장비** 음극선 루미네선스(cathodoluminesence), 자외선 현미 기법(ultraviolet microscopy), 동위원소 분석, FTIR 분석, AMS 탄소연대측정, NAA 분석, 탄산염에 대한 지구화학적 분석(carbonate geochemistry), 탈돌로마이트화 가속기법(dedolomitization acceleration), 레이저 미량분석, X선 회절분석, 투과전자현미경(transmission electron microscopy)
**연구의 종류** 진위 판별/원산지 추적
**장소** 그리스, 로스엔젤레스
**고고학적 시간대** 고대 그리스 600-300 BC
**질문** 고대 그리스의 조각상은 진품인가? 대리석은 어디에서 온 것인가? 조각상은 무엇으로 만들어졌는가?
**주요 참고문헌** Bianchi, Robert. 1994. Saga of The Getty Kouros. *Archaeology* 47(3): 22-24.

쿠로스(*Kouros*, 그리스어로 "젊음")는 근육질의 젊은 남성 나신 입상인데, 기원전 6세기에서 3세기대 고대 그리스에서 주로 제작되었다. 조각상에는 몇 가지 독특한 특징들이 있다(도면 5.11). 손은 주먹을 쥐고 있고 몸 선을 따라 위치한다. 머리는

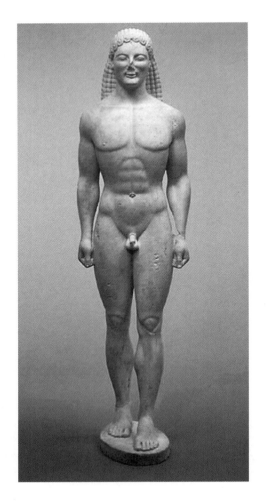

**도면 5.11** 게티의 쿠로스

가로 선과 세로 선의 반복인 배열로 이루어져 격자 모양을 하고 있다. 왼발을 앞으로 내밀고 있으며 매우 인상적인 표정을 하고 있는데, 크게 뜬 눈과 입술을 닫은 채로 입꼬리를 올리는 미소가 특징이다. 쿠로스 조각상은 신, 전사, 운동선수 등으로 해석되었다. 이러한 입상들 가운데 보존 상태가 양호한 것은 그리 많이 남아 있지 않다. 1980년대 로스엔젤레스의 J. Paul Getty 박물관에서 이를 구할 수 있는 기회가 생겼을 때, 기대감은 매우 높았다.

조각상은 기원지의 정보가 포함된 진품임을 확인하는 문서와 함께였다. 박물관 측은 그리스와 이탈리아 정부로부터 조각상이 법적으로 문제없이 반출된 것을 확인하였다. 미술사학자, 보존과학자, 고고학자, 고고측정학 전문가들이 조각상을 연구하였으나, 진품 여부에 대한 의견은 엇갈렸다. 어째서 이렇게 좋은 보존 상태를 하고 있으며, 왜 이렇게 하얀 것인가? 머리와 발을 조각한 기법이 확연하게 다른 이유는 무엇인가? 고대의 조각가들이 여러 가지 기법을 하나의 조각상을 만드는 데 사용하였는가? 고대의 대리석 조각상은 그 진귀함으로 인해 가품의 역사도 진품의 역사만큼이나 길다. 게티 박물관은 조각상을 구입하기 이전에 이것이 진품인지를 확인하고 싶었다.

진위 논란이 거세지자, 조각상에 대한 철저한 분석이 시작되었다. 20여 명 이상의 뛰어난 학자들이 전 세계에서 초빙되어 연구팀이 꾸려졌다. 음극선 루미네선스(cathodoluminesence), 자외선 현미 기법(ultraviolet microscopy), 동위원소 분석, FTIR(푸리에 변환 적외선 분광법, Fourier Transform Infrared Spectroscopy), AMS 탄소 연대측정, NAA 분석, 탄산염에 대한 지구화학적 분석(carbonate geochemistry), 탈돌로마이트화 가속기법(dedolomitization acceleration), 레이저 미량분석, X선 회절분석, 투과전자현미경(transmission electron microscopy)과 같은 대규모의 고고측정학적 기법들이 활용되었다.

지질학자인 스탠리 마골리스(Stanley Margolis)는 대리석의 원산지와 표면처리에 관한 연구를 수행하였다. 마골리스는 조각상의 크게 드러나지 않는 부분에서 미량의 시료를 채취하는 권한을 얻어 이를 SEM, XRD, XRF, 질량분석기 등을 사용하여 연구하였다.

대리석은 변성암으로, 석회석이나 백운석(dolomite)이 고온과 고압을 받아 만들어진다. X선 회절분석은 쿠로스가 방해석 계열의 대리석보다는 풍화와 침식에 강한 백운석 계열로 이루어져 있음을 밝혀냈다. 이러한 종류의 대리석은 보존 상태가 보다 양호할 수 있다. 대리석에는 탄소와 산소가 풍부하게 분포하고 있으므로, 이를 이용한 동위원소 분석을 통해 기원지와 표면의 변화 등에 관한 정보를 얻을 수 있다. 지질학자인 노먼 헤르즈(Norman Herz)는 이들의 동위원소비를 측정하여 에게해 지역 대리석 산지의 값과 비교하였다(도면 5.12). 이 연구를 통해 조각상을 제작하는 데 사용된 대리석의 원산지가 고대의 채석장 유적이 있는 타소스(Thasos)섬이라는 것

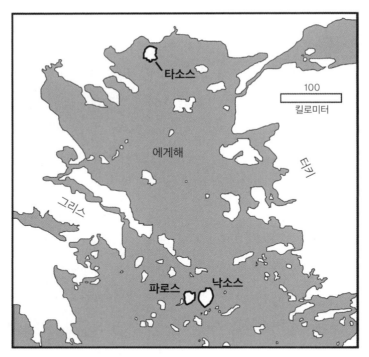

**도면 5.12** 에게해 지역. 대부분의 그리스와 로마 조각상을 제작하는 데 사용된 대리석은 파로스, 낙소스, 타소스 섬에서 채굴되었다

이 밝혀졌다. 이 지역은 쿠로스들이 제작될 당시 백운석계 대리석 산지로 익히 알려진 곳이며 이곳의 대리석으로 조각된 진품 조각상들도 있다.

이후 학자들은 타소스섬에 있는 여러 지역의 채석장들과 게티의 쿠로스를 포함한 서로 다른 세 종류의 조각상들의 동위원소 값을 비교하였다(도면 5.13). 게티의 쿠로스를 제외한 두 조각상들은 진품으로 판정된 제우스신의 머리 조각과 가품으로 판정된 또 다른 쿠로스의 동체이다. 전자의 동위원소 값은 타소스섬의 고대 채석장의 값과 일치하였다. 후자는 가품이었지만, 타소스섬의 과거와 현재 채석장의 동위원소 값에 상응하는 측정치를 보여주였다. 게티 쿠로스의 측정치는 타소스섬 고대채석장의 동위원소 값과 비슷하기는 했지만, 완전히 일치하지는 않았고, 일려진 다른 채석장들의 값과도 부합하지 않았다. 게티의 쿠로스는 아마도 아직까지 밝혀지지 않은 타소스섬의 채석장에서 채굴된 대리석으로 제작된 것으로 보인다.

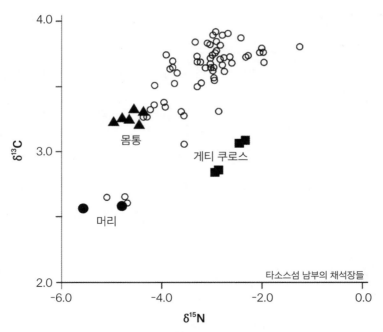

**도면 5.13** 그리스 조각상들과 원산지의 탄소·질소 동위원소 분석 결과. 진품으로 밝혀진 머리 조각과 가품으로 밝혀진 몸통 조각이 서로 다른 두 곳의 채석장에서 온 것을 확인할 수 있다.

지질학자들은 쿠로스의 표면도 면밀하게 관찰하였다. 파티나(patina)는 오래된 돌이나 금속의 표면에 나타나는 풍화의 흔적을 지칭하는 용어이다. 게티의 쿠로스는 거의 모든 표면에 황갈색/적색의 파티나가 있었다. 광학현미경으로 관찰한 결과 이 파티나는 철 산화물과 점토광물로 구성되어 있었고, 전자 미세탐침 분석(electron microprobe)과 X선 회절분석을 통해 보다 자세히 확인한 결과 파티나가 10-15마이크로미터 두께의 방해석 층으로 이루어져 있음을 알게 되었다. 방해석은 풍화에 의해 돌로마이트 표면에서 마그네슘이 칼슘으로 대체되는 과정에서 형성될 수 있다. 연구자들은 이 방해석 껍질이 오랜 풍화의 증거가 될 수 있다고 보았다.

마지막으로, 연구자들은 조각상의 방해석 껍질과 원재료인 돌로마이트 대리석의 탄소·산소 동위원소 값을 비교하였다. 양쪽의 측정값들은 상당히 비슷하였고, 또한 타소스섬의 측정치들과도 흡사하였다. 이러한 증거들을 종합하여, 마골리스와 동료들은 게티의 쿠로스가 타소스섬의 돌로마이트계 대리석으로 만들어졌으며, 표면의 변화가 오랜 시간에 걸친 돌로마이트의 풍화로 나타난 것이 맞기 때문에 매우 보존 상태가 양호한 진품이라고 추정하였다. 그 어떠한 과학적 분석도 게티의 쿠로스가 가품이라는 것을 지칭하지 않고 있었다. 이에, 박물관은 막대한 자본을 들여 쿠로스를 구입하였다.

그런데 1990년대 초에 게티의 쿠로스가 진품임을 확인하는 문서가 가짜라는 주장이 제기되었다. 이에 더하여, 게티의 쿠로스와 매우 흡사한 가품이 발견되었다. 박물관의 쿠로스에 대한 새로운 실험이 행해졌고, 이를 둘러싼 논쟁은 더욱 커졌다. 게티의 쿠로스와 닮은 가품은 산성 용액에 담가 오랜 세월의 풍화를 거친 것처럼 보이게 하는 기법이 적용되었음이 밝혀졌다. 게티의 쿠로스에 대한 새로운 분석은 표면이 단순히 방해석으로만 구성되어 있는 것이 아닌 옥살산칼슘(calcium oxalate)으로 되어 있음을 확인하였고, 몇몇 특징들은 모조품 제작자들이 재현할 수 없는 것이라고 여겨졌다. 추가적으로, 게티의 쿠로스와 가품은 표면에서 차이를 보였다. 결국 연구자들은 결론에 다다르지 못했다.

게티 쿠로스의 사례는 미술과 과학이 만난 고전적인 예이다. 게티의 조각상이 쿠로스임은 분명하다. 많은 사람들에게 이 조각상은 아름답고 예술적이다. 문제는 이것이 고대에 제작된 진품인지의 여부이다. 대부분의 미술사학자들과 고고학자들은 조각상이 가품이라 생각하고 있다. 그러나 이를 분석한 과학자들은 이를 진품으로 보았다. 현재 박물관에 소장된 이 대리석상의 설명문에는 "그리스, 530 BC 혹은 현대의 위조품"이라고 쓰여 있다.


## 5.4.2 빈랜드 지도

**물질** 양피지

**분석 장비** 방사성탄소연대측정법, 현미경, XRD, SEM/에너지 분산형 X선 분광법(energy-dispersive X-ray analysis, EDX), 투과전자현미경(transmission electron microscopy, TEM), 입자유도 X선 방출법(particle-induced X-ray emission, PIXE), 라만 미세탐침 분광법(Raman microprobe spectroscopy)

**연구의 종류** 진위 판별

**장소** 예일대학교 소장

**고고학적 시간대** AD 1400-1500

**질문** 지도는 진품인가 가품인가?

**주요 참고문헌** J. Huston McCulloch. 2005. The Vinland Map – Some "Finer Points" of the Debate. http://www.econ.ohiostate.edu/jhm/arch/vinland/vinland.htm

빈랜드(Vinland) 지도는 콜럼버스가 아메리카 대륙에 도달하기 이전 노르웨이 바이킹들에 의해 아메리카 대륙이 발견되었다는 글이 쓰여진 지도로, 그린란드의 서남쪽, 즉 북아메리카 동쪽 해안지대가 묘사되어 있다. 15세기경 제작된 것으로 보이는 이 지도가 진품으로 확인된다면, 콜럼버스 이전 유럽인들이 이미 미국 대륙의 존재를 알았다는 것을 입증하는 자료가 될 수 있다. 지도는 타타르 관계(Tartar Relation, TR)[3]라고 불리는 문서의 15세기대 사본과 함께 제본되어 있었는데, 1957년 익명의 도서관에서 영국박물관 측에 판매 의뢰를 하였다. 기원지가 불분명하고, 제본된 기술이 다소 현대적이었기에 제안은 수락되지 않았다. 그러나 얼마 지나지 않아 뱅상 드 보베(Vincent de Beauvais)가 13세기에 작성한 백과사전인 커다란 거울(Speculum maius)의 일부인 역사의 거울(Speculum Historiale, SH)의 1440년 사본이 발견되는데, 빈랜드 지도가 원래 이 판본에 포함되어 있었다는 것을 알려주는 증거가 발견되었다. 양피지의 질감, 워터마크가 일치하였으며, 특히 빈랜드 지도에 있던 책벌레가 뚫은 구멍과 이 책의 책벌레 구멍이 완벽하게 일치하였다. 이후 영국박물관의 수년간에 걸친 은밀한 진위 판별 절차를 거쳐 1965년 콜럼버스의 날에 공개되기에 이르렀다.

캐나다 뉴펀들랜드 지역의 랑즈 오 메도우즈(L'Anse aux Meadows) 마을 유적은 11세기 바이킹족이 건설한 식민지로, 1960년 발견되었다. 마을은 AD 1000년경 점유되었던 것으로 추정되었으며, 콜럼버스의 미대륙 발견 500년 전에 이미 바이킹들

.........

3 　역자 주. 1247년 수도사 데 브리디아(C. de Bridia)가 라틴어로 작성한 몽골 제국에 대한 민족지 보고서.

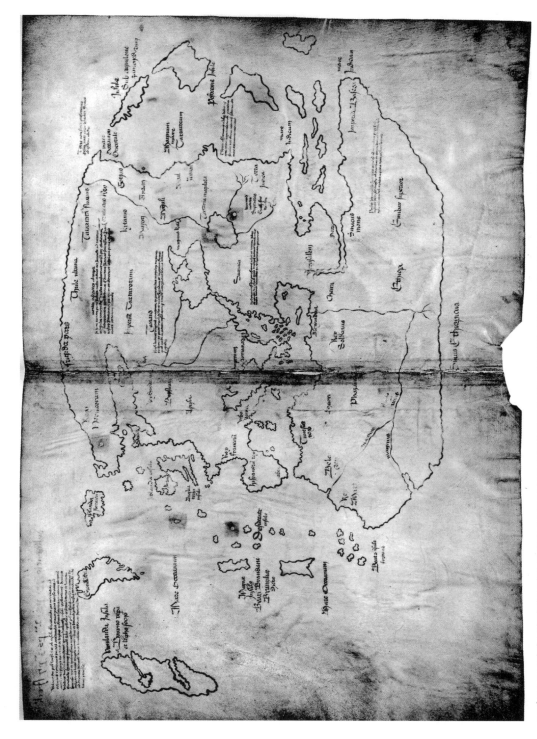

**도면 5.14** 콜럼버스의 미대륙 발견 이전에 그려진 것으로 추정된 빈랜드 지도. 북아메리카의 동쪽 해안지역을 묘사한 것을 확인할 수 있다.

이 그린란드 서쪽의 땅을 알고 있었다는 것을 입증해 주었다. 그럼에도 불구하고 빈랜드 지도는 여전히 가품일 수 있다.

지도의 잉크에 대한 현미경 관찰 결과 예추석(anatase)의 존재가 보고되었는데, 이는 현대의 안료이므로 지도가 가품이라는 주장에 대한 근거가 되었다. 그러나 다른 고대의 유물들에서도 예추석 성분이 발견된 사례가 있으며, 이 성분은 화학적인 반응으로 인위적이지 않게도 생성될 수 있다는 의견이 있었다. 이후 입자유도 X선 방출법(particle-induced X-ray emission, PIXE)을 활용한 추가적인 분석 결과 예추석 성분이 그리 많이 발견되지 않았다. 하지만 라만 적외선 미세탐침 분광법(Raman infrared microprobe spectroscopy)을 활용한 또 다른 연구에서는 상당한 양의 예추석 성분이 검출되었고, 이들 입자의 특성이 현대에 생산되는 안료의 것과 흡사하다는 것도 밝혀졌다. 아직까지 예추석과 관련한 논의는 결론에 다다르지 못하고 있다.

지도의 진위 판별과 관련하여 도입된 또 하나의 분석은 AMS를 사용한 양피지 자체에 대한 방사성탄소연대측정이었다. 1980년대에 개발된 AMS연대측정법은 이전보다 확연하게 작은 시료에 대한 분석을 가능하게 하였다. 빈랜드 지도가 그려진 양피지 약 50밀리그램을 시료로 하여 연대를 측정한 결과 AD 1423-1445라는 시간대가 도출되었다. 비평가들은 가품 제작자가 15세기대의 양피지를 구해서 그 위에 지도를 그렸을 가능성이 있으므로, 양피지의 연대와 지도가 제작된 연대는 연관성이 없다고 말한다.

빈랜드 지도에 대한 많은 정보들이 진품, 혹은 가품임을 주장하는 근거로 사용되었으나, 현대의 예추석 안료의 존재는 가품임을 주장하는 측의 강력한 증거이다. 그럼에도 불구하고, 연구자들은 아직까지 빈랜드 지도를 둘러싼 양측의 증거가 모두 확실치 않다고 여기고 있다.

## 5.4.3 마야의 크리스털 해골

**물질** 광물-석영

**분석 장비** SEM, XRD, 라만 분광법

**연구의 종류** 진위 판별

**장소** 멕시코

**고고학적 시간대** AD 1200-1500 ?

**질문** 스미스소니언 박물관과 영국박물관에 소장된 크리스털 해골은 진품인가?

**주요 참고문헌** Sax, M., J.M. Walsh, I.C. Freestone, A.H. Rankin, and N.D. Meeks. 2008. The origins of two purportedly pre-Columbian Mexican crystal skulls. *Journal of Archaeological Science* 35: 2751-2760.

19세기 말, 미국 보석 브랜드 티파니(Tiffanys)의 부사장인 조지 프레더릭 쿤츠(George Frederick Kunz)는 영국박물관 측에 실제 크기의 순수한 석영으로 제작된 두개골에 대한 판매 제안을 하였다(도면 5.15). 쿤츠는 이 크리스털 해골이 멕시코가 원산지이며, 고대문명에서 기원한 것이라 주장하였다. 그러나 멕시코에는 이런 대형의 석영 결정 산지가 충분치 않기에, 가품일 가능성이 제기되었다. 1940년대, 지질학자인 어니스트 브라운(Ernest Brown)은 대형의 석영 결정은 브라질 동부에서 많이 산출되는 것을 근거로, 크리스털 해골의 원산지 역시 브라질일 것이라는 의견을 개진하였다. 그렇지만 고대의 멕시코와 브라질 간에는 알려진 교류의 역사가 없었다. 1960년, 박물관 측은 해골의 표면에 대한 광학 현미경을 사용한 분석을 통해, 당시 멕시코에는 존재하지 않았던 장비인 회전 칼날의 흔적을 발견한 것 같다는 주장을 피력한다. 그러나 1990년 박물관은 해골이 진품, 혹은 가품이라는 증거들을 담은 내용을 발표하며, 진위가 완전히 판별되지 않았다고 결론지었다.

그 이후로 이와 비슷한 석영 두개골들이 발견되어 프랑스 파리의 케 브랑리 박물관(Musée du Quai Branly), 스미스소니언 박물관 등지에 소장된다. 이들이 고대 멕시코에서 기원했다는 주장은 지속적으로 개진되었지만, 문제는 그들과 관련된 고고학적 맥락에 관한 기록이 전무하였다. 지금까지 알려진 4점의 해골이 공유하는 것이

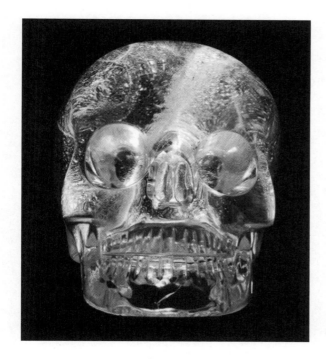

**도면 5.15** 고대 멕시코가 원산지라고
주장되었던 크리스털 해골

라고는 모두 멕시코의 골동품 수집가인 외젠 보반(Eugéne Boban)이라는 인물을 통해 유통되었다는 사실뿐이었다. 이전까지 메소아메리카 지역에서 수행된 그 어떤 고고학적인 연구도 크리스털 해골에 대한 기록을 담고 있지 않았기 때문에, 이를 고대 유물로 보아야 하는지에 대한 의문이 제기되었다. 이들 유물을 소장하고 있는 박물관들은 소장 중인 해골에 대한 진위 판별의 필요성을 느끼게 되었고, 보다 깊이 있는 분석을 시작하였다.

1960년대에 제기된 회전 칼날의 흔적 유무를 보다 정확히 밝히기 위해 SEM이 도입되었다. 하지만 해골은 SEM으로 직접 관찰하기에는 그 크기가 너무 컸고, 표면을 잘라내는 것은 해골에 큰 손상을 줄 수 있기에, 다른 접근 방식이 필요했다. 활용된 방식은 고대의 구슬(bead) 연구에 많이 쓰이는 방법으로 실리콘을 관찰하고자 하는 부분에 주입하여 굳힌 후 떼어내어 이를 SEM으로 관찰하는 것이다.[4] 실리콘은 물

.........
4    역자 주. 이러한 방법은 국내의 고고학 연구에도 흔하며, 주로 선사시대 토기 표면의 압흔 분석에 활용되

질의 표면에 있는 미세한 틈이나 굴곡을 반영할 수 있으므로, 이를 SEM으로 관찰하면 분석 대상의 표면에 대한 자세한 정보를 얻을 수 있다.

연구자들은 올멕(Olmec), 마야, 아즈텍 등 실제 멕시코 고대문명에서 제작된 석영 유물들과 석기들을 비교 대상으로 관찰하였다. SEM을 사용한 연구 결과 영국박물관의 해골에는 부정할 수 없는 고회전 칼날과 현대의 연마제 사용의 증거가 발견되었다. 연마제로 사용된 다이아몬드와 강옥은 자연계에 존재하는 물질이지만, 당시 메소아메리카 지역에서 사용된 바가 없기에, 다른 석영 유물들에서는 이들의 사용 흔적을 찾을 수 없었다.

스미스소니언 해골에 대한 분석에서도 회전 칼날과 연마제 사용은 흔적을 확인할 수 있었다. 특히, XRD 분석 결과 미량이었지만 현대의 연마제로 쓰이는 인공물질인 탄화규소(silicon carbide)가 발견되었다.

위의 연구들이 두 해골 모두 가품이라는 것을 증명하기에 충분했지만 박물관 연구자들은 영국박물관 해골 내의 미량 혼합된 광물에 주목하였다. 이 물질을 현미경과 라만 분광기를 통해 관찰한 결과, 녹니석임이 밝혀졌다. 녹니석은 운모계 광물로 녹색편암류를 만들어내는 지질학적 변성작용이 있었음을 알려주는데, 브라질산 석영에서 일반적으로 관찰된다.

이에 더하여 연구팀은 스미스소니언, 영국박물관, 프랑스 국립중앙도서관, 프랑스 인류박물관(Musee de l'Homme), 미국 히스패닉협회의 문헌 자료들을 조사하여, 골동품상인 보반이 멕시코 국립박물관 측에 이미 해골을 판매하려 했으나 실패하였고, 멕시코의 고고학자인 레오폴도 바트레스(Leopoldo Batres)에게 고발되어 멕시코를 떠났다는 사실을 알 수 있었다. 또한 스미스소니언 역시, 보반이 해골을 유럽에서 구입하였다는 사실을 알게 된 광물학자인 윌슨 블레이크(Wilson Blake)로부터 이에 관한 언질을 받았음이 밝혀졌다.

·········

어 초기 작물 재배에 관한 중요한 정보들을 제공하고 있다.

## 5.4.4 토리노의 수의

**물질** 린넨 의복

**분석 장비** AMS 탄소연대측정법

**연구의 종류** 진위 판별

**장소** 이탈리아

**고고학적 시간대** AD 0 ?

**질문** 토리노의 수의는 예수가 죽음을 맞이한 시점과 비슷한 시간대에 제작되었는가?

**주요 참고문헌** Damon, P. E., D. J. Donahue, B. H. Gore, A. L. Hatheway, A. J. T. Jull, T. W. Linick, P. J. Sercel, L. J. Toolin, C.R. Bronk, E. T. Hall, R. E. M. Hedges, R. Housley, I. A. Law, C. Perry, G. Bonani, S. Trumbore, W. Woelfli, J. C. Ambers, S. G. E. Bowman, M. N. Leese & M. S. Tite. 1989. Radiocarbon Dating of the Shroud of Turin. *Nature* 337: 611-615.

Van Biema, David. Science and the Shroud. *Time Magazine*, April 20, 1998.

토리노의 수의는 많은 사람들이 예수의 시신을 감싸는 데 사용했다고 믿었던 종교적 유산이다. 린넨으로 된 수의는 전후 면에 채찍질과 십자가에 못박혀 고난을 겪은 수염난 남자의 모습이 담겨 있다(도면 5.16). 14세기 무렵 프랑스에서 처음 알려졌으며, 1694년부터 토리노의 성당에 보관되어 20년마다 대중에게 공개되었다. 1998년 마지막 공개에서는 3백만이 넘는 인파가 몰렸다.[5]

수의는 진위 판별을 위해 여러 번 조사되었다. 전통적인 방사성탄소연대측정법은 시료를 많이 필요로 하기에 활용이 불가능했다. AMS 측정법의 개발 이후, 1987년 토리노의 대주교는 애리조나, 옥스퍼드, 취리히에 있는 세 곳의 실험실의 연구자들을 초청하여 수의에 대한 연대측정을 의뢰하였다. 성당 측은 수의의 한쪽 끝을 떼어내어 세 조각으로 잘라 우표 크기의 시료를 제작하여 연대를 알고 있는 세 점의 다른 린넨 시료와 함께 실험실로 보냈다. 세 곳의 실험실 중 두 곳은 어느 린넨 조각이

.........

5  역자 주. 저자들의 저술과는 달리 책이 쓰여진 시점(2010년경)을 기준으로 마지막 공개는 2000년이며, 이후 2010, 2013, 2015년에도 공개되었고, 2020년에는 감염병의 영향으로 온라인과 영상으로 공개되었다.

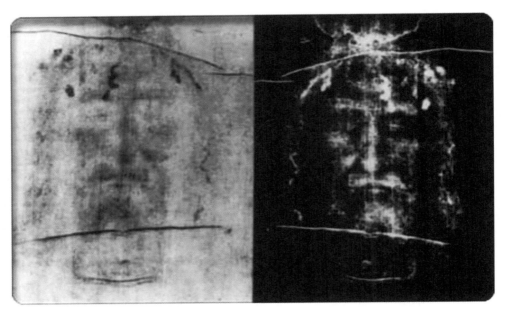

**도면 5.16** 토리노 수의의 얼굴 부분. 수의에 나타나 있는 사람의 모습이 십자가형을 당한 이후 예수의 모습이라는 의견이 있으며, 머리 부분에는 가시면류관에 의한 상처에서 흘러나온 핏자국이 있다는 주장도 제기되었다.

수의 조각인지 알지 못하였다.

수의 조각과 함께 보낸 다른 린넨 조각들은 각기 다른 시대에 해당하는 고대 의복에서 채취한 것으로, 실험실에서 실시한 연대측정의 신뢰도를 확인하기 위한 목적으로 포함되었다. 이 가운데 하나는 누비아의 무덤에서 출토된 린넨으로, 이슬람의 자수 패턴과 표면에 새겨진 명문으로 보아 11-12세기대의 것으로 추정되었다. 두 번째 시료는 영국박물관에 소장된 클레오파트라를 감싸는 데 사용된 린넨 조각이었다. 이 조각은 이미 전통적인 탄소연대측정법으로 측정한 결과 110 BC-AD 75년 사이로 판명되었고, 이는 예수가 태어난 시점에 해당한다. 세 번째 시료는 필립 IV세의 통치기간(AD 1290-1310)에 생존했던 프랑스 성인이 생전에 착용하던 망토에서 떼어낸 조각이었다.

세 곳의 실험실에서는 정상적인 실험 절차에 따라 시료의 오염을 제거하고 가스로 연소시켜 이들 내부의 방사성 물질을 가속질량분석기(Accelerator Mass Spectrom-

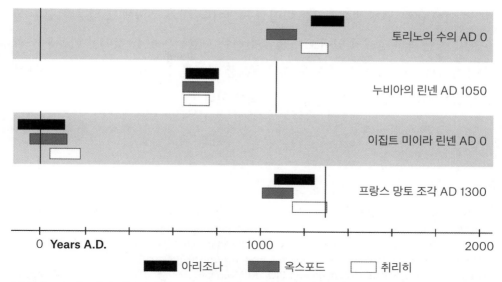

**도면 5.17** 토리노의 수의를 포함하는 고대의 린넨 시료들의 표준편차 1에 해당하는 방사성탄소연대측정치. 수직선은 시료들의 추정 나이를 가리킨다. 토리노의 수의에 대한 달력연대는 신뢰 수준 95%에서 AD 1260-1390년이다

eter, AMS)로 측정하였다. 세 곳 실험실의 연대측정 결과는 거의 일치하였으며, 95%의 신뢰도로 AD 1260-1390년이라는 연대가 도출되었다(도면 5.17). 비교 대상이 되는 세 종류의 시료 역시, 모두 추정치와 흡사한 연대를 보여주었다. AMS 연대측정 결과는 토리노의 수의가 중세시대의 것임을 나타내고 있었다.

물론 과학과 종교가 만나는 지점에는 논쟁이 생기게 마련이다. 토리노 수의의 경우도 이에 해당하였다. 지금까지도 이에 관한 논쟁은 끊이지 않고 있다. 수의가 진품이라고 믿는 사람들은 지구가 평평하다고 주장하는 사람과 다를 바 없다고 분노에 차 말하는 과학자도 있지만, 한편으로 수의를 믿는 많은 사람들은 수백 가지에 달하는 탄소연대측정법에 관한 의문을 제기한다. 불에 탄 부분을 측정했다던가, 수의에 광택제가 발라져 있었다던가, 나중에 보수를 위해 덧댄 부분을 시료로 사용했다던가, 옷감에서 자라난 곰팡이가 연대를 어리게 만들었다던가 등과 같은 주장이 대표적이다. 연구자들은 적어도 시료 자체의 3배에 해당하는 오염물질이 시료와 함께 측정되는 경우에만 연대측정에 오류를 일으킬 수 있다며 이러한 주장들을 일축했다.

수의에 대한 AMS 연대측정은 확실한 근거이다. 이와 동시에 또 다른 확실한 점은 어떠한 명확한 증거가 있어도 이를 불신하는 사람들은 있을 것이며 이들은 수의를 계속해서 숭배하리라는 것이다. 교회가 모든 시료를 수거하고 앞으로의 연대측정은 없을 것이라 공언한 지금, 논쟁은 지속되고 있다.

읽을거리 ·····································································································································

Fagan, Garrett G. (ed.) 2006. *Archaeological Fantasies. How Pseudoarchaeology Misrepresents the Past and Misleads the Public*. London: Routledge.

Piperno, D.R., A.J. Ranere, I. Holst, and P. Hansell. 2000. Starch Grains Reveal Early Root Crop Horticulture in the Panamanian Tropical Forest. *Nature* 407: 894-897.

Courty, Marie-Agnes Paul Goldberg, and Richard Macphail. 1990. *Soils and Micromorphology in Archaeology*. Cambridge University Press.

Feder, Kenneth L. 1998. *Frauds, Myths, and Mysteries: Science and Pseudoscience in Archaeology*. Mountain View, CA: Mayfield Publishing.

제6장

# 기술, 기능, 인간 활동

**6.1 기술**
  6.1.1 불의 발견
  6.1.2 마야 블루
**6.2 기능**
  6.2.1 미세혼 분석
  6.2.2 덴마크 토기

**6.3 인간 활동**
  6.3.1 인산염과 우포크라(Uppåkra)
  6.3.2 템플로 마요르(Templo Mayor)의
        의례 행위
  6.3.3 라이라(Lejre)의 주거지 바닥
읽을거리

이번 장은 고고화학의 연구대상이 되는 세 가지 주요 영역인 기술, 기능, 그리고 인간 활동에 대해 다룰 것이다. 기술은 인간이 획득한 자원을 활용하여 주변 환경을 변경하는 것을 말한다. 기능은 기술과 연관된 개념으로, 어떠한 방식으로 도구, 장비, 시설들이 과거 사람들에 의해 사용되었는지에 관한 것이다. 인간 활동은 과거인들의 기능과 공간 활용을 포괄적으로 이르는 용어라고 할 수 있다. 인간들은 그들의 거주지, 자원채취지역, 일터에서 무엇을 하였는가? 과거에 인간들이 활용했던 장소들의 기능은 무엇인가?

이 장에서는 첫머리에 언급한 각 영역에 대한 고고화학적인 연구사례 검토를 통해 이에 관해 좀 더 자세히 살펴볼 것이다. 각 사례에서 연구자들은 여러 가지 종류의 물질들에 대한 분석을 위해 다양한 현미경과 장비들을 활용하였다. 예를 들어, 인류 역사의 가장 이른 시점의 불의 사용 흔적을 추적하기 위해, 고고화학적 분석 기법의 활용과 유물들의 분포에 관한 면밀한 연구가 진행되었으며, 이를 통해 50만 년 전에 이미 인간이 불을 제어하였음이 밝혀졌다.

## 6.1 기술

기술은 인간과 주변 환경 사이의 접면(interface)이다. 기술은 인간의 생존을 위해 필요한 자원들을 획득·제작하기 위해 필요한 도구, 시설, 지식 등을 포괄하며, 고고자료에서 가장 손쉽게 확인할 수 있는 과거 문화의 산물이다. 그렇기에, 현재 발견되는 고고자료의 대부분은 과거의 기술과 관계를 맺고 있다. 과거 인간들이 돌, 세라믹, 금속 등의 재료로 제작했던 도구나 시설물의 파편들은 가장 흔한 형태의 고고자료이다. 기술은 도구 및 시설의 제작, 사용, 재활과도 직접적으로 연관되어 있다.

고고화학에서, 기술에 대한 연구는 몇 가지 방향성을 가진다. 이 가운데 물질들이 어떻게 만들어졌는지에 관한 것, 다시 말해 기술 그 자체에 대한 연구는 당연하게도 중요한 위치를 차지한다. 물건을 제작할 때 사용되었던 물질, 온도, 조건, 구체적 제작 기법 등에 관한 정보는 과거 사회가 지닌 역량과 기술의 진화에 관한 지식들을 제공해 줄 수 있다.

고고화학이 과거의 기술을 연구하는 데 활용된 가장 대표적인 예는 토기 제작 기술에 관한 것이다. 토기는 점토로 구성되어 있다. 태토로 활용되는 점토의 종류는 제작되는 토기의 질을 결정하는 중요한 요소이다. 태토의 종류는 4장에서 소개한 XRD와 같은 장비를 통해 확인할 수 있다. 비짐(temper)은 토기 소성 시 터짐을 방지하기 위해 태토에 혼입하는 물질이다. 비짐으로 사용된 물질들에는 모래, 고운 자갈, 패각, 뼈 등이 있으며, 이들은 쌍안현미경으로 관찰 가능하다.

토기를 구워 단단하게 만들기 위해서는 높은 온도의 불이 필요하다. 일반적으로 보다 양질의 토기를 얻기 위해서는 보다 높은 소성 온도가 요구된다. 태토가 되는 점토의 종류에 따라 적절한 소성 온도가 다를 수도 있다. 토기를 소성하는 온도는 불을 때는 원료와 주변 조건, 가마의 사용 유무에 따라 현격한 차이가 난다. 그러므로, 특정 선사 토기를 제작할 때 필요했던 소성 온도는 소성 조건을 달리하는 토기 제작 실험을 통해 알아낼 수 있다.

일반적인 선사시대의 도·토기(earthenware)는 900-1,200°C 정도의 소성 온도

**표 6.1** 소성 온도와 그에 따른 특징들

| 온도(°C) | 가마 내부 상태(색) | 소성 특징 |
|---|---|---|
| 100 | | 물이 끓음 |
| 100-200 | | 일반적인 주방 오븐의 온도 |
| 374 | | 물의 임계점. 점토에 화학적으로 결합된 물이 완전히 제거됨 |
| 500 | 붉은색 | |
| 573 | | 석영의 결정구조 변화가 발생. 갑작스러운 환경변화는 토기를 깨뜨릴 수 있음. 600°C까지는 조심해야 함 |
| 800 | | 점토 내부의 모든 유기물들은 완전히 소멸됨 |
| 800-1,000 | 주황색 | 저온 소성 도기(陶器, earthenware)가 완성되는 온도. 납 유약이 숙성(mature)됨. 붉은 벽돌, 화분 등의 소성 온도 |
| 1,100-1,160 | 노란색 | 고온 소성 도기가 완성되는 온도. 장석이 용융되기 시작함 |
| 1,170-1,190 | 밝은 노랑-흰색 | 저온 소성 석기(炻器, stoneware)가 완성되는 온도. 철 성분이 많은 점토의 용융이 시작 |
| 1,250-1,285 | 흰색 | 석기류의 점토가 유리화(vitrify)됨. 장석류의 유약이 숙성됨 |
| 1,285-1,350 | | 고온 소성 석기, 자기류가 유리화됨. 대부분의 도자기 제작소의 소성 온도는 1,350°C 혹은 그 이하이다. |

를 필요로 한다. 질 좋은 고령토로 제작된 백자류의 소성온도는 1,280-1,350°C에 달한다. 현대의 주방오븐은 260°C 정도의 온도로 음식물을 조리한다. 야외에서 지피는 불의 온도는 최고 800-900°C까지 도달할 수 있지만, 1,000°C 이상의 온도를 위해서는 가마가 필수적이다. 〈표 6.1〉은 소성 온도와 이에 따른 가마의 상태, 특징 등을 나타낸 것이다.

소성의 조건은 제작되는 토기의 색을 결정하는 중요 요소이다. 밀폐된 가마에서 소성되는 토기는 산소가 부족한 환원 환경하에 놓이며, 야외에서 소성된 토기는 산화된다. 산화 환경에서 소성된 토기는 붉은 색조를 띠게 되고, 환원 환경하에 놓였던 토기는 회색이나 흑색 등 어두운 빛을 띠게 된다.

## 6.1.1 불의 발견

**물질** 점토 덩어리, 석기, 나무, 씨앗

**분석 장비** SEM, 자력계(magnetometer)

**연구 영역** 기술

**장소** 아프리카, 이스라엘

**고고학적 시간대** 전기 구석기, 80만 년 전

**고고학적 질문** 인류는 언제, 어디에서 처음 불을 사용하였는가?

**주요 참고문헌** Brain, C.K. & Sillen, A. 1988. Evidence from the Swartkrans cave for the earliest use of fire. *Nature* 336: 464-466.

Clark, J.D., and W.K. Harris. 1985. Fire and its roles in early hominid lifeways. *The African Archaeological Review* 3: 3-27.

Goren-Inbar, N., Alperson, N., Kislev, M.E., Simchoni, O., Melamed, Y., Ben- Nun, A., Werker, E., 2004. Evidence of hominid control of fire at Gesher Benot Ya'aqov, Israel. *Science* 304: 725-727.

Gowlett, J.A.J., J.W.K. Harris, D. Walton, and B.A. Wood. 1981. Early archaeological sites, hominid remains and traces of fire from Chesowanja, Kenya. *Nature* 294: 125-129.

불은 다양한 종류의 인간 활동에서 필수적인 요소이다. 불은 열과 빛을 제공하고 포식자로부터 보호하고 음식의 조리를 가능하게 한다. 불을 사용한 조리는 음식물을 보다 부드럽고 맛있게 만든다. 또한 소화성을 높이고 미생물들과 세균을 죽여 몸에 해로운 요소들을 제거한다. 음식을 물에 삶으면 동물의 기름기와 식물체 내의 즙이 빠져나와 음식물의 원활한 섭취를 돕는다. 우리의 먼 조상들은 식재료를 불에 익히는 것을 통해 그동안 먹을 수 없었던 다양한 동식물들을 식단에 추가할 수 있었을 것이다. 불을 제어하는 능력은 초기 인류의 크나큰 성취 가운데 하나이다.

불은 토기의 소성, 금속기의 제작 등과 같은 인류의 혁신적인 발명에 필수요소로 활용되었다. 불은 인간다움의 일부라고 볼 수 있는 것이다. 이러한 이유로, 불의 의도적 사용의 기원은 고고학의 가장 근본적인 의문들 가운데 하나였다. 인류가 불을 언제, 어디서 처음 사용하였는지를 연구하는 것에는 많은 어려움이 따른다. 불은 언제라도 자연적으로 일어날 수 있기 때문에, 먼 과거에 인간이 의도를 가지고 불을 사용했음을 알아내는 것은 복잡한 문제일 수밖에 없다. 지금으로부터 4만 년 전 후기 구석기시대부터는 명백한 노지의 흔적과 점토로 제작한 가마가 출현한다. 그 이전 시기인 지금으로부터 25만 년 전 중기 구석기 무렵의 유적에서는 확실한 두께의 재층과 목탄의 흔적을 발견할 수 있다. 그렇지만 그 이전 시기인 전기 구석기시대의 의도적 불의 사용 흔적은 매우 빈약하고 희미하다.

몇몇 유적들이 인류 최초의 의도적 불 사용의 증거라고 제시되었지만 대부분의 경우 확실하지 않았다. 1980년대 초, 케냐의 체소완자(Chesowanja) 유적은 140만 년 전 초기 호미닌이 불을 사용했음을 보여주는 증거로 주목을 받았다. 초기 인류의 인골 조각, 석기들과 함께 몇 덩이의 소결된 점토들이 발견되었다. 이 점토 덩어리들은 유적의 내부에서 발견되기는 하였지만, 이들이 자연적인 화재나 벼락, 혹은 화산 활동에 의해 만들어졌을 가능성을 배제할 수 없었다.

두 번째 사례는 남아프리카에 위치한다. 스와트크란(Swartkrans) 동굴은 지금으로부터 200만 년 전에 해당하는 고대 인류와 동물들의 유해가 발견된 곳이다. 브레인(C.K. Brain)과 앤드루 실렌(Andrew Sillen)은 6만여 점에 달하는 뼈 부스러기들을 조사하여 그중에서 270점의 불에 탄 조각들을 가려냈다. 불탄 뼛조각들은 대부분 지금으로부터 100만 년 전에 해당하는 층에서 발견되었다. 연구자들은 뼛조각 내의 탄소, 수소, 질소의 상대적 분포비율을 바탕으로 불에 탔는지의 여부를 가늠하였는데, 이를 위해 CHN(탄소 수소 질소) 분석기가 활용되었다. 불탄 뼈들은 야외 노지에서 태운 동물뼈에서 나타나는 탄소/질소(C/N)비율과 흡사한 값을 보여주었다. 스와트크란의 사례는 매우 흥미롭지만, 동굴의 입구를 통해 유입된 나뭇가지나 불에 탈 수 있는 물질들에서 발생한 자연적인 화재가 이러한 결과를 만들지 않았다고 확신할 수는 없다.

보다 신뢰할 만한 사례는 약 80만 년 전부터 불을 사용했음을 보여주는 다양한 증거가 확인된 이스라엘의 제셔 베놋 야코브(Gesher Benot Ya'Aaqov) 유적이다. 이 한데(open-air) 유적은 습곡과 단층이 흔히 관찰되는 매우 활발한 지질 활동이 있는

**도면 6.1** 제셔 베놋 야코브(Gesher Benot Ya'Aaqov) 유적은 이 지역의 활발한 지질 활동의 영향으로 현재 수평면으로부터 약 45° 정도 기울어져 있다. 발굴팀이 80만 년 전의 생활면을 노출시키고 있다.

지역에 위치하고 있다. 과거 평평하여 유적의 거주민들이 점유했던 표면은 현재 거의 45° 각도로 기울어져 있다(도면 6.1). 유적의 퇴적층이 저수지와 같이 물에 잠겨 있었기 때문에, 나무껍질과 같은 식물성 유기물들이 어느 정도 보존되어 있었다. 불 사용의 흔적은 식물학과 고고학적 분석 결과 모두에서 확인되었다.

고고학적 증거는 선사시대 석기의 재료로 많이 사용되는 플린트(flint)에서 확인되었다. 이 돌감에는 350-500°C 사이의 불에 노출이 되어야만 생길 수 있는 색깔의 변화와 쪼개짐의 특징이 나타나 있었다. 불에 탄 플린트는 유적의 몇몇 위치에서 집중적으로 발견되었는데, 연구자들은 이들 위치를 불을 피웠던 장소로 추정하였다. 만약 자연적인 화재였다면 이러한 패턴은 기대하기 어려울 것이다.

유적에서 발굴된 과일의 씨앗과 나뭇조각 등 유기물질의 약 5% 정도가 불에 타

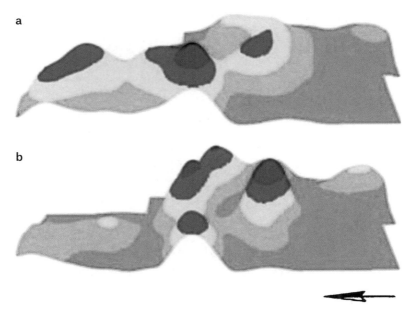

**도면 6.2** 제셔 베놋 야코브 유적의 플린트 분포 양상을 나타내는 3차원 도면. 산봉우리같이 봉긋하게 솟은 곳들이 플린트가 집중적으로 발견된 장소들을 나타낸다. (a) 플린트의 분포 양상. (b) 불에 탄 플린트의 분포 양상. 불에 탄 플린트의 분포 양상을 통해 노지의 위치를 추론할 수 있다.

있었다. 곧, SEM 분석을 통한 이들에 대한 동정 작업이 진행되었다. 분석 결과 버드나무, 포플러, 물푸레나무, 야생 올리브 등 여러 종류의 나무들이 확인되었다. 연구자들은 불탄 플린트의 집중적 분포와 여러 종류의 탄화된 나무·씨앗들의 존재를 근거로, 제셔 베놋 야코브 유적의 몇몇 구역에 노지가 있었을 것이라고 주장하였다.

## 6.1.2 마야 블루

**물질** 안료
**분석 장비** SEM, GC-MS
**연구 영역** 동정/기술
**장소** 유카탄, 멕시코
**고고학적 시간대** 마야, AD 300-1500
**고고학적 질문** 고대 마야 사람들은 "마야 블루"로 알려진 안료를 어떻게 만들었는가?

**주요 참고문헌** Arnold, Dean E., Jason R. Branden, Patrick Ryan Williams, Gary M. Fein-
man and J. P. Brown. 2008. The first direct evidence for the production of Maya Blue:
rediscovery of a technology. *Antiquity* 82: 151-164.

Chianelli, R.R., M. Perez de I. Roas, G. Meitzner, M. Sladati, G. Gerhault, A. Mehta, J,
Pople, S. Fuentes, G. Alonzo-Nuñez, and L.A. Polette. 2005. Synchrotron and simu-
lations techniques applied to problems in materials science: catalysts and azul Maya
pigments. *Journal of Synchrotron Radiation* 12: 129-134.

Chiari, G., R. Giustetto, J. Druzik, E. Doehne, and G. Ricchiardi. 2008. Pre-Columbian
nanotechnology: reconciling the mysteries of the Maya blue pigment. *Applied Phys-
ics* A 90: 3-7.

중앙아메리카의 마야는 지금으로부터 2,000여 년 전 놀라운 문명을 이룩하였다. 이 고대사회의 중심지는 과테말라, 벨리즈, 멕시코의 유카탄 남쪽 등 현재에 들어서는 아직 탐사조차 이루어지지 않은 드넓은 우림지역을 포괄한다. 정교한 건축물과 공학, 수리, 천문, 달력, 문자, 교역, 예술, 국가의 운영 등은 마야가 이룩한 수많은 성과들이다. 이러한 높은 수준의 결과물들을 만들어내기 위해서는 그에 상응하는 기술이 필요하였다.

이 시기에 이룩한 많은 기술의 산물들 가운데 하나가 마야 블루(Maya Blue)로 알려진 안료이다. 반짝이는 터키석과 같은 색감을 내는 이 안료는 다양한 목적을 위해 마야문명에서 활용되었다(도면 6.3). 마야인들은 이 안료로 조각상, 벽면, 토기 등의 표면에 색을 입혔다. 마야 블루는 인신공양을 위해 제물로 바칠 사람의 몸을 채색하는 용도로도 사용되었다.

이 안료에는 수소결합이 있는 유기, 무기 화합물이 섞여 있는데, 선명한 색감과 더불어 내구성이 매우 좋다. 이 색은 현재 발굴되는 다양한 종류의 마야 유물과 건축물 등에서 확인할 수 있다. 안료가 지닌 산, 염기, 열, 식물 등에 대한 강력한 내구성은 열대 우림에서 수백 년 동안 마야 블루가 색감을 유지할 수 있었던 비결이다.

마야 블루는 유기물질인 인디고와 점토광물인 팔리고르스카이트(palygorskite)가 조합된 결과물이다. 인디고는 다양한 식물에 분포하는데, 인디고를 다량으로 함

**도면 6.3** 먀야의 구기 종목 선수가 "마야 블루"색을 배경으로 묘사된 벽화

유하고 있는 식물은 많지 않다. 중앙아메리카에서 자생하는 식물들 가운데 인디고를 많이 함유하는 것은 아닐(*añil, Indigofera suffruticosa*), 인티고페라 아레크타(*Indigofera arrecta*)의 두 종류이다. 대개의 경우 인디고는 아닐이라고 불리는 식물의 잎에서 추출한다. 팔리고르스카이트는 흔치 않은 긴 터널 형태의 화학구조를 지니고 있는 점토광물이다. 카오펙타이트(kaopectate)[1]의 주요 구성 물질이기도 한 팔리고르스카이트는 마야에서 질병을 치료하는 용도로도 사용되었다. 마야인들이 이 점토광물을 어떻게 구했는지에 관해서는 1960년대까지 알려진 바가 없었으나, 유카탄반도 북서쪽에 자리한 메리다(Merida)의 남쪽에 위치하는 티쿨(Ticul) 근방에서 마야인들에 의해 채석장으로 사용되었던 두 개의 싱크홀이 발견되면서 산지가 밝혀졌다. 하지만 이 안료를 어떻게 제작하였는지가 밝혀진 것은 최근이며, 과학적인 분석과

.........

1    역자 주. 카오펙타이트는 현재에도 설사 치료제로 사용되는 물질이다.

일정 수준의 운, 면밀한 관찰이 있었기에 가능했다.

　안료를 만들고, 색을 안정시키며, 내구성을 증대시키기 위해서는 150℃ 정도의 지속적인 열이 있어야 한다는 것이 실험을 통해 밝혀졌다. 인디고의 경우 전체 구성 물의 2% 정도에 해당하는 양만 있으면 된다는 것도 알 수 있었다. 마야 블루를 만들 기 위한 세 번째 재료는 코팔(copal)로, 열대 우림의 특정 식물에서 얻을 수 있는 수 액이나 수지가 경화된 것을 말한다. 코팔은 현재에도 마야인들이 종교적인 의례나 의식을 행할 때 향으로 사용하는 물질이다. 코팔을 불에 태우면 많은 양의 연기가 발 생하고 특징적인 향기가 난다. 마야 블루는 코팔과 인디고, 팔리고르스카이트를 함 께 태워 만드는 것으로 보인다. 그러나 이와 관련된 또 하나의 의문은 마야 블루가 어떠한 방식으로 생산되었는가이다. 즉, 마야 블루를 생산하는 지역의 생산 거점이 있었는지, 아니면 필요에 의해 소규모로 만들어졌는지의 여부이다.

　딘 아널드(Dean E. Arnold)는 대학원에 재학 중이었던 시점부터 근 40년이 넘는 기간 동안 마야 블루에 관한 연구를 계속해 왔다. 그는 2007년 시카고의 필드 자연사 박물관(Field Museum of Natural History) 수장고에서 근무하고 있었다. 이 박물관의 수장고에는 고대 마야 유적 치첸 이차(Chichen Itza)의 세노테(cenote)[2]에서 발견된 유물들이 소장되어 있다(도면 6.4). 마야인들은 싱크홀이 이 지하세계로 가는 연결통 로라고 생각하여 그 밑으로 음식, 보석, 사람 등을 공헌물로 던졌다. 이들 중 많은 유 물들이 마야 블루로 채색되어 있었을 것이다. 실제로, 고고학자들은 이 세노테 하부 에 4미터 두께의 푸른색 층이 있다고 보고하였다.

　이 유적이 고대에 대한 정보를 담고 있는 보물창고라고 생각한 고고학자들은 100여 년 전부터 이곳을 발굴하였다. 다이버들과 준설 장비들이 동원되어 세노테 하부의 퇴적물들을 끌어올렸다. 퇴적물 내에서는 코팔 향초, 토기, 나무, 황금, 고무, 옥, 가죽 등 엄청난 양의 공헌물들과 인신공양의 흔적이 발견되었다. 필드 박물관의

........

2　역자 주. 물로 가득 차 있는 둥근 돌리네를 가리키는 말. 마야어로 깊은 석회암 우물을 뜻한다.

**도면 6.4** 세노테로 불리는 마야의 고대 유적 치첸 이차(Chichen Itza)의 석회암 싱크홀. 엘 카스티요(El Castillo)로 알려진 거대 피라미드가 뒤쪽으로 보인다.

수장고에서 아널드는 삼족기³ 형태의 그릇을 발견하였는데, 내부에는 녹은 코팔과 작은 광물 조각들이 가득 차 있었다(도면 6.5). 푸른색의 덩어리와 코팔이 함께 들어 있는 이러한 용기들은 세노테에서 흔히 발견되었다.

　이러한 그릇들에 대한 면밀한 조사를 통해 마야 블루의 제작에 관한 새로운 정보를 얻을 수 있었다. SEM을 통한 분석 결과 인디고와 팔리고르스카이트의 존재를

.........

3　역자 주. 몸체에 다리가 셋 달린 그릇.

**도면 6.5** 마야 블루 안료를 생산하기 위한 식물의 수액·수지 등이 담긴 채 발견된 토기

확인하였다. 후방산란전자 이미지를 통해 확인한 흰색의 바늘 형태의 입자들은 팔리고르스카이트의 구조와 흡사하였다. 인디고 색을 띠는 덩어리에 대한 에너지–분산형 X선 분광법(Energy-dispersive X-ray analysis)은 이것의 구성물이 유기물이라는 것을 밝혀냈다. 고대 마야인들은 코팔과 인디고, 팔리고르스카이트 점토를 혼합한 후 이를 불에 태워 마야 블루를 제작했을 것이다.


## 6.2 기능

기능은 고고학과 고고화학의 또 다른 주요 연구 영역이다. 기능은 도구나 장비, 시설들이 어떻게 사용되었는가를 가리킨다. 과거 사람들이 무엇을 하였는지를 이해하기 위해서는 그들이 사용하던 도구, 설비, 구조물들의 제작 목적에 대해 인지하고 있어야 한다. 당시 과거인들의 시점에서 오랜 시간이 흐른 지금, 이것은 달성하기 어려운 일일지도 모른다. 과거에 사용되었던 많은 도구들과 비교할 만한 대상이 현재는 없으며, 과거의 기술 가운데 현재까지 남아 있지 않은 것도 많다. 많은 경우 유사한 고대의 유물과 구조물들을 면밀하게 살펴보아야 하는데, 이는 쉬운 작업이 아니다.

**도면 6.6** 현대의 철과 플라스틱으로 된 물건

**도면 6.7** 바통 드 코모다망: 구석기시대 후기 프랑스에서 사슴뿔로 제작된 도구

기능의 사전적 정의는 물체가 가지는 고유하고 특수한 역할에 맞게 사용되는 행위이다. 기능은 유물이나 구조물들이 제작된 의도이자, 목적이다. 고대의 물건을 정의 내리는 것은 불가능한 일일 수도 있고, 그렇지 않다고 하더라도 매우 어려운 작업이다. 심지어 우리는 현대에 제작된 다양한 도구들의 용도와 기능을 모르는 경우도 많다. 〈도면 6.6〉에 보이는 도구는 어떠한 기능을 하는 것일까? (정답은 이 절의 미지막에 있다.) 이제 이 유물이 분해되어 일부만이 남아 있다고 생각해 보라.

구석기시대 후기 무렵 프랑스에서 제작된 유물은 선사시대에 사용된 많은 도구들의 기능이 무엇인지를 알아내는 것이 쉽지 않음을 보여주는 대표적인 예이다. 바통 드 코모다망(bâton de commandement)이라고 불리는 이 물체(도면 6.7)는 지금으로부터 약 25,000년 전에 사용된 25센티미터 길이의 도구인데, 그 기능이 아직까지 정확히 밝혀지지 않았다.

이 책에 포함된 고고화학을 활용한 물체의 기능에 대한 연구 사례는 고고유적에서 만날 수 있는 가장 대표적인 자료인 석기와 토기에 대한 것이다. 석기의 경우 현미경 관찰을 통해, 토기의 경우 유기화학적 분석을 통해 그 기능을 알아낼 수 있었다. 비록 이 책에는 포함되지 않았지만, 선사시대의 유물과 구조물들이 어떻게 사용되었는지를 고찰한 연구는 매우 많다.

〈도면 6.6〉에서 보이는 도구의 정체는 후추 그라인더이다.

## 6.2.1 미세흔 분석

> **물질** 석기
>
> **분석 장비** 쌍안현미경
>
> **연구 영역** 기능
>
> **장소** 동아프리카
>
> **고고학적 시간대** 150만 년 전
>
> **고고학적 질문** 구석기시대의 석기는 어떻게 사용되었는가? 어떠한 물질들에 사용되었는가? 초기 인류에게 식물자원들은 어느 정도로 중요하였는가?
>
> **주요 참고문헌** Keeley, L.H. 1980. *Experimental Determination of Stone Tool Uses: a Microwear Analysis*. Chicago: University of Chicago Press.
>
> Kimball, Larry R., John F. Kimball, and Patricia E. Allen. 1995. Microwear as Viewed Through the Atomic Force Microscope. *Lithic Technology* 20: 6-28.

선사시대의 석기와 관련하여 가장 의문스러운 것은 이들이 과연 어떠한 방식으로 사용되었는지에 대한 것이다. 고고학자들은 그들이 발견한 물건들에 이름을 붙이는데, 대부분의 석기들은 그 기능에 따라 주먹도끼, 긁개, 화살촉 등으로 이름 지어졌다. 하지만 유적에서 발견되는 많은 수의 석기들이 실제로 어떻게 사용되었는지에 관해서는 알려진 바가 없다. 주먹도끼(handaxe)라는 용어는 손도끼라는 뜻의 프랑스어에서 차용한 명칭이지만, 사실 이 도구는 마치 선사시대의 스위스 군용 칼처럼 다양한 용도로 사용되었을 것으로 추정된다. 주먹도끼의 뾰족한 부분으로는 땅을 파거나 구멍을 뚫고, 날로는 물건을 자르고, 펑퍼짐한 하부로는 무언가를 찍거나 두드렸을 것이다. 긁개는 두꺼운 곡선 형태의 날을 가진 무게감이 있는 도구이다. 이름 그대로 긁는 용도의 도구로 추정되는데, 주로 짐승의 가죽을 벗기는 용도로 사용되었던 것으로 보인다. 그러나 긁개는 단순히 긁는 용도로만 사용되지는 않았을 것이다. 화살촉은 끝이 뾰족한 석기를 일반적으로 이르는 말이지만 북아메리카에서 발견된 화살촉이라고 이름 지어진 석기들은 창촉이나 칼로 사용되었을 가능성이 높다. 활과 화살은 AD 0년 이후에 들어서야 북아메리카에 도입되었다.

이렇듯 석기의 기능을 이해하는 것에는 어려움이 따랐기 때문에, 연구자들은 어

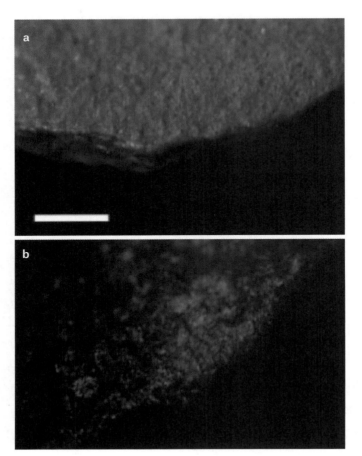

**도면 6.8** 오스트리아의 후기 구석기시대 석기의 미세흔 분석. (a) 날 부분을 30배 확대한 모습, (b) 같은 위치를 200배 확대한 모습. 30배율에서는 관찰되지 않았던 거친 마모 흔적과 줄무늬가 보인다.

떻게 이 도구들이 사용되었는지를 연구하는 새로운 방법을 고안하게 되었다. 미세흔 분석(Microwear analysis)은 고배율의 현미경을 사용하여 석기 날을 관찰하는 연구법이다(도면 6.8). 현미경 관찰 결과 석기의 날 표면에 특징적인 마모 흔적이 있는 것이 확인되었다. 과거와 같은 방식으로 석기를 제작하여 가죽, 고기, 나무, 식물 줄기 등에 대고 사용한 후 현미경을 통해 관찰된 흔적과, 실제 유물의 흔적을 비교하는 것을 통해 고고학자들은 사용처에 따른 흔적의 차이를 확인할 수 있었다.

블라인드 테스트는 이 연구에서 중요한 부분을 차지하였다. 이러한 방식의 연구는 상당한 숙련도와 시간을 필요로 한다. 연구자들은 실험고고학을 통해 재현된 다양한 석기들에 나타난 마모 흔적을 관찰하며 숙련도를 높였다. 석기 제작자가 석기를 만들어 특정 물질을 대상으로 사용하고, 연구자들은 사용 흔적에 대한 관찰만으로 이 물질이 무엇이었는지를 밝히는 방식이다.

미세흔 분석은 석기 사용에 관련된 중요한 단서들을 제공하였다. 일리노이주립대학교 시카고 캠퍼스의 로런스 킬리(Lawrence Keeley)는 동아프리카 쿠비 포라(Koobi Fora) 유적에서 150만 년 전에 사용된 석기의 날을 고배율의 현미경으로 관찰하였다. 분석 결과, 어떠한 물질을 대상으로 석기를 사용하는지에 따라 날에 나타나는 흔적이 다르다는 것을 알게 되었다. 400배 정도의 배율 하에서의 관찰을 통해 킬리는 유적에서 발견된 격지의 10%에서 고기를 자르고, 식물의 부드러운 부분을 손질하고, 나무를 갈거나 자르는 행위들과 연관된 마모 흔적들을 찾아내었다. 고기를 자른 흔적이 보이는 두 개의 격지는 컷 마크(cut mark)[4]가 있는 대형 초식동물의 뼈에서 약 1미터 정도 떨어진 지점에서 발견되어, 실제로 이 석기들이 이 초식동물의 고기를 자르는 데 사용되었을 가능성을 시사하고 있다. 나무를 가공한 흔적은 땅을 파내어 뿌리식물들을 찾는 용도로 초보적인 형태의 목기들이 사용되었음을 간접적으로 보여준다. 이러한 간접적인 정보들은 이 시기의 식물 사용이나 섭취에 관련된 거의 유일한 증거들이다.

근자의 연구들은 SEM과 같은 보다 정교한 장비들을 동원하여 석기의 날에 나타난 사용 흔적들을 조사한다. 어떤 연구자들은 마모 흔적 부분에 남겨질 수 있는 미량의 물질에 대한 원소 분석을 통해 석기가 어떠한 물질을 대상으로 사용되었는지를 추적하기도 한다. 또 다른 연구자들은 사용흔에 대한 보다 체계적이고 정량적인 기술을 위해 새로운 현미경 관찰법을 도입하기도 한다.

래리 킴벌(Larry Kimball)은 석기의 마모 흔적 사용흔에 대한 연구를 위해 원자력현미경(Atomic Force Microscope, AFM)을 사용한다. AFM은 현미경의 나노 크기의 미세 탐침(scanning tip)을 시료에 원자 단위로 초근접시켜 탐침 끝의 원자와 시료 표면의 원자 간에 발생하는 인력이나 척력을 이용하여 시료 표면의 3차원적인 이

.........

4    역자 주. 날카로운 물체로 그은 흔적.

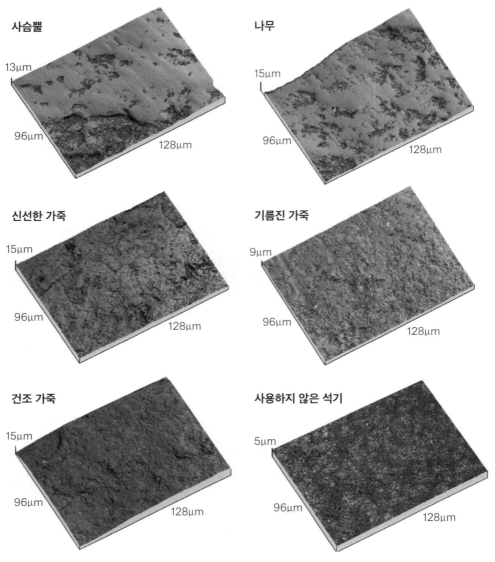

**도면 6.9** 다섯 가지 종류의 석기 사용 흔적과 사용되지 않은 석기에 대한 AFM(100x) 표면 이미지

미지를 얻는 현미경 관찰법이다(도면 6.9).

　이 지형도와 같은 디지털 이미지를 통해 시료 표면의 거친 정도(roughness)를 정량적으로 파악할 수 있다. 킴벌은 시료 표면의 3차원적 지형도의 가장 높은 부분

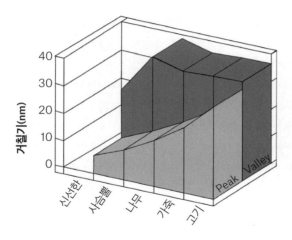

**도면 6.10** 사슴뿔, 나무, 가죽, 고기를 대상으로 사용된 석기의 거칠기(roughness) 측정값. 석기 표면 굴곡의 높은 부분과 낮은 부분 모두에 대한 거칠기가 측정되었으며, 가장 거칠기가 높은(마모도가 낮았던) 석기는 고기를 자르는 데 사용된 것이고, 거칠기가 가장 낮은(마모도가 가장 높았던) 것은 사슴뿔에 대고 사용한 석기이다.

(peak)과 낮은 부분(valley)의 거칠기(roughness)를 측정[5]하여, 이를 실험을 통해 이미 정체를 알고 있는 흔적들과 비교하였다(도면 6.10). 그래프에서 확인할 수 있듯이, 정상부(peak)와 골(valley)에서 거칠기는 차이를 보였는데, 전반적으로 후자 부분이 덜 마모되어 더 거칠었다. 석기를 사슴뿔, 나무, 마른 가죽, 고기에 대고 사용한 결과가 그래프에 나타나 있다. 사슴뿔은 단단하기에, 정상부와 골 모두에 높은 수준의 마모를 남긴 반면, 고기의 경우 양쪽 모두에 마모를 거의 남기지 못했다. 마모 면의 거칠기에 대한 측정은 석기의 사용 대상과 마모도 간의 관계를 확인할 수 있는 비교적 명확한 수치 자료를 제공해 주었다.

### 6.2.2 덴마크 토기

**물질** 토기
**분석 장비** GC-MS
**연구 영역** 기능
**장소** 덴마크
**고고학적 시간대** 중석기, 4500 BC

.........

5    역자 주. 마모가 많이 될수록 거칠기가 낮고 마모가 적을수록 거칠기가 높다.

**고고학적 질문** 초기 덴마크 토기들의 용도는 무엇인가? 내부에는 무엇이 담겨 있었는가?

**주요 참고문헌** Andersen, S. H., and Malmros, C. 1985. "Madskorpe" på Ertebøllekar fra Tybrind Vig, *Aarbøger for nordisk Oldkyndighed og Historie* 1984: 78-95.

Arrhenius, B., and Lidén, K. 1989. Fisksoppa eller vegetabilisk gröt? Diskussion kring matresterna från Tybrind Vig, *Laborativ arkeologi* 3: 6-15.

Craig, O.E., M. Forster, S.H. Andersen, E. Koch, P. Crombé, N.J. Milner, B. Stern, G.N. Bailey, and C.P. Heron. 2007. Molecular and isotopic demonstration of the processing of aquatic products in northern European prehistoric pottery. *Archaeometry* 49: 135-152.

고고화학이 유물의 기능과 용도를 확인하는 데 도움을 줄 수 있다는 것을 잘 보여주는 또 하나의 사례는 토기와 관련되어 있다. 토기는 북부 유럽에서 지금으로부터 6,000년 전, 농경이 도입되기 이전 단계부터 사용되었다. 이들 토기와 관련한 가장 근본적인 고고학적 질문은 용도와 내용물에 관한 것이다.

티브린드 비그(Tybrind Vig)는 덴마크의 해저유적으로, 지금으로부터 약 6,500년 전 석기시대부터의 역사를 담고 있다. 이 유적의 점유인들은 수렵채집을 생계수단으로 삼았지만, 조리와 보관을 위해 저부가 뾰족한 토기들을 사용하였다. 보존에 유리한 해저유적이 지닌 특성으로 인해, 과거 조리행위의 흔적과 잔존물들이 일부 토기에 남아 있었다. 토기 외벽에 남은 그을음이나 검댕 등은 조리의 흔적일 수 있다. 탄착물(food crust)은 조리 과정에서 탄화된 음식물들이 토기 표면에 붙어 있는 것을 말한다. 〈도면 6.11〉은 티브린드 비그에서 발견된 토기의 부위별 탄착물들의 분포비율을 나타낸 것이다.

탄착물들이 가장 많이 분포하는 곳은 토기 외벽의 입술과 목 부위였는데, 조리 과정에서 물과 함께 식재료가 흘러넘치면서 생성된 것으로 보인다. 두 번째로 탄착물들이 많이 발견된 부위는 토기 내벽의 저부였다. 특히 이곳에서는 크고 두꺼운 탄착물들이 많이 확인되었다(도면 6.12). 몇몇 탄착물들의 내부에서는 물고기의 비늘과 뼈들이 관찰되었으며, 현미경 관찰을 통해 가는 식물의 줄기가 확인되기도 하였다.

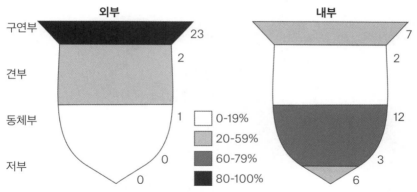

**도면 6.11** 덴마크의 티브린드 비그 유적에서 출토된 토기들 표면에 부착된 탄착물의 부위별 분포. 좌측은 외벽, 우측은 내벽을 가리키며, 색이 어두울수록 탄착물들이 많이 분포하는 것이다.

**도면 6.12** 티브린드 비그 유적에서 출토된 토기 저부편의 탄착물에서 발견된 어류의 비늘과 뼈. 토기편의 지름은 약 7센티미터

탄착물들을 이용한 방사성탄소연대측정 결과 4500 BC에 해당하는 나이를 얻을 수 있었다. 이후 토기 표면의 탄착물들에 대한 탄소와 질소 동위원소 분석도 수행되었다. 탄소 동위원소 분석 결과 대부분의 식재료들은 해양생물이 아닌 육상자원으로 추정되었는데, 탄착물에서 물고기 뼈가 발견된 것과는 상반되는 결과였다. 질소 동위원소 분석 결과는 이 유적 사람들이 내륙지역 거주민들과 이후 등장하는

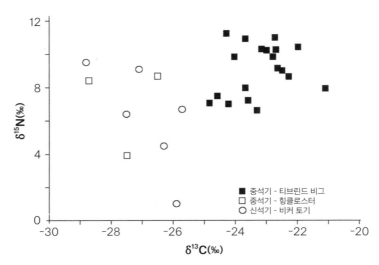

**도면 6.13** 중석기시대에 해당하는 티브린드 비그와 힝클로스터(Ringkloster) 유적과 이후의 신석기 유적 출토 비커 토기의 탄착물들에 대한 탄소, 질소 동위원소 분석 결과. 중석기시대보다 신석기시대에 이르러 더욱 육상자원에 대한 의존도가 증가하는 것을 확인할 수 있다. 중석기시대와 신석기시대의 인골에 대한 동위원소 분석 결과도 이와 유사하다.

신석기시대 농경민들보다 동물성 식재료를 더 많이 섭취했음을 나타내었다(도면 6.13).

　탄착물에 대한 좀 더 자세한 연구를 위해, 내부에서 지방산을 추출하여 이에 대한 탄소 동위원소 분석을 실시하였다. 〈도면 6.14〉는 C16:0 지방산과 C18:0 지방산의 탄소 동위원소비 측정치들을 보여준다. 검은 원(●)은 현대의 동물들에 대한 측정값이며, 가로 및 세로선은 값의 범위를 나타낸다. 흰색 사각형(□)은 티브린드 비그에서 발견된 지금으로부터 6,500년 전의 토기에서 추출한 지방산의 동위원소 측정값이고, 검은 사각형(■)은 이후 등장하는 신석기시대 농경민들이 사용하던 토기에서 추출한 지방산의 값이다. 이 연구에서는 티브린드 비그 수렵채집민들이 농경민들보다 해양성 식재료를 더 많이 섭취한 것으로 나타났다.

　티브린드 비그에서 발굴된 몇몇 토기편들은 선사시대의 토기 사용에 대한 더욱 자세한 정보를 제공해 주었다. 최근의 GC-MS를 이용한 연구는 탄착물보다 토기 내부조직의 지질 성분들을 대상으로 수행되었다. 올리버 크레이그(Oliver Craig)와 동

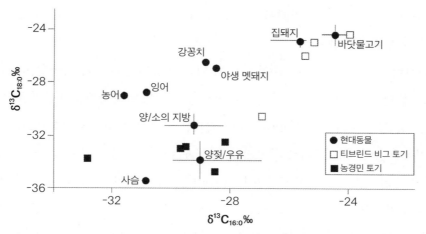

**도면 6.14** C$_{16:0}$ 지방산과 C$_{18:0}$ 지방산의 탄소 동위원소비 측정치. 검은 원(●)은 현대의 동물들에 대한 측정값이며, 가로 및 세로선은 값의 범위를 나타낸다. 흰색 사각형(□)은 티브린드 비그에서 발견된 지금으로부터 6,500년 전의 토기에서 추출한 지방산의 동위원소 측정값, 검은 사각형(■)은 이후 등장하는 신석기 시대 농경민들이 사용하던 토기에서 추출한 지방산의 값

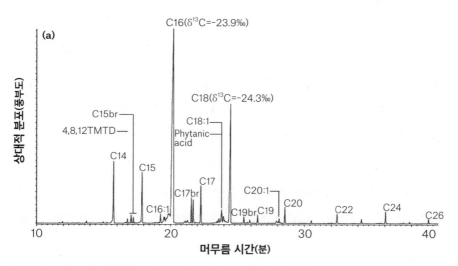

**도면 6.15** 티브린드 비그에서 출토된 토기에서 추출한 지질 성분의 크로마토그램. C16:0 지방산의 δ$^{13}$C 값은 −23.9‰, C18:0 지방산의 δ$^{13}$C 값은 −24.3‰으로 측정되었다. <도면 6.14>의 데이터와 비교를 통해 이 값들이 현대의 해양성 어류와 흡사한 수치라는 것을 확인할 수 있다.

료들은 토기에서 추출된 지질 성분에 대한 분석을 통해 해양성 어류와 담수성 어류의 생체지표를 확인할 수 있었다. 또한 지방산에 대한 동위원소 분석도 이루어졌는데, 크레이그는 이들 분석 결과를 종합하여 티브린드 비그 거주민들이 주로 어류를 섭취했다고 주장하였다.

티브린드 비그의 사례는 분석 방법에 따라 상충되는 결과가 나타날 수 있음을 보여준다. 탄착물에 대한 직접적인 동위원소 분석 결과는 육상생물의 존재를 추정한 반면, 지질 성분에 대한 유기화학적 분석 결과는 담수성, 해양성 어류가 토기에서 조리되었음을 주장하는 근거로 사용되었다. 실제 탄착물에서 관찰 가능한 증거는 생선 뼈와 육상식물이기에, 토기를 사용하여 육상, 해양성 식재료들을 모두 조리했을 가능성을 배제할 수는 없다. 또한 토기는 제작 후 적어도 수개월 이상 사용 가능하므로, 여러 가지 다른 종류의 식재료를 조리하는 용도로 사용될 여지가 크다.


## 6.3 인간 활동

과거의 퇴적물에 대한 고고화학적 분석은 인간 활동과 관련한 상당량의 정보를 제공해 줄 수 있다. 퇴적물과 토양은 과거 유적의 규모, 경계, 활동, 층위, 자원, 농경지, 환경 등과 관련한 다양한 정보를 담고 있다. 유적 내 퇴적물과 토양 시료를 이용한 최초의 연구는 이들에 포함된 인산염에 대한 분석을 시도한 것이다. 스웨덴의 올라프 아레니우스(Olaf Arrhenius)는 1929년 처음으로 인산염과 인간 활동의 연관성을 밝히고 이를 바탕으로 선사시대의 분묘들을 찾아냈다. 그 이후부터, 고고학자들과 토양학자들은 화학적인 분석을 통해 보다 새로운 시각으로 유적지의 흙을 연구하려는 시도를 지속해 왔다.

이와 관련한 최근의 연구는 여러 종류의 원소와 유기화학을 활용하여 과거 인간 활동의 종류를 파악하려는 시도인데, 분석의 초점은 주로 당시의 생활면이다. 주거지의 바닥, 광장, 의례용 건축물의 바닥에서 채취한 토양에 대한 분석을 통해 연구자들은 과거 특정 장소에서 어떠한 활동들이 있었는지, 건축물 내부의 방들은 어떠한 용도로 사용되었는지 등을 알아내고자 한다. 비록 이러한 연구에는 길고 복잡한 추론이 필요한 경우가 있기에, 고고학자들은 이를 위해 과거와 현재의 민족지적 맥락을 효과적으로 활용하고 있다.

주거지의 바닥은 실제 거주 행위가 있기 이전, 다지거나 고르게 하는 작업을 통해 전반적으로 균질하게 조성되므로, 이후 인간 활동으로 인해 화학적인 변화가 일어나면 이를 보다 명확하게 관찰할 수 있다는 점에서 활용도가 높다. 거주 행위가 많았던 구역에는 행위의 부산물로 생성된 유기물이나 원소들이 바닥의 미세한 틈에 축적되어 화학적인 변화를 야기하지만, 상대적으로 이러한 활동이 덜한 구역은 주거지 바닥이 조성될 당시의 모습을 유지하게 된다. 몇몇 패턴들은 그리 어렵지 않게 해석할 수 있다. 예를 들어, 뼈들이 많이 쌓여 있던 곳은 칼슘과 인 성분이 토양에 다량으로 축적되어 있을 것이다. 패각과 관련된 행위가 일어났던 장소에서는 칼슘이 많이 검출될 수는 있지만 인 성분은 그리 많이 확인되지 않는다. 나무를 사용하여 지속적으로 불을 지핀 장소에는 칼륨이 많이 분포하여, 이를 통해 과거의 노지 자리를 가늠할 수 있다. 유기화학적 분석을 통해서는 육안으로는 확인이 불가능한 고대의 왁스, 지방, 기름, 분변 등의 축적을 확인할 수 있다. 예를 들어, 특정한 스탄올(stanol) 성분은 동물의 내장에서 생성되는데, 이를 통해 과거 가축우리의 위치를 추론할 수 있다.

윌리엄 미들턴(William Middleton)은 미국, 과테말라, 멕시코, 터키 등의 유적 바닥에서 채취한 토양 시료에 대한 원소 분석을 수행하였다. 이 연구는 현대의 주거지 바닥 면에 대한 민족지 조사와, 화학 및 미세구조형태학적 분석 결과(pH, 탄산염, 미세격지) 등과 비교를 통해 진행되었다. 예를 들어, 미들턴은 터키의 신석기 유적인 차탈회육(7500-6500 BC)에서 발굴된 인위적으로 폐기된 흔적이 있는 5번 건물의 바닥에 대한 분석을 수행하였다. 바닥 시료에 대한 원소 분석 결과를 민족지 조사 결과 및 다른 분석 결과들과 함께 고찰해서 다섯 종류의 활동 구역을 확인할 수 있었다(도면 6.16). 이들은 각기 일반 점유구역, 활동이 거의 없는 구역, 음식과 관련 있는 구역(나트륨 함량이 높은 구역), 재가 많이 분포하는 노지, 회를 발라 다진 자리 등으로 구분되었다. 이러한 분석 결과들에 근거하여 차탈회육의 5번 건물은 일반 가정집으로

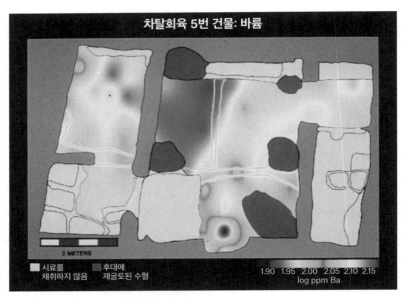

**도면 6.16** 차탈회육 유적 5번 건물 바닥 면의 바륨(Barium) 분포 양상(Middleton and Price 2002; Middleton et al. 2005). 중앙부에 상대적으로 넓은 면적으로 어둡게 표시된 부분이 바륨이 많이 분포하는 구역이다.

추정되었다.

　미량원소 분석은 시료당 수십 달러 정도로 그리 비싸지 않은 것처럼 느껴지지만 일정 면적 이상의 유적을 분석하는 경우 시료의 수가 많아져 비용이 기하급수적으로 증가하게 된다. 10제곱미터의 면적에서 가로세로 1미터 단위의 간격으로 토양 시료를 채취할 경우 100점의 시료가 만들어진다. 면적이 넓어지거나 채취 간격이 좁아지는 경우 시료의 수는 더욱 증가할 수 있다. 10제곱미터 면적에서 50cm 단위로 시료를 채취하는 경우 400점이라는 엄청난 수의 시료를 분석해야 하는 것이다. GC-MS나 LC-MS와 같은 유기 분석에는 더욱 많은 비용이 소요될 것이다.

　루이스 바바(Luis Barba)는 최근 미량원소 분석이나 유기 분석의 대용으로 활용할 수 있으며, 발굴현장에서 직접 분석 가능한 저렴한 표본추출 조사방법(spot test)을 고안해 냈다. 그는 비교적 간단하게 측정할 수 있는 pH값과 탄산염, 인산염 등의 분포 패턴이 미량원소 분석을 통해 밝혀진 양상과 흡사하다는 것을 알아냈다. 물론 이러한 간편한 분석들을 통해 과거의 구체적 활동을 밝혀낼 수는 없지만, 이를 통해 조사구역 내에서 미량원소 분석이나 유기 분석을 시행할 위치를 확정할 수 있기 때문에 불필요한 분석 비용을 절감할 수 있다.

과거 인간 활동에 대한 연구의 사례로 세 가지 정도를 제시하려 한다. 인산염을 활용하여 스웨덴의 철기시대 마을을 발견한 연구, 멕시코 중부의 아즈텍 사원에서 이루어진 인간 활동을 추론한 연구, 덴마크 철기시대의 생활면에 대한 원소 및 유기 분석이 차례로 소개될 것이다.

## 6.3.1 인산염과 우포크라

**물질** 토양 시료
**분석 장비** 인산염 분석
**연구 영역** 인간 활동
**장소** 스웨덴
**고고학적 시간대** 철기시대 후기, AD 200-1000
**고고학적 질문** 스웨덴 남부 경관에서 인산염이 가장 고농도로 분포하는 곳은 어디인가?
**주요 참고문헌** Hårdh, B. & Larsson, L. 2007. *Uppåkra - Lund före Lund*. Föreningen Gamla Lund.

스웨덴의 룬드는 현재 활발한 대학도시로 전체 인구 약 10만 가운데 25,000여 명이 학생으로 이루어져 있다. 룬드 대학교는 1666년 개교하였으며, 도시 자체는 대학교가 세워지기 이전부터 주교가 관장하는 대성당이 들어선 이래로 종교적 중심지의 역할을 담당하였다. 룬드는 덴마크의 국왕 크누트 1세(Canute I) 치하였던 990년 조성되었다. 룬드에 주교가 자리하게 된 것은 1060년부터이며 대성당은 1085년 어느 시점에 건립되었다. 이미 이는 오랜 역사이다. 그렇지만 고고학자들은 룬드 이전의 이 지역의 역사에 대해 알고 싶었다. 룬드 이전에도 일정 규모를 갖춘 도시였는지, 혹은 작은 마을이었는지, 룬드 이전부터 지역의 중심지 역할을 하였는지, 룬드 이전에는 어떠한 모습이었는지 등이 그들의 고고학적 의문이었다.

1930년대부터 고고학자들은 크게 두 가지 이유로 룬드에서 남쪽으로 불과 5킬로미터 떨어진 우포크라(Uppåkra) 지역에 관심을 가져왔다. 당시 이곳에 농장 관련 건축물을 짓는 과정에서 서기 400년경의 인골과 토기를 포함하는 철기시대 유적층이 발견되었다. 비슷한 시기, 이 지역의 사탕수수 업체가 작물 재배에 적합한 땅을 찾기 위해 스웨덴 남부의 상당 부분에 해당하는 면적에 대한 토양인산염 분포도를 제작하였다. 인산염의 양은 간단한 비색법을 활용한 화학 실험으로 확인되었는데, 인산염의 농도가 높을수록 시약이 더욱 어두운 파란색으로 변하는 원리를 이용하였다. 분포도의 제작을 위해 올라프 아레니우스가 고용되었고, 50만 헥타르의 면적에서 50만 점이 넘는 시료가 채취되었다. 아레니우스는 완성한 분포도에 대한 관찰을 통해 높은 농도의 인산염이 분포하는 지역이 인간의 취락지와 관계가 있다는 것을 알아냈다. 소변, 식물과 동물의 조직, 뼈 등은 많은 양의 인산염을 함유하고 있으며, 이러한 이유로 인산염은 과거 인간들이 거주한 지역의 토양에 고농도로 분포하고 있다. 인산염을 통해 과거의 길까지도 추정해 볼 수 있었다.

스웨덴 남부에서 가장 인산염이 고농도로 분포하고 있는 곳은 우포크라와 그 주변 지역이었다(도면 6.17). 우포크라 지역이 지닌 고고학적 가치가 알려짐에 따라 곧 추가적인 연구가 계획되었지만 본격적인 조사가 시작된 것은 1996년에 이르러서다. 본격적인 발굴에 앞서 토양 천공(boring), 인산염 테스트, 금속탐지기 등을 활용한 사전 조사가 이루어졌다(도면 6.18). 사전 조사 결과 2만 점이 넘는 철제 유물이 발견되었으며, 이 수치는 그때까지 알려진 그 어떤 철기시대 유적에서 출토된 철기의 수량보다 많은 것이었다.

이후 당시 지배층이 거주했을 것으로 추정된 유적의 중심부에 대한 발굴조사 결과, 주거지들 및 집회장을 포함한 다양한 크기의 건물지들이 확인되었다(도면 6.19). 그 가운데 가장 주목을 끈 것은 13×6.5미터 크기의 소형 건물지였다. 커다란 기둥 구멍으로 미루어보아 이 건물을 짓기 위해 사용된 자재는 매우 거대했던 것으로 추정된다. 가장 합리적인 설명은 이 구조물이 여러 층으로 구성된 고층건물이었다는 것이다. 상대적으로 평탄하고 완만한 스웨덴의 남서부 지형 조건으로 인해 이 건물은 멀리서도 눈에 띄었을 것이다. AD 200년 무렵 건축된 이 건물은 이후 몇 번의 개

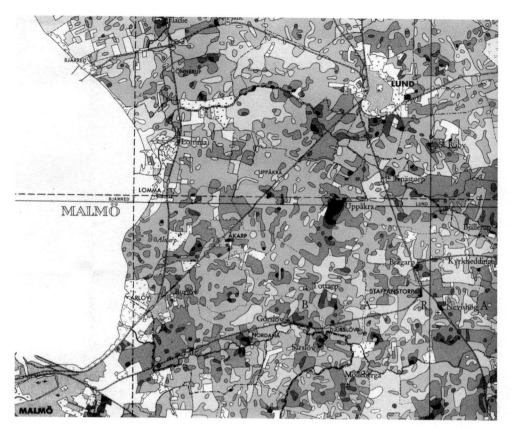

**도면 6.17** 룬드(Lund)와 우포크라(Uppåkra)의 위치를 담고 있는 스웨덴 남서부의 인산염 분포 지도. 색이 진할수록 토양 내의 인산염 함유량이 높은 곳이다. 지도의 중심에 우포크라가 명확하게 드러나 있다. 지도의 면적은 약 15제곱킬로미터 정도이다.

수를 거쳤고, 룬드가 조성되기 직전인 9세기 바이킹 시대에 파괴된 것으로 추정된다. 이 건축물의 특수성으로 인해, 컬트 하우스(cult house), 혹은 이교도의 성지 등으로 불렸다.

우포크라는 AD 1천년기 이전부터 많은 인구가 거주했던 중심지였다. 서기전 1세기에 최초의 취락이 등장한 이래로, 단 수 세기 만에 우포크라는 남부 스웨덴에서 가장 큰 규모의 공동체로 성장했다. AD 400년 무렵 우포크라는 1,000여 명 이상의 거주민이 상주하는 대형 취락지였다. 마을은 지배자의 거주구역 이외에도, 30-40개에 이르는 다양한 크기의 농장 건물들과 주거지, 작업장, 저장소, 가축우리 등을

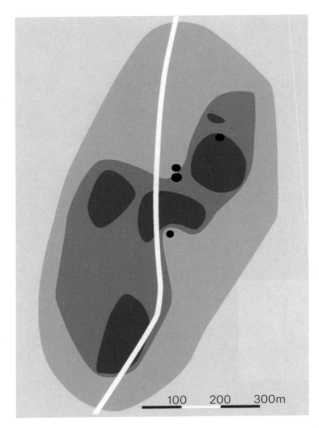

**도면 6.18** 우포크라 유적, 1,000×600미터 규모. 중심을 따라 세로로 뻗은 흰 선은 고대의 길을 나타낸다. 작은 검은색 원은 고분을 나타낸다. 보다 어둡게 표시된 구역은 인산염과 유물들의 분포 비율이 높은 곳으로, 과거 인간 활동이 많이 있었던 장소로 추정된다.

갖추고 있었다. 그러나 AD 1000년경 스칸디나비아에 기독교가 유입되고 룬드가 조성, 대성당이 들어서면서 우포크라는 쇠퇴하게 된다.

## 6.3.2 템플로 마요르의 의례 행위

**물질** 토양 시료
**분석 장비** ICP 분광기, GC-MS, 표본추출 조사(spot test)
**연구 영역** 인간 활동

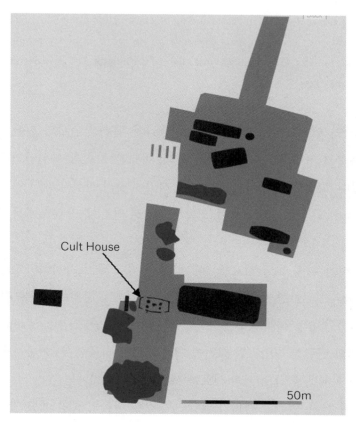

**도면 6.19** 우포크라 유적의 중앙 부분의 유구들. 어두운 직사각형은 선사시대의 주거지와 집회장이며, 어두운 회색 영역은 집석유구(pavement)이다. 밝은 회색은 발굴 면적을 나타낸다. 중앙에 "컬트 하우스"라고 불리는 고층건물지가 보인다.

**장소** 독수리 전사의 집/템플로 마요르(멕시코시티)

**고고학적 시간대** 아즈텍, AD 1200-1500

**고고학적 질문** 고고유적의 공간기능과 관련된 패턴을 화학적 분석으로 밝힐 수 있는가? 문헌 기록에 등장하는 의례 행위를 실제로 확인할 수 있을까?

**주요 참고문헌** Middleton, William D., Luis Barba, Alessandra Pecci, James H. Burton, Agustin Ortiz, LauraSalvini, Roberto Rodriguez Suárez. 2010. The Study of Archaeo-logical Floors: Methodological proposal for the Analysis of Anthropogenic Residues by Spot Tests, ICP-OES and GC−MS. *Journal of Archaeological Method and Theory* 17:183-208.

Barba, Luis A., A. Ortiz, K.F. Link, L. López Lujan, and L. Lazos. 1996. The Chemical

Analysis of Residues in Floors and the Reconstruction of Ritual Activities at the Templo Mayor, Mexico. In *Archaeological Chemistry: Organic, Inorganic and Biochemical Analysis*. Mary Virginia Orna (Editor). Washington DC: American Chemical Society. pp. 139-156.

멕시코시티 템플로 마요르(Templo Mayor)의 독수리 전사의 집은 15세기대에 속하는 건축물로, 5개의 구역으로 나뉘는데, 바닥은 석회와 화산암가루를 반죽하여 조성하였다. 고대의 문헌 사료는 아즈텍 시기 이곳의 신상 앞에서 인체 자기 절단(self-mutilation) 의식을 거행했으며, 코팔(copal)로 만든 향을 화로에서 태웠다고 기록되어 있다(도면 6.20).

이를 밝히기 위해 토양 시료를 채취하여 멕시코 국립 자치대학교(Universidad Nacional Autónoma de México)의 고고측정 연구실에서 분석이 이루어졌다. 우선적으로 pH, 탄산염, 인, 유기물(지질, 단백질) 등에 대한 표본 조사(spot test)를 통해 과거 인간 행위와 관련한 전반적인 패턴에 대한 정보를 획득한 후, 이를 바탕으로 추가적인 GC-MS 분석을 위한 20점의 시료를 채취하였다.

표본 조사 결과, 인간의 행위가 많았던 장소는 건물의 중앙 제단 앞이라는 것이 밝혀졌다(도면 6.21). 제단 앞에 고농도의 지질 성분들이 집적되어 있는 양상은 코팔을 태우는 행위와 관련이 있는 것으로 추정되었다. 인간 활동이 많았던 또 다른 장소는 건물의 입구였는데, 이곳에서 진흙으로 빚은 독수리 전사와 죽음의 신인 믹틀란테쿠틀리(Mictlantecuhtli)의 모형이 발견되었다. 다른 구역들에 자리한 제단 앞에서도 고농도의 지질 성분들이 검출되었다. 일부 구역에서는 지질 성분들의 분포와 탄수화물, 단백질 등 다른 유기잔존물의 분포가 상당 부분 일치하여, 피를 흘린 흔적으로 추정되었다.

제단 앞의 지질 성분을 대상으로 한 GC-MS 분석에서는 중앙 제단과 다른 제단들 사이의 지방산 분포에서의 차이를 발견할 수 있었으며, 이를 통해 구역마다 의례 행위에 다른 물질이 사용된 것을 짐작할 수 있었다. 또한 GC-MS의 분석을 통해, 중앙 제단 앞의 지질 성분들은 코팔의 잔존물임이 확인되었다.

**도면 6.20** 가오리 꼬리를 이용한 아즈텍의 방혈(blood-letting) 의식과 코팔을 태우는 장면. 아즈텍의 그림 문서(Tudela Codex)에서 발췌

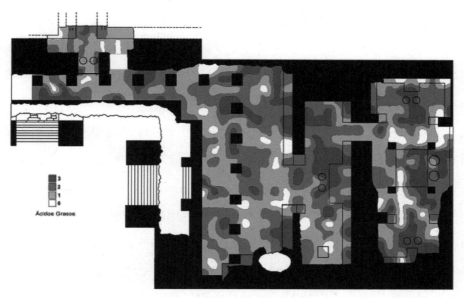

**도면 6.21** 독수리 전사의 집 바닥의 지질 성분(지방산) 분포. 어두운 색은 보다 고농도의 지질 성분을 의미한다. 짝지어진 원이 그려진 곳이 제단이 있던 곳이다.

### 6.3.3 라이라의 주거지 바닥

**물질** 토양

**분석 장비** GC-MS

**연구 영역** 인간 활동

**장소** 덴마크

**고고학적 시간대** 현대

**고고학적 질문** 주거지 바닥에 대한 화학 분석으로 서로 다른 인간 활동을 구분할 수 있는가?

**주요 참고문헌** Hjulstrom, B., & S. Isaksson. 2009. Identification of activity area signatures in a reconstructed Iron Age house by combining element and lipid analyses of sediments. *Journal of Archaeological Science* 36: 174-183.

토양에 대한 화학적인 분석(혹은 토양화학, soil chemistry)은 과거의 활발하고도 다양한 인간 활동들에 대해 알려 준다. 분석 결과를 통해 확연한 패턴을 확인할 수는 있지만 이것이 구체적으로 과거의 어떠한 인간 활동과 연결되어 있는지 해석하는 것은 쉬운 일이 아니다. 이를 극복하기 위한 가장 효과적인 방법은 실제로 어떠한 행위가 있었는지를 아는 맥락에 대한 화학적 패턴을 알아보는 것이다. 흙바닥이 있는 현대의 가옥에 대한 조사는 비슷한 맥락의 고고학적 연구에 도움을 줄 수 있다. 또한 가옥의 거주민들에 대한 관찰이나 그들과의 인터뷰를 통해 공간 활용 및 내부에서 이루어지는 활동들에 대한 정보를 얻을 수도 있다.

실제로 선사시대의 가옥을 건설하고 그 안에서 생활해 보는 것과 같은 실험고고학적 방법의 도움을 빌리는 것 또한 유용한 방안이 될 수 있다. 덴마크의 라이라(Lejre)에 위치한 실험고고학 연구센터(Experimental Archaeology Research Center)에서는 다양한 과거의 기술이나 건축술 등을 포함하는 여러 가지 활동들을 재현하는 실험을 하고 있다. 라이라에는 윗가지(wattle)에 흙을 발라 벽을 만들고 초가지붕을 얹은 철기시대의 집을 복원한 가옥이 여러 채 지어져 있다(도면 6.22). 관심이 있는 사람들은 여름철에 이곳에 와서 실제로 선사시대의 삶을 길게는 몇 주간 체험하고 가는데, 이들의 활동으로 생성된 여러 물질들이 바닥 면에 흡수되어 남아 있게 된다.

**도면 6.22** 라이라(Lejre)의 복원된 철기시대 마을. 사진에서 보이는 것과 유사한 가옥의 바닥 면에 대한 연구를 수행하였다.

고대의 주거지 바닥에 관심이 있던 본 휼스트롬(Björn Hjulstrom)과 스벤 이삭슨 (Sven Isaksson)은 라이라의 복원 가옥들 가운데 한 채와 근처에 대장간으로 사용된 작은 가옥의 바닥에서 시료들을 채취하여 화학적인 패턴과 실제의 인간 활동을 비교하는 연구를 진행하였다. 연구자들은 유기·무기 잔존물 모두를 분석하여, 가옥 바닥의 화학적 양상을 보다 종합적으로 파악하려 하였다. 〈도면 6.23〉은 가옥과 대장간, 노지, 그리고 자연[6] 토양 시료가 채취된 지점과, 각 가옥들의 공간에서 어떠한 활동들이 있었는지를 나타낸 것이다. 분석에 선택된 가옥은 가로 세로의 길이가 각각 14미터, 5미터 정도로, 약 70제곱미터의 면적을 지니고 있으며 바닥 중심부에서 올라가는 두 개의 기둥이 지붕을 받치고 있는 구조이다. 가옥은 조리와 수면을 위한 구

.........

6 역자 주. 이러한 연구를 수행할 때에는 실제 인간 활동의 흔적이 없는 자연 토양을 함께 분석하여 이를 대조군으로 활용한다.

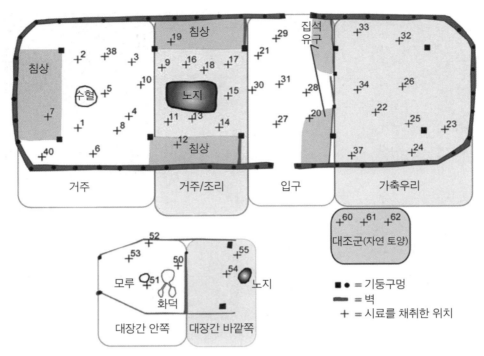

**도면 6.23** 라이라의 가옥과 대장간의 평면도. 가옥과 서로 다른 인간 활동이 이루어진 구역들이 표시되어 있다. 십자가 모양은 시료가 채취된 위치를 나타낸다.

역과 가축우리 등으로 공간이 나뉘어 있다. 가옥의 중앙부에는 돌로 바닥을 포장한 입구가 자리한다. 대장간은 이보다 훨씬 규모가 작고, 두 개의 방과 노지, 화덕, 그리고 모루(anvil) 등이 자리하고 있다.

바닥에서 채취한 퇴적물 시료에 대한 원소 분석에는 원자흡수분광광도계(atomic absorption spectrophotometer)가 사용되었으며, 시료 내의 칼슘(Ca), 구리(Cu), 철(Fe), 칼륨(K), 마그네슘(Mg), 망간(Mn), 납(Pb), 아연(Zn)의 농도가 측정되었다.

가옥의 바닥 면에 대한 원소 분석 결과(도면 6.24)는 구역마다 확연하게 다른 원소들의 분포 패턴을 보여준다. 대장간의 바닥은 Ca, Cu, Fe와 K의 함량이 낮은 반면, Mg, Mn, Pb의 비율이 높다. 대장간의 두 방 역시 서로 다른 원소 분포를 보여주었는데, 내부의 작업 공간에서는 대부분의 원소들이 일정량 이상 검출되었지만 그 가운데서도 Fe, K, Mn, Zn의 비율이 약간 높았다. 출입구가 위치한 외부 구역은 잦은 이

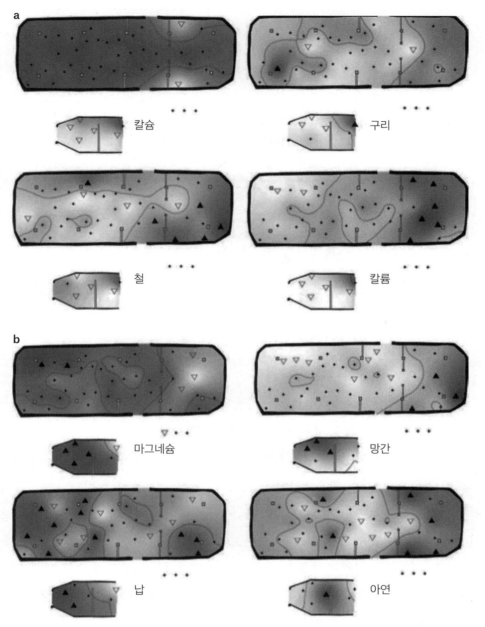

**도면 6.24** 라이라의 가옥과 대장간 바닥 면의 칼슘, 구리, 철, 칼륨, 마그네슘, 망간, 납, 아연 원소 분포. 등치선은 함량이 동일한 지점을 연결한 것이다. 검은 삼각형=평균보다 1표준편차 이상 원소들의 함량이 높은 구역. 흰 삼각형=평균보다 1표준편차 이상 원소들의 함량이 낮은 구역. 검은 점=원소들의 함량이 평균에서 1표준편차 이내로 높거나 낮은 구역. 색이 어둡고 검은 삼각형이 위치한 구역이 해당 원소들이 많이 분포하는 곳이다.

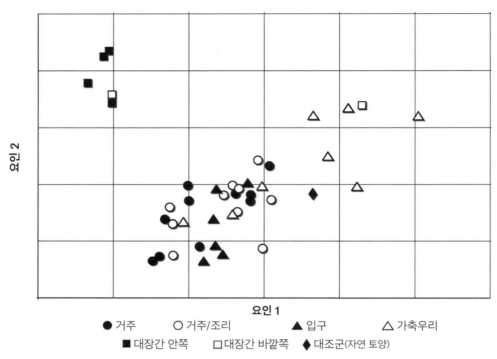

**도면 6.25** 요인 1과 요인 2를 바탕으로 한 라이라의 바닥 시료들의 분포도. 대장간과 가축우리 구역이 다른 구역들과 비교적 명확하게 구분된다.

동으로 인한 풍화작용으로 전반적인 원소들의 함량이 낮았다.

원소들의 분포 양상을 보다 체계적으로 살펴보기 위해 주성분 분석(principle components analysis)이 활용되었다(도면 6.25). 두 가지 요인 혹은 집단의 원소들이 전체 변동을 60% 이상 설명할 수 있었다. 요인 1은 Mg와 Fe의 함량이 높고 K와 Cu의 분포가 낮은 집단이다. 요인 2는 Mn과 Zn의 함량이 높은 집단이다. 이 두 요인을 바탕으로 시료들에 대한 분포도를 그려본 결과 대장간과 가축우리 구역은 가옥 내 다른 구역들과 확연하게 구분 지어졌다. 대장간과 가축우리를 제외한 다른 구역들은 원소 분석으로는 구분할 수 없었다.

가옥과 대장간 바닥 퇴적물의 유기물 분석은 지질 성분에 초점을 맞추어 진행되었다. 미량 유기물들은 클로로폼과 메탄올을 사용하여 퇴적물 시료로부터 추출하였고 이후 GC-MS를 통해 분석되었다. 지질 성분 내에는 기름, 지방산, 스테롤 등 다

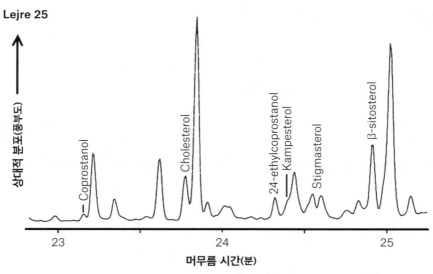

**도면 6.26** 라이라 가옥의 가축우리 구역에서 채취한 25번 퇴적물 시료에 대한 GC-MS 이온 크로마토그 램. 코프로스타놀(coprostanol)과 24-에틸코프로스타놀(24-ethylcoprostanol)은 초식동물의 분변을 나타 내는 생체지표(biomarker)이다.

양한 유기화합물들이 존재하고 있었다(1장 참조). 이 화합물들은 동식물 모두로부터 기원하였으며, 동식물 그 자체이거나 혹은 대변과 같은 부산물에서 생성되었을 것 이다. 자연상태에서, 토양 내의 지질 성분들은 주로 해당 지역에 뿌리를 내리고 자생 하는 식물들로부터 기원한다. 다양한 인간 활동들은 직간접적으로 토양에 변화를 가 져오며, 유기 화학적 분석을 통해 이러한 변화를 확인할 수 있다. 예를 들어, 코프로 스타놀(coprostanol)은 고대의 농경지의 토양에 많이 분포하고 있는 고분자 화합물 인데, 그 이유는 이것이 인간과 동물의 배설물에 많이 함유되어 있기 때문이다. 이를 통해 연구자는 고대의 비료로 인분이나 동물의 분변이 사용된 것을 확인할 수 있다.

라이라에서의 연구는 콜레스테롤(cholesterol), 24-에틸코프로스타놀(24-ethyl-coprostanol), 스티그마스테롤(stigmasterol), 캄페스테롤(campesterol), 그리고 b-시 토스테롤(b-sitosterol)과 같은 보다 일반적인 동물성·식물성 스테롤에 초점이 맞추 어졌다. 24-에틸코프로스타놀은 초식동물의 분변에서 확인할 수 있는 물질이다. 〈도 면 6.26〉은 라이라의 시료 가운데 하나의 GC-MS 분석 결과로, 위에서 언급한 스테

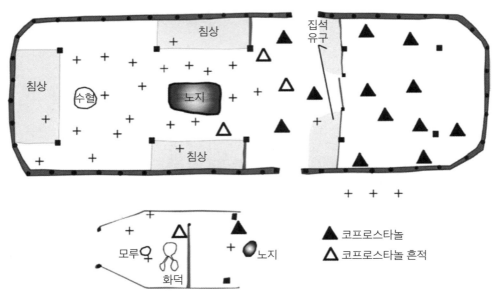

**도면 6.27** 라이라의 가옥 바닥의 코프로스타놀(coprostanol) 분포. 가축우리와 출입구에 코프로스타놀이 많이 분포하는 것을 확인할 수 있다.

롤 성분들을 명확히 확인할 수 있었다. 해당 시료는 가축우리 구역에서 채취한 것으로, 분석 결과 코프로스타놀과 24-에틸코프로스타놀이 검출되어, 이들이 가축의 분변에서 기원했음을 알려주었다. 또한 코프로스타놀의 가옥 내 분포 양상(도면 6.27)을 확인한 결과 가축우리 구역에 집중되어 있는 것을 확인할 수 있었다.

라이라의 바닥 면에 대한 연구는 실험고고학적 접근을 통해 실제로 조리, 음식 준비, 도구 제작, 가축 사육, 금속 제작 등의 활동을 했던 가옥을 대상으로 이루어졌다. 가옥에서 행해진 실제 활동의 종류에 따라 거주, 거주/조리, 출입구, 가축우리, 대장간 등으로 구역을 나누고, 바닥 면의 퇴적물 시료에 대한 유기·무기 화학적 분석을 통해 이들 구역에 대한 구분이 가능한지 알아보았다. 원소 분석을 통해 대장간과 가축우리를 다른 행위들이 있었던 구역으로부터 분리해 낼 수 있었다. 유기물 분석에서는 24-에틸코프로스타놀 성분을 통해 가축우리에 해당하는 구역을 보다 확실하게 구분할 수 있었고, 시료에 포함된 스테롤 성분들을 통해 거주 구역을 구분해 내는 것도 가능했다. 그렇지만 거주 구역과 조리 구역 사이의 명확한 구분은 불가능하였다. 종합해 보면, 라이라에서의 연구는 주거지 바닥 면에 대한 화학적 분석의 유용성과 한계점을 동시에 보여준 사례라고 할 수 있다.

## 읽을거리

Fowler, Brenda. 2000. *Iceman: Uncovering the Life and Times of a Prehistoric Man Found in an Alpine Glacier.* New York: Random House.

Lambert, J. 1997. *Traces of the Past: Unraveling the Secrets of Archaeology Through Chemistry.* New York: Addison Wesley Longman.

Müller, Wolfgang, Henry Fricke, Alex N. Halliday, Malcolm T. McCulloch, Jo-Anne Wartho. 2003. Origin and Migration of the Alpine Iceman. *Science* 302: 862-866.

Macko, S., G. Lubec, M. Teschler-Nicola, V. Rusevich, and M. Engel. 1999. The Ice Man's diet as reflected by the stable nitrogen and carbon isotopic composition of his hair. *The Federation of American Societies for Experimental Biology (FASEB) Journal* 13: 559-562.

Renfrew, Colin. 2000. *Loot, Legitimacy and Ownership: The Ethical Crisis in Archaeology.* London: Duckworth Publishing.

Scarre, Chris, and Geoffrey Scarre (eds.). 2006. *The Ethics of Archaeology. Philosophical Perspectives on Archaeological Practice.* Cambridge: Cambridge University Press.

Spindler, Konrad. 1995. *The Man in the Ice: The Discovery of a 5,000-Year-Old Body Reveals the Secrets of the Stone Age.* New York: Three Rivers Press.

Zimmerman, Larry J., Karen D. Vitelli, and Julie Hollowell-Zimmer. 2003. *Ethical Issues in Archaeology.* Walnut Creek, CA: Altamira Press.

제7장

# 환경과 식생활

**7.1 환경**
   7.1.1 그린란드의 바이킹
   7.1.2 마야의 멸망
**7.2 식생활**
   7.2.1 탄소 동위원소

7.2.2 질소 동위원소
7.2.3 애리조나의 식인종들
7.2.4 덴마크의 마지막 수렵인들
7.2.5 케이프타운의 노예들
읽을거리

이번 장에서는 고고학의 중요 연구주제 두 가지를 다루고자 한다. 첫 번째는 과거 사람들이 살았을 당시의 환경이며, 두 번째는 당시 사람들이 먹었던 음식이다. 이 둘은 서로 연관되어 있다고 말할 수 있는데, 주변 환경은 인간이 가용한 자원의 종류를 결정할 수 있기 때문이다. 변화하는 환경과 그에 따라 달라지는 자원 조건은 해당 지역의 인간사회에 영향을 끼치게 된다.

이 장에서 다룰 고대의 환경 관련 연구는 확연하게 다른 기후 조건을 가진 두 곳에서 이루어졌는데, 춥고 건조하여 나무가 없는 그린란드와 덥고 습한 중앙아메리카의 열대 우림 지역이다. 그린란드는 AD 1천 년경 기후 온난기에 바이킹에 의해 발견되고 점령되었다. 이후 전반적인 기후가 한랭해지자 유럽인들은 그린란드의 정착지들을 버리고 점유를 멈추었다. 한편으로 멕시코 남부와 과테말라, 벨리즈, 그리고 온두라스의 일부를 아우르는 고대 마야의 여러 지역들은 AD 800-900년 사이에 알 수 없는 이유에 의해 크게 쇠퇴하였다. 뒤에서 더 자세하게 다룰 예정이지만, 쇠퇴의 원인으로 지목된 것 가운데 하나는 가뭄이었다. 이 두 사례에서 인간은 환경적인 재해로 말미암아 생산성이 높던 삶의 터전을 버리고 떠나야 했다. 지구 온난화의 예에서 볼 수 있듯, 환경변화는 지금까지도 우리의 삶에 크나큰 영향을 끼치고 있다.

식생활은 살아가기 위해 우리가 먹는 음식 및 마시는 물과 관련이 있다. 현대에 이르러서는 집 근처의 식료품점에 가서 비교적 손쉽게 원하는 음식물을 구할 수 있기 때문에, 수렵채집활동으로 식재료를 찾아다니거나 직접 작물을 재배하고 가축을 사육할 필요성은 확연하게 줄었다. 그러나 과거 인간의 활동을 이해하기 위해서는 그들이 어떤 음식을 어디서 어떻게 조달하였는지를 이해하는 것이 중요하다. 인간이 섭취하는 음식의 종류는 인간의 삶을 반영할 수도 있기에, 고고화학적 연구법을 통해 취득되는 과거의 식생활과 관련 정보는 당시 사회를 추론하는 데 큰 도움을 줄 수 있다. 우리가 먹은 음식은 우리 몸의 조직과 뼈를 구성하는 성분으로 사용된다. 그렇기 때문에, 인골에 대한 화학적 분석을 통해 생전의 식단을 재구성해 볼 수 있으며, 이 경우 특히 동위원소가 유용하게 활용된다. 과거 인간의 식생활에 대한 연구를 위한 탄소·질소 동위원소 분석의 활용은 이 장의 두 번째 절의 앞머리에서 보다 자세히 다룰 것이다.

이 장에서는 과거의 식단과 관련한 직접적인 사례 세 개를 소개할 것이다. 미국 남서부에서는 인간의 분석(糞石, coprolite)에 대한 항원-항체(antigen-antibody) 분석을 통해 과거 이곳에서 식인행위가 있었음을 나타내는 증거를 확보할 수 있었다. 덴마크에서 출토된 수렵채집민과 초기 농경민의 인골에 대한 탄소와 질소 동위원소 분석 결과는 식단의 급격한 변화를 알려주었다. 남아프리카에서는, 탄소와 질소 동위원소 분석을 활용하여 해안을 따라 발견된 무덤에 매장된 사람들의 식생활과 기원지(고향)를 밝힐 수 있었다.

## 7.1 환경

과거의 환경은 고고학과 자연과학의 주요 연구 분야이다. 오늘날의 전 지구적인 온난화 현상이 인간사회에 미치는 영향은 매우 크다. 현재의 기후 문제를 극복하기 위해서는 과거 지구의 환경이 어떠했는지를 파악하는 것이 필수적이다. 특히, 과거 인간사회가 환경변화에 어떻게 대응했는지를 이해하기 위해서는 당시의 기후 조건에 대한 지식이 있어야 한다. 과거의 환경은 기후, 식생, 동물상, 자원, 해수면 변동, 지형 등을 포괄한다.

고고학 및 지질학, 식물학, 동물학, 지리학에서는 과거의 환경을 파악하기 위해 여러 가지 방법들을 사용한다. 고고학의 경우 주로 유적이나 주변에 남겨진 당시의 동식물 유체를 이용하여 과거의 환경을 재구성한다. 예를 들어, 플라이스토세 빙하기에는 유럽과 북미 지역에 추운 기후에 적응한 털매머드(woolly mammoth)가 살고 있었다. 이후 기온이 상승하자, 이들은 따뜻해진 기후에 적응하지 못해 멸종하고 만다.

고고학자와 자연과학자들은 다양한 종류의 동식물을 기후의 척도(climate indicator)로 활용한다. 나이테는 과거 기후 조건을 알 수 있는 대표적인 지표이다. 해마다 추가되는 나이테는 강우나 기온과 같은 여러 가지 기후 조건에 따라 그 두께가 변한다. 각 나이테의 두께에 대한 측정값들은 해당 지역의 장기간에 걸친 기후변화의 기록으로 사용될 수 있다. 〈도면 7.1〉은 지난 100년간의 뉴멕시코 지역의 겨울-초봄(11월-4월) 강수량과 나이테와의 관계를 나타낸 것인데, 둘 사이의 연관성이 매우 높은 것을 확인할 수 있다.

이러한 연구의 대상이 되는 물질은 나이테와 같이 시간성을 파악할 수 있는 관찰 가능한 일정 간격의 축적 기록을 지니고 있어야 한다. 예를 들어, 호수 밑의 퇴적물이나, 스펠레오템(speleothem)과 같은 동굴 퇴적물, 산호, 빙하 퇴적물 등이 있다(도면 7.2). 특히 탄소, 산소 동위원소 분석을 활용하면 이들 자료의 질을 더욱 높일 수 있다.

산소 동위원소는 과거의 기온을 추정하기 위해 활용될 수 있다. $^{16}O$과 $^{18}O$ 사이의 비율은 기온에 따라 달라진다. 산소 동위원소 분석을 통해 연구자들은 패각이나 뼈, 물 등에 포함된 $^{16}O$과 $^{18}O$의 비율을 알아낼 수 있다. 다음 절에서 소개할 그린란드의 사례는 빙하층에 대한 산소 동위원소 분석이 어떻게 과거 기후변화에 대한 상세한 정보를 제공하는지 알려줄 것이다. 근자에 이르러, 석순과 종유석 같은 석회동

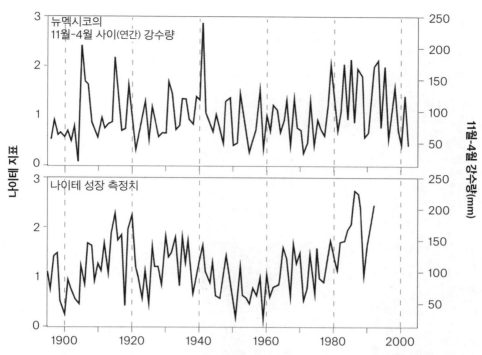

**도면 7.1** 뉴멕시코 지역의 강수량과 나이테와의 관계. 하단의 그래프는 뉴멕시코주 엘 말파이스 국가기념물(El Malpais National Monument) 인근 나무들의 나이테 성장 지수(tree-ring growth index)이며, 상단의 그래프는 11월-4월 동안의 (연간) 강수량을 나타낸다. 상대적으로 건조한 시기들은 나이테에 잘 반영되어 있지만, 강수량이 많은 시점과는 나이테가 명확하게 맞아떨어지지 않는다. 이것은 강수량이 일정 수준 이상일 경우 더 이상 나이테의 두께에 큰 영향을 끼치지 않는다는 것을 의미한다.

굴의 스펠레오뎀[1]에 대한 연구들이 고기후에 대한 자세한 기록들을 제공하고 있다. 이들 동굴 퇴적물은 물이 유입됨에 따라 마치 나이테와 같이 해마다 방해석 고리를 생성한다(도면 7.3). 또한 마치 나이테처럼 각 방해석 고리의 두께는 강수량과 온도에 따라 달라진다(King et al. 2004). 건조한 시기에는 고리가 거의 형성되지 않거나 형성되더라도 그 두께가 매우 좁아진다. 방해석은 탄산염 광물로($CaCO_3$), 칼슘과 탄소, 그리고 산소로 이루어져 있다. 스펠레오뎀의 방해석 고리에 대한 산소와 탄소 동

.........

1    역자 주. 스펠레오뎀은 동굴에 유입되어 천장 또는 벽을 타고 흘러내린 물에 녹은 탄산칼슘이 결정을 이루면서 침전·집적되어 발달한 퇴적 지형을 말한다.

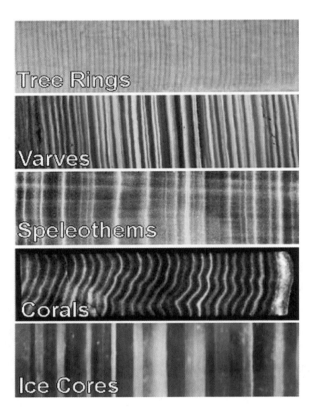

**도면 7.2** 일정 시간 간격을 두고 규칙적으로 축적되는 특징이 있어, 고기후 연구에 도움을 줄 수 있는 물질들. 위로부터 나무 나이테, 호수 밑 퇴적물(호상점토, varves), 스펠레오뎀, 산호, 빙하 코어. 이들에 대한 동위원소 분석을 통해 보다 자세한 기후변동을 추정할 수 있다.

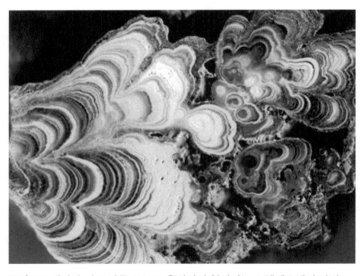

**도면 7.3** 해마다 서로 다른 규모로 축적되어 형성되는 스펠레오뎀의 단면

위원소 분석은 고기후에 대한 정량적인 추정치를 제공해 줄 수 있다. 산소 동위원소비는 동굴 위로 떨어졌던 강우의 온도를 반영하며, 탄소 동위원소비는 동굴 주변의 식물상을 나타낸다. 그러므로 스펠레오뎀의 고리들은 장기간에 걸친 연 단위 기후의 지표가 될 수 있는 것이다.

### 7.1.1 그린란드의 바이킹

**물질** 뼈

**분석 장비** 동위원소 분석

**연구 영역** 식생활과 환경

**장소** 그린란드

**고고학적 시간대** 바이킹 시대, AD 1000-1450

**고고학적 질문** 바이킹이 그린란드를 떠난 것은 기후변화 때문인가?

**주요 참고문헌** Arneborg, J., Jan Heinemeier, Niels Lynnerup, Henrik L. Nielsen, Niels Raud, Árny E. Sveinbjörnsdóttir. 1999. Change of diet of the Greenland Vikings determined from stable carbon isotope analysis and [14]C dating of their bones. *Radiocarbon* 41: 157-168.

Dansgaard, W., S. J. Johnsen, H. B. Clausen, D. Dahl-Jensen, N. S. Gundestrup, C. U. Hammer, C. S. Hvidberw, J. P. Steffensen, A. E. Sveinbjörnsdottir, J. Jouzel & G. Bond. 1993. Evidence for general instability of past climate from a 250-kyr ice-core record. *Nature* 364: 218-220.

우리 모두가 학교에서 배웠듯, 콜럼버스는 1492년에 카리브제도에 도착한다. 그러나 이보다 500여 년 앞서 아메리카 대륙에 첫발을 디딘 유럽인은 스칸디나비아의 바이킹들이었다. 북대서양을 건너는 바이킹들의 여정은 노르웨이, 스웨덴, 덴마크, 영국, 아일랜드를 거쳐, 페로제도, 아이슬란드, 그린란드를 지나 캐나다 동부의 뉴펀들랜드에 이르는 경로였다(도면 7.4). 바이킹들은 AD 800년 무렵 영국과 아일랜드 일부를 장악하였고, 셰틀랜드, 오크니, 헤브리디스제도를 포함하는 영국제도 북부의 많은 섬들을 점유하였다. 탐험가이자 식민지 개척자인 바이킹들은 페로제도와 아이

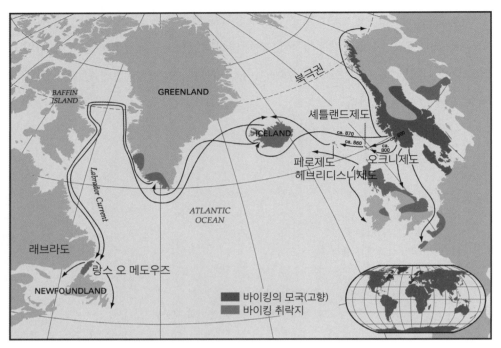

**도면 7.4** 북대서양을 가로지르는 바이킹의 여정

슬란드, 그린란드에 처음 정착한 인간집단이었다(AD 874). 북아메리카에는 이미 수천 년 이전부터 인디언들과 에스키모들이 거주하고 있었다.

바이킹의 북대서양 탐험기에는 다양한 이야기가 있다. 그 가운데 하나는 기후변화에 따른 그린란드의 식민지들의 성쇠에 관한 것이다. 아이슬란드에 정착한 바이킹의 일부는 AD 985년경 남부 그린란드에 "에위스트리뷔그드(동쪽 정착지)"를 건설한다. 아이슬란드에서 출발한 또 다른 집단은 그린란드 서쪽 해안을 따라 보다 북쪽으로 진출하여 "베스트리뷔그드(서쪽 정착지)"를 건설하였다. 이들 두 집단은 그린란드에 성공적으로 정착하여 작물을 재배하고 가축을 사육하였다. 북대서양의 기후는 특히 AD 900년 무렵 온난하였는데, 이를 중세 온난기(Medieval Warm Period)라고 부른다. 이 당시 지구의 평균 기온은 현재보다 1-2도가량 높았으며 일년 가운데 작물이 잘 자랄 수 있는 계절이 상대적으로 길었다. 그린란드 정착지의 바이킹 인구는 이내 4,000-5,000여 명에 이르렀다. 그러나 AD 1300년 이후 이 수는 감소하여 15세기 중

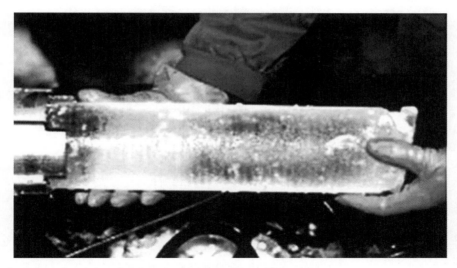

**도면 7.5** 그린란드 빙하 코어에서 보이는 해마다 형성된 눈과 얼음의 층

반 무렵이 되면 그린란드는 바이킹들에 의해 완전히 버려지게 된다.

그린란드의 만년빙은 당시 기후변화에 대한 매우 자세한 정보를 제공한다. 그린란드의 빙하는 지난 수십만 년 동안 축적되어 그 두께가 2킬로미터 이상이다. 이 빙하 코어에 대한 조사를 통해 바이킹이 그린란드를 점유한 이후 약 500년 동안 연 최고기온이 지속적으로 하락한 것을 밝혀낼 수 있었다.

그린란드의 빙하 코어 프로젝트는 지난 수십 년에 걸쳐 이어지고 있으며 이를 통해 과거 수천 년 동안의 기후변화에 대한 정보를 얻을 수 있었다. 현재 그린란드를 덮고 있는 이 빙하 층은 두께가 3킬로미터에 달한다. 빙하는 해마다 조금씩 누적된 눈과 얼음의 층들을 지니고 있다(도면 7.5). 시추 작업을 통해 얻어진 원통형의 빙하 코어 하나에는 근 20만 년에 이르는 장기간에 걸친 기후 역사가 담겨 있다. 빙하 코어의 $^{16}O$과 $^{18}O$ 동위원소비 측정값과 현재 그린란드의 측정값을 비교하여 과거 특정 시점의 기온을 추정하는 것이 가능하다. 〈도면 7.6〉은 빙하 코어 데이터로부터 추정한 지구의 기온변화 양상을 보여준다. 이를 통해 지난 10만 년 동안 지구가 극적인 기온변화를 겪었음을 알 수 있다.

빙하 코어를 통해, 바이킹 시대에 있었던 기온변화 양상을 좀더 자세히 파악할

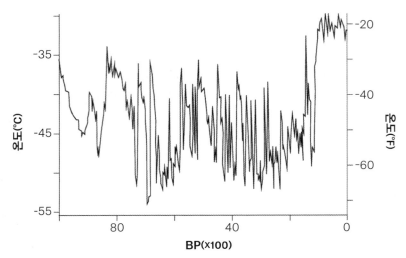

**도면 7.6** 그린란드 빙하 코어에 대한 산소 동위원소 분석을 통해 추정한 기온변화. $^{18}O$과 $^{16}O$의 동위원소 비를 통해 그린란드의 온도 변화를 추정할 수 있다. 지난 10만 년 동안 극적인 기온변화가 있었음을 알 수 있다. 1만 년 전 무렵 급격한 기온상승은 홀로세의 시작을 가리킨다.

수 있었다(도면 7.7). 이 시기는 크기 온난한 시기와 한랭한 시기로 나눌 수 있다. AD 800에서 1300년 사이의 중세 온난기 동안 온화해진 기후를 기반으로 바이킹은 북대서양에서 그 세력을 확장해 나갔다. 이후 AD 1300에서 1850년까지 소빙기(the Little Ice Age)라고 불리는 한랭건조의 시기가 오는데, 이 시기 유럽과 북아메리카의 겨울은 길어졌으며, 빙하는 더욱 확장되었다. 북대서양지역은 소빙기의 영향을 직접적으로 받아 빙하의 확장과 더불어 겨울 이외의 계절이 짧아져 작물 재배와 가축 사육이 힘들어짐에 따라 인구가 50% 가까이 감소하게 된다. 그린란드가 받은 충격은 파괴적이었다.

그린란드의 바이킹 무덤에서 발굴된 인골의 치아에 대한 동위원소 분석 결과는 이러한 기온변화를 명확하게 보여준다(도면 7.7). 치아의 에나멜 성분에 대한 산소 동위원소 분석 결과는 대기 온도가 점차 하강하고 있었음을 알려주었다. 또한 에나멜 성분에 대한 탄소 동위원소 분석 결과, 점차적으로 바이킹들의 식단에서 해양성 식재료가 차지하는 비중이 높아졌다는 것이 확인되었다. 초기 바이킹이 정착할 시점 해양성 식재료의 비중은 20% 정도였으나 이후 점차 증가하여 최후에는 80%에 이르

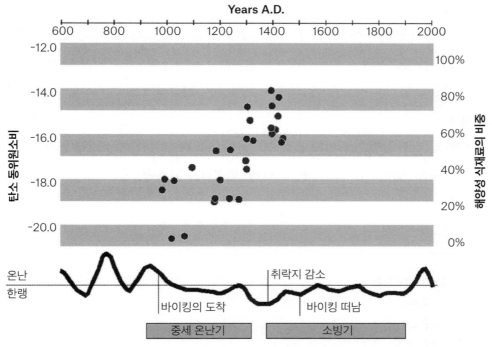

**도면 7.7** 그린란드 빙하 코어를 통해 밝혀진 지난 1,400년간의 기후변화. 중세 온난기(Medieval Warm Period) 동안 온화해진 기후를 기반으로 바이킹은 북대서양에서 그 세력을 확장해 나갔다. 이후 소빙기(the Little Ice Age)가 도래하여, 육상자원의 전반적인 수확량이 감소함에 따라 바이킹들은 해양자원에 더 의지하게 되는데, 치아의 에나멜층에 대한 탄소동위원소 분석 결과(검은 점)는 이를 잘 보여준다(Dansgaard et al. 1975; Arneborg et al. 1999에서 발췌).

게 된다(도면 7.7). 점차 기온이 하강하고 겨울이 길어짐에 따라 바이킹들은 식단에서 물개나 물고기와 같은 해양자원의 비중을 높인 것으로 추정된다. 겨우내 가축의 먹이가 되는 건초를 많이 확보하기 위해서는 보다 긴 여름이 필요했다. 물개들을 잡을 수 있는 봄이 오기 전까지 건초를 확보하지 못해 가축들이 전부 소진되면, 바이킹들은 굶주려야 했다.

고고학적 증거 역시 이 시나리오에 부합한다. 그린란드의 바이킹 유적들 가운데 늦은 시기의 취락지 마굿간에서 발굴된 소는 겨울철에 죽은 것으로 확인되었다. 다른 생물고고학적(bioarchaeological) 증거들 역시 당시 바이킹들의 영양 상태가 좋지 못했음을 나타내고 있었다. 그들의 신장은 점차 줄어들었으며, 몇몇 인골에서는 병과 영양실조의 증거들이 확인되었다.

바이킹의 역사에 기후변화가 끼친 영향은 매우 크다. 중세 온난기는 스칸디나비아의 인구를 증가시켜 새로운 식민지 건설이라는 결과를 낳았다. 그로부터 500여 년 후 시작된 소빙기는 새로운 식민지에 정착한 바이킹들에게 길고 가혹한 겨울을 경험하게 하였다. 결국 바이킹들은 그린란드를 떠날 수밖에 없었다. 한편으로 소빙기의 추워진 기후 조건으로 인해, 그린란드에서 물개와 순록의 개체 수가 증가하였으며, 추운 기후에 적응한 에스키모 집단들이 번성하게 되었다.

## 7.1.2 마야의 멸망

**물질** 퇴적물과 패각
**분석 장비** 동위원소 분석, ICP-MS
**연구 영역** 환경
**장소** 카리브해 연안
**고고학적 시간대** 마야 고전기(Classic Maya), AD 300-900
**고고학적 질문** 마야문명은 기후변화로 쇠퇴하였는가?
**주요 참고문헌** Hodell, David A., Mark Brenner and Jason H. Curtis. 2005. Terminal Classic drought in the northern Maya lowlands inferred from multiple sediment cores in Lake Chichancanab (Mexico). *Quaternary Science Reviews* 24: 1413-1427.

Yaeger, J., & D. Hodell. 2007 The Collapse of Maya Civilization: Assessing the Interaction of Culture, Climate, and Environment. In *El Niño, Catastrophism, and Culture Change in Ancient America*, ed. by D.H. Sandweiss & J. Quilter, pp. 197-251. Washington, D.C.: Dumbarton Oaks.

고대 문명들이 발생하고 쇠퇴하는 패턴은 인류의 역사에서 계속 반복되었다. 이 가운데 가장 대표적인 사례가 마야문명인데, 지리적으로는 현재의 멕시코 동부, 벨리즈, 과테말라를 포함하는 지역이다. 현재 이 지역의 중심은 빽빽한 열대 우림으로 덮여 있지만, 이 밑에는 고전기 마야의 도시와 마을, 농장들의 흔적이 남아 있다. 문자를 가지고 있던 이 문명은 서기 300년부터 900년까지 수 세기에 걸쳐 번성했다.

그러나 스페인 정복자들이 이곳에 처음 당도한 1525년에는 이 지역에 생존해 있는 사람은 거의 없었다. 인적이 없는 덤불이 우거진 사원과 건물들의 폐허는 마야의 미스터리를 더욱 증폭시켰다.

마야는 발전된 사회의 증거들을 많이 가지고 있었다. 그들의 문화는 기념비적인 석재 건축물들, 거대한 피라미드 사원들, 화려한 궁전과 고분들, 도시, 도로, 장거리 교역, 정교한 달력과 수학 체계, 대규모 행사와 천문 관측, 뛰어난 예술, 전쟁 의례, 강력한 군주와 사제가 다스리는 신분사회 등을 포함하고 있었다. 이 당시 마야의 인구는 수십만, 혹은 백만에 육박했을 것으로 추정된다. 주요 생계수단은 옥수수, 콩, 호박류와 같은 농작물이었다.

이렇게 번성했던 마야 문명이 빠르게 쇠퇴했음을 나타내는 몇 가지 증거들이 있다. 마야는 그들의 번성기에 다수의 거대 기념물들을 세웠지만, AD 800년을 전후한 시점부터 그 수가 급감하기 시작한다(도면 7.8). 동시에, 왕조들은 사라졌으며, 파괴나 물리적인 전쟁의 흔적도 없이 대부분의 주요 도시들은 버려졌다. 이 지역에서 측정된 탄소연대 측정값 가운데서도 AD 800 이후의 연대는 많이 찾아볼 수 없다. 그러나, 마야의 규모가 급감하기는 하였지만 완전히 사라졌다고 보기는 어려웠다.

마야에는 어떠한 일이 일어난 것인가. 연구자들은 스페인인들이 이 지역에 당도할 무렵 마야의 문명과 거주민들의 대다수가 이미 사라지고 없었던 이유가 무엇이었는지를 밝히고자 지난 수십 년간 노력하였다. 과연 지배층만이 몰락한 것인지, 아니면 사회체계 전체가 무너진 것인지를 두고 많은 이론들이 제시되었다(표 7.1). 엘리트층만 몰락했다는 시나리오에서는, 피지배계층은 해당 지역에서 마야의 쇠퇴 이후에도 지속적으로 거주했지만 결과적으로 쇠퇴했다는 의견이 많다. 사회 전체가 무너졌다는 주장을 하는 연구자들은 단기간 일어난 멸망적인 사건, 혹은 장시간에 걸친 변화로 인해 마야가 버려진 것으로 추정하고 있다.

마야의 멸망과 관련하여 다양한 원인들이 제시되고 있지만 이 가운데 사실로 밝혀진 것은 거의 없다. 마야가 버려진 원인으로 흔히 지목되곤 하는 가뭄은 현재의 지구 온난화 문제와 결부되어 자주 논의의 대상이 되었다. 대부분의 마야지역은 열대

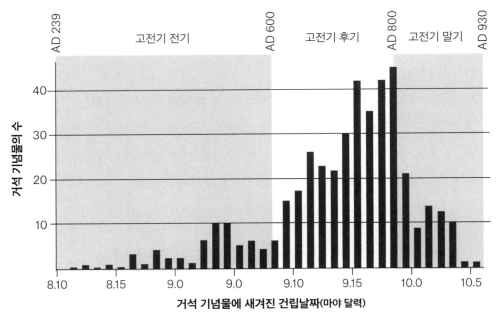

**도면 7.8** 시간이 지남에 따라 마야 지역에 건설된 거석 기념물의 수. AD 800년 이후 거석 기념물의 수가 급감하는 것을 확인할 수 있다.

**표 7.1** 마야 멸망의 원인으로 지목되는 현상들

|  지배층의 몰락 |
| --- |
| 1. 노예의 봉기 |
| 2. 내전 |
| 3. 외부로부터의 침입 |
| 4. 교역의 단절 |
|  사회체계 전체의 붕괴 |
| 1. 교역 네트워크의 축소 |
| 2. 이념적인 학살 |
| 3. 지진, 허리케인, 화산 폭발 |
| 4. 기후변화(가뭄) |
| 5. 전염병 |
| 6. 농경지의 고갈 |

우림이었지만, 동시에 석회암지대이기도 하였기에, 지상에 흐르는 물이 거의 존재하지 않았다. 몇몇 지역에는 호수가 있어, 마야는 이 물을 끌어와 저수지를 축조하기도

하였지만, 그럼에도 불구하고 가뭄은 이 문명에 상당한 영향을 끼쳤을 것이다.

마야 고전기에 발생했던 가뭄이 어느 정도 규모로 얼마 동안 지속되었는지에 대해 많은 연구가 진행되었다. 몇몇 연구는 토양 내 원소의 농도, 동위원소비, 염분 함량 등에 대한 측정을 통해 당시 강수량과 건조화의 정도를 추론하고자 하였다.

제이슨 커티스(Jason H. Curtis)와 그의 동료들은 호수 바닥에서 채취한 퇴적물 코어에 대한 산소 동위원소 분석을 통해 밝혀진 유카탄 반도에서 있었던 장기간에 걸친 기후변화를 1995년 발표하였다. 퇴적물들의 절대연대는 가속질량분석기(Accelerator Mass Spectrometer, AMS)를 이용해 측정하였다. 연구 결과, 약 3,500년 전부터 현재에 이르는 동안 약 3번의 주요한 기후변화가 있었다는 것을 알아낼 수 있었다. 1500 BC부터 AD 250년 사이에는 상대적으로 습윤한 기후가 지속되었다. AD 250에서 1,100년 사이에는 대체적으로 건조한 기후가 이어졌으며, AD 862, 986, 그리고 1,051년에 큰 가뭄이 있었다. AD 1100년 이후부터는 다시 습윤한 조건이 되어 지금까지 이어지고 있었다. 큰 가뭄들이 이어지던 건기는 마야 고전기와 시기적으로 맞아떨어지며, 그들의 쇠퇴를 설명하는 하나의 이유가 될 수 있을지도 모른다.

게랄드 하우크(Gerald H. Haug)와 그의 동료들은 커티스의 모델을 비판하면서 그들이 채취한 호수 바닥의 퇴적층이 교란되었을 가능성을 언급하였다. 커티스가 제시한 건기의 시작인 AD 250은 마야의 멸망 시점보다 지나치게 이르다는 것이다. 하우크와 동료들은 마야의 멸망 시점에(AD 750-900) 해당하는 온전한 층위의 데이터를 얻기 위해 베네수엘라 해안의 교란되지 않은 해저 퇴적층을 조사하였다. 비록 이 해저 코어는 마야지역과는 조금 떨어진 남아메리카 북부 해안에서 채취되었지만, 그들은 이 지역 역시 마야와 비슷한 기후변화를 겪었을 것으로 추정하였다. AMS 연대 측정법을 통해 퇴적층의 나이를 측정하였고, 이를 바탕으로 퇴적의 속도를 추정하였다. 그들은 미량 X선 형광분석 시스템을 사용하여 50밀리미터 간격으로 티타늄의 함량을 조사하였다. 해저 퇴적물 속의 티타늄 성분은 강수량이 많을 때 증가하고 비가 많이 오지 않으면 줄어드는 특성이 있다. 베네수엘라 해저 코어의 분석 결과 AD

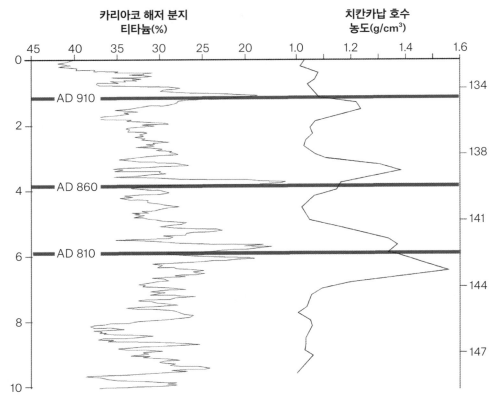

**도면 7.9** (좌) 베네수엘라 카리아코 해저 분지에서 채취한 퇴적물 내의 티타늄 변화량. (우) 유카탄 북부 치칸카납 호수 퇴적물의 석고 변화량. 티타늄의 양이 적을수록, 그리고 석고의 농도가 높을수록 강수량이 적었음을 의미한다. 이 데이터의 시간대는 대략 AD 730에서 930년 사이이며, 큰 가뭄은 AD 810, 860, 910년경 있었던 것으로 추정된다.

760, 810, 860과 910년에 극심한 가뭄이 있었음이 밝혀졌다(도면 7.9). 그들은 이 가뭄이 자원 결핍을 야기하여, 사회적 스트레스를 증대시켜 마야를 멸망에까지 이르게 하였다고 주장하였다.

보다 최근에 이르러, 유카탄 반도 북중부의 치칸카납(Chichancanab) 호수 퇴적물에서 새로운 정보가 간취되었다. 이곳의 퇴적물은 호수의 닫힌 생태 환경과 거의 포화 상태로 수용(水溶)된 석고(gypsum), 그리 빈번하지 않은 인간 활동으로 인해 상당히 정밀한 고기후 데이터를 산출하였다. 데이비드 호델(David A. Hodell)과 동료들은 이 호수 퇴적물에 대한 연구를 통해 위의 베네수엘라의 사례와 거의 흡사한 데이터를 얻을 수 있었다. 치칸카납 호수 코어에서는 3개의 고농도 석고층[2]이 발견되었으며, 이는 하우크와 동료들이 보고했던 가뭄의 시점과 일치했다(도면 7.9). 강수량이 그다지 많지 않은 시기가 지속되었고, 40에서 50년 주기로 큰 가뭄이 있었다(AD 760, 810, 860, 910년). 특히 AD 810년경의 가뭄은 지난 수천 년 내에 가장 혹심한 것이었다. 이뿐만 아니라, 마야지역의 호수 바닥에 대한 연구 결과 마야의 인구가 증가함에 따라 숲이 감소하고, 침식 활동이 증가하여 보다 많은 지표유출(runoff)이 일어나는 등 환경 조건이 점차 악화되어 갔음이 밝혀졌다.

마야의 멸망과 관련한 논의에서 기후변화는 틀림없이 언급될 가치가 있다. 그러나 확실한 것은 오로지 기후변화만으로 마야가 멸망했을 리는 없다는 것이다. 또한 마야가 멸망하기 이전 고전기에도 가뭄이 있었는지에 대한 의문은 여전히 남아 있다. 만약 이러한 가뭄이 이 지역의 주기적인 현상이었다면 멸망의 결정적인 원인으로 작용하기 어려울 수도 있기 때문이다. 이러한 이유로, 고전기 마야 문명의 소멸과 관련한 의문은 여전히 풀리지 않고 있다.


## 7.2 식생활

공기, 물 그리고 음식은 인간의 생존에 필수적으로 필요한 최소한의 요소들이다. 일반적으로 공기와 물은 지구 대부분의 지역에 존재한다. 그렇기에 음식을 구하는 것과 관련된 행위는 인간 활동에서 큰 부분을 차지하였고, 집단의 크기, 사회조직, 거주 유형, 기술, 운송 등과 같은 인간사회의 다양한 양상들에 영향을 끼쳤다. 다양하고도 근본적인 고고학적 질문들이 과거 인간의 식생활 및 식재료의 조달처와 연관되어 있다.

.........

2    역자 주. 비가 많이 오면 호수에 물이 많이 섞여 들어가 용존 석고의 농도가 낮아질 것이며, 반대로 비가 오지 않고 건조한 기후가 지속된다면 호수의 물이 증발하여 용존 석고의 농도가 증가하여 포화, 혹은 그 이상의 상태에 이를 것이다.

과거 인간들이 취한 삶의 형태는 주로 그들이 식재료를 얻는 방식―예를 들어, 버려진 동물의 사체를 찾아다녔는지, 혹은 활동적인 사냥꾼들이었는지, 농부들이었는지 등―에 의해 결정되었다. 우리 조상들이 섭취했던 음식들의 종류, 육류 섭취의 중요도, 해양 자원의 역할, 농경의 시작, 신분 및 성별의 차이에 따른 서로 다른 음식물 소비 양상 등은 고고학에서 중요한 쟁점들이다. 과거의 식생활에 대한 정보를 얻기 위해 활용되는 전통적인 분석법들은 유적에 남겨진 동식물의 유해, 분변의 잔해, 치아의 마모, 질병의 흔적, 인간 유해에서 보이는 물리적인 특성들을 관찰하는 것이다.

고고화학 역시, 과거 인간의 식생활과 관련하여 상당한 양의 정보를 제공해 줄 수 있다. 우리가 섭취하는 음식과 마시는 물은 우리의 몸을 구성하고 유지하는 데 필요한 원소들과 분자들을 제공한다. 이러한 관점에서, 우리가 먹는 음식은 곧 우리들 자신이라고 할 수 있다. 인골의 단단한 조직들은 오랜 세월 동안 보존될 수 있기 때문에, 많은 연구들이 이를 대상으로 이루어졌다. 과거 인간들의 식생활에 대한 연구에는 원소와 동위원소 분석 모두가 활용되었다.

이러한 종류의 연구 가운데 가장 성공적인 유형은 인골 내에 축적된 탄소와 질소 동위원소를 분석하는 것이다. 이들 동위원소는 우리가 먹는 음식들을 통해 체내로 들어오며, 인골에 상당량이 축적된다. 탄소와 질소는 둘 이상의 동위원소들을 가지고 있는데, 이들 가운데 가장 가벼운(중성자가 가장 적은) 것들의 양이 나머지들에 비해 상대적으로 확연하게 많다. 탄소 14는 안정하지 않고 방사성 붕괴를 하며, 반감기를 알기에 방사성탄소연대측정법에 활용된다.

탄소 12=98.89%     탄소 13=1.1%     탄소 14=0.000001%

질소 14=99.63%     질소 15=0.37%

## 7.2.1 탄소 동위원소

동위원소를 이용한 연구들은 그 결과값을 기술할 때 종종 '비율'이나 '델타($\delta$)'

와 같은 용어를 사용하며, 단위는 천분율, 혹은 퍼 밀(per mil, "‰")이다. 델타값은 절대적인 동위원소 분포량을 뜻하는 것이 아니라, 실제 시료의 동위원소비와 표준시료의 그것 간의 차이를 가리킨다. 표준시료로 사용되는 물질은 질소의 경우 공기이고, 탄소의 경우 PeeDee Belemnite(PDB)[3]라 불리는 물질이다. 결과값은 탄소의 경우 $\delta^{13}C$‰, 질소의 경우 $\delta^{15}N$‰으로 표시된다. 자연적으로 존재하는 생물체의 $\delta^{13}C$ 값의 범위는 0에서 −25‰ 정도이다. 범위가 음수인 이유는 측정된 동위원소비의 값이 표준시료의 그것보다 대개는 작기 때문이다.

$$\delta^{13}C = \frac{{}^{13}C/{}^{12}C_{sample} - {}^{13}C/{}^{12}C_{standard}}{{}^{13}C/{}^{12}C_{standard}} \times 1,000$$

$$\delta^{15}N = \frac{{}^{15}N/{}^{14}N_{sample} - {}^{15}N/{}^{14}N_{standard}}{{}^{15}N/{}^{14}N_{standard}} \times 1,000$$

탄소 동위원소들 가운데 보다 무거운 $^{13}C$의 주요 원천은 바다와 $C_4$ 식물이다. 이러한 이유로, 바다의 중탄산염에 대한 $^{13}C/^{12}C$ 동위원소비는 대기 중에 존재하는 이산화탄소의 그것에 비해 높다. 이와 같은 양상은 육상식물과 해양식물 간에도 나타나며, 이들을 먹는 초식동물들의 뼈에 남아 있는 콜라겐 성분에서도 관찰된다. 이 원리를 이용하면, 해양자원이나 $C_4$ 식물을 주기적으로 섭취한 인간, $C_4$ 식물을 주로 먹은 초식동물 등을 탄소 동위원소 분석을 통해 구별해 낼 수 있다. 또한 식물, 초식동물, 육식동물로 점차 포식 단계가 올라감에 따라 동위원소 값도 조금씩 높아지는(음수값이 작아지는) 양상을 보인다. 일반적으로 인골의 콜라겐 성분에 대한 측정을 기준으로 했을 때, 육상자원 위주의 $C_3$ 식단의 경우 약 −20 정도의 $\delta^{13}C$‰ 값을 보이고,

.........

3    역자 주. PDB는 백악기 후기의 두족류인 벨럼나이트(Belemnite) 화석으로부터 얻는 물질이다. 이 물질은 전부 채굴되어 남아 있지 않아, 현재는 이와 비슷한 동위원소비를 지닌 VPDB(Vienna PDB), 혹은 NBS-19 등이 사용된다.

해양이나 $C_4$ 위주의 식단의 경우 −10 정도의 값을 보인다(도면 7.11).

지상에서는, 두 가지 경로의 확연하게 다른 식물의 광합성 과정으로 인해 이에 상응하는 식물군에 따라 완연하게 다른 두 개의 동위원소비의 범위가 만들어진다. 옥수수를 포함하는 다양한 열대성 식물들($C_4$ 식물군)은 광합성 과정에서 이산화탄소를 고정하여 4-탄소 화합물을 만들어내는데, 이때 이 화합물에는 이산화탄소 내에 존재했던 탄소 13($^{13}C$)이 더 많이 포함된다. $C_3$ 식물군은 온대지역에 널리 분포하는 식물들로, 광합성 과정에서 3-탄소 화합물을 만들어낸다(도면 7.11). 전체 식물종의 95%를 차지하는 활엽성 나무들은 $C_3$ 방식의 광합성 경로를 가지고 있다. $C_4$는 조금 더 효율적인 광합성 방식으로, 건조하고 온도가 높은 곳에 사는 초본류, 사초, 곡물 등이 취하는 경로이다. $C_3$ 혹은 $C_4$ 식물을 주로 섭취하는 동물들의 뼈 콜라겐의 탄소 동위원소비는 이러한 차이를 고스란히 반영한다.

예를 들어, 옥수수를 주로 먹는 사람들의 뼈에는 보다 높은(음수값이 작은) 탄소 동위원소비가 측정되는 것이다. 이를 통해 언제부터 옥수수가 선사시대 사람들의 주식으로 자리잡게 되었는지를 어림하는 것도 가능하다. 이와 비슷한 연구는 멕시코와 북미지역에 언제부터 옥수수가 재배되기 시작했는지를 어림하는 데 활용되었다. 멕시코의 연구 결과는 이 지역에서 옥수수가 주곡으로 자리 잡은 시기가 4500 BC 무렵이었다는 것을 밝혀냈다.

대부분의 탄소 동위원소를 활용하는 고식단 연구는 뼈 내부의 유기 콜라겐 성분에 집중하였다. 이 밖에도, 탄소는 광물, 탄산염, 뼛조각, 치아의 에나멜층에 존재한다. 비록 시료의 오염과 관련한 문제가 있지만, 이들에 대한 분석 결과는 과거 인류의 식단과 기원지 등에 대한 추가적인 정보를 제공해 줄 수 있다.

뼈의 콜라겐 성분과 인회석(apatite) 성분에 포함된 탄소 동위원소비에 차이가 있음이 처음 보고된 것은 1980년대 중반 해럴드 크루거(Harold W. Krueger)와 찰스 설리번(Charles H. Sullivan)에 의해서였다. 그들에 의하면 콜라겐에 포함된 탄소의 원천은 섭취한 음식물의 단백질이며, 인회석의 탄소는 다른 에너지원들로부터 생성된다(도면 7.10). 그들은 이 모델을 사용하여 초식동물과 육식동물/잡식동물 간, 그리

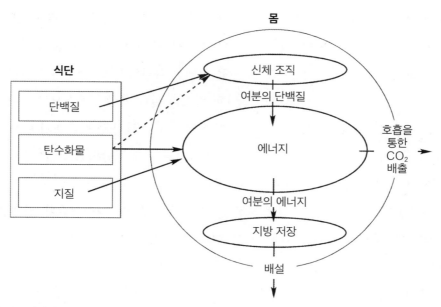

**도면 7.10** 식이탄소의 인체 내 경로 모델(diaetary carbon model)에 대한 모식도. 음식을 통해 체내에 들어온 단백질에서 유래한 탄소는 일차적으로 콜라겐과 같은 인체의 조직을 구성하는 데 사용된다. 여분의 단백질은 에너지원으로 소비된다. 탄수화물과 지질 내 탄소는 주로 에너지원으로 활용되지만, 인체를 구성하는 데 필요한 단백질이 부족한 경우, 인체의 구성물로도 쓰인다. 탄수화물과 지질이 에너지원으로 사용된후 부산물로 이산화탄소와 물이 생성된다. 남은 에너지는 지방으로 체내에 축적된다. 이산화탄소는 날숨에 포함돼 배출되고, 나머지는 배설된다. 모식도의 저작권은 Tamsin O'Connell에게 있음.

고 해양자원을 주식으로 하는 인간집단과 육상자원에 의지하는 인간집단 사이에서 발생하는 콜라겐과 인회석 성분의 탄소 동위원소비에서의 차이를 설명하였다. 단백질이 부족한 식단의 경우 콜라겐의 탄소 일부는 음식으로 섭취한 탄수화물에서 가져오게 된다.

이후, 설치류를 대상으로 한 식단 실험을 통해 그들의 모델이 증명되었다. 콜라겐의 탄소 동위원소비는 식단의 단백질 부분을 반영하였으며, 인회석의 탄소는 전체적인 식단을 고르게 반영하였다. 단백질 부분과 나머지 전체 식단의 $\delta^{13}C$ 값이 차이가 없을 때, 콜라겐의 경우 동위원소비가 약 5.0‰ 정도 농축(enriched)[4]되었고, 인

.........

4    역자 주. 동위원소 분석에서 "농축(enriched) 되었다" 혹은 "$\delta^{13}$ 값이 높다" 것은 그만큼 음수값이 작아

회석의 경우 약 9.4‰ 정도 농축되어 그 차이가 4.4‰였다. 인회석의 경우, 식단 구성물(단백질, 지방, 탄수화물)의 동위원소비에 변화를 주더라도 이 농축값이 전반적으로 일정하였다. 그러나 콜라겐의 $\delta^{13}C$ 값은 단백질 식단의 $\delta^{13}C$ 값에 따라 달라졌는데, 이는 앞서 언급되었듯, 콜라겐에 존재한 탄소의 절반 이상이 음식으로 섭취되는 단백질을 통해 구성되기 때문이다. 즉, 전체 식단의 $\delta^{13}C$ 값과 단백질 식단의 $\delta^{13}C$ 값 사이의 차이가 벌어질수록 콜라겐 성분의 $\delta^{13}C$ 값과 전체 식단의 $\delta^{13}C$ 값 간의 차이가 커지고, 반대의 경우 차이가 좁혀지는 것이다.

이를 통해 과거 인간의 식단에 대한 좀 더 세밀한 분석이 가능해졌다. 전체 식단의 $\delta^{13}C$ 값은 인회석의 $\delta^{13}C$ 값에서 9.4‰를 빼주는 것을 통해 추정할 수 있다. 또한 단백질 식단의 $\delta^{13}C$ 값 역시 인회석과 콜라겐 간의 $\delta^{13}C$ 값 차이($\delta^{13}C_{인회석-콜라겐}$)를 이용해 추정 가능하다. 전체 식단과 단백질 식단의 $\delta^{13}C$ 값이 같은 경우, 그 차이는 앞서 밝혀진 바와 같이 4.4‰ 정도이다. 만약 이 차이가 4.4‰보다 작다면, 단백질의 동위원소비가 조금 더 농축되었다고 볼 수 있으며, 이와 반대라면 전체 식재료에 비해 단백질을 주로 공급하는 식재료의 동위원소비가 낮다고 추정할 수 있는 것이다.

해양성 식재료들은 단백질이 풍부하기 때문에 육상식물들에 비해 콜라겐 내의 아미노산을 구성하는 데 더 많은 기여를 할 것이다. $^{13}C$가 풍부한 해양성 단백질들은 인골 내 콜라겐의 $\delta^{13}C$ 값을 전체 식단이나 인골 내 인회석의 그것들보다 더 상승시킨다.[5] $C_4$ 식물이 존재하지 않은 해양성 환경에서는, 단백질은 대부분 $^{13}C$가 풍부한 해양동물 자원으로부터 섭취되며, 탄수화물은 $^{13}C$가 부족한 $C_3$ 식물이나 $C_3$ 식물을 먹는 초식동물로부터 보충된다. 해양동물 자원은 무거운 탄소 동위원소를 더 많이 함유하고 있기 때문에, 전체 식단과 이를 섭취한 이후 콜라겐 간의 $\delta^{13}C$ 값 차이($\delta^{13}C_{전체-콜라겐}$)는 5‰ 이상 벌어지고, 인회석과 콜라겐 간의 $^{13}C$ 값 차이($\delta^{13}C_{인회석-콜라겐}$)는 4.4‰ 이내로 나타난다. 해양성 단백질원의 경우 $\delta^{15}N$ 값 역시 높으므로, 콜라겐

·········

진다는 의미이다.

5    역자 주. 287쪽 상단의 동위원소비 계산 수식을 보면 시료의 $^{13}C$가 높을수록 $\delta^{13}$ 값이 높아진다(음수값이 작아진다)는 것을 확인할 수 있다.

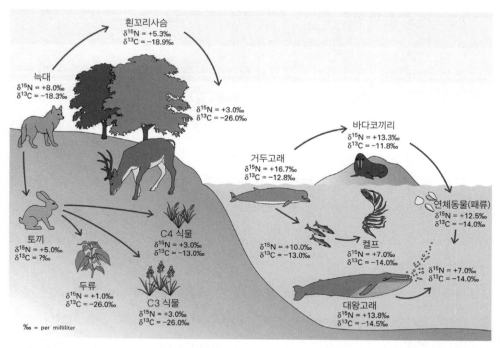

**도면 7.11** 육상과 해양 먹이사슬 내 탄소와 질소 동위원소비 변화. 일반적으로 해양성 환경에서 동위원소비 값이 높게 나타난다.

의 $\delta^{15}N$ 값 또한 높을 것이다. $C_4$ 식물이 존재하지 않은 해양성 환경에서는, 콜라겐의 $\delta^{13}C$과 $\delta^{15}N$의 값은 비례관계에 있을 것이며, $\delta^{15}N$과 $\delta^{13}C_{전체-콜라겐}$ 사이에는 반비례 관계가 성립할 것이다. 고지대의 육상자원 위주의 식단의 경우, 전체 먹이사슬이 $^{13}C$가 부족한 $C_3$ 식물에 기반하므로, 전체 식단과 단백질 모두 거의 비슷한 $\delta^{13}C$ 값을 가지게 된다. 그러므로 전체 식단과 콜라겐 간의 $\delta^{13}C$ 값 차이($\delta^{13}C_{전체-콜라겐}$)는 5‰ 정도에서 유지되며, 인회석과 콜라겐 간의 $^{13}C$ 값 차이($\delta^{13}C_{인회석-콜라겐}$)는 최소 4.4‰이거나 그 이상으로 나타난다.

## 7.2.2 질소 동위원소

질소 동위원소비 역시 과거 식생활과 관련하여 주요한 연구 대상이다. 자연계의 생물체에 존재하는 $\delta^{15}N$ 값의 범위는 -5‰에서 +10‰ 사이이다(도면 7.11). 질소 동위원소비의 변화를 일으키는 주된 요인은 식단 내의 콩과식물(leguminous plants)과 먹이사슬 내 영양 단계(trophic level)이다. 식물체 조직 내의 $\delta^{15}N$ 값은 대기 중의 질소 동위원소 값($\delta^{13}N = 0$)보다 높다. 토양 내의 $\delta^{15}N$ 값은 이보다 더욱 높다. 질소고정을 하지 않은 식물들은 필요한 질소의 대부분을 토양 내의 질산염을 통해 얻기 때문에, 공기 중으로부터 질소를 얻는 질소고정 식물에 비해 보다 높은 $\delta^{15}N$ 값을 가지게 된다.

풀을 뜯는 초식동물들의 경우 섭취의 대상이 되는 식물에 비해 $\delta^{15}N$ 값이 더욱 높아진다. 초식동물들을 먹는 육식동물들의 경우 더욱 높은 $\delta^{15}N$ 값을 가진다. 그러므로 질소 동위원소비는 먹이사슬의 영양 단계를 반영한다고 볼 수 있다. 이러한 관점에서, 질소 동위원소비는 식단 내 동물성 단백질의 비율을 반영한다고도 볼 수 있다.

육상 자원에 의지하여 살아가는 동물들의 뼈 콜라겐 내 $\delta^{15}N$ 값은 보통 +10‰이거나 이보다 조금 낮고, 해산물을 주기적으로 다량 섭취하는 동물(인간)의 $\delta^{15}N$ 값은 +20‰에 이른다. 연평균 강수량이 400밀리미터 이하인 건조한 내륙 지역에서도 보다 높은 $\delta^{15}N$ 값을 기대할 수 있다.

현대에 이르러 탄소와 질소 동위원소 분석은 인골 연구의 통상적인 연구법으로 자리 잡았다. 이들의 동위원소비는 주로 인골의 방사성탄소연대를 측정하는 과정에서 함께 계산된다. 식생활과 관련된 동위원소 가운데에는 수소와 황 등도 있지만, 상대적으로 널리 알려지지 않았다. 이 외에도 과거의 식생활을 연구하는 방법은 더 있으며, 다음 절에 소개될 항원-항체반응을 이용하는 연구법 역시 이 가운데 하나이다. 이 사례는 매우 특수한 경우로, 인간의 유해에서 드물게 보존되는 단백질에 대한 분석을 통해 식인행위의 증거를 찾아냈다.

## 7.2.3 애리조나의 식인종들

**물질** 분석(인간의 분변 화석)

**분석 장비** GC-MS, ELISA

**연구 영역** 식생활

**장소** 콜로라도

**고고학적 시간대** 아나사지(Anasazi), AD 1100

**고고학적 질문** 고대 미국의 남서부에 식인풍습이 있었는가?

**주요 참고문헌** Marlar, R.A., B.L. Leonard, B.R. Billman, P.M. Lambert, J.E. Marlar. 2000. Biochemical evidence of cannibalism at a prehistoric Puebloan site in southwestern Colorado. *Nature* 407: 25-26.

식인은 정서적으로 상당히 예민한 주제이다. 식인풍습은 현대사회에서 일반적인 정서상 터부시되기에, 실제로 세계의 다양한 문화권에서 이러한 기록이 있음에도 불구하고 많은 사람들은 이를 믿지 않으려 한다.

비록 논란의 여지는 가지고 있지만, 구석기시대에서 근대에 이르는 고고학적 증거들 가운데에서도 식인의 증거는 찾아볼 수 있다. 구유고연방이었지만 현재는 크로아티아의 영토에 있는 크라피나(Krapina) 동굴에서는 최소 13인의 인골들이 다른 동물들의 뼈와 함께 출토되었다. 인간의 뼈에는 불탄 흔적이 있었으며, 쪼개어 골수를 빼낸 자국도 남아 있었는데, 함께 발견된 동물들의 뼈에 나타난 흔적들과 큰 차이를 보이지 않아 마치 거주민들의 먹잇감으로 활용된 것과 같은 모습이었다. 이것이 망자를 위한 신성한 의식이었는지, 아니면 단순히 적 집단의 구성원을 먹잇감으로 활용한 것인지는 불분명하다. 다른 한편으로, 이러한 뼈들이 우연한 사고에 의해 불탄 채로 부러졌을 가능성도 여전히 남아 있다. 스페인 사람들의 기록에 의하면, 멕시코의 아즈텍인들은 그들의 적이나 희생물로 바쳐진 사람을 죽이고, 도살하고 먹었는데, 그 수는 수천 명에 이른다고 한다(도면 7.12). 이것이 정복집단인 스페인인들의 과장된 기록이라는 주장도 제기되었지만, 발견된 실제 증거는 논란의 여지가 없다. 다수의 작고 부러지고 풍화된 인골들이 아즈텍의 수도 내 사원 구역에서 발견되었다.

도면 **7.12** 피라미드의 정상에서 희생자의 심장을 적출하는 모습을 표현한 아즈텍 삽화. 스페인인들의 기록에 의하면, 의식 이후 시신은 피라미드 밑으로 굴려져 토막난 이후 군중들에게 분배되었다.

식인풍습과 관련하여 논의가 진행되고 있는 또 하나의 지역은 미국의 남서부이다. 크리스티 터너(Christy Turner)와 재클린 터너(Jacqueline Turner)가 저술한 『인간 옥수수: 선사시대 미국 남서부의 식인풍습과 폭력(*Man Corn: Cannibalism and Violence in the Prehistoric American Southwest*)』이라는 제목의 책은 큰 논란을 불러왔다. 저자들은 76개소의 미국 남서부 선사 유적에서 출토된 인골들을 분석하여 그 가운데 40여 개소에서 식인풍습이 있었던 흔적을 발견하였다. 많은 사람들이 이 생생한 증거들을 부정하였으며, 정치적 올바름의 관점(politically correct view)[6]에서 푸

.........

6    역자 주. 정치적 올바름(political correctness)은 인종이나 민족, 언어, 종교, 성 등에 대해 편견을 가지는

에블로 인디언들은 평화롭고 생태 친화적인 집단이라고 생각했다. 그러나 과거에 이 지역에 전쟁과 폭력이 만연했었다는 자료들이 계속해서 축적되고 있다.

콜로라도 남서부에 자리한 맨코스(Mancos) 5MTUMR-2346라고 명명된 아나사지 푸에블로 시기 유적은 식인풍습이 있었다는 증거를 담고 있는 사례 가운데 하나이다. 팀 화이트(Tim White)가 진행한 인골들에 대한 분석 결과, AD 1,100년경 이곳에서 근 30여 명에 달하는 성인 남성, 여성, 그리고 어린아이들이 도살·조리되었음을 밝혀냈다. 인골들은 이 유적의 곳곳에 흩어진 상태로 버려져 있었다. 음식으로 소비된 동물들의 뼈에 나타난 특징들과 이곳의 인골들을 비교해 본 결과, 가죽을 벗기고, 자르고, 조리하고, 부러뜨리는 등의 행위가 있었음이 드러났다.

이러한 증거에도 불구하고, 이를 불신하는 사람들은 다른 원인이 있었을 것이라 주장하였다. 예를 들어, 이전 시기에 만들어진 무덤이 교란되어 섞여서 출토되었다거나, 마녀사냥과 같은 의식이 행해졌다는 주장도 제기된 바 있다. 가장 중요하고도 골치 아픈 사안은 과연 실제로 희생된 사람들을 먹었는가이다.

고고과학이 다시 한 번 힘을 발휘했다. 브라이언 빌먼(Brian Billman)이 이끄는 연구팀은 이 의문에 대한 답을 얻고자 하였다. 이 당시, 맨코스의 유적 이외에 이와 비슷한 식인행위의 증거가 발견된 유적에서 인간의 분석(분변 화석)이 출토되었다. 분석을 조사한 결과 식물의 잔해는 전혀 발견되지 않았으며, 오로지 고기만 섭취한 후 배설된 것으로 추정되었다. 이어 내부의 생체분자들에 대한 분석이 이루어졌는데, 미오글로빈(myoglobin)이라고 하는 단백질 성분이 검출되었다. 미오글로빈은 오로지 동물의 뼈나 심장 주변의 근육에만 분포하며, 에너지를 생산하는 기관들에 산소를 공급하는 역할을 한다. 분석 내 미오글로빈이 인체에서 유래한 것이 맞다면,[7]

.........

것은 옳지 않다는 주장을 표현하는 말이다. 다만 일부에서는 정치적 올바름이 지나치게 만연하게 되면, 사회가 전체주의적 성격을 띨 수 있고, 집단적인 압력에 의해 개인의 자유가 억압되는 현상이 생길 수 있다고 지적하기도 한다.

7   역자 주. 미오글로빈은 인간 이외에 다른 동물들의 근육에도 존재하며, 동물의 종류마다 그 화학적 구조가 조금씩 다르다. 이 원리를 이용하면, 미지의 미오글로빈(항원)을 이미 정체를 알고 있는 미오글로빈 항체들과 반응시키는 방법을 통해 해당 미오글로빈이 어떠한 동물에서 기원했는지를 추적할 수 있는 것이다.

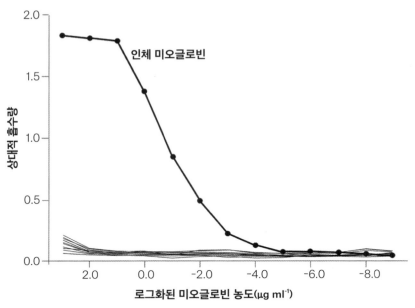

**도면 7.13** 아나사지 푸에블로 분석에서 추출한 미오글로빈 단백질의 항원-항체 반응 결과. 인체 미오글로빈과의 반응이 가장 높은 것을 확인할 수 있다. 그래프 하단의 선들은 서로 다른 여덟 종의 동물(들소, 사슴, 엘크, 토끼, 칠면조, 쥐, 개, 고양이, 가지뿔영양)에서 추출한 미오글로빈과의 반응을 나타낸다.

인간의 생체조직이 구강을 통해 섭취되었던 증거라고 볼 수 있다.[8]

이를 밝히기 위해 ELISA 검사가 도입되었으며, 〈도면 7.13〉은 그 결과를 나타낸다. 효소결합면역흡착검사(enzymelinked immunosorbent assay, ELISA)는 주로 면역학 분야에서 시료에 항원이나 항체가 존재하는지를 확인하기 위해 활용하는 분석법이다. ELISA는 의학이나 식물 병리학 분야에서 진단의 도구로 널리 쓰여왔다. 분석 방법을 설명하자면 먼저 양을 알 수 없는 항원을 표면에 부착시키고, 항원에 결합할 수 있는 특정 항체를 넣어 항원-항체 결합을 유도한다. 이 항체에는 효소가 연결되어 있으며, 마지막 단계는 효소와 작용하여 검출 가능한 신호를 낼 수 있는 물질을 첨가하는 것이다. 항원이 되는 시료(분석에서 추출한 미오글로빈)와 인간, 그리고 해당 지역에서 인간의 먹잇감이 될 만한 여러 종의 동물들에서 추출한 미오글로빈

.........

8    역자 주. 실제로 들소를 먹은 후 24시간 이내에 배출된 분변에는 들소의 미오글로빈 성분이 검출된다.

항체들 사이의 반응은 용량–반응 곡선(Dose-responce curve)을 통해 나타난다(도면 7.13). 인체의 미오글로빈과 함께 실험에 이용된 미오글로빈들은 들소(bison), 사슴, 엘크, 토끼, 칠면조, 쥐, 개, 고양이, 가지뿔영양에서 추출하였다. 검사 결과, 분석에서 추출된 미오글로빈은 인체의 근육에 존재하는 미오글로빈으로 밝혀졌다.

식인행위가 있었다는 것은 확인되었지만 남은 의문점은 왜 이러한 행위가 자행되었는가이다. 이와 관련하여 몇 가지 가설이 제시되었다. 적들에게 공포심을 심어주기 위한 목적으로 실행되었다는 의견, 멕시코의 영향을 받아 의례적으로 행해졌다는 주장, 가뭄으로 굶주림을 견디지 못해 동족을 먹을 수밖에 없었다는 의견 등은 그 가운데 일부이다. 폭력적인 집단들과의 전쟁의 결과라는 의견도 제시되었다. 하지만 전문가들은, 식인행위가 가뭄이 지속되던 1100년 중반, 아나사지 집단들 사이의 갈등과 관련이 있다고 보고 있다. 식인행위는 1130년에서 1150년 사이에 급격히 그 예가 많아졌으며, 행위 이후 종종 해당 유적의 폐기가 뒤따르기도 하였다. 그러나 강수량이 많아지는 1200년대가 되면 그 사례를 찾아보기 어렵다.

고고학적으로 확인되는 식인행위는 크게 4가지 맥락에서 이해할 수 있다. 굶주림이 극에 달해 자행되는 경우, 아즈텍에서와 같이 희생 의례의 과정에서 이루어지는 경우, 숭배심이 넘치는 장례 절차에서 행해지는 경우, 그리고 아나사지에서처럼 분쟁의 과정에서 나타나는 경우이다. 실제로 선사시대의 다양한 문화권에서 식인풍습의 증거가 확인되고 있다.

## 7.2.4 덴마크의 마지막 수렵인들

**물질** 인골
**분석 장비** 동위원소비 질량분석기
**연구 영역** 식생활
**장소** 덴마크
**고고학적 시간대** 중석기 후기–신석기 전기, 4000 BC
**고고학적 질문** 지금으로부터 6,000년 전, 중석기 수렵채집민들에게 해산물은 어느 정도로 중요한 식재료였는가? 농경이 도입된 이후, 식생활에 변화가 있었는가?

**주요 참고문헌** Tauber, H. 1981. $\delta^{13}C$ for dietary habits of prehistoric man in Denmark. *Nature* 292: 332-333.

지금으로부터 30여 년 전 이루어진 5000 BC 무렵 스칸디나비아 남부를 점유했던 중석기시대 수렵집단에 대한 초기 고고학적 기록은 이들이 체적이 큰 육상동물을 사냥해서 생계를 유지했다고 언급하고 있다. 이곳의 고고유적에서는 엘크와 멧돼지 같은 야생 육상동물의 뼈가 다량으로 출토되었다. 이 유적들을 점유했던 집단은 비교적 소규모의 이동성이 강한 수렵인들로 추정되었다. 유적들이 해안가에 인접해 있고, 내부에서 물고기 뼈들이 흔하게 발견된다는 사실은 무시되곤 했다. 그러나 이 시기에 해당하는 분묘들이 발굴되면서, 이들이 보다 정주성이 강한 집단이었음을 나타내는 증거들이 확인되었다. 분묘에서 출토된 인골에 대한 동위원소 분석 결과를 통해 이 "사냥꾼들"이 생존해 나간 방식에 대한 완전히 다른 이해를 도모할 수 있게 되었다.

인골 콜라겐 성분의 탄소와 질소 동위원소비 측정값은 이들의 식생활에 대한 완전히 새로운 정보를 제공해 주었다. 앞서 언급한 바 있듯이, 해양동물들의 $\delta^{13}C$ 값 범위는 -10에서 -18 사이이다. 인골의 $\delta^{13}C$ 값이 -20‰보다 높다면(음수값이 작아진다면), 해양 자원을 섭취하였음을 나타낸다. 이 시기 북부 유럽에는 $C_4$ 식물이 존재하지 않았다. 육상 자원에 많이 의존한다면 콜라겐의 $\delta^{15}N$ 값은 10‰ 정도가 될 것이지만, 해산물을 주기적으로 다량 섭취한 인간의 경우 20‰ 가까운 수치를 보인다. 즉, $\delta^{13}C$ 과 $\delta^{15}N$ 값이 모두 높다면, 해양 자원의 의존도가 높다고 할 수 있는 것이다.

덴마크 국립박물관의 헨리크 타우버(Henrik Tauber)는 코펜하겐 북부 베드바엑(Vedbæk)에서 출토된 인골과, 스칸디나비아와 그린란드의 각지에서 발견된 인골들의 탄소 동위원소비를 측정하였다(도면 7.14). 베드바엑 인골의 탄소 동위원소비 값의 범위는 -13.4에서 -15.3 정도였으며, 역사시대 에스키모인들의 범위와 비슷하였다. 그린란드의 에스키모인들은 해산물들을 주기적으로 다량 섭취하였으며, 전체 식

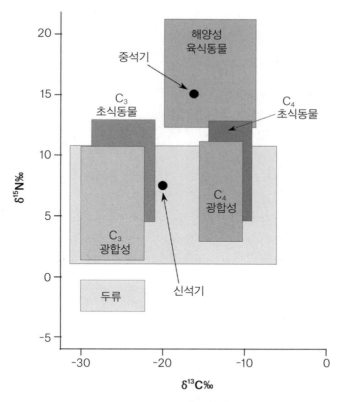

**도면 7.14** 탄소와 질소 동위원소 분석 결과의 산점도. 사각형들은 자연계에 존재한 해당 동물과 식물 종들의 기대 범위이다. 일반적으로 먹이사슬에서 상위에 위치하는 종들은 도표의 상단에 배치되며, 해양 생물들은 주로 오른쪽에 배치된다. 덴마크의 중석기(Mesolithic) 수렵인들에 비해 신석기시대(Neolithic) 농경민들의 육상 자원 의존도가 높은 것을 확인할 수 있다.

단의 70-90%를 해양 자원에 의존했다. 베드바엑을 점유했던 중석기인들의 식단에서 해산물이 차지하는 비중이 높았음을 짐작할 수 있는 대목이다. 어류, 물개, 돌고래, 고래, 연체동물 등은 베드바엑 거주민들의 주요 먹거리였다. 베드바엑에서 출토된 개뼈의 $\delta^{13}C$ 값 역시 -14.7‰ 정도로 측정되어, 인골의 값과 매우 흡사하였다. 이에 반해 덴마크의 신석기시대 인골의 $\delta^{13}C$ 값은 매우 낮게 측정되었는데, 신석기시대 농경민들의 식단에서는 해산물이 차지하는 비중이 매우 낮았음을 보여준다.

## 7.2.5 케이프타운의 노예들

**물질** 치아와 인골

**분석 장비** 동위원소비 질량분석기

**연구 영역** 식생활과 출생지

**장소** 케이프타운, 남아프리카공화국

**고고학적 시간대** 1750에서 1827년 사이

**고고학적 질문** 케이프타운의 이름 모를 묘지에 묻힌 사람들은 노예였는가? 그들은 어디에서 왔는가?

**주요 참고문헌** Cox, Glenda, Judith Sealy, Carmel Schrire, and Alan Morris. 2001. Stable carbon and nitrogen isotopic analyses of the underclass at the colonial Cape of Good Hope in the eighteenth and nineteenth centuries. *World Archaeology* 33(1): 73-97.

1652년, 남아프리카 끝 케이프타운에 처음 정착한 유럽인은 네덜란드 사람들이었다. 그들은 극동과 유럽의 중간 지점인 이곳에 항해 도중 휴식을 취하거나 배를 수리할 수 있는 기착지를 만들고자 하였다. 그때부터, 노예무역이 금지되는 1808년까지 6만 명이 넘는 노예들이 케이프타운으로 불려왔다. 노예들은 식민지가 세워진 직후부터 끌려왔는데, 식량 생산을 위해 보다 많은 노동력이 필요했기 때문이다. 노예들은 대부분 아프리카와 아시아 쪽에서 징발되었다. 아프리카인 노예들은 마다가스카르와 동아프리카에서, 아시아인 노예들은 주로 인도와 스리랑카, 인도네시아에서 팔려온 것으로 알려져 있다. 아프리카 노예들은 주로 노역에 투입되었으며, 인도와 인도네시아인들은 공예품을 만들거나, 마차를 몰거나, 행상을 하였다. 여성들은 세탁, 간호, 집안일 등을 하였다.

1994년, 케이프타운 도심 코번(Cobern)가의 건설현장에서 63기의 분묘와 121구의 인골이 발견되었다.

이 묘지는 1750년에서 1827년 사이에 조성되었는데, 무덤의 무질서한 배치와 지속적인 추가장으로 인한 교란 등으로 미루어보아 공식적인 매장지가 아니었던 것으로 추정되었다. 정갈함이 떨어지는 망자에 대한 처리와 부장품의 부재 등은 코번가가 노예들의 묘지였음을 추정케 하였다. 이곳 인골들의 위팔뼈의 단면 관찰을 통한 상완 근력 분석 결과는 이들이 육체노동자였음을 확인시켜 주었다.

당시 노예들의 식생활과 그들의 기원지에 대한 고찰을 위해 코번가의 인골에 대한 탄소와 질소 동위원소 분석이 이루어졌다. 제4장에서 언급된 바와 같이, 이 방법들은 해양성과 육지성 식단의 차이, 특정 종류의 식물에 대한 섭취, 식단에서 고기나 어류의 중요도 등에 관한 정보를 제공해 준다. 분석을 위해 보다 완전한 형태를 갖추고 있던 53구의 인골이 선택되었다. 연구자들은 치아, 긴뼈(장골, long bone), 갈비뼈 등을 분석 시료로 채취하였다. 연구자들에 따르면, 치아의 상아질에 축적된 동위원소는 유아기의 식생활을 반영하고, 갈비의 해면골(spongy bone)의 동위원소는 죽기 직전의 식단을 반영하며, 생성에 오랜 시간이 소요되는 장골의 골피질 부위의 동위원소에는 20여 년에 걸친 장기간의 식생활에 대한 정보가 내재되어 있다. 이들 동위원소비 값을 비교해 본다면 일생 동안의 식생활 변화상을 추정할 수 있는 것이다. 치아의 상아질에 대한 탄소와 질소 동위원소비 측정값은 두 개의 확연한 집단을 형성하였다(도면 7.15). 7점의 시료(측정값)들은 산점도의 오른쪽 아래 하나의 집단을 형성하였다. 상대적으로 높은 $\delta^{13}C$ 값은 옥수수, 수수, 조, 기장과 같은 열대 $C_4$ 식물군이 식단에 포함되었음을 나타낸다. 이들은 광합성 과정에서 보리, 귀리, 벼와 같은 온대성 $C_3$ 식물군들에 비해 보다 많은 $^{13}C$를 체내에 지니게 된다. 치아에서 측정된 $\delta^{13}C$과 $\delta^{15}N$ 값이 모두 높다면, 어린 시절 해양 자원의 의존도가 높은 식생활을 했다고 할 수 있는 것이다. 육상 자원에 많이 의존한다면 $\delta^{15}N$ 값은 10‰ 정도가 유지되며, 해산물을 주기적으로 다량 섭취한 인간의 경우 20‰ 가까운 수치를 보인다.

〈도면 7.15〉에서 산점도의 오른쪽 아래 소규모 집단을 형성한 시료들은 상대적으로 높은 $\delta^{13}C$ 값과 낮은 $\delta^{15}N$ 값을 나타냈는데, 이 시료에 해당되는 인원들이 어린 시절 $C_4$ 식물 위주의 육지성 식재료를 많이 섭취하였음을 뜻한다. 추가적으로, 이 인원들은 모두 앞니가 사선 방향으로 특이하게 갈린 상태였다(도면 7.16). 이것은 아프리카, 특히 모잠비크 지역에 전해 내려오는 풍습으로, 그들은 앞니를 갈아 뾰족하게 하는 것을 통해 보다 매력을 드러낼 수 있다고 믿었다. 그러므로 이들 7인은 모잠비

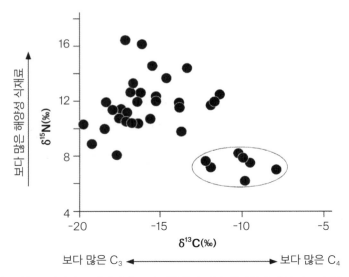

**도면 7.15** 케이프타운 코번가의 묘지에서 출토된 인골들의 치아 상아질에 대한 탄소와 질소 동위원소 분석 결과. 우하단의 원 내부의 집단은 나머지와 비교하여 확연하게 다른 유년기 식단을 유지했음을 알 수 있다.

크에서 태어나 케이프타운에 노예로 팔려 왔을 가능성이 매우 높았다. 다른 한편으로, 〈도면 7.15〉의 가장 왼쪽에 위치하는 4점의 시료에 해당하는 인원들은 어린 시절 온대성 $C_3$ 식물 위주의 식생활을 유지했던 것으로 보인다.

동위원소 분석 결과는 코번가에 매장된 노예들의 식생활 변화를 가늠할 수 있게 해 주었다. 전체 시료는 총 3개의 집단으로 나눌 수 있었다. 첫 번째 집단을 형성하는 15인은 일생을 살아가는 과정에서 식생활에 큰 변화를 겪었다. 이 15명 가운데는 위에서 언급한 소규모 집단을 형성했던 7인의 일부(5명)가 포함되어 있었다. 이들은 어린 시절 이후에는 주로 $C_3$ 식물 위주의 식단에 의존하였다. 26인으로 구성된 두 번째 집단은 일생 동안 식단의 변화를 겪지 않았다. 세 번째 집단은 몇 가지 특이점이 있었다. 그들은 우측을 향한 모습으로 수의에 싸여 매장되었는데, 관이나 부장품은 없었다. 이들이 이렇게 매장된 것은 시신이 시그널 힐(Signal Hill)이라고 불리는 지역의 랜드마크(landmark)를 향하게 하기 위함이다. 시그널 힐은 케이프타운에 거주하는 무슬림들에게 중요한 신성한 장소였다. 동위원소 분석 결과 이들은 유년 시절 온대성 $C_3$ 식물 위주의 식사를 한 것으로 나타나, 이들이 남아시아나 인도네시아에

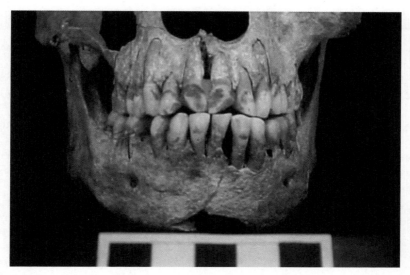

**도면 7.16** 치아의 상아질에 대한 동위원소 분석 결과 식단이 달랐던 집단의 앞니에서는 특정한 방식으로 갈려 변형된 흔적이 발견되었는데, 이는 모잠비크 지역의 문화적 풍습 가운데 하나이다.

서 태어난 무슬림들임을 추정케 했다.

　무덤의 고고학적 맥락과 동위원소 분석 결과를 통해 코번가에 매장된 노예들에 대한 보다 많은 정보를 간취할 수 있었다. 이 연구의 저자들(Cox et al. 2001)은 이들의 면면을 이렇게 기록하고 있다. "분묘 3의 인물은 아마도 현지에서 태어난 범죄자이며, 아직까지 다리에 족쇄를 차고 있다. 분묘 61에 매장된 젊은 여성은 아마 불법적으로 취득했을 것으로 보이는 2점의 은제 귀중품을 지니고 있었다. 분묘 52의 여성은 동위원소비 값으로 미루어보아 열대 아프리카에서 태어났으며, 인위적으로 앞니를 갈아 변형시켰다. 그녀는 케이프타운에 도착 후 머지않아 사망한 것으로 추정되며, 영국 군용 점퍼에 싸여 매장되었다. 분묘 20은 가족묘인데, 두 명의 아프리카인 노예와 어린 자녀는 케이프타운행 배 안에서, 혹은 도착 직후 사망한 것으로 보인다."

읽을거리

Ambrose, S.H., and Katzenberg, M.A. (Eds.). 2001. *Biogeochemical Approaches to Paleodietary Analysis*. Springer Verlag, New York.

DeNiro, M. and Schoeninger M.J. 1983. Stable carbon and nitrogren isotope ratios of bone collagen: variations within individuals, between sexes, and within populations raised on monotonous diets. *Journal of Archaeological Science* 10: 199-204.

Dincauze, Dena F. 2000. *Environmental Archaeology: Principles and Practice*. Cambridge University Press, Cambridge.

Dugmore, Andrew J., Anthony J. Newton, Gurún Larsen and Gordon T. Cook. 2000. Tephrochronology, Environmental Change and the Norse Settlement of Iceland. *Environmental Archaeology* 5: 21-34.

Katzenberg, M. A., and R. G. Harrison. 1997. What's in a bone? Recent advances in archaeological bone chemistry? *Journal of Archaeological Research* 5: 265-293.

King, D., P. Williams, and J. Salinger. 2004. Reconstructing past environmental changes using speleotherms. *Water and Atmosphere* 12(2): 14-15.

Pate, F.D. 1994. Bone chemistry and paleodiet. *Journal of Archaeological Method and Theory* 1: 161-209.

Yaeger, J., and D. Hodell. 2007. The Collapse of Maya Civilization: Assessing the Interaction of Culture, Climate, and Environment. In *El Niño, Catastrophism, and Culture Change in Ancient America*, ed. by D.H. Sandweiss and J. Quilter. Dumbarton Oaks, Washington, DC.

제8장

# 출토지와 원산지

**8.1 출토지와 원산지**
8.1.1 에콰도르의 토기
8.1.2 멕시코 그릇의 납 유약
8.1.3 북아메리카의 유럽산 구리
8.1.4 터키 흑요석

8.1.5 핀슨 고분군(Pinson Mounds)
　　　출토 토기
8.1.6 멕시코의 피라미드
8.1.7 마야의 왕
읽을거리

# 8.1 출토지와 원산지

고고학에서 매우 중요한 용어 가운데 provenience가 있다. Provenience에는 두 가지 의미가 있는데, '해당 유물이 출토·발견된 장소'와 '유물의 원산지'이다. 유물의 provenience는 그것이 발굴된 장소를 가리킬 수 있으며, 이는 매우 중요한 정보이다. 출토지 정보는 유물이 발견될 당시의 맥락에 대한 자세한 기록도 포함하고 있다. 출토지가 불분명한 유물은 과거에 대한 제한적인 사실만을 제공해줄 뿐이다. Provenience은 유물의 제작지나 원산지, 인골의 경우 출생지를 의미하기도 한다. 그러므로 이 용어를 사용할 때에는 이를 정확하게 인지하고 있어야 한다.

*Provenience*와 *provenance*는 사용되는 맥락에서 차이를 보이지만 대체적으로는 동일한 의미로 쓰인다. 두 용어 모두 위에서 언급한 '유물이 출토·발견된 장소', 혹은 '유물의 원산지/인골의 출생지'를 가리킨다. 예를 들어, 당신의 provenience는 당신이 태어난 장소를 의미하는 것이다. 유물의 원산지는 과거 인간집단 간의 교역이나 상호교류를 이해하고자 할 때 매우 유용한 정보가 될 수 있다. Provenance는

주로 영국과 구대륙의 고고학에서 provenience와 비슷한 의미로 사용된다. 미술사나 그리스, 로마시대 고고학(classical archaeology) 분야에서는 유물의 역사[1]를 나타내는 용어로 사용되기도 한다. 혹자는 이 두 용어의 차이를 이렇게 설명하기도 한다. "provenience는 유물의 탄생지이고, provenance는 유물의 이력서이다."

미국권에서 provenience라는 용어는 주로 고고학자들과 고고화학자들에 의해 사용된다. 이 책에서는 이를 유물의 원산지나 사람, 동물의 출생지를 지칭하는 용어로 사용하고자 한다. 그러니 적어도 이 책에서는 흑요석 조각의 provenience[2]는 유물의 출토 맥락만을 말하는 것이 아니라 원산지인 특정한 화산지대까지를 포괄한다. 유물의 원산지는 과거 인간집단 간의 교류를 이해하거나, 유물의 진위를 판별하고자 할 때 매우 유용한 정보가 될 수 있다.

고고유물의 산지가 어디인가에 대한 연구를 수행하는 과정에서 중요한 부분은 바로 원산지 상정(provenience postulate)인데, 원산지를 공유하는 유물들은 원산지가 다른 유물들에 비해 화학적 (원소)조성에 있어 보다 흡사하다는 일종의 전제라고 할 수 있다. 원론적으로 말하자면, 원산지와 어느 정도의 거리가 있는 지점에서 발견된 물질일지라도, 둘 사이의 화학적인 유사성을 이용하여 이에 대한 정보를 간취할 수 있다. 다시 말해, 이 물질의 산지가 어디인지를 알아낼 수 있는 것이다. 비교적 간단하게 들리는 이 법칙의 강점은 이를 이용하여 다양한 산지들을 화학적으로 구분하여 이를 유물의 그것과 직접적으로 비교해 볼 수 있다는 것이다. 이 접근법은 토기, 터키석, 주석 등의 다양한 물질문화 연구에 적용되었다. 원산지 상정의 타당성은 개별적인 상황에 따라 다르게 수립될 수 있는데, 이에 관한 가정적(hypothetical) 예를 보면 보다 이해가 쉬울 것이다(도면 8.1 a-d).

원산지 상정은 단순히 하나의 원소에 대한 분석을 통해서는 성립되기 어렵기에,

.........

1   역자 주. 여기에서 말하는 유물의 역사란 유물이 발견된 시점부터 현재에 이르는 유물의 내력, 즉 소유자의 변경이나 소장된 장소의 변경, 보수·복원 사항 등을 포함하는 모든 기록을 말한다.

2   역자 주. 용어의 명확한 의미 전달을 위해 원어인 provenience를 그대로 사용하였지만, 해당 부분 이후부터는 본문에서 정의한 바와 같이 원산지, 혹은 출생지로 번역하여 나타내고자 한다.

고고화학자들은 주로 NAA(중성자 방사화 분석)와 같이 거의 대부분의 원자들을 높은 감도로 동시에 검출할 수 있는 다원자 분석 기법을 동원한다. 고고유물에 대한 NAA

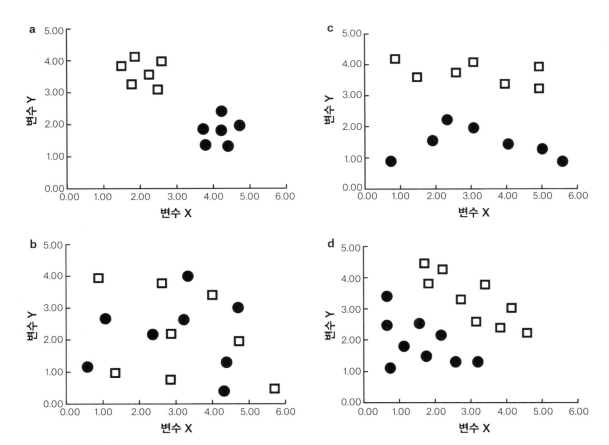

**도면 8.1** (a) 원산지 상정(provenience postulate)은 변수 X(가로축)와 Y(세로축)에서 성립한다. 집단 A(흰색 사각형)와 집단 B(검은색 원)의 집단 내 변동이 집단 간 차이보다 확연하게 작으므로 명확한 두 개의 군집(원산지)이 형성되었고, 미지의 시료는 이 두 집단 가운데 하나에 포함될 수 있다. (b) 변수 X와 Y에서 원산지 상정이 성립되지 않는다. 집단 A(흰색 사각형)와 집단 B(검은색 원)의 집단 내 변동이 진단 간 차이보다 더 크므로 명확한 두 개의 군집(원산지)이 형성되지 못하였고, 미지의 시료는 이 두 집단 가운데 하나에 포함될 수 없다. (c) 원산지 상정은 변수 Y에서는 성립하지만 X에서는 성립하지 않는다. 그렇다고 하더라도, 변수 Y 내에서의 집단 A(흰색 사각형)와 집단 B(검은색 원)의 변동이 두 집단 사이의 차이보다 확연하게 작으므로 두 개의 다른 군집이 형성되었다. 미지의 시료는 이 두 집단 가운데 하나에 포함될 수 있다. (d) 원산지 상정이 성립된다. 각 집단의 값은 X축과 Y축 모두에서 서로 겹치지만, X와 Y가 함께 고찰된다면 구분이 가능하다. 그러므로, Y가 정해진 경우, 집단 A(흰색 사각형)는 B(검은색 원)보다 확연하게 큰 X값을 가지게 될 것이며, X가 정해진 경우에도, 집단 A는 B보다 확연하게 큰 Y값을 가지게 된다.

는 일반적으로 동시에 24여 개의 원소들을 정량적으로 분석해 낼 수 있어, 하나의 원소에 대한 분석으로는 불가능했던 원산지에 따른 물질들의 분류를 가능하게 한다. 고고화학자들은 원소들 사이의 다양한 조합을 효과적으로 구분 짓기 위해 여러 가지 종류의 통계적인 다변량 분석 기법을 활용하기도 한다. 통계적 기법을 이용하면, 전체 데이터를 "축소(reduced)"시킬 수 있어, 오로지 몇 개의 원소에 대한 검토를 통해 원산지 집단을 구분 짓는 것이 가능하다.

분석 대상이 자연계에 존재하는 물질이고, 과거인에 의해 도구로 가공된 이후에도 화학적인 조성이 변하지 않으며, 주변에 원산지가 될 만한 후보지가 많지 않고, 후보지들에서 채취한 시료들도 군집을 형성하기에 충분한 수량이며, 하나나 혹은 둘 정도의 원소 조합으로 후보지들의 화학적 구분이 가능하다면 매우 이상적인 원산지 추적 연구가 될 수 있다. 하지만 그 유명한 "공모양의 소(spherical cow)"[3]가 존재하지 않듯, 이런 이상적인 경우는 매우 드물다.

위에서 언급한 이상적인 경우에 가장 근접한 물질은 흑요석이다. 이 물질의 원산지는 비교적 지질학적으로 젊은 몇몇 화산지대로 한정된다. 과거 인간들은 흑요석을 화학적으로 변형시키지 않았으며, 지구상에 알려진 흑요석의 원산지들은 대부분 화학적으로 구분되어 있다(도면 8.2). 심지어, 대부분의 흑요석 원산지의 화학적 조성에 대한 데이터가 확보되어 있어, 특별히 인근 원산지의 화학적인 특성에 대한 조사를 별도로 진행할 필요가 없다. 또한 흑요석 내 원소들의 구성과 상대/절대량을 측정하는 비파괴 분석법들이 개발되어, 박물관에 수장된 유물들에 대해서도 비교적 빠르게 연구를 수행할 수 있게 되었다.

흑요석을 제외한 다른 물질들의 경우, 원산지를 한정하는 것이 쉽지 않다. 흑요석의 경우에도, 단 수년 전까지만 하더라도 알지 못했던 새로운 원산지들이 발견되기도 한다. 처트, 화강암, 현무암, 사암 등과 같은 보다 흔한 물질들의 원산지는 너무

.........

3    역자 주. 공모양의 소(spherical cow)는 물리학 분야에서 유래한 용어로, 많은 조건들을 추상화시켜 자신이 원하는 모델을 성립시키려고 하는 이론물리학자들을 풍자하는 개념으로 사용된다. 더 넓게는, 과학자의 머릿속과 현실 세계의 괴리나 간극을 나타내는 뜻으로도 쓰인다.

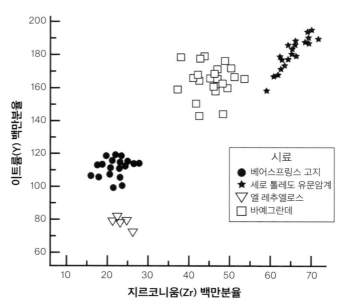

**도면 8.2** 백만분율(parts per million) 단위로 나타낸 흑요석 시료 내의 지르코늄(Zr) 원소와 이트륨(Y) 원소의 절대량 분포. 이 두 원소에 대한 측정값의 조합으로 4곳의 원산지가 거의 완전하게 구분되었다.

도 많아서 화학적으로도 이를 특정하기 어렵다. 이러한 물질들의 경우 특정 거리에 있는 명확한 원산지를 추적하는 것은 불가능에 가깝다. 만약 원산지가 될 만한 후보지들을 좀 더 작은 수로 한정할 수 있다면, 이들 가운데 몇몇과 유물 사이의 연관성을 파악할 수 있을지 모른다. 그러나 이 경우에도 결국 유물의 확실한 원산지를 특정할 수는 없다. 조금 더 범위를 좁히기 위해서는 인근의 채석장이나, 유물의 분포도와 같은 추가적인 정보가 필요하다.

　이러한 경우의 대표적인 예는 토기로, 확실한 소수의 원산지들을 특정하기 어려운 유물이지만, 고고학자들은 매우 정력적으로 이와 관련한 연구를 시도하고 있다. 토제품들은 자연계에 존재하는 지질학적인 물질들로 만들어지며, 그 가운데 점토는 가장 필수적인 재료가 된다. 고고유적에서 발견되는 토기들은 점토와 비짐의 혼합물인데, 그 구성 양상이 고르지 않다. 점토와 비짐의 종류나 조합 비율은 토기의 궁극적인 "원산지"라고 할 수 있는 개별 제작자들에 따라 달라질 수 있다. 이들은 토기 제작 시 부위에 따라 다른 배율의 점토 혼합물을 사용할 수 있으며, 완전히 다른 점토를 사용할 가능성도 있다(예를 들어, 멕시코의 파키메(Paquimé) 토기 제작자들은 때에 따라 하나의 토기를 빚는 데 7가지 종류의 점토를 사용하기도 하였다). 그러므로 토기를 포함하는 토제품들은 지질학적 물질이라기보다는 문화적 생산품이라고 할 수 있으며, 지역에 따라 화학적 조성에 있어 차이를 보일 수 있지만 이는 점토를 제작하는 인간 집단에 의해 크게 좌우된다.

그렇기 때문에, 토기에 대한 연구는 서로 다른 집단이 제작한 토기들을 화학적으로 구분하는 것이 가능한지에 맞추어져 있다. 몇몇 실험실의 경우 비교연구를 위해 해당 지역에서 산출되는 점토를 시료에 포함시키기도 하지만, 대부분의 토기연구는 하나의 세트(특정 토기 제작 집단이 제작했을 것으로 여겨지는)와 다른 토기 세트를 비교하여 이 둘을 화학적으로 구분할 수 있는지에 초점을 맞춘다.

원산지나 출생지 추적과 관련하여, 유리나 금속, 옥수수 속대 및 치아에 이르는 수많은 종류의 유기, 무기물질에 원소 분석이 활용되었다. 어떤 경우는 비교적 성공적으로 원산지에 따른 지역적인 차이를 발견할 수 있었지만, 지리적인 차이 이외에 유물이나 생물체 조직의 원소 조성에 영향을 끼칠 수 있는 요소들이 많을 경우 원산지 상정의 타당성이 확보되기 어려웠다. 이러한 경우, 고고학자들은 동위원소 분석을 활용해, 보다 성공적인 연구를 수행하고 있다.

원소 분석과 비교했을 때, 중동위원소(heavy isotope) 분석이 가지는 단점은 분석에 활용 가능한 원소가 많지 않다는 것이고, 이를 이용한 조합도 다양하지 않다는 것이다(예를 들어, 스트론튬의 경우 $^{87}Sr/^{86}Sr$, 납의 경우 $^{207}Pb/^{204}Pb$, $^{206}Pb/^{204}Pb$, 그리고 $^{208}Pb/^{204}Pb$). 그러나 인위적으로 다른 산지의 것을 혼합하지 않은 이상, 어떠한 생물적인 과정(biological process)[4]이나 기술적인 가공 과정을 거쳐도 그 비율에 큰 영향을 끼치지 못한다는 점에서 큰 이점이 있다. 예를 들어, $^{87}Sr$과 $^{86}Sr$은 생물체의 유기조직 내에 풍부하며, 자연계에 분포하는 스트론튬이 생물체의 체내로 흡수되어 조직

.........

4    역자 주. 여기에서 말하는 생물적인 과정이란, 유기 생물의 신체 내에서 일어나는 여러 생화학적 과정들 (에너지의 공급, 소화 등)을 말한다.

내에 축적되는 과정을 거치면서도 그 비율이 크게 변화하지 않는다. 납 동위원소비 역시, 채광되어 청동을 만드는 데 사용되는 과정에도 변화하지 않는다. 다만 두 가지 이상의 광산에 채광된 납이 섞이게 되면 고유한 비율을 잃게 된다.

동물의 치아는 탄소와 산소 동위원소들을 장기간에 걸쳐 축적하기 때문에, 장축을 따라 순차적으로 채취된 시료는 서로 다른 시간대를 반영하여, 동물의 이동 양상 등의 파악에 도움을 줄 수 있지만, 해당 동물의 출생지를 특정하지는 못한다. 동위원소비를 변화시키는 원인은 여러 가지가 있으며, 지역적인 요인을 다른 것들과 분리하려는 시도가 현재 활발하게 전개되고 있다.

이 장에서는 상대적으로 많은 사례들이 소개될 것인데, 그 이유는 원산지나 출생지를 추적하는 것이 고고학에서 매우 중요한 연구주제라고 생각하기 때문이다. 이 장의 사례들은 여러 종류의 물질들을 통해 원산지 및 출생지를 추적한다. 먼저 이 책의 공동 저자인 제임스 버턴(James Burton)이 고고학 분야에서 일찍이 수행한 에콰도르의 토기에 포함된 보기 드문 비짐의 산지를 추적한 연구가 소개될 것이다. 두 번째 사례는 위스콘신 대학교 고고화학실험실의 대학원생이 수행했던 멕시코 그릇의 납 유약에 대한 연구이다. 역사시대 유적에서 발견된 구리 유물의 원산지를 추적하기 위한 원소 분석이 세 번째 사례이다. 구리는 유럽인들이 미국 대륙에 도달하기 이전 이미 알려진 재료였기에, 이를 유럽산 구리와 구분하는 데 어려움이 따랐다.

다음 사례에서는 흑요석이 주요 연구 대상이다. 검은색을 띠는 유리질 화산암인 흑요석은 흔치 않지만, 선사시대의 도구를 제작함에 있어 축복에 가까운 재료였다. 흑요석은 장거리 교역의 대상이었으며 이에 대한 원산지 추적을 통해 근동지역 인간집단들 사이의 교역과 상호작용의 본질을 이해할 수 있었다. 다섯 번째 사례에서는 토기들이 NAA를 사용한 원산지 추적 연구의 대상이 되었다. 테네시에 자리한 핀슨 고분군 출토 토기들에 대한 연구는 이러한 분석방법의 잠재적인 문제점과, 보다 완전한 이해를 도모하기 위한 다른 분석법들의 역할에 대해 알려줄 것이다.

마지막으로, 멕시코에서 수행된 두 가지 연구는 선사시대 사람의 출생지를 추적한다. 첫 번째 사례는 테오티와칸(Teotihuacán)에서 진행된 연구로, 연구자들은 많은 사람들이 이 고대도시로 이주한 증거와, 다수의 이주민들이 의례 행위의 공헌물로 희생된 증거들을 발견했다. 두 번째 사례는 마야지역의 코판(Copán) 유적에서 발견된 초기 지도자의 유해에 대한 정밀한 분석을 통해 출생지를 추적한 것이다.

### 8.1.1 에콰도르의 토기

**물질** 토기
**분석 장비** 암석현미경, 전자현미경
**연구 영역** 원산지 추적
**장소** 에콰도르
**고고학적 시간대** 1000-0 BC
**고고학적 질문** 토기의 원산지는 어디인가? 안데스 사람들은 누구와 접촉하였는가?
**주요 참고문헌** Bruhns, Karen O., James H. Burton, and George R. Miller. 1990. Excavations at Pirincay in the Paute Valley of Southern Ecuador, 1985-1988. *Antiquity* 64: 221-233.

이 책의 저자인 제임스 버턴은 학생이었을 무렵, 에콰도르 남부의 안데스 산맥에서 출토된 토기를 연구한 것이 계기가 되어 고고측정학 분야에 발을 들이게 되었다. 세로 나리오(Cerro Narrío)라 불리는 고지대의 유적을 발굴하고 있던 고고학자들은 지금까지 안데스 지역에서 발견된 토기들과는 판이하게 다른 특징을 가진, 기원전 1천년기 무렵 사용된 토기를 발견하게 된다. 일명 "X 양식(Group X)"이라고 불린 이 토기들은 담황색의 배경에 깊게 홈을 파 시문을 하여 공간을 구획하고 붉은색으로 채색한 것이 특징이다(도면 8.3). 토기 소성 과정에서 배경색인 담황색이 나타나게 되며, 검은색의 고운 비짐을 사용하여 마치 "후추가 뿌려진 것과 같은(peppered)" 외양을 가지게 된다. 이 지역을 연구하던 고고학자인 캐런 브룬스(Karen Bruhns)는 버턴에게 X 양식 토기들에 대한 연구를 의뢰해 왔다. 이 당시, 버턴은 모래와 점토의 혼합물이 열과 압력 아래에서 어떠한 변화를 일으키는지를 연구하고 있었다. 먼저 토기의 단면을 0.03밀리미터 정도 되는 두께로 잘라내어 관찰용 얇은

**도면 8.3** 붉은 띠 모양으로 채색된 에콰도르 고지대의 토기

단면을 제작하였다. 이렇게 두께가 매우 얇을 경우, 대부분의 광물은 투명하게 보이게 되어 암석현미경(petrographic microscope)을 통해 이를 관찰하면 각각의 광물이 지닌 구조적인 특성들을 판별해 낼 수 있다.

암석현미경을 통한 관찰 결과 검은 모래 비짐은 화산재가 아닌 유리와 같은 입자로 밝혀졌는데, 흑요석으로 추정되었다. 흑요석의 원산지는 이를 산출하는 화산지대로 한정되므로(8.1.4 참고), 이 비짐들이 어디에서 온 것인지 추론하는 것이 가능할 수도 있었다. 그러나 이러한 연구를 위해서는 전자현미경과 같은 보다 정밀한 분석장비가 필요했다.

전자현미경을 통해 토기 단면을 보다 큰 배율로 관찰한 결과(도면 8.4), 검은 유리질의 비짐은 흑요석이 아닌 현무암질 유리(basaltic glass)로 밝혀졌으며, 내부에는 휘석과 감람석 같은 광물들이 다량 혼입되어 있었다. 현무암질의 유리는 흑요석보다 더욱 흔치 않기에, 원산지를 찾는 것이 보다 수월할 수도 있었다. 현무암질 유리의 수명은 수백만 년 정도이므로, 원산지가 활화산일 수도 있다는 추정이 가능하였다. 현무암은 흑요석보다 확연하게 높은 온도에서 생성되기 때문에, 원산지가 안데스 산맥 내의 흑요석 산지들보다 동쪽의 내륙지역에 있을 확률이 높았다.

전자현미경을 통해 점토 내 초소형의 경녹니석(chloritoid) 입자들의 존재도 확인할 수 있었는데, 이 광물은 녹색편암류를 만들어내는 지질학적 변성작용을 통해 생성된다. 토기 내의 비짐은 의심의 여지가 없이 화성암 종류였지만, 점토는 변성작용

**도면 8.4** 에콰도르 토기 단면의 전자현미경 후방산란(back-scattered) 이미지. 비짐으로 사용된 현무암질 유리가 확인되었다.

이 풍부한 지대에서 채취한 것이었다. 일반적으로 점토나 비짐은 토기를 제작하는 장소에서 그리 멀지 않은 곳에서 확보하기 때문에, 토기의 원산지는 변성작용이 있었던 지대에 형성된 상대적으로 젊은 화산 근처로 추정할 수 있었다. 남아메리카에서 이 조건을 만족시키는 곳은 아마존 정글 북부에 위치한 산게이(Sangay)라고 불리는 해발 5,200미터 높이의 화산이다(도면 8.5). 산게이는 에콰도르에서 가장 활발한 화산이며, 세로 나리오 유적과도 가장 가까운 화산으로, 약 90킬로미터 정도 떨어져 있다.

산게이 화산 근처에서 세로 나리오 유적에서 출토된 것과 비슷한 양식의 토기들이 발견되어 이들 역시 분석되었는데, 점토와 비짐의 특성이 세로 나리오의 그것과 같았다. 브룬스와 버턴은 화산활동이 진행 중인 산게이의 동쪽 기슭에서 또다시 같은 종류의 토기들을 발견할 수 있었으며, 현무암질 유리 역시 찾을 수 있었다. 이 지역이 세로 나리오 유적 출토 토기들의 원산지가 맞았다.

세로 나리오 유적에서 출토된 패각으로 만들어진 장신구들은 기원전 1천년기 초반 무렵 안데스의 고지대와 서쪽의 태평양 연안 지역 인간집단 사이에도 교류가 있었음을 보여준다(도면 8.5). 안데스 고지대의 인간집단들은 지금으로부터 2,000년 이전부터 서쪽의 해안지역과 동쪽의 화산지대 거주민들 모두와 교류 관계에 있었다.

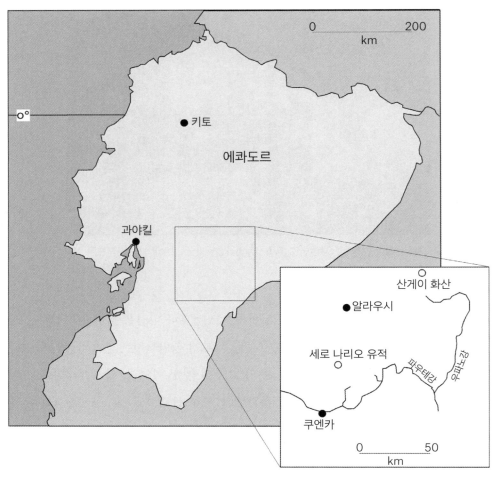

**도면 8.5** 세로 나리오(Cerro Narrío) 유적 및 산게이(Sangay) 화산의 위치와, 이 두 지역을 연결하는 루트로 사용되었을 것으로 추정되는 강

## 8.1.2 멕시코 그릇의 납 유약

**물질** 토기

**분석 장비** ICP-MS

**연구 영역** 원산지 추적

**장소** 멕시코/스페인

**고고학적 시간대** 16세기에서 17세기

**고고학적 질문** 토기의 원산지는 어디인가?

**주요 참고문헌** Reslewic, Susan, and James H. Burton. 2002. Measuring Lead Isotope Ratios in Majolica from New Spain Using a Nondestructive Technique. In *Archaeological Chemistry: Materials, Methods, and Meaning*, Kathryn A. Jakes (ed.), pp. 36-47. Washington, DC: American Chemical Society.

위스콘신 대학교의 고고화학 수업에서 학생들은 3주에서 4주 정도 소요되는 짧은 고고학 관련 분석 프로젝트를 수행하게 된다. 이 수업에서 수전 레슬르윅(Susan Reslewic)이라는 학생은 고고유물의 원산지를 간단한 비파괴적인 분석으로 추적하는 프로젝드를 수행하였다.

버턴은 납 유약이 발린 멕시코산 그릇에 과일 음료를 보관하여 납 중독에 걸린 사례들에서 착안하여 연구 프로젝트를 구상하였다. 그는 레슬르윅에게 과일의 과즙에 풍부하게 포함되어 있는 에틸렌디아민테트라아세트산(ethylenediaminetetraacetic acid, EDTA)을 이용하여 납 유약이 칠해진 토기에서 원산지 추적이 가능할 만한 정도의 납을 추출할 수 있는지를 조사하는 연구를 제안하였다. EDTA는 길고 화학구조가 유연한 분자로, 산소 원자들이 양 끝에 두 쌍으로 배치되어 있고, 중앙부에 두 개의 질소 원자가 자리하여 화학적 결합 가능성이 높은 형태를 띠고 있다(도면 8.6). 이러한 구조적 특징으로 인해, EDTA는 납을 비롯한 다양한 금속들과 결합하려는 성질이 매우 강하다. EDTA는 해독제의 성분으로도 사용되며, 특히 급성 납 중독과 수은 중독 치료에 긴히 쓰인다.

토기에 바르는 주석과 납 유약은 중세시대에 서부 지중해 유역에서 개발되었을 것으로 추정된다. 이 그릇들은 르네상스 시대에 제작되었으며, 일반적으로 납 산화물이 포함된 불투명하고 흰 유약 위에 다양한 색으로 채색을 한다. 특유의 광택으로 인해 광택기(lusterware)라고 불리기도 했다. 납유는 고광택의 불투명한 흰색을 발산하기에, 채색에 적합하다. 1521년 스페인이 멕시코를 점령한 이후, 신대륙에도 납유 도자기가 등장하기 시작한다. 이들을 통칭하여 마욜리카 그릇(majolica ware)이라고 불렀다.

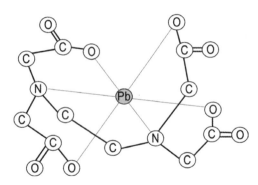

**도면 8.6** EDTA, $(HO_2CCH_2)_2NCH_2CH_2N(CH_2CO_2H)_2$의 화학구조. EDTA는 길고 화학구조가 유연한 분자로, 산소 원자들이 양 끝에 두 쌍으로 배치되어 있고, 중앙부에 두 개의 질소 원자가 자리하여 마치 4개의 손가락을 가진 2개의 손의 형상을 하고 있다. 납을 비롯한 다양한 금속들과 결합하려는 성질이 매우 강하다. EDTA는 해독제의 성분으로도 사용되며, 특히 급성 납 중독과 수은 중독 치료에 긴히 쓰인다.

1540년부터 납유 그릇들은 멕시코에서도 현지에 있는 재료들을 활용하여 제작되기 시작한다. 산루이스포토시(San Luis Potosoi) 인근에서 산출되는 납이 주요 재료였다. 이 그릇들은 스페인이 점령한 지역을 중심으로 유통되었으며, 미국의 남서부에서도 사용되었다. 이 지역에서는 마욜리카 그릇들의 원산지가 프레시디오스(요새, presidios)라고 불리는 초기 스페인 취락지의 연대와 관련하여 중요한 고고학적인 연구주제였다. 프레시디오스는 방어시설이 구비된 스페인 근거지로, 주로 16세기에 아메리카 인디언들로부터 거주지를 방어하기 위한 목적으로 구축되었다. 상대적으로 이른 시기에 조성된 요새의 경우, 늦게 만들어진 것들보다 유럽에서 생산된 마욜리카 그릇들이 많이 출토된다.

신대륙의 납유와 EDTA를 이용한 납 성분의 추출 등에 관한 연구를 위해 레슬르윅과 버턴은 북부 멕시코와 미국 남서부의 요새들에서 72편의 납유 도기편을 채집하였다(도면 8.7). 이 조각들은 스페인에서 수입된 것일까? 아니면 멕시코의 식민지에서 제작된 것인가?

레슬르윅은 초순수(ultrapure water)에 EDTA 파우더를 녹여 250ppm의 EDTA 용액을 만든 후, 이 용액에 납유 도기편을 24시간 동안 완전히 잠기게 하여 납 성분을 추출하였다. 그 결과, ICP-MS로 분석하기에 충분한 양의 납이 추출된 것을 확인

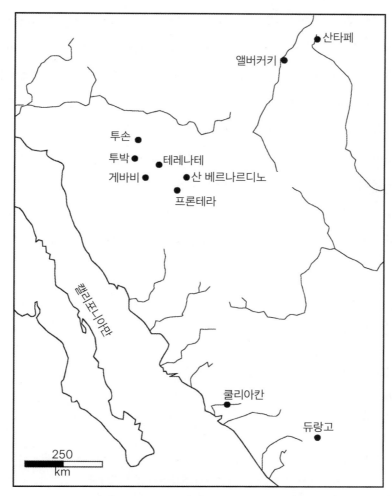

**도면 8.7** 납유 연구를 위해 도기편이 채취된 총 6곳의 요새(presidios) 위치. 지도의 중앙 상단부에 밀집되어 있다.

할 수 있었다. 또한 추출 이후 도기편의 표면에 그 어떠한 변화도 없었기에, 완전히 비파괴적인 방법이라는 것도 알게 되었다. 비파괴적인 방법은 분석 허가를 받기가 쉽고, 분석 이후 온전한 상태로 유물들을 되돌려줄 수 있다는 장점이 있다. 시료로 채취한 토기편들의 납 동위원소비는 멕시코 중부의 알려진 납 산지의 동위원소비와 흡사하였다. 이를 통해, 이 그릇들이 대부분 멕시코에서 제작된 것임을 확인할 수 있었다.

성공적인 첫 시도 이후, 또다른 학생인 자넬 샤론(Janelle Scharon)은 EDTA를 비롯, 이와 비슷한 킬레이트제(chelating agent)<sup>5</sup> 역할을 하는 DTPA(diethylenetri-aminepentaacetic acid)를 이용하여, 청동기, 황동, 납유리 등에 이 방법을 적용하는 연구를 하였다. 킬레이트제는 하나의 금속이온과 다중 결합을 하기에, 화학 분야에서 금속이온의 이동에 이용되며, 그 대표적인 예가 이 분석에서와 같이 납을 다른 금속이나 유리로부터 추출하는 것이다. 샤론은 EDTA를 이용하여 위에서 언급한 물질들로부터 동위원소 분석에 충분한 양의 납을 추출할 수 있었다. 또 다른 학생인 랜달로(Randall Law)는, 이 분석법을 인더스 계곡에서 출토된 은기(sliver artifact)들에 적용하여 학위논문을 작성하였다. 비파괴적인 방법은 이렇듯 귀중한 유물들의 분석 허가를 받는 데 매우 큰 이점으로 작용한다.

## 8.1.3 북아메리카의 유럽산 구리

**물질** 구리

**분석 장비** NAA

**연구 영역** 원산지 추적

**장소** 오대호, 미국과 캐나다

**고고학적 시간대** 초기 식민지시대, 1600-1700 AD

**고고학적 질문** 북아메리카 인디언 유적에서 유럽산 구리를 찾아낼 수 있는가?

**주요 참고문헌** Hancock, R.G.V., L.A. Pavlish, R.M. Farquhar, R. Salloum, W.A. Fox and G.C. Wilson. 1991. *Archaeometry* 33: 69-86.

Hancock, R.G.V., L.A. Pavlish, R.M. Farquhar and W.D. Finlayson. 1995. Analysis of copperbased metals from archaeological sites at Crawford Lake, south-central Ontario, Canada. In *Trade and Discovery: The Scientific Study of Artefacts from Post-medieval Europe and Beyond*, edited by Duncan R. Hook and David R.M. Gaimster British Museum Occasional Paper 109. pp. 283-297.

Mauk, J.L., and R.G.V. Hancock. 1998. Trace element geochemistry of native copper

---

5    역자 주. 착염제라고도 하며, 이들은 금속이온과 결합하는 성질이 강해 금속 및 중금속 중독의 해독약으로 사용되기도 한다.

from the White Pine Mine, Michigan (USA): Implications for sourcing artefacts. *Archaeometry* 40: 97-107.

신대륙에서 구리는 거의 1만 년 전 인간 점유가 시작된 이래로 중요한 물질이었다. 구리는 밝고 반짝일 뿐 아니라, 무르기 때문에 가공이 편리하여 동물 모양 모형에서부터 장신구에 이르기까지 다양한 형태로 조형되었다. 지금으로부터 2,000여 년 전 호프웰(Hopewell)[6] 문화단계에 이르러, 구리는 알려진 산지로부터 이미 수천 킬로미터 반경까지 널리 사용되고 있었다.

1840년대에 슈페리어 호수 근처에서 발견된 고대의 구리 광산은 광역의 장거리 교역의 증거와 더불어 고고학자들의 이목을 집중시켰다. 그리하여 구리는 일찍부터 고고화학자들의 원산지 추적 연구의 대상이 되었다.

그러나 북아메리카의 구리는 심지어 원산지가 같은 경우에도 화학적 조성이 매우 다양하다는 것이 밝혀졌다. 북아메리카의 구리에는 일반적으로 황화물, 산화물, 규산염 등과 같은 비금속 광물들이 포함되어 있었다. 이 비금속 광물들은 구리의 냉간 가공(cold-working) 과정에서 늘어나지 않고 부서지기 때문에 결과적으로 이들 광물의 양을 불규칙적으로 감소시켜 내부의 화학적 조성에 변화를 가져온다. 가공 과정에서 내부에 포함된 비금속 광물들의 분포 비율이 감소하기 때문에, 결과적으로 이들 비금속 광물을 제외한 다른 물질들의 비중이 가공의 정도에 따라 불규칙적으로 상승하게 되는 것이다.

구리 가공에 따른 내부 물질의 비율 변화에 대한 추적이 불가능한 것은 아니지만, 또 다른 문제는 모든 구리의 산지가 모암(bedrock)이 아니라는 것이다. 북아메리카에 있는 구리는 대부분 슈페리어 호수가 원산지인데, 현무암이 변성작용을 거친 자리에 나타나기도 하고, 빙하 퇴적물의 형태로 존재하기도 한다. 즉, 우리가 자연계

---

6    역자 주. 호프웰(Hopewell)은 100 BC에서 AD 500년까지 미국 남·북동부와 캐나다 일부에 존재했던 고대 인디언 문화이다.

에서 발견하는 구리는 이미 여러 원산지들이 섞여 있는 형태로 존재하거나, 발견되는 장소가 본래 모암이 있던 지정학적 위치에서 멀리 떨어져 있을 가능성이 있다는 것이다.

토론토 대학교 SLOWPOKE(Safe LOW-POwer Kritical Experiment) 핵 원자로 실험실의 론 핸콕(Ron Hancock)과 동료들은 자연 구리의 원산지 추적과 관련한 이러한 어려움을 극복하려 하였다. 그들은 43점의 북아메리카산 구리와 고고학적으로 추정된 23점의 유럽산 구리,[7] 알려진 고고유적에서 발견되었지만 원산지가 확인되지 않은 5점의 구리, 3점의 현대에 제작된 구리선 등을 시료로 선택하였다(도면 8.8). 분석을 위해 그들이 측정한 원소는 27개였고, 이 가운데 22개 원소에서 의미 있는 데이터를 산출해 낼 수 있었다.

북아메리카산 구리의 대부분은 원소 분포에서 큰 차이를 보였다. 어떤 시료들은 철과 비소 함량이 높아 "더러운(dirty)" 집단으로 명명되었으며, 또 다른 집단은 이들이 거의 포함되어 있지 않아 "깨끗한(clean)" 집단으로 명명되었다. 그렇지만 이를 통해 특정한 원산지를 추정할 수는 없었다. 유럽산 구리는 비소, 안티모니, 은, 니켈, 그리고 특히 금과 몇몇 원소들의 함량이 일관되게 높았다. 그 가운데서도 금의 함유량은 너무 높아 ppb(십억분율) 단위가 아닌 ppm(백만분율) 단위로 측정해야 했다. ppb 단위로 직접 비교하자면, 북아메리카산 구리에는 수십에서 수백 ppb 정도의 금이 포함되어 있었고, 유럽산 구리에는 10,000에서 100,000ppb의 금이 포함되어 있었다. 이를 통해 북아메리카산과 유럽산 구리를 손쉽게 구별해 낼 수 있었다(도면 8.8).

이에 대한 후속 연구로, 핸콕과 동료들은 온타리오주 남쪽에 위치한 유적들에서 출토된 구리 유물들을 분석하였다. 그들은 AD 1250-1650년 사이의 이로쿼이(Iroquis) 원주민 집단의 유적들에서 111점의 금속 유물을 채취, NAA로 분석하였다. 그

.........

7    역자 주. 이들이 유럽산 구리로 추정되는 이유는 당시 유럽에서 수입되어 온 것으로 추정되는 구리 주전자를 조각내어 재가공한 유물이었기 때문이다.

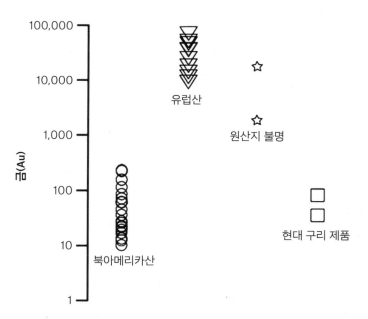

**도면 8.8** 북아메리카산 구리와 유럽산 구리, 현대의 구리 제품, 원산지가 알려지지 않았던 구리 유물의 금 함유량(ppb 단위). 유럽산 구리는 북아메리카산 구리보다 금 함류량이 10,000배 가까이 높았다. 원산지가 알려지지 않았던 구리 유물은 유럽산 구리였음이 밝혀졌다.

들은 이 연구를 통해 유럽인들의 접촉 이전 시기의 유적과 이후 시기의 유적을 구별하고자 하였다. 물론 유럽산 금속유물이 출토되지 않은 것만을 근거로 유적의 점유 시기를 유럽과의 접촉 이전으로 추정할 수는 없지만, 유럽산 금속이 있는 유적은 유럽과의 접촉 이후의 시기로 편년이 가능할 것이다. 분석 결과, 12점은 북아메리카산으로 밝혀졌고, 27점은 유럽산, 71점은 유럽산 황동, 1점은 유럽산 아연으로 밝혀졌다. 유럽산 금속은 총 7곳의 유적에서 발견되었고, 이들은 "원사(Protohistoric)"시대(AD 1500-1651)로 편년되었다.

　이 지역의 아메리카 인디언 사회에서 유럽산 금속기들은 제품 자체로서의 가치보다 그 재료가 되는 금속의 가치가 더 높게 평가되며, 구리 주전자와 같은 완성품을 조각내어 다른 도구로 재가공하는 경우가 많았다. 연구자들은 북아메리카산 금속과는 달리 유럽산 금속들은 화학적으로 균질하기에, 유적에서 출토된 금속 조각들을 이용하여 유럽에서 수입되어온 금속 용기들의 최소 개체수를 어림하는 것보다 화학

적 특성이 비슷한 집단을 기준으로 수를 어림하는 것이 더욱 효과적이라고 주장하
였다. 그들은 이러한 방식으로 유적에서 발견된 대부분의 유럽산 금속유물들이 단지
2~4개의 구리 주전자와 3개의 황동 주전자를 조각내어 제작되었다고 추정하였다.

### 8.1.4 터키의 흑요석

**물질** 흑요석
**분석 장비** NAA
**연구 영역** 원산지 추적
**장소** 터키
**고고학적 시간대** 신석기시대, 10000-6000 BC
**고고학적 질문** 근동지역의 고고유적에서 출토된 흑요석의 원산지는 어디인가? 흑요석의 원산
지는 근동지역의 교역망에 관해 어떠한 정보를 제공해 주는가?
**주요 참고문헌** Renfrew, Colin, and John Dixon. 1976. Obsidian in Western Asia: A
Review. In *Problems in Economic and Social Archaeology*, edited by G. de G.
Sieveking, I. H. Longworth and K. E. Wilson, pp. 137-150. Gerald Duckworth & Co.,
London, England.

흑요석은 화산활동을 통해 생성되는 반투명하고 단단한 흑색의 유리 물질이다.
화산의 중심부로부터 실리카가 분출되어 단단하게 굳어져 만들어지는 흑요석은 선
사인들이 가장 선호하는 돌감이었다(도면 8.9). 흑요석은 플린트나 유리처럼 쉽게 부
러져 매우 날카로운 날을 만들 수 있다. 현대 의학에서도 수술용으로 흑요석 매스가
사용된다. 고대에는 고품질의 흑요석기에 대한 수요가 매우 높았기에, 이들은 장거
리 교역의 대상이 되어 수백 킬로미터 이상의 거리를 이동하였다.

흑요석은 실리카가 용융 상태로 분출하여 굳어져 생성되기 때문에 화산 근처의
특정 장소에서만 획득할 수 있다. 흑요석의 원산지는 그 수가 많지 않고, 암석이 지
닌 보기 드문 특성으로 인해 대부분 이미 알려져 있다. 흑요석은 각 원산지마다 고유
의 화학적인 조성을 가지고 있기 때문에 서로 다른 여러 지역에서 출토되는 흑요석
들의 원산지를 특정하는 것이 가능하다. 근동, 에게해, 북아메리카, 멕시코를 포함한

**도면 8.9** 흑요석 몸돌과 두 점의 돌날. 이 유리질의 암석은 매우 날카로운 날을 만들어 낼 수 있었기 때문에, 선사인들이 가장 선호하는 돌감이었다.

여러 지역에서 이러한 방법으로 연구가 진행되었다.

　근동지역에서 출토되는 대부분의 흑요석의 원산지는 비옥한 초승달 지대 외부에 있는 터키(아나톨리아), 혹은 북부 이란(아르메니아)이다. 근동지역의 신석기시대 이른 시기의 유적들에서 출토된 흑요석들의 원산지를 통해 교역의 방향성과 특성을 확인할 수 있다. 레반트 지역의 유적들은 아나톨리아의 흑요석을 주로 사용한 반면, 자르고스(Zargos)의 유적들에서 출토된 흑요석은 아르메니아산이 많았다. 근동지역의 유적들에서 출토된 흑요석기가 전체 석기에서 차지하는 비중을 분석해 보면, 지리적으로 원산지에서 가까운 곳일수록 흑요석이 상대적으로 많이 사용된 것을 확인할 수 있다. 예들 들어 아나톨리아 산지에서 700킬로미터 떨어진 예리코(Jericho)에서는 전체 석기의 오직 1%만이 흑요석기였고, 아르메니아 산지에서 800킬로미터 떨어진 곳에 위치한 알리 코쉬(Ali Kosh)에서도 비슷한 양상이 확인되었다.

　흑요석의 원산지를 추적하기 위해서는 일반적으로 NAA가 활용된다. 서남아시아, 지중해, 북아메리카, 멕시코 등지의 흑요석들이 이 방법으로 분석되었다. 서남아시아에서 발견되는 대부분의 흑요석들의 원산지는 터키와 이란에 있는 산들이다. 상

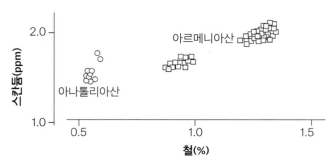

**도면 8.10** 서남아시아 지역에서 출토된 흑요석기 내 철(Fe)과 스칸듐(Sc) 원소의 상대(%)·절대량(ppm). 이 두 가지 원소들의 함량비를 통해 아르메니아산과 아나톨리아산 흑요석을 완연하게 구분할 수 있었다.

단의 도면은 서남아시아에서 출토된 흑요석에 포함된 철(Fe)과 스칸듐(Sc) 원소의 상대·절대량을 NAA로 측정한 것이다(도면 8.10). 각 산지별로 확연하게 구분되는 것을 확인할 수 있다.

신석기시대 이른 시기의 유적들에서 출토된 흑요석들의 원산지를 통해 교역의 방향성과 특성을 확인할 수 있다(도면 8.11). 지중해를 따라 위치한 지역들에서는 아나톨리아산 흑요석을 사용하였고, 동부에 자리한 유적들에서는 아르메니아산 흑요석이 주로 출토되었다.

## 8.1.5 핀슨 고분군 출토 토기

**물질** 토기

**분석 장비** NAA, 암석현미경

**연구 영역** 원산지 추적

**장소** 테네시 남서부

**고고학적 시간대** 우드랜드 중기, 200 BC-AD 400

**고고학적 질문** 토기의 원산지는 어디인가?

**주요 참고문헌** Mainfort, R.C., Jr., Cogswell, J.W., O'Brien, M.J., Neff, H. & Glascock, M.D. 1997. Neutronactivation analysis of pottery from Pinson Mounds and nearby sites in western Tennessee: Local production vs. long-distance importation. *Midcontinent Journal of Archaeology* 22: 43-68.

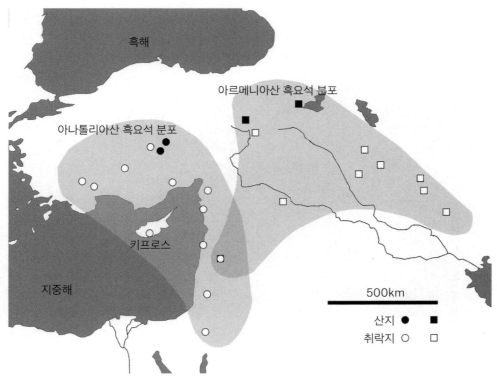

**도면 8.11** 서남아시아 신석기시대 흑요석 출토 유적과 인근의 흑요석 산지. 지도에 나타난 주요 강들은 나일, 티그리스, 유프라테스이다. 아나톨리아(●)와 아르메니아(■) 지역에 두 곳의 주요 흑요석 산지가 표시되어 있다. 이들 지역을 원산지로 하는 흑요석들의 분포 양상은 흰색 원과 사각형으로 나타나 있다. 각 산지별로 흑요석의 분포가 비교적 명확하게 구분된다. 단 한 곳의 유적에서(중앙 하단부 흰색 원과 사각형이 겹쳐 표시된 곳) 이 두 산지의 흑요석이 모두 출토되었다.

Stoltman, J.B. & Mainfort, R.C., Jr. 2002. Minerals and elements: Using petrography to reconsider the findings of neutron activation in the compositional analysis of ceramics from Pinson Mounds, Tennessee. *Midcontinent Journal of Archaeology* 27: 1-33.

테네시 남서쪽에 위치한 핀슨 고분군은 우드랜드 중기로 편년되며, AD 100-350년에 걸쳐 축조되었을 것이라 추정되는 동시기 미국 남동부 최대 규모의 유적이다. 유적의 면적은 1.6제곱킬로미터에 이르고, 둘레가 350미터 이상인 17개의 고총 고분과 주거지역으로 이루어져 있다(도면 8.12). 핀슨 고분군은 호프웰 상호교류 영역

**도면 8.12** 테네시의 핀슨 유적에 위치한 사울스의 무덤(Saul's Mound). 이 고분은 미국에서 두 번째로 높은 선사시대 무덤으로 높이가 22미터에 달한다 .

권(Hopewell Interaction Sphere)[8]에 속해 있다. 호프웰 문화의 특징은 다양한 종류의 이국적인 물건들을 외부로부터 들여온 것인데, 미 서부로부터는 흑요석을, 오대호 지역으로부터 구리를, 미주리로부터는 방연석(galena)[9]을, 노스캐롤라이나 서쪽으로부터는 운모를, 멕시코만 지역으로부터는 패각을 수입하였다. 이 모든 외래계 유물들이 핀슨 고분군에서도 발견되었고, 이는 이 유적이 호프웰 교역망 내에 있었음을 알려준다.

수만 점에 이르는 토기편들이 유적 발굴 과정에서 출토되어, 조리, 저장, 운반 등의 다양한 용도로 사용되었음이 확인되었다. 이 가운데 일부는 시문된 무늬나 비짐, 태도의 혼합 비율 등에 있어 재지적 성격을 띠지 않았다. 모래나 뼈, 석회암 등이 비

.........

8     역자 주. 호프웰 인디언 문화가 고고학적으로 확인되는 범위를 지칭하는 용어이다.
9     역자 주. 납을 다량 함유하고 있는 광물이다.

짐으로 쓰인 외래계 토기에는 이국적인 문양들이 시문되어 있었다. 핀슨 고분군에서 가장 가까운 석회암지대는 동쪽으로 100킬로미터 이상 떨어져 있다. 핀슨 유적에서 발견되는 외래계 토기들이 실제로 타 지역으로부터 수입되어온 것인지, 아니면 이를 모방하여 현지에서 제작되었는지는 고고학자들의 오랜 관심사였다.

이 궁금증을 해소하기 위해, 약 170점의 토기편에 대한 NAA분석이 실시되었다. 이들은 117점의 핀슨 유적에서 출토된 토기편, 3점의 유적의 점토를 구워 만든 시료, 39점의 동시기 주변 유적 출토 토기편, 5점의 인근 점토 산지 시료, 6점의 조지아 지역 호프웰 유적 출토 토기편으로 구성되어 있었다. 핀슨 유적 시료 가운데 19점이 양식이나 비짐에 있어 외래적인 요소를 지니고 있었다. 분석을 위해 미주리 대학교의 원자로가 사용되었으며, 시료 내 33개의 원소를 ppm 단위로 측정하였다. 해당 연구를 진행한 로버트 메인포트(Robert C. Mainfort Jr.)와 동료들은 NAA의 원소 측정값들 가운데 이상치(outlier)들을 제거한 후, 통계적 분석을 실시하였다.

통계 분석 결과 핀슨 유적의 시료들을 원소의 조성을 기준으로 세 개의 군집으로 나눌 수 있었다(도면 8.13). 산점도의 X축과 Y축은 주성분(principle components)을 기반으로 하는데, 분석에 활용된 모든 원소들의 측정값들을 포괄하는 요약 통계량이라고 할 수 있다. 산점도의 각 점들은 시료 한 점을 나타낸다. 이후 연구자들은 통계적인 절차를 거쳐, 각 군집(집단)의 90%를 아우르는 타원을 산점도에 표시하였다. 이 3개의 집단은 어느 정도는 화학적 조성에 있어 차이를 보인다고 할 수 있는 것이다. 하지만 시료들 가운데 몇몇은 어떠한 타원의 범위에도 포함되지 않았다.

해당 분석을 실시한 연구자들은 외래계로 분류된 토기들의 화학적 조성을 깊이 있게 조사하지는 않았다. 그 대신 원산지를 공유하는 물질들 내의 변동이 원산지를 공유하지 않는 물질들 사이의 변동보다 크다는 이른바 원산지 상정(provenience postulate)에 기반하여, 핀슨 고분군에서 출토된 토기들의 집단 내 변동 폭이 집단 간의 차이보다 크므로, 이들이 모두 현지에서 제작된 토기라고 주장하였다. 그들은 장거리 교역과 관련된 화학적 증거를 확보하지 못하였다.

NAA 분석이 수행된 지 수년이 지난 후, 메인포트는 제임스 스톨트만(James

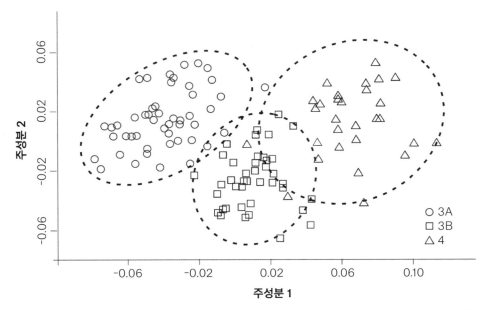

**도면 8.13** 핀슨 유적 NAA 분석 결과의 주성분 산점도. 시료들은 크게 3가지의 집단으로 구분되었으며, 모두 인근에서 제작된 것으로 추정되었다. 여기에는 외래계 문양이 시문되거나, 근처에서 구하지 못하는 비짐들이 사용된 토기들도 포함되어 있었다.

Stoltman)과 함께 또 다른 분석법을 동원하여 핀슨 고분군의 토기 수입 여부에 관한 연구를 진행하였다. 스톨트만은 토기 단면을 현미경으로 관찰하여 이들의 물리적인 조성을 관찰하였다. 이러한 토기 암석학(ceramic petrography)적 연구는 토기나 비짐에 포함된 광물에 대한 판별과, 토기 조직에 대한 입도분석 등을 포함한다. 각 토기편에 포함된 실트, 모래, 혹은 그 이상의 크기를 지닌 입자·광물들의 상대적 분포와 종류 등이 조사되었다. 이는 NAA를 통해 간취할 수 있는 것과는 근본적으로 다른 종류의 정보들이다. 이 두 가지 접근법은 서로 확연하게 다른 물질의 조성(組成)과 관련한 정보를 제공해 주는데, 하나는 물질 내 원소들의 분포에 대한 것이며 다른 하나는 광물과 암석의 상대적 분포에 관한 것이다.

스톨트만과 메인포트는 39점의 핀슨 시료(여기에는 4점의 토양 시료가 포함되었다)와 13점의 다른 재지 시료를 토기암석학적 기법으로 분석하였다(이들 대부분이 이전 연구에서 NAA로 분석된 시료들이었다)(도면 8.14). 이 연구의 목적은 두 가지 다른 분석

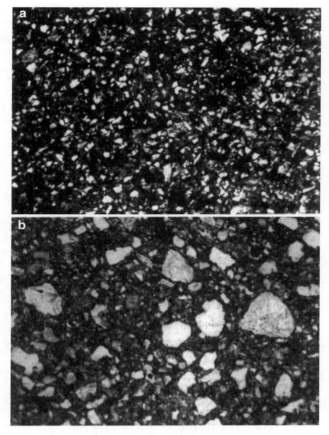

**도면 8.14** 암석현미경(x10)을 통해 관찰한 핀슨 유적에서 출토된 토기의 단면. (a) 전형적인 재지의 승석문 (繩蓆文)계 토기. (b) 재지 토기에서는 확인할 수 없는 대형의 석영이 포함되어 있어, 외래계로 추정되는 토기

기법들을 통해 재지 토기와 수입 토기를 구별하는 것이었다.

토기암석학적 분석 결과 25점의 시료들은 현지에서 제작된 것으로 추정되었다. 나머지 23점의 시료들은 모래 이외의 비짐을 가진 집단(11점)과 외래계 문양을 가진 집단(12점)으로 나뉘었다. 전자의 집단 가운데 4점이 외래 유물로 분류되었는데, 변성암과 석회암이 비짐에 포함되어 있었기 때문이다. 변성암지대와 석회암 산지는 핀슨 유적에서 최소 50킬로미터는 떨어져 있었다. 나머지 7점의 모래 이외의 비짐을 지닌 시료들에는 그로그(grog),[10] 뼈, 유기물 등이 포함되어 있었다. 이 가운데 2점의 시료는 외래계 문양과 특이한 물리적인 조성을 지니고 있어 수입품으로 분류

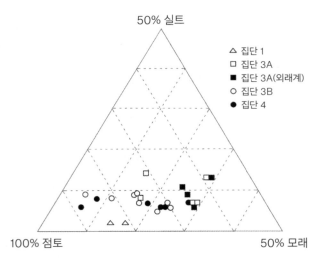

**도면 8.15** NAA 분석으로 구분된 핀슨 유적 출토 토기들의 토성 삼각형. 시료에 포함된 모래와 실트, 점토 입자의 상대적 분포 비율을 나타낸다. NAA 분석으로 구분된 집단들과 입자의 분포 사이에는 연관 관계가 성립되지 않았다.

되었다. 또 다른 한 점의 시료는 핀슨 유적에서는 굉장히 드문 적색 표면 처리가 되어 있었기에, 수입품일 가능성이 있었다. 나머지 4점의 모래 이외의 비짐이 사용된 토기들은 외래계로 추정할 만한 특징이 없었기에, 재지 토기로 분류되었다. 12점의 외래계 문양을 가진 시료들 가운데 4점은 재지 토기에서는 볼 수 없는 물리적인 조성을 가지고 있었고, 또 다른 4점은 인근에서 확보할 수 있는 재료로 제작되었음이 확인되었다.[10]

　　연구자들은 이러한 증거들을 통해 48점의 시료 가운데 최소 9점의 토기가 타지에서 만들어져 수입되었을 것으로 추정하였다. 이는 모든 토기가 재지 토기라고 결론 지은 NAA의 분석 결과와 크게 다른 것이었기에, 토기와 관련한 연구에서 NAA 분석의 신뢰성과 효율성에 의문이 제기될 수 있었다(도면 8.15).

　　스톨트만과 메인포트는 토기를 연구함에 있어 NAA를 포함하는 대부분의 화학

.........

10　역자 주. 샤모트(chamotte)라고도 하며, 점토를 한 번 소성하여 수분을 제거한 후, 이를 가루로 만든 것이다. 수분이 없기에 소성 시의 갈라짐을 방지할 수 있다.

적 조성을 분석하는 접근법이 지닌 문제점들에 대해 논하였다. NAA와 같은 분석법은 토기 내의 광물들을 확인하지 못한다. 이들 장비는 오로지 화학적으로 확인 가능한 원소들만을 검출해 내는데, 이 원소들은 다양한 종류의 모암에 공통적으로 포함되어 있을 수 있다. 토기는 인간이 만들어낸 유물로, (1) 점토; (2) 비짐; (3) 토기 제작 시 점토를 적시기 위해 사용되는 물; (4) 토기에 담겨 저장되거나 조리되는 물질들; (5) 토기가 땅속에 묻힌 후, 후퇴적 과정에서 토기 조직 속으로 침투하는 물질 등 최소한 다섯 가지 요인들에 의해 화학적 조성이 변화할 수 있다. 토기암석학은 토기 내에 포함된 광물들을 판별해 내므로, 비짐 등으로 쓰이는 물질의 원산지라 할 수 있는 모암의 지리적 위치를 파악하는 데 도움을 줄 수 있다. 그러나 NAA는 위에서 언급한 원소의 조성에 영향을 끼칠 수 있는 다섯 가지의 요인들을 구별해 내는 데 도움을 주지 못한다.

다양한 종류의 분석법들을 함께 활용하는 연구를 수행할 때 활용하는 장비에 따라 서로 다른 결과가 도출되는 경우가 있다. 이때는 보다 많은 증거를 확보하여 합리적인 결론에 이를 수 있어야 한다. 고고자료가 지닌 본질적인 특성을 인지하고, 분석의 결과를 고고학적 맥락과 함께 고찰한다면 NAA와 토기암석학적 분석은 서로의 보완재가 될 수 있을 것이다.

## 8.1.6 멕시코의 피라미드

**물질** 치아 에나멜

**분석 장비** 질량분석기(동위원소 분석)

**연구 영역** 출생지 추적

**장소** 멕시코

**고고학적 시간대** 고전기 테오티와칸, 150 BC-AD 600

**고고학적 질문** 고대 테오티와칸의 거주민들은 어디에서 왔는가? 사원에서 희생된 사람들은 어디로부터 징발되었는가?

**주요 참고문헌** Price, T. D., L. Manzanilla, and W.D. Middleton. 2000. Immigration and the Ancient City of Teotihuacan in Mexico: A study using strontium isotopes ratios in human bone and teeth. *Journal of Archaeological Science* 27: 903-913.

Price, T.D., J. Burton, L.E. Wright, C.D. White, and F. Longstaffe. 2007. Victims of Sacrifice: Isotopic Evidence for Place of Origin. In *New Perspectives on Human Sacrifice and Ritual Body Treatments in Ancient Maya Society*, V. Tiesler & A. Cucina (eds), pp. 263-292. London: Springer Publishers.

White, C.D., T.D. Price, and F.J. Longstaffe. 2007. Residential histories of the human sacrifices at the Moon Pyramid: evidence from oxygen and strontium isotopes. *Ancient Mesoamerica* 18: 159-172.

고대 도시 테오티와칸은 멕시코시티 북쪽 50킬로미터 지점에 위치한 중앙고원에 자리하고 있다. 신들의 도시라고 불리는 테오티와칸은 1987년 유네스코 세계문화유산에 등재되었고, 멕시코에서는 대통령령으로 보호받고 있다. 유적의 면적은 10제곱마일(약 26제곱킬로미터)이지만, 현재 고고유적으로 보호받는 지역은 1제곱마일(약 2.6제곱킬로미터) 정도이고, 해당 면적 내에는 5,000여 개의 건축물들이 있다.

테오티와칸은 선사시대 신대륙에서 가장 복잡하고 발전된 형태의 도시였다. 첫 번째 중간 시대(150 BC-AD 0) 동안 인구가 증가하기 시작하였으며, 기원 전후를 즈음하여 빠르게 규모가 커졌다. 이러한 확장세는 인구의 이주와 유입으로 인한 것으로 추정되었다. 도시가 가장 번성했을 무렵에는 인구가 125,000명을 초과했던 것으로 추산된다. 이 계획도시에는 피라미드, 궁전, 의례 구역, 주요 거리, 행정 구역, 거주 구역, 공방, 교역장, 두 개의 강과 인공 수로, 의례용 동굴 등이 있었다(도면 8.16).

우리는 테오티와칸의 각 구역에 있는 무덤의 인골에 대한 스트론튬 동위원소 분석을 실시하였다(도면 8.17). 상인의 구역이라고 불리는 "베리오 데 로스 코메르티안테스(Barrio de los Comerciantes)"의 건축물들과 유물들은 멕시코만 상부 연안 지역의 특징들을 지니고 있었다. 와하카(Oaxaca) 구역은 와하카 인근에 위치한 고대 도시 몬테 알반(Monte Albán)의 이주민들이 거주하던 지역으로 추정되었다. 오스토야활코(Oztoyahualco)는 구 거주 주역으로, 재지 집단이 도시가 생성될 때부터 생활하던 구역으로 추정되었다. 쿠에바스 데 라스 바리야스(Cuevas de las Varillas)와 델 피룰(del Pirul)은 도시의 의례 중심지 하부에 위치한다. 이 동굴들에 묻힌 사람들은 도

**도면 8.16** 멕시코 테오티와칸에 자리한 달의 피라미드

시가 쇠퇴한 이후의 거주민들인데, 이들은 북쪽의 툴라(Tula)에서 온 이주민들이거나, 테오티와칸이 쇠퇴한 이후에도 남아 있었던 주민들로 추정된다.

위에 언급된 구역들에서 출토된 인골들에 대한 스트론튬 동위원소 분석 결과, 치아 에나멜 성분의 $^{87}Sr/^{86}Sr$ 비율에서 큰 차이가 확인되었다(도면 8.17). 테오티와칸 지역 고유의 스트론튬 동위원소비는 도면의 가장 좌측에 나타난 9점의 토끼뼈에 대한 측정값으로 어림할 수 있다. 분석 결과 상당수가 이주민들이었다는 것이 밝혀졌다. 실제로 와하카 구역 피장자들 가운데 일부의 스트론튬 동위원소비는 몬테 알반 유적에서 출토된 인골의 그것과 흡사하였다.

또 다른 연구에서는 달(moon)의 피라미드에서 희생된 사람들에 초점을 맞추었다. 피라미드는 몇 단계에 걸쳐 축조되었는데, 새로운 단계가 진행될 때마다 기존의 건물 상단에 새로운 건축물이 덮이는 구조였다. 피라미드의 발굴 과정에서 밝혀진 바에 의하면, AD 200에서 400년에 걸쳐 조성된 7개의 중첩된 건축 단계가 있었다. 발굴 과정에서는 40명에 이르는 인신 공양의 흔적도 발견되었는데, 이들은 피라미드의 완공을 위한 건축 과정에서 희생된 후, 매장된 것으로 추정된다. 발굴을 통해

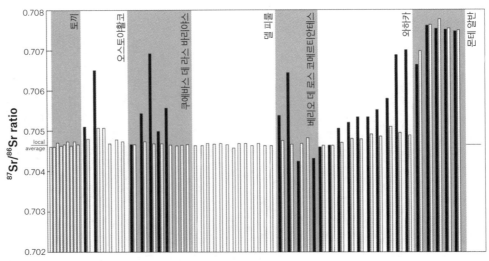

**도면 8.17** 테오티와칸의 각 구역에서 출토된 인골의 뼈와 치아에 대한 $^{87}Sr/^{86}Sr$비 측정 결과. 검은색 막대는 치아의 에나멜, 흰색 막대는 뼈에 대한 측정값이다. 가장 좌측 9점의 토끼뼈에 대한 측정값은 테오티와칸 지역 고유의 스트론튬 동위원소비를 나타낸다. 인골의 측정값이 이 값들에 근접할수록, 해당 인물의 출생지가 테오티와칸일 가능성이 높은 것이다.

총 6개소의 집단 매장지를 확인할 수 있었다.

매장지 2에서는 40-50세 정도로 추정되는 신분이 높은 남성의 시신 한 구가 발견되었다(2A). 매장지 3에서는 4구의 시신이 확인되었는데, 3D로 명명된 인골의 머리와 발 부분에는 권위를 나타내는 상징물들이 놓여 있었다. 매장지 4에서는 17개의 두개골이 발견되었으며, 추가적인 봉헌물이 없는 것으로 보아 낮은 신분을 지닌 인물들로 추정되었다. 또한 두개골과 치아에서 보이는 다양한 변형의 흔적들은 이들의 출생지가 같지 않음을 암시하고 있었다. 매장지 5에서는 3구의 인골과 함께 마야 지역의 옥이 부장되어 있었는데, 이를 통해 그들의 출생지가 과테말라일 수도 있다는 추정이 가능하였다.

스트론튬 동위원소비 데이터를 통해(도면 8.18), 우리는 달의 피라미드 건축 과정에서 희생된 대부분의 사람들이 테오티와칸에서 태어나지 않았다는 것을 확인할 수 있었다. 오직 3구의 인골만이(3A, 5A, 5B) 테오티와칸 인근 지역 고유의 스트론튬 동위원소비와 흡사한 값을 나타내었다. 이를 제외한 대부분의 인골들은 상대적으로

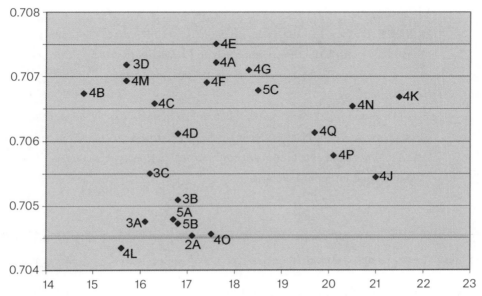

**도면 8.18** 달의 피라미드 건축 과정에서 인신 공양으로 희생된 사람들의 $^{87}Sr/^{86}Sr$과 $\delta^{18}O_p$ 측정값. 이를 통해 희생자들을 3-4개 정도의 집단(출생지)으로 구분할 수 있다. 시료의 각 라벨은 인골 한 구를 의미한다.

높은 스트론튬 동위원소비를 가지고 있었다. 최종적으로 인골에 대한 스트론튬과 산소 동위원소비 측정값의 분포 양상을 고찰한 결과, 서로 다른 여러 지역에서 인신 공양에 필요한 사람들을 제공했다는 것이 밝혀졌다(도면 8.18). 즉, 스트론튬과 산소 동위원소 분석을 통해, 달의 피라미드 건설 과정에서 희생된 대부분의 사람들이 테오티와칸에서 태어나지 않았음이 확인된 것이다.

### 8.1.7 마야의 왕

**물질** 치아 에나멜

**분석 장비** 질량분석기(동위원소 분석)

**연구 영역** 출생지 추적

**장소** 온두라스

**고고학적 시간대** 고전기 마야, AD 300-900

**고고학적 질문** 코판(Copán)의 첫 왕은 어디에서 왔는가? 그는 테오티와칸에서 태어나 코판으로 보내졌는가?

**주요 참고문헌** Buikstra, J.E., T.D. Price, L.E. Wright, & J.H. Burton. 2003. Tombs from the Copán Acropolis: A Life History Approach. In *Understanding Early Classic Copan*, E. Bell, M.A. Canuto, & R.J. Sharer (eds), pp. 185-205. Philadelphia: University of Pennsylvania Museum.

Price, T.D., J. Burton, L.E. Wright, C.D. White, & F. Longstaffe. 2007. Victims of Sacrifice: Isotopic Evidence for Place of Origin. In *New Perspectives on Human Sacrifice and Ritual Body Treatments in Ancient Maya Society*, V. Tiesler & A. Cucina (eds), pp. 263-292. London: Springer Publishers.

마야의 고대 도시 코판(Copán)은 온두라스 서쪽의 과테말라 접경지역에 위치한다. 유적의 면적은 약 15헥타르 정도이며, 중심부의 아크로폴리스는 다섯 곳의 광장, 피라미드, 사원 등의 구조물들로 구성된다(도면 8.19). 이 유적은 AD 300에서 900년 사이 고전기에 가장 활발하게 점유되었다. 근자에 이루어진 중앙 아크로폴리스에 대한 발굴에서 코판의 초기 지도자와 관련된 사원과 무덤들이 발견되었다.

이 무덤들은 복잡한 형식을 갖춘 지도자의 지하 제실에서부터 병사들을 위한 간단한 분묘에 이르기까지 그 형태가 다양하였다. 주 매장구역 서쪽에서 발견된 정교한 무덤(SubJaguar라 명명됨)은 AD 544년 사망한 코판의 제7대 지도자의 것으로 추정된다. Motmot라고 이름지어진 또 다른 무덤은 주 피장자인 젊은 여성과 함께 매장의례 과정에서 희생된 인골들이 출토되었다. 18-25세로 추정되는 남성의 무덤(Bubba라 명명됨)은 매장구역 북쪽에서 발견되었으며, 매장 시기는 AD 480년으로 추정된다.

틀라록 전사(Tlaloc Warrior)의 묘라고 불리는 무덤은 AD 450년경 축조되었고, 패각으로 만든 "고글(goggles)"을 포함하는 중부 멕시코 지역의 특징을 보이는 부장품들과 함께 40대로 보이는 강인한 남성의 인골이 출토되었다. 이와 비슷한 시기에 매장된 북쪽의 수호자(Northern Guardian)라고 불리는 인골은 30-40세 정도의 강건한 남성이며, 마르게리타(Margarita)의 묘라고 명명된 50세 이상의 여성 인골이 출토된 무덤의 입구 부분에서 발견되었다. 근처의 후날(Hunal)의 묘에서는 부분적으로 탈구된 성인 남성의 인골이 발견되었다. 이 무덤의 구조와 부장품들로 미루어, 이곳

**도면 8.19** 온두라스에 위치한 코판 유적 중심부의 아크로폴리스를 묘사한 컴퓨터 복원 이미지

에 묻힌 인물은 야슈 쿡 모(Yax K'uk Mo)로 추정되었다(도면 8.20). 코판의 석문에 의하면, 북으로부터 온 전사인 야슈 쿡 모는 코판 왕조의 시조가 된다. 마르게리타 묘의 피장자는 야슈 쿡 모의 부인으로 추정되고 있다. 그러나 야슈 쿡 모의 무덤과 관련된 주장은 추정적이다. 이를 뒷받침할 수 있는 증거들이 있는데, 그 가운데 동위원소를 통한 출생지 추적이 있다.

아크로폴리스 내부의 무덤 및 코판에서 발견된 다른 무덤들에서 발견된 인골과, 현지의 동물 뼈에 대한 스트론튬 동위원소 분석이 수행되었다. 연구자들은 이 분석 결과를 티칼(Tikal)과 카미날후유(Kaminaljuyu) 유적에서 발견된 인골 및 유카탄(Yucatan) 북부와 페텐(Petén) 중부의 동물 뼈에 대한 스트론튬 동위원소비와 비교하여 코판의 아크로폴리스에 매장된 인골들의 출생지를 밝혀내고자 하였다(도면 8.21). 코판 현지에서 채집한 동물 뼈의 측정값은 0.7062에서 0.7072 사이로 다소 범위가 넓게 나타났다. 페텐 중부의 동물 뼈들은 0.7080 정도를 나타냈다. 유카탄 반도 북부 동물 뼈의 측정값은 0.7085에서 0.7090 사이였다. 티칼 유적 출토 인골의 측정

**도면 8.20** 코판의 아크로폴리스 지하 묘역 중앙의 무덤. 야슈 쿡 모(Yax K'uk Mo)로 추정됨

값은 0.7080 정도였던 반면, 고원지대의 카미날후유 유적 인골들의 평균값은 0.7050 이었다.

코판의 아크로폴리스 내 지하묘역에 묻힌 7인의 분석 결과는 매우 흥미로웠다. 이들 가운데 4명(Northern Guardian, Margarita, SubJaguar, Bubba)은 코판 현지의 동물과 흡사한 $^{87}Sr/^{86}Sr$ 값을 보여주었다. 이들은 코판 현지에서 나고 자랐을 가능성이 높았다. 나머지 세 명은 타지에서 코판으로 이주해온 것으로 보인다. 이들의 출생지는 각기 다를 것으로 추정되는데, 아직까지 정확한 장소를 비정하기는 어렵다. Motmot의 치아 에나멜의 측정값은 이 인물이 과테말라 저지대에서 왔음을 추정하게 한다. 틀라록 전사는 고원지대에서 이주해 왔음을 짐작해 볼 수 있지만, 다른 한편으로 해안지역에서 왔을 가능성 역시 배제하지 못한다. 야슈 쿡 모로 비정된 인골의 $^{87}Sr/^{86}Sr$ 값은 코판의 북쪽에 위치하는 페텐 중부의 동물 뼈들의 값과 비슷하게 나타나, 석문의 기록에 부합하였기에, 이를 통해 그가 코판의 첫 번째 지도자인 야슈 쿡 모라는 주장이 더욱 신뢰성을 얻게 되었다.

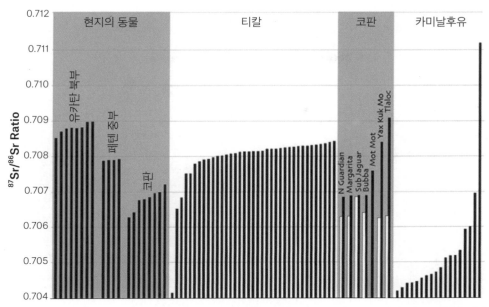

**도면 8.21** 코판, 티칼, 카미날후유, 유카탄 반도 북부, 페텐 중부에서 출토된 인골과 치아 및 동물 뼈에 대한 $^{87}$Sr/$^{86}$Sr비 측정 결과. 검은색 막대는 치아의 에나멜, 흰색 막대는 뼈에 대한 측정값이다. 짝지어진 흰색 막대와 검은색 막대는 같은 인골에서 채취된 시료이다.

스트론튬 동위원소 분석에 이어 추가적으로 실시된 치아 에나멜의 탄산염 성분에 대한 산소 동위원소 분석은 코판 지하 묘역에 매장된 인물들의 출신지를 보다 명확하게 구별해 주지 못했다. 코판 현지 출생으로 추정된 4구의 인골(Northern Guardian, Margarita, SubJaguar, Bubba) 가운데 3구(Northern Guardian, Margarita, Bubba)는 상대적으로 비슷한 $\delta^{18}$O 값을 보여주었다. 반면, SubJaguar는 이들에 비해 확연하게 높은 $\delta^{18}$O 값을 나타냈다. 나머지 "외지인"으로 판별된 두 인물(야슈 쿡 모, 틀라록 전사)의 $\delta^{18}$O 값 역시 다른 인골들과 조금 달랐다. 그렇지만 전반적인 산소 동위원소 분석 결과는 피장자들의 출신지에 대한 유의미한 결과를 제공해 주지 못했다.

아크로폴리스 지하묘역의 중앙에 조성된 후날 묘의 피장자는 50-60세 사이의 장년으로, (아마도) 전쟁과 정쟁으로 인한 골절과 탈구의 흔적들이 인골에 남아 있다. 이 피장자의 나이와 인골의 상처, 동위원소 분석을 통해 추정된 출생지 등은 기록상의 야슈 쿡 모와 부합한다. 코판 아크로폴리스 지하의 이 인골과 무덤은 야슈 쿡

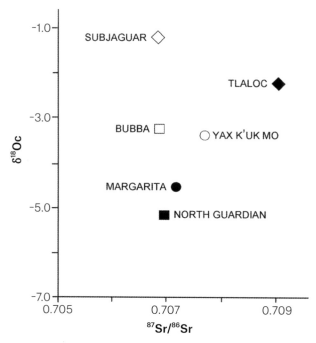

**도면 8.22** 코판 아크로폴리스 피장자들에서 채취한 첫 번째 어금니의 $^{87}Sr/^{86}Sr$과 $\delta^{18}O$(탄산염) 측정값

모의 것일 가능성이 매우 높다.

읽을거리 ·····································································································································

Earle, T. K. and J. E. Ericson (eds.) 1977. *Exchange Systems in Prehistory.* New York: Academic.

Glascock, M.D. (ed.). 2002. *Geochemical Evidence for Long Distance Exchange.* Westport: Bergin & Garvey.

Price, T. D., L. Manzanilla, and W. D. Middleton. 2000. Immigration and the Ancient City of Teotihuacan in Mexico: A Study Using Strontium Isotopes Ratios in Human Bone and Teeth. *Journal of Archaeological Science* 27: 903-913.

Price, T. D., J. H. Burton, R. Sharer, J. E. Buikstra, L. E. Wright, and L. Traxler. 2010. Kings and Commoners at Copan: Isotopic Evidence for Origins and Movement in the Classic Maya Period. *Journal of Anthropological Archaeology* 29(1): 15-32.

Williams-Thorpe, O. 1995. Obsidian in the Mediterranean and Near East: A Provenancing Success Story. *Archaeometry* 37: 217-248.

Wiseman, J. 1984. Scholarship and Provenience in the Study of Artifacts. *Journal of Field Archaeology* 11: 68-77.

제9장

# 결론

**9.1 복합 연구**
　9.1.1 이탈리아의 냉동인간
**9.2 윤리적 고찰**
　9.2.1 파괴 분석
　9.2.2 인간 유해에 대한 연구

**9.3 앞으로의 방향**
**9.4 마치며**
읽을거리

　우리는 이제 방대하고 복잡한 분야인 고고화학에 관한 이 책의 마지막 장에 도달하였다. 이 장에 이르기까지 길고도 힘든 여정을 함께했다. 이를 마무리 짓기 위해, 우리는 몇 가지 항목들을 다루고자 한다. 먼저, 앞선 장에서 미쳐 완숙하게 논하지 못했던 주제들을 짚고 갈 것이다. 또한, 여러 가지 다양한 분석 방법들이 복합적으로 활용되어 놀라운 성과를 냈던 사례를 마지막으로 소개할 것이다.

　우리가 이전 장들에서 다루었던 연구들에도 하나 이상의 분석 기법들이 활용된 경우가 있었다. 이를 통해 확보되는 다양한 종류의 고고화학적 증거들은 연구의 대상이 되는 물질에 대한 보다 깊은 통찰을 가능하게 한다. 분석 기법들의 복합적인 적용과 이를 통해 확보되는 증거들이 제공하는 정보의 중요성과 관련된 한 사례를 소략하게 언급하고자 한다.

　AD 5세기에서 7세기 사이로 편년되는 로마시대 이집트의 안티노에(Antinoë)에서 출토된 소형의 토기(도면 9.1)에 대한 최근의 연구는 대단히 흥미롭다. 에리카 리베치니(Erika Ribechini)와 동료들은 보존 상태가 양호했던 토기의 내용물에 대해, 다양한 분석 장비들을 활용한 복합적인 연구를 수행하였다. 무기 성분에 대한 분석을

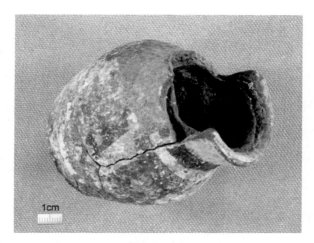

**도면 9.1** 이집트의 안티노에(Antinoë)에서 출토된 토기, AD 400-600

**도면 9.2** 안티노에의 토기 내부에서 암염의 결정들과 함께 발견된 물고기 비늘

위해 에너지 산란 X선 분광계와 결합된 주사전자현미경(Scanning electron micros-copy with an energy-dispersive X-ray spectrometer, SEM-EDX), FTIR, XRD이 도입되었고, 유기 성분에 대한 분석에는 FTIR, 직접노출 질량분석법(direct exposure mass spectrometry, DE-MS), GC-MS가 활용되었다.

대부분의 무기 성분은 암염(halite, NaCl)과 바다 소금이었다. 암염의 결정들과 함께 인회석 성분이 검출되었는데, 확인 결과 물고기의 비늘로 밝혀졌다(도면 9.2). 유기 성분들 가운데는 모노카르복실산, α와 ω-다이카복실산(α, ω-dicarboxylic acid), 콜레스테롤 등과 같은 동물성 지질들이 많았다. 소나무의 액상 수지(pine pitch)[1]의 흔적으로 추정되는 디테르펜(Diterpene)도 검출되었다. 이들 결과를 종합해 본 결과, 토기의 내용물은 로마의 음식에 필수적인 양념이 되는 어장(fish sauce)으로 추정되었다. 로마에서는 고등어, 참치, 장어 등과 같은 생선들의 내장을 잘게 부수어 햇볕에 수개월 동안 발효시킨 이후 소금물을 부어 어장을 만들었다.

이 장의 전반부에 소개될 또 다른 흥미로운 사례는 이탈리아 알프스에서 6,000여 년 동안 냉동 상태로 있었던 신석기시대 인간의 유해에 대한 연구이다. 1991년 첫 발견 이래로, 그의 삶과 죽음에 관련된 최대한의 정보를 얻기 위해 다양한 연구들이 진행되었다. 유해가 발견된 이후 20여 년 동안 밝혀진 정보의 깊이는 놀라울 정도이다.

인간의 유해에 대한 조사는 고고화학적 연구의 중요한 쟁점이 될 수 있는 윤리문제와도 직접적으로 연관되어 있다. 21세기의 고고학 및 고고화학에 뒤따르는 책임과 연구윤리는 무엇인가? 우리는 이것을 이 장의 두 번째 절에서 '고고자료에 대한 파괴 분석'과 '인간의 유해에 대한 연구'에 초점을 맞추어 살펴볼 것이다.

이 장의 마지막 절에서는 앞으로의 방향과 관련된 내용이 언급될 것이다. 향후 10년, 혹은 20년간 고고화학은 어떻게 변화할 것인가? 인간의 과거를 조금 더 잘 이해하는 데 도움을 줄 수 있는 어떠한 분석 장비와 기법들이 개발될 것인가? 고고학자들은 지금껏 힘든 과정을 거쳐 과거를 해석해 왔다. 고고화학의 미래를 예측하는 것도 이와 마찬가지로 쉽지 않을 것이다.

.........

1    역자 주. 소나무에서 추출한 액상 수지를 가열하여 고체화시킨 것이 송진이다.

# 9.1 복합 연구

## 9.1.1 이탈리아의 냉동인간

**물질** 다양함

**분석 장비** XRD, 질량분석기(동위원소 분석), 열이온화질량분석기(thermal ionization mass spec-
trometer, TIMS), GC-MS, aDNA

**연구 영역** 다양함

**장소** 이탈리아의 알프스

**고고학적 시간대** 신석기시대, 4300 BC

**고고학적 질문** 냉동인간은 어디에서 왔는가? 그의 삶에 대해 무엇을 알 수 있는가?

**주요 참고문헌** Macko, S., G. Lubec, M. Teschler-Nicola, V. Rusevich, and M. Engel. 1999.
The Ice Man's diet as reflected by the stable nitrogen and carbon isotopic composi-
tion of his hair. *The FASEB Journal* 13: 559-562.

Müller, W., H. Fricke, A.N. Halliday, M.T. McCulloch, J.A. Wartho. 2003. Origin and Mi-
gration of the Alpine Iceman. *Science* 302: 862-866.

Rollo, F., M. Ubaldi, L. Ermini, I. Marota. 2002. Ötzi's Last Meals: DNA Analysis of the
Intestinal Content of the Neolithic Glacier Mummy from the Alps. *Proceedings of the
National Academy of Sciences* 99: 12594-12599.

고고화학적 접근법들이 복합적으로 활용된 대표적인 예는 1991년 이탈리아의
알프스산맥(도면 9.3)에서 발견된 신석기시대의 냉동인간에 대한 연구이다(도면 9.4).
시대를 막론하고 지금까지 발견된 고고자료들 가운데 가장 철저하게 연구된 것을
꼽으라면 이 냉동인간을 들 수 있을 것이다. 이 신석기인의 유해 및 옷감, 소지하고
있던 유물들을 대상으로 수행된 많은 분석들이 고고화학에 기반을 두고 있다. 발견
장소 인근에 자리한 계곡의 이름을 빌려 외치(Ötzi)라고 명명된 이 선사시대 사람은
유사 이래 가장 중요한 고고학적 발견물 가운데 하나이다.

외치는 7점의 의류와 20여 점에 이르는 상당량의 물품들을 소지하고 있었다. 이
소지품들은 냉동인간이 발견된 자리의 반경 10m 이내에 흩어져 있었다. 발견된 소
지품들에는 활과 화살들이 들어 있는 화살통, 활시위, 골재 찌르개, 바늘, 나무 자루

**도면 9.3** 냉동인간 외치가 발견될 당시의 모습. 유해의 일부는 얼음 속에 파묻혀 있었다.

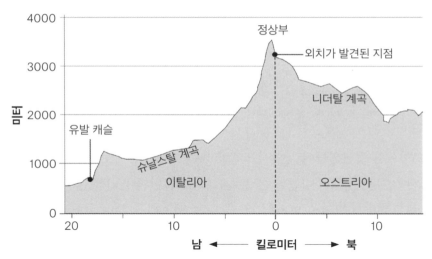

**도면 9.4** 외치의 유해가 발견된 이탈리아의 알프스 고지대는 오스트리아와 접경지역이다. 알프스산맥의 단면을 표시한 도면에는 정상부와 계곡들(Niedertal, Schnalstal), 그리고 외치의 고향이라고 추정되는 신석기시대 유적인 유발 캐슬(Juval Castle)의 위치가 표시되어 있다.

에 결합된 구리 도끼(도면 9.5), 목재 배낭 프레임(틀), 자작나무로 만든 두 개의 용기, 나무손잡이가 달린 석도(플린트로 제작)와 칼집, 몇 가지 플린트제 도구들(긁개, 송곳, 격지), 석기 제작을 위한 도구들, 그물(조류를 잡기 위한 것으로 추정됨), 아이벡스

**도면 9.5** 외치의 손도끼. 구리 도끼날을 짐승의 힘줄과 자작나무 수지를 이용하여 나무 손잡이에 고정시켰다.

(ibex)**2**의 뿔, 대리석으로 제작된 펜던트, 자작나무 버섯(약으로 사용되었을 것으로 추정됨) 등이 있다. 그의 소지품들 가운데 몇몇은 미완성이거나―예를 들어 화살통의 화살들은 대부분 완성품들이 아니었다―수리를 요했다.

냉동인간의 주변에서 발견된 옷가지로는 주머니가 달려 있는 혁대와 가죽 로인클로스(loinscloth)**3** 및 레깅스(leggings), 사슴가죽으로 만든 겉옷(coat), 식물을 직조하여 만든 망토, 안쪽에 짐승의 털이 덧대어진 턱끈이 달린 가죽 모자, 곰의 가죽으로 밑창을 만들고 내부에 보온용 건초를 채워 넣은 신발이 있다. 그의 소지품 가운데 음식물은 없었지만, 근처에서 잘게 부숴진 작은 뼈들과 과일이 발견되었다. 조사 결과 뼈는 아이벡스의 것으로 밝혀졌으며, 과일은 야생자두였다.

150명 이상의 전문가들이 냉동인간과 그의 소지품들에 대한 거의 모든 측면들을 연구하였다. 2008년 기준으로 냉동인간과 관련하여 출간된 책과 논문들은 300여 편에 이른다. 이들 가운데, 특히 그가 지니고 있었던 도끼에 관한 연구가 흥미롭다. 이 도끼의 날 부분은 거의 순수한 구리 덩어리로 만들어져 있다. 처음 도끼가 발견되었을 당시에는 선사시대 구리도끼의 존재가 아직 이 지역에 알려지기 전이었기에, 청동으로 제작된 것으로 추정되었다. 이에 따라 냉동인간도 청동기시대 사람으로 분류되었으나, 이후 유해와 소지품에 대한 탄소연대측정 결과가 4300 BC로 확인되어 신석기시대에 활동했다는 것이 확인되었다.

..........

2 역자 주. 길게 굽은 뿔을 가진 산악 지방 염소.
3 역자 주. 한 장의 천을 스커트 모양으로 하거나 허리에 감아 고정시키는 원시적인 옷.

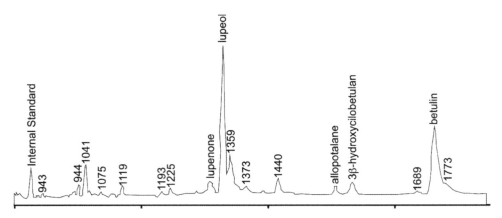

**도면 9.6** 구리 날과 손잡이를 고정시키기 위해 사용된 점착성 물질의 GC-MS 크로마토그램. 자작나무 수지에 포함되어 있는 루페올(lupeol)과 베툴린(betulin) 성분이 검출되었다.

도끼의 성분에 대한 분석을 위해 비파괴적인 XRD 기법이 활용되는데, 연구 결과 도끼는 거의 순수한 구리로 이루어져 있음이 밝혀졌다. 도끼의 성분이 구리로 밝혀짐에 따라, 신석기시대 후반 유럽에서 구리가 널리 쓰이고 있었음이 확인된 것이다. 구리는 동유럽의 여러 곳에서 채취되어 제련된 후, 교역을 통해 스칸디나비아 지역에까지 닿았다.

구리 날을 나무자루에 고정시키기 위해 사용된 점착성 물질에 대한 연구는 미확인 유기물의 정체를 밝힌 좋은 예이다. 나무 손잡이와 구리 날은 일차적으로는 짐승의 힘줄을 이용하여 고정하였고, 이후 힘줄과 나무, 구리를 고정시키기 위해 점착제가 사용이 되었다. 프리츠 사우터(Fritz Sauter)와 동료들은 점착성 물질이 무엇인지를 밝히기 위해 이를 GC-MS를 활용하여 분석하였는데, 루페올(lupeol)과 베툴린(betulin) 성분이 검출되었다. 이는 식물 정유의 주성분으로 알려진 테르펜(terpene)으로, 몇몇 종의 나무 수지에 포함되어 있다. 루페올과 베툴린은 자작나무에서 추출한 수지에는 항상 포함되어 있지만, 물푸레나무나 오크, 느릅나무에는 포함되어 있지 않다(도면 9.6).

해당 점착성 물질이 어디에서 추출되었는지를 조금 더 명확하게 밝히기 위해, 자작나무를 포함해 오리나무, 개암나무, 딱총나무 등에서 수지를 추출한 후 GC-MS

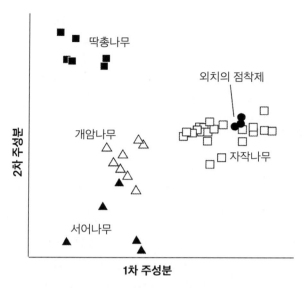

딱총나무

외치의 점착제

개암나무

자작나무

서어나무

2차 주성분

1차 주성분

**도면 9.7** 외치의 도끼를 제작하기 위해 사용된 점착성 물질과 자작나무를 비롯한 여러 종류의 나무에서 추출한 수지 내의 유기화합물들에 대한 주성분 분석 결과. 외치의 도끼 제작을 위해 사용된 점착제는 자작나무 수지임이 밝혀졌다.

로 분석하여, 구리 도끼의 점착성 물질과 비교하였다. 보다 체계적인 연구를 위해 통계학적인 주성분(principle component) 분석이 활용되었는데, 이를 통해 각기 다른 종류의 수지를 구분하는 기준이 될 수 있는 유기화합물들의 집단을 선별할 수 있었다. 주성분 분석 결과, 외치의 도끼에 남아 있는 점착성 물질은 자작나무 수지와 성분이 가장 흡사하다는 결론을 얻을 수 있었다(도면 9.7).

냉동인간은 사망 당시 약 45세로 추정되었다. 그의 신장은 159센티미터 정도로 큰 편이 아니었다. 문제는 그의 출신지는 어디이며 어떻게 사망하게 되었는지를 밝히는 것이었다. 냉동인간의 유해는 너무도 잘 보존되어 있었는데, 내장기관과 안구마저도 온전하게 남아 있는 상태였다. 얼음의 응결과 해동 작용으로 인해 머리카락이 머리에 붙어 있지는 않았지만, 유해의 주변에서 머리카락을 확보할 수 있었다. 그의 폐는 신석기시대 가옥 내의 노지에서 발생하는 연기로 인해 검게 변해 있었다. 그의 오른쪽 다리에는 문신의 흔적이 명확하게 나타나 있었다. X선 검사 결과 몇몇 갈비뼈에서 골절이 확인되었으며, 목과, 등, 오른쪽 둔부에서 관절염의 흔적을 발견할 수 있었다. 확인된 부상들 가운데 일부는 사후에 얼음 속에서 후퇴적 과정을 거치면서 생성된 것일 수도 있다. 비어 있는 위와 창자 안의 내용물로 보아 그는 8시간 이상 아무것도 먹지 못했던 것으로 추정되었다. 그의 마지막 식사는 누룩을 넣지 않고 구운 빵과 녹색 야채, 그리고 고기였다. DNA 분석 결과 고기는 붉은사슴(red deer)과 아이벡스로 확인되었다.

최근까지 외치의 사인에 대한 여러 가설들이 제기되었다. 혹자는 그가 양치기이며, 이른 가을의 눈보라에 파묻혀 죽었다고 말하기도 하였다. 유해에 대한 부검에서 몇 가지 부상이 발견되었다. 그의 손과 허리에 난 깊게 베인 상처는 그가 무력 투쟁 중이었음을 추정하게끔 했고, 등 깊숙이 박혀 있는 화살촉이 동맥을 절단했다면 그것으로 인해 사망에 이르렀을 수도 있다. 또한 두개골에 대한 컴퓨터단층촬영(CT) 결과 죽음에 이를 당시 추락이나 타격에 의해 머리에 부상을 입었다는 것도 확인되었다. 이러한 증거들은 그가 폭력을 수반하는 갈등 관계의 결과로 사망하였다는 것을 알려준다. 그의 사망 장소는 발견 장소와 일치하지 않은 것으로 생각되며, 아마도 사후에 얼음이 녹아 이동된 것으로 보인다. 그의 소지품들이 흩어져 있던 것도 이와 부합한다고 볼 수 있다.

외치의 배 속에 있던 화분을 분석한 결과 그가 3월에서 6월 사이에 사망했다는 것이 밝혀졌다. 그의 죽음의 직접적인 원인은 등에 박힌 화살촉이었을 것으로 추정되었다. 동위원소 분석 역시 외치에 대한 연구에서 중요한 역할을 담당하였다. 연구자들은 외치의 머리카락에 대한 탄소와 질소 안정동위원소 분석을 통해 식생활에 관한 정보를 얻고자 하였다(표 9.1). 머리카락은 뼈의 콜라겐과는 매우 다른 종류의 정보를 제공한다. 뼈 조직이 오랜 기간의 식생활에 대한 기록을 제공해 준다면, 머리카락은 상대적으로 매우 빠르게 자라기 때문에 최근 몇 주, 혹은 몇 달 사이의 식단이 반영되어 있는 것이다. 외치 머리카락의 $\delta^{13}C$ 값은 시신 근처에서 함께 발견된 염소의 털 및 초본류의 $\delta^{13}C$ 값보다 살짝 높았지만 거의 비슷한 값을 나타내었다. 질소 동위원소 분석은 조금 더 유의미한 결과를 도출하였다. 7장에서 이미 언급한 바 있듯, 먹이사슬의 영양 단계가 하나씩 올라갈 때마다 $\delta^{15}N$ 값은 상승하는데, 단백질 내표 **9.1** 외치의 머리카락, 염소의 털, 초본류에 대한 탄소와 질소 동위원소 분석 결과(Mako et al. 1999)

| 시료 | δ¹³C 값(‰) | δ¹⁵N 값(‰) |
|---|---|---|
| 외치의 머리카락 | −21.2 | 7.0 |
| 염소 털 | −22.5 | 6.9 |
| 초본류 | −23.9 | 4.0 |

의 $\delta^{15}N$ 값의 경우 2-3‰ 정도씩 커진다. 냉동인간의 머리카락에 대한 $\delta^{15}N$ 값 역시, 염소 털의 값과 큰 차이가 없었는데, 이는 그가 주로 식물자원을 통해 생계를 유지했다는 것을 나타낸다. 외치의 뼈 콜라겐에 대한 탄소와 질소 동위원소 분석 결과는 그의 식단에서 고기가 차지하는 비중을 30% 정도로 추정하였다.

외치의 출생지를 밝히는 것 역시 쉬운 작업이 아니었다. (특히 겨울철의) 알프스 고지대는 생명체가 살기에 적합한 환경이 아니다. 냉동인간의 집은 보다 저위도에 자리하고 있었을 것이다. 아마도 그는 도보로 하루 이내 거리에 위치한 보다 남쪽의 계곡에서 왔을 것으로 추정된다. 그는 불을 피우기 위한 목적으로 숯을 소지하고 있었는데, 이 숯은 알프스의 남쪽에 서식하는 나무로 만든 것이었다. 그의 옷에 붙어 있던 보리 종자와 그가 마지막으로 섭취했던 음식들(누룩을 넣지 않고 구운 빵과 야채)은 외치와 농경의 친연성을 나타내는 증거일 수도 있다. 그의 창자에서 발견된 화분은 알프스산맥의 남쪽에 주로 서식하는 서어나무(hornbeam tree)의 것으로 확인되었다. 그의 창자에서는 화분 이외에도 *Neckera complanata*라는 이끼의 작은 조각이 발견되었는데, 아마도 소지하고 있던 음식을 덮는 용도로 사용되었던 것으로 보인다. 이 이끼 역시 알프스의 남쪽에서만 자생한다(도면 9.8).

그의 출신에 관한 좀 더 자세한 연구를 위해 볼프강 뮐러(Wolfgang Müller)와 동료들은 외치의 치아 에나멜, 뼈, 복부의 내용물들에 대한 동위원소 분석을 실시하였다. 그들은 스트론튬, 납, 그리고 산소 동위원소를 통해 그의 출생지와 거주지, 행동 반경 등에 대한 정보를 간취하려 하였다.

뮐러와 동료들은 외치의 고향이라고 추정된 네 곳의 모암에 대한 스트론튬과

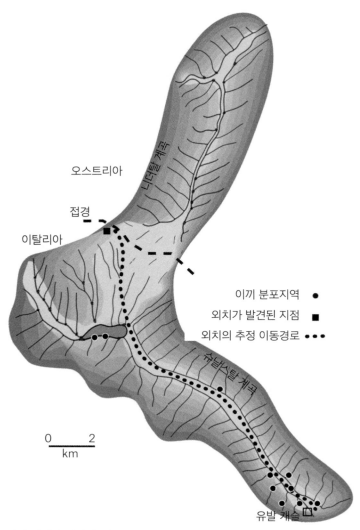

이끼 분포지역 ●
외치가 발견된 지점 ■
외치의 추정 이동경로 ●●●

오스트리아

접경

이탈리아

니더탈계곡

슈날스탈 계곡

유발 캐슬 ▫

0　　2
km

**도면 9.8** 냉동인간 외치가 발견된 장소와 인근 알프스산맥의 지형. 그가 남쪽의 계곡에서 왔다는 다양한 증거들이 확인되었다. 외치의 복부 내에서 발견된 *Neckera complanata*의 분포지역이 검은색 원(●)으로 표시되어 있다.

납 동위원소 분석을 실시하였다(도면 9.9). 이 네 곳은 에오세에 생성된 현무암지대 ($^{87}Sr/^{86}Sr$ 값 0.705-0.708), 중생대의 석회암지대($^{87}Sr/^{86}Sr$ 값 0.710-0.714), 페름기의 화산암지대($^{87}Sr/^{86}Sr$ 값 0.717-0.719), 천매암과 편마암이 혼재하는 변성암지대($^{87}Sr/^{86}Sr$ 값 0.720-0.724)였다. 냉동인간의 치아 에나멜과 뼈의 $^{87}Sr/^{86}Sr$ 값은 각각 0.721과

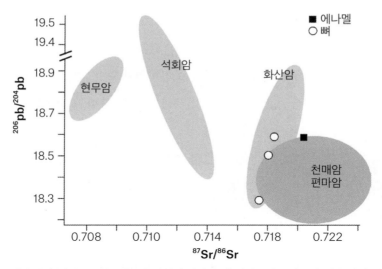

**도면 9.9** 외치의 뼈와 치아, 그리고 외치가 발견된 위치 주변 지역들의 모암들에 대한 납과 스트론튬 동위원소 분석 결과. 동위원소비의 분포를 통해 각 지역을 비교적 명확하게 구분할 수 있었다. 외치의 치아와 뼈의 동위원소비 측정값은 그의 출생지가 알프스의 남쪽에 위치하는 화산암과 변성암 지대임을 나타내고 있다(Müller et al. 2003: 864, Fig. 2b).

0.718로 측정되었는데, 이 값들은 알프스의 남쪽에 자리하는 화산암과 변성암지대의 값과 유사하였다. 이것을 바탕으로 연구자들은 외치는 그가 발견된 장소에서 남쪽으로 60킬로미터 이내에 자리한 이들 지역에서 삶의 대부분의 시간을 보냈을 것으로 추정하였다.

외치의 거주지에 대한 추가적인 고찰을 위해 그가 발견된 지역의 남쪽과 북쪽에 자리한 샘물과 개울들의 산소 동위원소비가 측정되었다. 외치가 발견된 지점 북쪽의 $\delta^{18}O$ 값은 전반적으로 낮았던(-13.0에서 -15.0‰) 반면, 남쪽의 $\delta^{18}O$ 값은 상대적으로 높았다(-11.5에서 -14.0‰). 이 결과는 해당 지역의 강우 특성과도 부합하는 측면이 있다. 외치가 발견된 지점을 기준으로 북쪽은 상대적으로 춥고 먼 북대서양에서 생성된 비구름의 영향권 내에 있는 반면, 남쪽에는 따뜻한 지중해에서 형성된 비구름이 자리한다. 외치의 치아와 뼈의 산소 동위원소비 측정값(에나멜 탄산염=11‰, 뼈 탄산염=11.5‰)은 발견 지점의 남쪽에 위치하는 샘과 개울의 그것과 더 흡사하여, 스트론튬과 납 동위원소 분석 결과와 상응하는 면이 있었다. 동위원소 분석 결과를 통해 뮐러와 동료들은 외치의 출생 및 거주지를 알프스산맥의 남쪽으로 추정하였고, 이는 그의 몸에서 발견된 식물 유체들로 어림한 결과와 일치한다고 주장하였다.

외치의 얼어붙은 몸과, 옷가지, 그리고 소지품들에 대한 연구 결과는 그의 삶과 죽음에 관한 놀라운 사실들을 밝혀내었다. 유해에 대한 부검과 고고화학적 분석 결과, 이 45세의 남성은 봄철에 어떠한 폭력적인 사건에 연루되어 등에 화살을 맞아 사망하였음이 밝혀졌다. 그의 소지품들은 정교하며, 기술적 완성도가 높았다. 외치와 함께 발견된 구리 도끼는 6,000년 전 이미 유럽에서 장거리 교역이 이루어지고 있었다는 것을 알려주었다. 마지막으로, 다양한 분석 기법들을 이용하여 확보한 증거들을 통해 외치의 출생지를 알프스 남쪽에 자리한 계곡지역으로 추정할 수 있었다. 물론 아직까지 밝히지 못한 것도 많다. 예를 들어, 우리는 외치가 사망 시점에 알프스의 고지대에서 무엇을 하고 있었는지 알 수 없다. 이와 관련된 의문들은 영원히 밝힐 수 없을지도 모른다.


## 9.2 윤리적 고찰

고고학은 우리의 과거와 미래를 보살피며, 선조들의 유산을 보호하고, 놀랍도록 멋진 과거의 유물들과 이를 통해 습득한 과거에 대한 지식을 공유하는 학문이기에, 무거운 책임이 뒤따른다. 고고학자들에게는 과거를 보호하고 과거에 대한 그들의 지식을 대중들과 공유해야 할 의무가 있다. 의무, 책임, 공유—이들은 윤리적인 주제이며, 현대고고학의 중요한 요소이기도 하다.

윤리는 사람으로서 마땅히 행하거나 지켜야 할 도리를 말하며, 의무를 행하는 원리이자 기준이 되는 규칙이고, 정치적이고 사회적인 인간 행위의 규범이다.

윤리는 현대의 학문에서 그 중요성이 점차 증대되고 있다. 고고학에서의 윤리 문제는 문화유산, 원주민들, 인간의 유해에 대한 처리, 보존 등과 관련되어 날이 갈수록 복잡성이 커져가고 있다. 전미고고학회(Society of American Archaeology, SAA)

**표 9.2** 전미고고학회(Society of American Archaeology)의 8가지 윤리 강령

1. 관리(Stwardship). 고고자료는 대체할 수 없는 자산이며, 모든 고고학자들은 고고자료에 대한 보호와 관리에 힘써야 한다.
2. 책무(Accountability). 책임감 있는 고고학 연구는 연구로 인해 영향을 받을 수 있는 집단들과의 논의를 통해 모두에게 도움을 줄 수 있는 업무 관계 구축에 힘쓴다.
3. 상품화(Commercialization). 고고자료에 대한 판매/구매 행위는 미국을 포함한 세계의 문화유산들의 파괴를 증진시킨다. 고고학자들은 고고자료들의 상업적 가치를 상승시킬 수 있는 이러한 행동들을 피하며, 이에 대한 금지를 촉구해야 한다.
4. 대중 교육 및 봉사(Public education and outreach). 고고학자들은 고고자료의 보존과 보호, 그리고 이에 대한 보다 나은 해석을 위해 대중과 함께해야 한다.
5. 지적 자산(Intellectual property). 고고학자는 한정된 시간 동안만 고고자료에 대한 우선적 접근권을 가지며, 이후 이들은 모두 대중과 공유해야 한다.
6. 보도와 출간(Public reporting and publication). 고고학자들이 연구를 통해 확득한 지식들은 대중에게 공유되어야 한다.
7. 기록과 보존(Record and preservation). 고고학자들은 발굴된 고고자료, 이에 대한 기록, 보고서 등의 보존을 위해 노력해야 한다.
8. 교육과 설비(Training and resources). 고고학자들은 연구를 위해 충분한 교육을 받아야 하며, 조사에 적합한 설비를 갖추고 있어야 한다.

역시, 이 문제를 고심하고 있다. SAA는 1934년 설립되어, 현재 6,500여 명에 이르는 고고학자들과 학생들을 회원으로 두고 있다. SAA는 고고학 연구의 활성화, 고고자료의 보존, 대중들의 고고학에 대한 관심 고취, 도굴 방지 및 도굴된 유물의 판매 금지 촉진, 고고학자들 간의 교류 활성화 등을 목적으로 설립되었다. 고고유물, 유적, 문화유산에 대한 윤리적 행동을 촉구하는 것 역시 SAA의 주요 활동이며, 이를 위해 SAA는 8가지 항목의 윤리 강령을 두고 있다(표 9.2).

이 원칙들은 고고학의 여러 측면들을 아우르고 있다. "관리"는 고고자료와 문화유산의 보호에 힘쓰는 것이다. 이에 대한 적극적인 보호가 없다면 과거의 물질문화가 사라지는 것을 막을 수 없다. 과거의 물질자산 자체뿐 아니라, 이를 연구하여 고고학자가 남긴 기록들 역시 보호의 대상이 된다. "책무"는 고고유적과 관련된 인물이나 집단과의 상호 소통을 말한다. 이들은 유적의 발굴이 이루어지는 지역의 지주(landowner)일 수도 있고, 선조들의 유물이나 유해에 대한 믿음체계를 지니고 있는

아메리카 원주민일 수도 있다. "상품화" 항목은 과거의 물질문화에 상업적 가치를 부여하여 불법적으로 판매하는 행위 및 도굴꾼들에 의한 유적 파괴의 방지를 촉구한다. 예를 들어, 고고학자는 수집가들이나 판매상들에게 유물의 값어치에 관한 정보를 제공해서는 안 된다. 사실 이 윤리 원칙들은 매우 일반적이며 구체적인 실행의 방향성을 제시해 주지는 않는다. 그러므로 이 8가지 항목에서 언급된 문제들을 해결하는 데 정답이 있는 것은 아니다.

위에서 다룬 문제들 말고도 특히 고고화학 분야와 직접적으로 연관된 사안들 역시 존재한다. 우리는 여기에서 이 가운데 두 가지 정도를 다루려고 하는데, 바로 분석 과정에서 발생하는 유물의 파괴와 인간의 유해를 대상으로 하는 연구에 대한 것이다.


## 9.2.1 파괴 분석

고고화학 분야의 연구자들이 직면하는 윤리적 문제들 가운데 하나는 "파괴 분석"과 관련되어 있다. 현재 활용되고 있는 대부분의 분석법들은 진행 과정에서 학술적 가치가 높은 유물 및 인골의 일부에 대한 파괴를 수반한다. 일반적으로 고고자료는 박물관이나 기관에 근무하는 학예사들의 관리하에 있다. 이들은 그들이 관리하는 문화유산에 대한 파괴를 꺼리기 때문에, 파괴적인 분석법을 거부하거나, 분석의 당위성을 설명할 수 있는 매우 자세한 계획서를 요구하기도 한다.

박물관의 학예사들은 대개의 경우 일정 수준의 타협을 하거나 유물의 훼손을 줄일 수 있는 새로운 방법이 개발될 때까지 기다릴 것을 제안한다. 그들의 주장은 일견 합리적으로 들리기는 하지만, 몇 가지 전제가 성립되어야 한다. 보다 덜 파괴적인 새로운 방법이 가까운 미래에 등장해야 하고, 신기술을 동원할 자금과 운용할 인력이 확보되어 있어야 하며, 유물들 역시 현 상태로 잘 보존되어 있어야 한다. 그러나 이 모든 것들이 담보된다고 확신하기는 어렵다. 역사적인 선례가 보여주듯, 절도, 전쟁, 자연재해 등으로 유물과 유적은 언제든지 훼손되고 사라질 수 있다. 어떠한 것이든

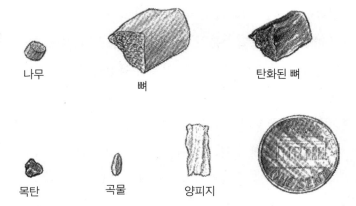

나무

뼈

탄화된 뼈

목탄

곡물

양피지

**도면 9.10** AMS 방사성탄소연대측정을 위한 시료의 크기. 미국의 1센트 주화(우하단)와의 비교

영원히 보존할 수는 없다. 더구나 과학은 연구의 축적을 통해 발전하는 학문이다. 물질에 대한 현재의 연구가 있어야만 새로운 의문이 생기고 이를 통해 새로운 기법이 탄생하는 것이다. 기존의 연구 없이 새로운 연구는 시도될 수 없다.

고고과학자로서 우리가 과거의 물질자료를 수집하고, 발굴하며, 보존하는 이유는 그들이 우리 공동의 유산이며, 그것들을 통해 인간사회에 대한 지식을 축적할 수 있기 때문이라고 생각한다. 파괴적인 분석은 결국 이를 통해 획득할 수 있는 "지식"과 유물의 "훼손" 가운데 어느 쪽에 무게를 둘 것인가에 따라 적용 여부가 결정되는 것이다. 우리의 관점에서 볼 때, 대부분의 경우 "지식"을 통해 얻는 것이 유물의 훼손으로 잃는 것보다 크다. 〈표 4.5〉에 나타나 있듯이, 현재 사용되는 대부분의 분석 기법들은 시료를 분말로 만들거나 용매에 녹이는 등의 준비 과정을 거친다. 그렇지만 분석에 필요한 시료의 양은 매우 적다.

자연과학적 분석법들은 점차 필요로 하는 시료의 양을 최소화하는 쪽으로 개선되고 있다. 최근에 진행되는 대부분의 분석들이 필요로 하는 시료의 양은 밀리그램 단위이다. 스트론튬 동위원소 분석의 경우, 개미 한 마리 정도의 무게인 3밀리그램 정도만 확보된다면 가능하다. 즉, 분석을 위해 치아에서 3밀리그램 정도만 떼어낸 후, 대부분이 완전한 채로 다시 박물관에 되돌려 줄 수 있다는 뜻이다. 〈도면 9.10〉은 AMS 방사성탄소연대측정법에 필요한 종류별 시료의 크기를 나타낸 것이다.

때때로 정확한 결과를 위해 조금 더 많은 시료가 필요한 경우도 있다. 구성이 균질한 물질은 몇 밀리그램으로 충분히 분석을 수행할 수 있지만, 토기나 일부 암석과 같이 구성물이 균질하지 못할 경우 유물 전체의 특성을 반영할 수 있는 시료를 채취하려면 그램 단위의 양이 필요할 수도 있다.

파괴 분석과 관련한 문제는 인골에 대한 연구를 수행할 때에도 발생할 수 있는데, 분석을 수행하는 과정에서 뼈나 생체 조직의 일부를 떼어내기 때문이다. 다음 절에서 인간의 유해와 관련된 윤리적 사안들에 대해 다룰 것이다.

## 9.2.2 인간 유해에 대한 연구

보다 더 민감하고 첨예한 윤리적 논쟁을 유발하는 쪽은 과거인의 인골에 대한 연구이다. 북아메리카의 고고학자들은 오랜 기간 아메리카 인디언들의 무덤을 발굴해 왔다. 워싱턴 DC에 있는 스미스소니언 박물관에는 1만 6천 구에 이르는 인디언들의 유해가 보관되어 있다. 추정에 의하면 지금까지 10만 구가 넘는 아메리카 인디언들의 인골들이 발굴되었고, 이들은 대부분 박물관에 소장되어 있다. 아메리카 인디언들의 지속적인 인골 반환 요구로 인해 1990년 미국 의회(하원)는 Native American Graves Protection and Repatriation Act(NAGPRA)[4]라는 법안을 통과시킨다.

NAGPRA가 제정되고 시행됨에 따라, 박물관과 연방 기관에 소장된 고대 아메리카 원주민들의 인골 및 물질문화들을 그들의 밝혀진 직계 후손이나, 문화적으로 친연성이 있는 집단에 되돌려주는 것이 가능하게 되었다. NAGPRA를 통해 과거의 물질자산을 돌려받기 위해서는 〈표 9.3〉의 절차와 요건을 만족시켜야 한다. 물질자료들은 이를 제작한 과거 인디언들의 직계 후손이나 문화적 친연성이 있는 집단에게만 되돌려줄 수 있다. 이러한 친연성을 입증하기 위해서는 지리적, 생물학적, 고고

.........

4    역자 주. 공식적으로 번역된 명칭은 없지만, "아메리카 원주민 무덤의 보호와 반환에 관한 법률" 정도로 해석 가능하다.

**표 9.3** 아메리카 원주민 무덤의 보호와 반환에 관한 법률(Native American Graves Protection and Repatriation Act, NAGPRA)의 주요 조항

---

연방 기관과 박물관들은 자신들이 지닌 소장품들 가운데 NAGPRA가 적용될 수 있는 물질문화들을 파악하고 이를 정리해야 한다.

연방 기관과 박물관들은 NGAPRA가 적용될 수 있는 물질문화들의 판별과 문화적 친연성을 파악하기 위해 직계 후손, 인디언 부족들, 하와이 원주민 조직들과 상의해야 한다.

연방 기관과 박물관들은 NGAPRA가 적용될 수 있는 물질문화들 및 문화적 친연성에 대한 정보와, 이들이 반환 가능하다는 것을 직계 후손, 인디언 부족들, 하와이 원주민 조직들에게 충분히 공지해야 한다. 이 공지는 내무부에서 발간하는 연방 공보(Federal Register)를 통해 알린다.

---

학적, 언어적, 인류학적 증거들이 요구된다. 이 법령은 고대 인디언들의 물질 및 인골 자료들의 밀매 행위를 금지하고, 이들 소유지 내의 유적을 발굴하거나 발견할 시, 부족민들에게 알리고 이후의 사안에 대해 논의하는 것을 의무적으로 규정하고 있다. NAGPRA 및 관련법을 통해, 스미스소니언 박물관은 1984년 이래로 4천 구가 넘는 인골들을 인디언 집단들에게 돌려주었다.

인골의 반환문제는 항상 수월하게 진행되는 것이 아니며, NAGPRA 역시 몇 가지 측면에서 논란의 대상이 되었다. 가장 대표적인 예가 미국 워싱턴주 케너윅(Kennewick)에서 발견된 인골이다. 케너윅 맨은 1996년 컬럼비아 강가에서 발견되었다. 뼈에 대한 방사성탄소연대측정 결과는 약 7500 BC였으며, 이로 인해 케너윅 맨은 단숨에 북미와 남미를 통틀어 가장 오래된 인골 가운데 하나가 되었다. 신대륙으로 이주한 가장 이른 시기의 인류의 조상으로서, 그가 지니는 학술적 가치는 남달랐다. 동시에, NAGPRA의 조건을 충족시킨다면(표 9.3. 참조) 이 인골은 워싱턴주의 아메리카 인디언들이 반환받을 수 있는 유산이었다. 그러나 고고학자들은 해당 인골의 연구 가치가 매우 뛰어나고, 현재 워싱턴주에 거주하는 인디언들과의 친연성을 입증할 만한 증거가 부족하다는 점을 들어 이를 거부하였다. 이 논쟁은 수년 동안 지속되었으며, 결국 2004년 법원은 고고학자들의 손을 들어주었다.

케너윅 맨을 둘러싼 소유권 분쟁에서 발생한 소요와 감정싸움 과정에서 정작 그를 통해 우리가 얻을 수 있는 과거에 대한 정보의 중요성은 잊혀졌다. 사실 지난 수

세기 동안 NAGPRA와 이에 의거한 인골의 반환작업으로 인해 많은 정보들이 사라졌다.

물론 인골 반환과 관련된 권리와 믿음은 존중되어야 한다. 인골들이 현재 생존해 있는 인디언 집단의 직계 조상이라는 것이 입증되었다면, 이 인골들은 후손들에 의해 재매장되어야 마땅하다. 그러나 많은 경우 유골이 발견된 지역에 거주하는 원주민과의 직접적인 친연성이 입증되지 못하고 있다. 근대에 이르러 아메리카 인디언들은 기존의 삶의 터전을 떠나 옮겨 다니며 생활한 경우가 많았기 때문이다. 유골들의 재매장과 이후 발생하는 (최종적인) 파괴로 인해 아메리카 인디언들을 포함하는 우리 모두에게 필요한 수많은 정보들이 사라졌다. 만약 이 인골들이 연구에 활용되었더라면 우리는 과거에 대한 훨씬 많은 사실들을 알고 있을 것이다. NAGPRA가 개정되어 과거에 대한 중요성을 인지하는 보다 현실적인 법으로 바뀌기를 기대한다.

## 9.3 앞으로의 방향

시간은 고고학자들이 손에 넣으려고 하는 가장 중요한 차원이다. 20세기가 시작할 무렵의 삶이 어떠했는지를 알아내는 것은 이미 충분히 어려운 작업이다. 그보다 이른 청동기시대, 신석기시대, 구석기시대의 경우 그 어려움은 배가될 수밖에 없다. 백년 전까지만 하더라도 인간이 하늘을 날고, (대량살상무기에 의해) 도시가 한꺼번에 불타고, 인간이 달을 걷고, 전 세계가 컴퓨터로 연결되고, 소가 복제되는 일 등을 예상한 사람은 거의 없었다. 과거를 "예상"하는 것도 쉬울 리 없다.

1989년 『고고학(*Archaeology*)』이라는 잡지는 고고학의 미래를 주제로 한 특집호를 발간하였다. 로버트 더넬(Robert Dunnell)은 이 특집호에 실린 글에서 "50년 안에 고고학 연구의 근간이 되는 것은 2밀리미터에서 이온 사이즈의 유물일 것이다"라고 예측하였다. 사실, 그의 예측은 이미 현실이 되었다. 고고측정학과 고고화학은 지난 수 세기 동안 급격히 성장하였고, 이 엄청난 성장은 고고학 연구에 혁명을 불러일으켰다. 금속, 유리, 토기, 암석, 토양, 섬유, 염료, 뼈, DNA, 유기잔존물 등 연구의 대상이 되는 물질의 종류도 갈수록 다양해지고 있다. NAA, FTIR, GC/MS, EMPA, SEM, ESR, NMR, ICP-AES, LC/MS, PiXIE와 같은 다양한 종류의 분석 장비를 설명하는 약어들을 보면 머리가 어지러울 정도다.

고고화학은 계속해서 성장하고 있고 향후 20년 이내에 우리는 많은 새로운 방법들을 접하게 될 것이다. 몇 가지 경향성은 의심할 여지 없이 뚜렷하다. 최근까지 유전학이 달성한 놀라운 성취로 인해 많은 연구기관과 대학은 유전공학에 상당한 규모의 투자를 하고 있다. 의심할 여지 없이 과거와 현재의 DNA에 관한 연구는 앞으로도 우리와 우리의 과거에 대한 이해에 혁신을 가져올 것이다. 고고유적에서 출토된 동물 유체에 대한 DNA 연구는 유전자에서 보이는 가축화의 증거들을 찾아내고 있으며, 농경의 기원에 대한 연구에 큰 도움을 주고 있다. DNA는 앞으로 고고유적에서 출토된 인간을 포함한 동물과 식물 유체를 분석하는 데 큰 역할을 담당할 것이다.

앞으로 개발될 새로운 장비와 기술들은 우리의 연구 방법을 바꾸게 할 것이다. 하나의 큰 화두는 바로 분석 장비의 소형화와 휴대화이다. 원소 분석에는 이미 휴대용 장비들이 활용되고 있다. 휴대용 장비들의 성능도 점차 좋아지고 있기에, 동위원소나 유기물 분석 장비의 휴대화는 시간문제라고 볼 수 있다. 이들 장비의 개발은 분석 비용의 절감을 꾀하여 과거의 생활면에 대한 광범위한 유기 분석을 가능하게 할 것이다.

우리는 가까운 미래에 고고측정학과 고고화학에 초점을 맞춘 연구소와 실험실들의 증가를 목격하게 될 것이다. 대부분의 과학적 장비들은 가격이 비쌀 뿐 아니라 이들의 수리와 유지에도 지속적인 비용이 소요된다. 또한 실험실에는 수리 및 유지를 위한 숙련된 기술자 역시 상주하고 있어야 한다. 이러한 비용 때문에 고가의 장비를 구비하고 있는 고고학 실험실은 흔치않다. 보다 많은 고고학 연구 기관에서 고고과학자들을 고용하고 분석 장비들이 소형화되고 저렴해진다면 이러한 상황은 개선될 것이라고 생각한다.

대학들은 고고학 실험실의 신설 및 유지를 위해 연구비를 확보해야 한다. 최근까지 고고학은 연구방법의 측면에서 볼 때 상대적으로 "저렴한" 학문이었다. 하지만 고고학에도 변화의 바람이 불고 있으며, 이러한 변화를 맞이하기 위해서는 자본이 필요하다. 이것에 더하여, 학생과 연구자들은 훈련을 통해 분석법들에 대한 이해도를 높이고 이 가운데 일부는 실제로 수행할 수 있어야 한다. 고고학은 여러 측면에서 점차 "엄정 과학"에 가까워지고 있다.

## 9.4 마치며

이 책의 저자이자 고고화학자의 입장에서, 우리는 독자들이 이 책을 즐겼기를 바라며, 우리가 선택한 고고화학이라는 분야에 크게 공감했기를 바란다. 우리는 고고화학이 고고학의 중요한 부분이 되리라 믿는다. 의심할 여지 없이, 고고화학의 미래는 밝고, 과거 인간사회에 대한 이해를 돕기 위한 새로운 방법들과 발상들은 끊임없이 나타날 것이다. 과거에 대한 탐구의 미래는 실험실에 있다. 우리는 학생과 연구자 모두가 고고화학의 연구방법, 장비, 결과들에 대한 지식을 축적하기를 권장한다. 분석 방법에 대한 이해는 분석 결과에 대한 이해를 가능하게 한다. 추가적으로, 우리는 학생들에게 그들의 전공으로 고고화학을 고려하기를 강력히 희망한다. 이 분야는 지속적으로 성장하고 있으며, 자격을 갖춘 자들을 원하는 곳은 많아질 것이다. 이 분야가 가진 본질적인 매력은 일생 동안 당신의 흥미를 앗아가지 않을 것이다. 끝으로, 이 책에 대한 여러분들의 제안과 수정, 개선방안 등을 보내준다면 개정판에 이를 적극적으로 반영할 것이다.

읽을거리 ·······································································································································

Fowler, Brenda. 2000. *Iceman: Uncovering the Life and Times of a Prehistoric Man Found in an Alpine Glacier*. New York: Random House.
Lambert, J. 1997. *Traces of the Past: Unraveling the Secrets of Archaeology Through Chemistry*.

New York: Addison Wesley Longman.

Müller, Wolfgang, Henry Fricke, Alex N. Halliday, Malcolm T. McCulloch, Jo-Anne Wartho. 2003. Origin and Migration of the Alpine Iceman. *Science* 302: 862-866.

Macko, S., G. Lubec, M. Teschler-Nicola, V. Rusevich, and M. Engel. 1999. The Ice Man's diet as reflected by the stable nitrogen and carbon isotopic composition of his hair. *The Federation of American Societies for Experimental Biology (FASEB) Journal* 13: 559-562.

Renfrew, Colin. 2000. *Loot, Legitimacy and Ownership: The Ethical Crisis in Archaeology*. London: Duckworth Publishing.

Scarre, Chris, and Geoffrey Scarre (eds.). 2006. *The Ethics of Archaeology. Philosophical Perspectives on Archaeological Practice*. Cambridge: Cambridge University Press.

Spindler, Konrad. 1995. *The Man in the Ice: The Discovery of a 5,000-Year-Old Body Reveals the Secrets of the Stone Age*. New York: Three Rivers Press.

Zimmerman, Larry J., Karen D. Vitelli, and Julie Hollowell-Zimmer. 2003. *Ethical Issues in Archaeology*. Walnut Creek, CA: Altamira Press.

# 부록: 고고화학에 대한 정보

## 기술적인 정보들

본 섹션은 책의 본문에서 언급하기에는 적절하지 않아 소개하지 못했던 유용한 정보들을 담고 있다.

## 학술지, 서적, 학술대회

고고화학에 대한 정보들은 다양한 경로를 통해 입수 가능하다. 여기에서는 고고화학을 중점적으로 다루거나 이에 관한 정보를 담고 있는 학술지, 서적, 학술대회나 학회 등을 소개한다. 고고화학과 가장 친연성이 깊은 학술단체로는 Archaeometry(고고측정학회)와 Society for Archaeological Science(고고과학회)가 있으며, 이곳에서 이와 관련한 학술지들(*Archaeometry, Journal of Archaeological Science*)을 출간하고 있다.

## 학술지

Journal of Archaeological Science

Archaeometry

International Journal of Human Osteology

American Antiquity

Geoarchaeology

Journal of Field Archaeology

## 서적, 보고서, 뉴스레터

Archaeological Chemistry, vols. 1 − 5 (American Chemical Society)

Ceramics and Civilization, vols. 1 − 4 (American Chemical Society, 1974년부터 발간)

Materials Issues in Art and Archaeology, vols. 1 − 7 (Materials Research Society)

MASCA Research Reports (Museum of the University of Pennsylvania)

SAS Bulletin (Society for Archaeological Sciences)

## 학술대회

회의, 심포지엄, 학술대회 등은 연구자들의 달력에서 중요한 일정을 차지한다. 고고화학자들과 고고측정학자들은 정기적으로 학술대회를 조직하여 서로 만나 새로운 분석법과 연구 결과들을 발표한다. 이러한 학술대회들이 중요한 이유는 이를 통해 최신 정보들과 성과들이 빠르게 다른 연구자들에게 공유될 수 있기 때문이다. 이러한 모임은 새로운 연구 주제를 고안하거나, 공동 연구를 착수하는 계기가 되기도 한다. Archaeometry(고고측정학회) 학술대회는 세계의 각 지역에서 2년마다 개최되며, 5일 동안 진행되는 구두 발표, 포스터 발표 등을 통해 다양한 범위의 주제들을 다룬다. Society for Archaeological Science(고고과학회) 학술대회는 매년 개최된다. 해마다 열리는 American Chemical Society(전미화학회)의 정기 학술대회에서는 고고화학과 관련된 특별 세션을 자주 볼 수 있다. 이밖에도 고고화학이나 고고측정학과 관련된 소규모의 학술행사들이 자주 개최되는데, 이러한 모임에서는 좀 더 좁은 범위의 특정한 주제들이 다루어지곤 한다. 위에 언급된 모든 학술대회들은 정보의 순환, 연구 효율의 개선, 지식의 공유 등의 목적을 달성하기 위한 촉매가 될 수 있다.

## 측정 단위

대부분의 사람들은 매우 크거나 작은 수나 단위에 대한 감각이 무딘 편이다. 다음에서 제시되는 예는 이에 대한 이해를 도울 수 있을 것이다.

만약 당신이 달지 않고 매우 드라이한 마티니를 원한다면, 5 parts per million(백만분율, PPM)의 베르무트(vermouth)[1]-진(gin)의 레시피로 제조하면 된다. PPM은 백만분율(parts per million), PPB는 십억분율(parts per billion), PPT는 1조분율(parts per trillion)을 나타낸다. 1온스(oz)의 베르무트가 있다고 가정했을 때 각각의 비율로 마티니를 제조하려면 얼마만큼의 진(gin)이 있어야 할까?

5 PPM ⟹ 1 oz. 베르무트 + 1,562.5 갤런(gellon)의 진
이것은 10 × 10 × 2피트(ft) 규모의 욕조에 가득 담길 수 있는 양이다.

5 PPB ⟹ 1 oz. 베르무트 + 1,562,500 갤런의 진
이것은 100 × 200 × 10피트 규모의 수영장에 가득 담길 수 있는 양이다.

.........

1    역자 주. 포도주에 향신료를 넣어 우려내어 만든 술. 흔히 다른 음료와 섞어 칵테일로 마심.

5 PPT ⇒ 1 oz. 베르무트 + 1,562,500,000 갤런의 진

이것은 미시시피강(Mississippi River)에서 6시간 동안 흘러나가는 물의 양과 같다.

몇몇의 중요한 단위에 대한 개념은 다음과 같다.

킬로그램(kilogram, kilo, kg) - kilo는 1,000을 의미한다. 1킬로그램은 1,000g이다. 각 변이 10cm인 입방체에 물을 가득 담으면 1리터(liter, 10cm³)이며 이것의 무게는 1kg이다.

그램(gram, gm, g) - 1그램은 1킬로그램의 1/1,000에 해당하며, 각 변이 1cm인 입방체(1cm³)에 가득 담긴 물의 무게와 같다.

밀리그램(milligram, mg, mgs) - milli는 1/1,000을 의미하며, 1mg은 0.001g이고 1,000mg은 1g이다. 밀리리터(milliliter)는 1리터의 1/1,000에 해당한다. 1입방센티미터(cubic centimeter)의 물은 1밀리리터이며 보통 cc로 표현한다.

마이크로그램(microgram, μg, μgs) - micro는 1/1,000,000을 의미한다. 그러므로 1μg은 0.001mg, 1,000μg는 1mg, 1,000,000μg는 1g이다. 1마이크로리터(microliter)는 1리터의 1/1,000,000이다.

## 부피 단위

| 10밀리리터(ml) = | 1센티리터 | |
|---|---|---|
| 10센티리터(cl) = | 1데시리터 = | 100밀리리터 |
| 10데시리터(deciliter, dl) = | 1리터 = | 1,000밀리리터 |
| 10리터(l) = | 10데카리터 | |
| 10데카리터(dekaliter, dal) = | 10헥토리터 = | 100리터 |
| 10헥토리터(hectoliter, hl) = | 1킬로리터(kl) = | 1,000리터 |

## 입방 단위

| | |
|---|---|
| 1,000입방밀리미터(mm³) = | 1입방센티미터 |
| 1,000입방센티미터(cm³) = | 1입방데시미터 |
| = | 1,000,000입방밀리미터 |
| 1,000입방데시미터(dm³) = | 1입방미터(m³) |
| = | 1스테르(stere)**2** |
| = | 1,000,000입방센티미터 |
| = | 1,000,000,000입방밀리미터 |

## 무게 단위

| | | |
|---|---|---|
| 10밀리그램(mg) = | 1센티그램 | |
| 10센티그램(cg) = | 1데시그램 = | 100밀리그램 |
| 10데시그램(dg) = | 1그램 = | 1,000밀리그램 |
| 10그램(g) = | 1데카그램 | |
| 10데카그램(dag) = | 1헥토그램 = | 100그램 |
| 10헥토그램(hg) = | 1킬로그램 = | 1,000그램 |
| 1,000킬로그램(kg) = | 1톤(t) | |

.........

2    역자 주. 영미권에서 주로 쓰는 단위로 1입방미터를 의미한다.

# 용어 해설

가속질량분석기(Accelerator mass spectrometer, AMS) 동위원소를 분류하고 집계하는 장비. AMS 연대측정은 매우 적은 양의 시료로도 가능하다는 장점이 있다.

가이거 계수기(Geiger counter) 방사선의 존재 여부와 세기를 탐지하는 장치

감쇄적 기법(Subtractive technique) 본래의 덩어리에서 물질들을 제거하며 진행되는 제작기법. 나무 조각이나 석기 제작 등이 있다.

격지(Flake) 몸돌로부터 타격되어 떨어져 나온 부분. 격지는 날카로운 모서리를 지니고 있기 때문에 다양한 도구로 제작된다(때로는 잔솔질을 하지 않기도 함).

결정(Crystalline) 원자가 일정한 패턴으로 배열된 물질. XRD(X선 회절분석)는 이 특성을 활용한다.

경제(Economy) 사회를 유지하고 성장시키기 위해 음식, 물, 자원 들을 획득하는 수단과 방법

고고과학(Archaeological science) 고고학 실험실에서 실시하는 분석 기기들을 사용하거나 사용하지 않은 여러 종류의 연구 방법들을 통칭하는 용어. 동물유체 분석, 식물유체 분석, 골학, 심지어 석기나 토기 연구의 일부 등이 이에 포함될 수 있음

고고측정학(Archaeometry) 고고자료의 화학적 조성이나, 제작 기법, 연대 등을 알기 위해 유물의 물리적, 화학적 성질을 측정, 연구하는 분야. '기구(instrumental)' 고고학이라고도 함

고고학(Archaeology) 물질자료를 바탕으로 시간과 변화에 초점을 맞추어 인간의 과거를 연구하는 학문

고고학적 기록(Archaeological record) 고고학적 조사를 통해 확인된 과거에 대한 모든 정보

고고학적 맥락(Archaeological context) 고고자료가 발견된 지점에 현재 남겨진 종합적인 정보

고고학적 문화(Archaeological culture) 특정 지역에서 발견되는 공통의, 또는 공유된 행위를 통해 서로 연관된 유물들의 집단

고고화학(Archaeological chemistry) 고고자료 내의 유기 및 무기 원소, 동위원소, 분자, 화합물 등을 연구하는 분야

고민족지식물학(Paleoethnobotany) 과거와 현재의 인간집단들의 식물 활용을 연구하는 분야

고생물학(Paleontology) 화석화된 동물을 연구하는 분야

고식물학(Paleobotany) 화석화된 식물을 연구하는 분야

골단(Epiphysis) 성장이 일어나는 뼈의 말단 부분

골피질, 겉질뼈(Cortical bone) 단단하고 치밀한 뼈의 외각층. 다리뼈 등에서 두드러짐

공시적(Synchronic) 특정 시간대를 횡적으로 연구하는 것

관절(Articular) 뼈와 다른 뼈를 이어주는 부분. 주로 뼈 가장자리의 표면에 해당한다.

관찰값(Observation) 데이터에 기록된 각 측정값

교역(Trade) 개인, 혹은 집단 사이에 발생하는 교환, 매도, 매수 등의 경제적인 거래

구대륙(Old World) 유럽인들이 아메리카대륙을 발견하기 이전 세계. 유럽과 아시아, 아프리카를 포함한다.

굴장, 혹은 세골장(Bundle burial) 시신의 팔다리를 꺾어 구부린 상태로 가죽이나 옷 등으로 묶은 상태로 매장하는 장법. 혹은 시체를 한곳에 보존해 일정 기간이 지나 살이 썩으면 뼈만 추려 옷가지 등으로 묶어 다시 안치하는 매장법

규모, 범위, 축적(Scale) (1) 고고학적 발견, 분석, 해석의 수준; (2) 지표 상의 실제 거리나 면적을 지도 상에 줄여 나타낸 비율

규조류(Diatom) 규산질 껍데기를 가지고 있는 극소형의 조류(algae)

글로우 곡선(Glow curve) 온도에 따라 열 루미네센스(luminescence)의 발광 강도가 변화하는 것을 나타내는 그래프

금속탐지기(Metal detectors) 전자기장을 발생시켜 지저에 매장된 금속을 찾아내는 장비. 금속유물을 찾는 데 사용된다.

기능(Function) 유물의 용도; 도구가 제작된 목적에 맞는 행위

기술(Technology) 인간이 자연 자원을 도구, 음식, 의복, 거주지 등으로 변환시킬 수 있게 하는 물질, 장비, 테크닉, 지식 등을 포괄하는 개념

기술 통계학(Descriptive statistics) 데이터 내의 수를 비교하거나 정보를 요약하기 위해 사용되는 통계적 기법. 평균, 중간값, 최빈값, 범위, 분산, 표준편차 등

기체 크로마토그래피-질량분석기(Gas chromatograph-mass spectrometer, GC-MS) 유기물질 연구를 위한 고고측정학적 기법. 기화된 시료들은 컬럼(column)을 통과하면서 분리되며 순차적으로 컬럼에서 나와 검출기로 이동하여 무게와 양에 따른 분자 스펙트럼을 생성한다.

나이테연대측정법(Dendrochronology) 나이테를 사용하여 고고유적에서 발견된 나무의 나이를 측정하는 방법

녹말 입자(Starch grains) 특정 종의 식물에만 존재하는 탄수화물 복합체

농경(Agriculture) 재배작물 혹은 가축에 기반한 생업 체계

단백질(Protein) 탄소, 수소, 산소, 질소 등으로 구성된 아미노산의 연속적인 결합으로 구성되어 있는 복잡한 유기 분자; 모든 살아 있는 세포와 다양한 물질들(효소, 호르몬, 항체 등)의 기본 구성요소

도구(Tool) 인간이 주변 환경을 변화시키기 위해 의도적으로 가공한 장비나 무기, 물건들

동물고고학(Archaeozoology) 고고유적에 남겨진 동물 유체를 연구하는 분야

동물 유체(Faunal remains) 고고학적 맥락에서 찾을 수 있는 동물 에코팩트. 뼈, 치아, 사슴 뿔, 상아, 패각, 어류의 비늘 등을 포함함

동위원소(Isotopes) 양성자의 수가 같아 원자번호는 같지만 중성자의 수가 다른 원소

동체(Body sherd) 토기의 구연부와 저부를 제외한 부분

두류(Leguminous plants) 질소고정을 하는 콩과식물

라만 적외선 분광기(Raman infrared spectroscopy) 특정한 파장의 적외선을 시료로 주사하여, 시료에 닿은 이후 이탈하여 산란되는 빛의 파장을 기록, 시료 내 분자의 성질을 특정하는 분석 장비

매립(Fill) 퇴적물이 축적되는 것을 지칭하는 지형학 용어

매장(Inhumation) 시신의 전체, 혹은 일부를 매장한 것. 화형의 반대 개념

매장 인구(Burial population) 일정 지역의 무덤군이나 묘지에서 발견된 인간 유해들의 집단

맥락(Context) 고고자료들의 위치 및 이들 사이의 공반관계와 주변의 정황

메소아메리카(Mesoamerica) 북부를 제외한 멕시코의 대부분과 과테말라, 엘살바도르와 온두라스, 벨리즈 등을 포함하는 지역으로 이곳에서 아즈텍과 마야 같은 초기 문명이 발생했다.

무기화합물(Inorganic compounds) 탄소를 포함하고 있지 않은 분자

문명(Civilization) 거석 기념물, 문자, 계층화된 사회 구조, 많은 인구 등을 특징으로 하는 국가 단계의 사회를 지칭하는 용어

문화(Culture) (1) 사회적 학습을 통해 체득한 인간행동; (2) 인간 사회

물질문화(Material culture) 인간행동의 증거가 될 수 있는 유형의 증거

미세구조형태학(Micromorphology) 과거 인간과 관련된 퇴적물들을 현미경을 통해 관찰하는 분야

미세흔 분석(Microwear analysis) 어떠한 물질을 대상으로 석기를 사용하였는지 확인하기 위해 석기 날의 표면에 남겨진 마모의 흔적을 현미경을 통해 관찰하는 분석법

미오글로빈(Myoglobin) 인간의 생체조직 내에 존재하는 단백질. 인간의 분변에서 이 물질이 발견된다면, 식인의 증거가 될 수 있다.

미토콘드리아 DNA(Mitochondrial DNA, mtDNA) 미토콘드리아에서 추출한 유전 물질. 모계를 통해서만 유전된다.

민감도(Sensitivity) 측정할 수 있는 최소량

민족지고고학(Ethnoarchaeology) 과거에 대한 정보를 얻기 위해 현존하는 사회를 연구하는 것

발굴(Excavation) 과거에 사용되어 매장된 물질들을 노출하고, 기록하며, 회수하는 행위

방사성탄소(Radiocarbon) 방사성 붕괴를 하는 탄소 동위원소; 고고학의 절대연대측정법에 활용된다.

백악질 고리(Cementum annuli) 치아의 백악질에 해마다 축적되는 층

보정(Calibration) 방사성탄소연대와 달력연대 사이의 차이를 수정하는 작업

보존(Conservation) 실험실이나 박물관에서 고고자료의 부식을 막거나 복원하는 작업

부분 시료(Aliquot) 전체를 균일한 양으로 나눈 한 부분

부유법(Flotation) 탄화된 식물 유체들을 물에 띄워 찾아내는 분석법

분별(Fractionate) 열과 증발, 확산과 같은 화학적·물리적 요인 또는 광합성, 효소 등과 같은 생물학적 메커니즘에 의하여 동위원소 존재비가 변화하는 작용을 말한다.

분산(Variance) 비율척도 데이터가 퍼진 정도를 나타낸 지표

분석(Analysis) 고고자료에서 보이는 패턴이나 정보를 간취하기 위해 하는 연구활동

분업(Division of labor) 사회의 각 집단들에 따라 서로 다른 종류의 작업/활동을 하는 것

분자(Molecule) 화학적 결합에 의해 원자들이 결합한 물질

분자 고고학(Molecular archaeology) 고고화학의 유기 연구 분야를 지칭하거나, 특히 인골, 동물 유체, 식물 유체 등의 DNA를 연구하는 분야를 이르는 용어. 생체분자(biomolecular) 고고학이라고도 한다.

비수목 화분(Non-arboreal pollen, NAP) 나무가 아닌 식물의 꽃가루

비율척도(Ratio scale of measurement) 절대 영점을 지니고 있는 척도

비짐(Temper) 도·토기가 소성 과정에서 깨지고 뒤틀리는 것을 줄이기 위해 태토에 의도적으로 섞는 물질들

사지골격(Appendicular skeleton) 팔다리 뼈대(쇄골, 어깨, 골반, 손과 발을 포함하는 팔, 다리의 뼈)

사회조직(Social organization) 구성원들 간의 계층적 관계를 기반으로 하는 인간 사회의 구조

산점도(Scatterplot) 두 가지 데이터의 변수들의 순서 쌍을 점으로 표시한 그래프

상관관계(Correlation) 일정한 수치로 계산되어 두 집단이 서로 관련성이 있다고 추측되는 관계

상대연대측정법(Relative dating) 물건이나 층이 다른 것보다 시간적으로 앞선 것인지 뒤처진 것인지를 판단하는 것

상형문자(Hieroglyph) 본디 고대 이집트의 그림 문자를 의미하는 용어였음. 현재는 예술적인 측면이 보이는 묘사적인 문자체계를 포괄하는 용어로 사용된다.

생계(Subsistence) 고고학에서는 인간이 음식을 구하는 방식을 지칭하는 개념; 수렵채집 vs. 농경

생물고고학(Bioarchaeology) 고고학적 맥락에서 발견된 인간 유해를 연구하는 분야

생물인류학(Biological anthropology) 인류의 생물학적 친척들과 조상들의 생물적 특성을 연구하는 분야

생활면(Living floor) 사람들이 살아가고 활동하는 장소

서열척도(Ordinal scale of measurement) 어떤 특성에 대한 집단 내 순위 관계를 결정하는 척도

석기(Lithics) 고고학에서 석재 유물을 총칭하는 용어로, 구체적으로는 구석기시대 뗀석기 기법으로 제작된 석기를 지칭하기도 한다.

석기 유물복합체(Lithic assemblage) 고고유적에서 발견된 석기 유물의 일괄

선사(Prehistory) 문자기록 이전의 시간대

세라믹, 도기, 토기(Ceramic) 불에 구운 점토

속성(Attributes) 고고학적 유물의 소상한 특징과 정보

속성작용(Diagenesis) 물질이 후퇴적 과정에서 겪는 변화. 유물의 화학적 특성의 변화를 초래한다.

수동적 골절(Parry fracture) 충격으로부터 보호하기 위해 팔을 드는 행위로 주로 전완부에 발생하는 골절

수렵채집민(Hunter-gatherers) 야생의 동식물로부터 식재료를 구하는 인간집단. 'forager'라고도 함. 농경민과 반대 개념으로 사용

수산화인회석(Hydroxyapatite) 뼈의 무기질 부분. $Ca_{10}(PO_4)_6(OH)_2$

스테롤(Sterol) 동물과 식물의 기름진 조직에 분포하는 불포화된 알콜 성분. 대표적으로 콜레스테롤과 에르고스테롤이 있다.

스펠레오뎀(Speleothem) 동굴에 유입되어 천장 또는 벽을 타고 흘러내리는 물에 녹은 탄산칼슘이 결정을 이루면서 침전·집적되어 발달한 2차 퇴적 지형을 말한다. 석순, 종유석, 유석 등이 있다.

시기(Phase) 특정한 고고학적 유물복합체가 출현하고 일정 기간 지속되는 시공간

시료(Sample) 전체의 일부, 혹은 분석을 위해 퇴적물, 유적, 유구, 유물의 일부를 채취하는 행위. 시료채취(sampling)는 한 번 할 수도 있고, 여러 번 할 수도 있으며, 통계적인 절차를 통해 진행하기도 한다. 통계적인 방법은 시료(표본)를 통해 모집단을 효과적으로 추정하기 위해 활용된다. 고고학자들은 거의 언제나 시료를 채취하거나 선택하지만, 통계적인 방법을 적용하는 경우는 드물다.

식물고고학(Archaeobotany; paleobotany, paleoethnobotany) 고고유적에 남겨진 식물 유체를 연구하는 분야

식물상(Flora) 고고학적 식물 유체를 포괄하는 용어; 식물의 범주

실리카, 이산화규소(Silica, $SiO_2$) 모래의 주요 구성물인 광물성 물질

아메리카 원주민 무덤의 보호와 반환에 관한 법률(Native American Graves Protection and Repatriation Act, NAGPRA) 아메리카 인디언들과 문화적으로 연관된 고고학적 유물과 인골들을 보호하고 이를 원주민들에게 되돌려주기 위한 법

아미노산(Amino acid) 탄소, 수소, 산소, 질소, 황 등으로 이루어진 유기화합물. 이 가운데 20종류의 아미노산은 단백질의 기본 구성요소가 된다.

암석현미경(Petrographic microscope) 암석이나 토기의 얇은 단면을 관찰하기 위해 특수 제작한 쌍안현미경

양면(Bifacial) 뗀석기 가운데 앞뒤 양면이 모두 잔손질되어 더욱 얇게 만들어진 석기; (Unifacial: 단면)

양성자(Proton) 양의 전하를 띠는 원자의 주요 구성 물질

어도비(Adobe) 진흙과 짚을 섞어 햇볕에 말려 제작한 벽돌

에코팩트, 생체 유물(Ecofacts) 고고학적 맥락에서 발견되는 가공하지 않은 자연물. 주로 식물과 동물 유해

연구 디자인(Research design) 과거에 대한 의문을 해소하기 위해 의도된 연구방법, 지역, 계획 등과 관련된 전반적인 전략

연대의 전후 관계, 연대표(Chronology) 사건의 순서를 보여주는 시간 틀, 과거 사건의 날짜 순서

열 루미네센스 연대측정법(Thermoluminescence(TL) dating) 광물을 포함하는 물질이 가열된 이후 광물의 결정 내에 지속적으로 축적되는 에너지를 이용하여 물질의 연대를 알아내는 절대연대측정법. 토기나 가열 가공한 플린트 석기 등에 적용할 수 있다.

열이온화질량분석기(Thermal ionization mass spectrometer, TIMS) 상대적으로 무거운 원소들의 동위원소비를 측정하는 분석 장비

영양 단계(Trophic level) 먹이사슬에서의 위치

오커(Ochre) 선사시대의 유적에서 발견되는 붉은색, 노란색, 혹은 갈색을 띠는 철 광물

원맥락(Primary context) 퇴적, 혹은 폐기된 원래의 장소, 원래의 자리. "In situ"의 유사어

원산지 상정(Provenience postulate) 원산지를 공유하는 유물들은 원산지가 다른 유물들에 비해 화학적

(원소)조성에 있어 보다 흡사하다는 일종의 전제

원소(Element) 물질의 기본 구성요소, 원자번호에 의해 구분됨

원위치(In situ) 퇴적, 혹은 폐기된 원래의 장소, 원래의 자리

원자량(Atomic weight) 질량수 12인 탄소를 기준으로 한 원자의 상대적인 질량

원자번호(Atomic number) 원자 내의 양성자의 수를 표시한 것. 원소별로 원자번호가 다르다.

원자 질량(Atomic mass) 원자 하나에 포함된 양성자와 중성자의 총수. 주로 원자질량단위(AMU)로 표시됨

웻랩, 습한 실험실(Wet lab) 액체 또는 기체 상태의 화학 물질들을 다루는 실험실

유구(Features) 인간들이 생활면 위나 내부에 건설한 영구적인 시설물

유기화합물(Organic compounds) 살아 있는 생물체에서 발견되는 탄소를 기본으로 하는 분자

유도결합플라즈마 질량분석법(Inductively coupled plasma－mass spectrometry, ICP－MS) 고고측정학적 분석 기법. 시료를 주입한 가스 플라즈마에 전류를 흘려보내 시료를 원자화시킨 다음 이를 이온화하여 원자들의 질량 및 농도를 측정한다.

유물(Artifacts) 인간의 행위에 의해 만들어지거나 변형된 모든 물체; 인간들이 제작하거나 사용한 물건이나 물질들

유약(Glaze) 금속, 혹은 유리질의 혼합물로, 장식을 목적으로 토기 표면에 바르는 것

유적(Site) 유물과 유구들이 누적된 과거 인간의 거주 및 특정 활동들이 있었던 장소

유조직(Parenchymous tissues) 식물의 기본조직 대부분을 차지하고 있는, 유세포로 된 조직이다. 뿌리, 근경, 괴경, 알줄기 등과 같이 모든 기관에 있다.

육안 관찰 가능한(Macroscopic) 맨눈으로 볼 수 있는 상태

이국적, 외래계(Exotic) 현지에서 생산되지 않은 것으로 보이는 유물들을 이름

이색성(Dichroic) 빛의 각도에 따라 두 가지 색을 발하는 반투명한 성질

이온(Ion) 전자를 얻거나 잃어서 전하를 띠게 된 상태

이주(Migration) 새로운 지역으로 사람들이 이동하는 것

인간 발생(Anthropogenic) 인간의 행위로 인해 생성된 것. 예를 들어 인간 활동의 부산물로 anthropogenic 토양이 만들어짐

인구, 모집단(Population) (1) 한 지역이나 장소에 거주하는 모든 사람. 고고학적으로는 같은 집단의 구성원이거나 관련된 사람들을 지칭한다; (2) 통계분석에서 표본이 채취되는 전체 집단

인류학적 고고학(Anthropological archaeology) 인간 및 인간행동과 관련된 근본적인 의문들에 대한 답을 구하는 고고학적 연구

인회석(Apatite) 뼈와 치아 에나멜의 무기질 부분. $Ca_{10}(PO_4)_6(OH)_2$

잉곳(Ingot) 제련된 금속을 나중에 압연·단조 등의 가공 처리를 하거나 다시 사용할 목적으로 적당한 크기와 형상(주로 직사각형 혹은 디스크 모양)으로 주조한 금속의 덩어리

자력계(Magnetometer) 지저의 자기장을 측정하는 장치. 고고학에서 매장된 유구의 위치를 파악할 때 활용할 수 있다.

자료(Data) 연구 결과로 얻은 숫자와 글, 이미지 등을 포함하고 있는 정보; 고고학적 물질에 대한 관찰 및 측정

잔존물(Residue) 토기, 석기 등과 같은 고고자료에 남겨진 물리적, 화학적인 잔해

재분배(Redistribution) 전체 재화의 일부가 사회 구성원들에게 배급되는 것

저부(Base) 도·토기의 하부

저항 측정기(Resistivity meter) 매장된 유구들의 위치를 파악하기 위해 토양의 전기 전도성을 측정하는 장비

적외선 분광기(Infrared(IR) spectroscopy) 분자의 진동을 유발하여 조성에 관한 정보를 제공해 주는 분석 기기

전자기 스펙트럼(Electromagnetic spectrum) 모든 전

자기 복사의 파장과 에너지 범위

전파(Diffusion) 새로운 생각과 물질들이 한 집단에서 다른 집단들로 퍼지는 현상

절대연대측정법(Absolute dating) 달력연대로 나이를 제공해 줄 수 있는 연대측정법

정밀, 정밀도(Precision) 분석 장비가 같은 측정값을 얼마나 균일하게 재현할 수 있는가를 나타내는 정도

정상분포곡선, 정규분포(Normal curve) 하나의 꼭지를 가진 좌우대칭의 확률분포로 평균, 중간값 및 최빈값이 일치하는 분포

정치조직(Political organization) 사회 내 지위, 힘, 권위 등을 사용하거나 분배하는 기구/집단

정확도(Accuracy) 분석 기기가 올바른 답을 제공해 주는지를 가늠하는 척도

젖니(Deciduous teeth) 영구치가 나오기 전 사용되는 유치

조성(Composition) 암석학적 연구를 위해 얇게 연마한 박편에서 보이는 광물과 유기물질의 분포

조직(Fabric) 암석학적 연구를 위해 얇게 연마한 박편에서 보이는 구성물들 사이의 기하학적 관계

종(Species) 생물의 분류체계를 활용하여 식물과 동물을 생물학적 특성에 맞게 분류한 가장 구체적인 단계. 종 안에서는 서로 짝을 이루어 후손을 생산할 수 있다.

주기율표(Periodic table) 원자 무게와 원소 간의 관계를 기반으로 작성한 알려진 원소들의 특성에 관한 요약 표

주사전자현미경(Scanning electron microscope, SEM) 물체의 표면에서 반사되는 전자 빔을 주사하여 고배율의 입체적인 상을 볼 수 있게 한 현미경

중간값(Median) 명목이나 서열 데이터에서 정확히 중간에 있는 값

중성자 방사화 분석(Neutron activation analysis, NAA) 중성자를 사용하여 원자를 자극, 방사성 붕괴가 유발될 때 방출되는 원자들의 종류에 따라 특정한 파장을 지닌 감마선을 활용하여 시료 내 원자의 조성을 파악하는 분석 장비

중성자(Neutron) 전하를 띠지 않는 원자의 중요 구성요소

중합 효소 연쇄반응(Polymerase chain reaction, PCR) 유전학에서 빠른 복제를 통해 DNA의 양을 증폭시키는 기술

지리정보시스템(Geographic information systems, GIS) 지리적, 공간적인 데이터를 저장하고 나타내는 컴퓨터 프로그램. 기본적인 개념은 일정 지역의 지도를 여러 겹 중첩하여 위치 등과 같은 다양한 정보를 기입, 공간적인 분석을 가능하게 하는 것이다.

지방산(Fatty acid) 동물성, 식물성 지방의 주요 구성 물질. 말단 카복실산기(terminal carboxylic acid group, -COOH)를 지닌 긴 사슬의 탄화수소체이며, 글리세롤과 결합하여 지방을 만들어낸다.

지질(Lipids) 지방, 기름, 왁스, 스테롤, 글리세롤 등을 포함하는 기름진 화합물

지질고고학(Geoarchaeology) 지구과학과 지질학 연구법들을 활용하는 고고학의 분야

지형학(Geomorphology) 지질학의 한 분야로, 지형의 분류, 기술, 기원, 변화에 대한 연구를 한다.

진화(Evolution) 지구상에 존재하는 생명체의 발달 메커니즘에 대한 일반적으로 받아들여지고 있는 설명

질량분석기(Mass spectrometer) 질량을 바탕으로 물질 스펙트럼의 성분을 기록하는 장치

처트(Chert) 잠정질의 매우 작은 석영 결정 집합체. 불투명하고 색조를 띠고 있으며 광택이 심하지 않다.

첨가적 기법(Additive technique) 물질을 덧붙여서 제품을 생산해 내는 행위. 예를 들어, 토기 제작이나 건축물의 건설

청동(Bronze) 주석(혹은 비소)과 구리를 혼합하여 만든 더욱 단단한 금속. 구대륙과 신대륙 모두에서 만들어졌다.

초음파 세척기(Ultrasonic cleaner) 세척을 위해 초음파를 사용하는 수조 형태의 장비

추론통계학(Inferential statistics) 데이터, 혹은 변수들 사이의 관계에 대한 판단을 내리기 위해 사용하는 통계적 기법. 추론통계학은 이를 위해 확률과 신

뢰 한계를 사용한다. 카이제곱 검정, t-검정, f-검정 등이 여기에 속한다.

추출률(Sampling fraction) 시료로 추출된 표본의 크기와 전체 집단 사이의 비율

출토지, 원산지(Provenience) 유물이 발견된 장소나 제작된 장소, 혹은 유물 제작에 필요한 원재료의 산지가 있는 곳

취락 패턴(Settlement pattern) 경관에 자리한 인간 취락지의 조직과 분포

측정의 척도(Scale of measurement) 명목, 서열, 비율 등 데이터가 가진 속성들을 수량적인 변수로 바꾸어 놓은 것

층, 혹은 공간 개념(Horizon) (1) 서로 다른 물리적이고 화학적인 풍화작용을 수반하는 토양의 층; (2) 유사한 유물과 양식이 존재하는 일정 규모의 지리적 공간

콜라겐(Collagen) 뼈의 유기 부분을 구성하는 단백질 성분

쿠로스(Kouros) 고대 그리스의 젊은 남자의 나신 조각상

크로마토그래프(Chromatograph) 시료에 포함된 다양한 분자들과 그 양이 표시된 스펙트럼

킬레이트제(Chelating agent) 금속이온과 결합 가능성이 높은 형태를 띠고 있는 분자 화합물. 이러한 구조적 특징으로 인해, 납을 비롯한 다양한 금속들과 결합하려는 성질이 매우 강하다. 해독제의 성분으로도 사용되며, 특히 급성 납 중독과 수은 중독 치료에 긴히 쓰인다.

탄화수소(Hydrocarbon) 탄소와 수소로만 이루어져 있는 유기화합물

태토(Paste) 도자기를 제작하기 위한 점토 혼합물

토기 암석학(Ceramic petrography) 토기의 광물 조성을 현미경 관찰을 통해 연구하는 분야

토기(Pottery) 점토를 빚어 불에 구워 만들어낸 용기

토기편(Sherd) 토기의 파손된 조각

토양(Soil) 지표의 퇴적물들이 제자리에서 풍화되어 특정한 물리적, 화학적 성질을 가지게 된 것

통시성(Diachronic) 역사적 변천에 따라 종적으로 연구하는 사조

퇴적물(Sediment) 물이나 다른 흐름에 의해 이동되어 축적될 수 있는 물질(점토, 모래, 실트, 자갈, 나뭇잎, 패각 등)

파양스(Faience) 점토를 사용하지 않은 도자기로, 모래나 나트론(natron), 방해석 함량이 높은 석회 등을 주성분으로 하며, 제작 과정에서의 광물질의 소결작용에 의한 표면 유리화(vitrification)로 인해 다양한 색깔의 밝은 광택을 가진 표면을 가지게 된다.

판별 분석(Discriminant analysis) 관찰값들이 어느 모집단에 속해 있는지를 알기 위해 함수를 만들어 판별하는 다변량 분석법

평균(Mean) 비율 척도 데이터의 전체의 합을 자료의 개수로 나눈 값

평면도(Plan view) 유적이나 특정 지역을 위에서 내려다본 지도. 고고학에서 유적 및 유구의 위치를 나타내는 표준적인 방법

포타슘-아르곤 연대측정법(Radiopotassium, or potassium – argon, dating) 포타슘이 붕괴하여 아르곤이 생성되는 반감기를 이용하여 상대적으로 오래된 시료의 연대를 어림하는 절대연대측정법

표본(Specimen) 과학적 분석을 위해 수집된 물질

표준 화석(Fossile directeur) 특정 시기에만 살았던 생물이 화석화된 것. 이를 통해 층을 구별하고 층의 나이를 알 수 있다.

표준편차(Standard deviation, s.d.) 분산의 제곱근. 데이터가 흩어진 정도를 나타낸 지표

퓨움 배출 후드(Fume hood) 화학 실험실에서 유독성 기체 등을 내보내기 위한 통풍 시스템

플라즈마(Plasma) 고온으로 가열된 물질들이 가스 상태가 되어 전자와 이온으로 분리된 상태. 분광분석법에 활용된다.

플루오린 흡수 테스트(Fluorine absorption) 뼈 시료에 대한 상대적인 연대를 제공해 줄 수 있는 고고측정학적 분석법. 플루오린이 매장된 뼈에 일정한 속도로 축적되는 원리를 이용한다.

플린트(Flint) 단단한 실리카 성분이 많이 함유된 암

석으로, 날카로운 격지를 만들기에 적합하여 선사시대에 매우 선호된 석재였다.

해면질골(Trabecular bone) 뼈 안쪽의 상대적으로 무른 조직

핵산(Nucleic acid) 모든 살아 있는 생명체의 세포와 바이러스에 존재하는 화합물. 퓨린, 피리미딘, 탄수화물, 인산으로 구성되어 있다.

현미경 관찰 가능한(Microscopic) 확대를 통해서만 관찰할 수 있는 상태

현장 작업(Fieldwork) 지표조사나 발굴과 같이 야외에서 이루어지는 고고학 연구의 중요한 부분

호혜(Reciprocity) 대략 비슷한 값어치를 지닌 물품을 주고받음

화분, 꽃가루(Pollen) 꽃을 피우는 생물이 만들어내는 생식세포. 수분을 통해 종자(씨앗)를 만들어낸다.

화분학(Palynology) 식물종, 환경, 기후 등에 대한 정보를 얻기 위해 식물의 화분에 대해 연구하는 분야

화석(Fossil) 멸종된 동물의 광물화된 뼈. 플라이오세, 플라이스토세와 홀로세의 인류의 조상들의 인골들은 광물화되어 화석이 되기에는 너무 젊다. 그러나 이 경우에도 "고인류의 화석"이라는 용어를 포괄적으로 사용한다.

화석환경학(Taphonomy) 생물체가 사망한 이후 그 유해가 어떠한 변화를 겪었는지를 연구하는 분야. 부패, 이동, 매장을 비롯한 생물적, 물리적, 화학적 변화를 포함한다.

화합물(Compounds) 두 가지 이상의 유기, 무기 원소들이 일정한 비율로 결합된 순물질

환경(Environment) 인간 사회가 작용하는 자연적, 사회적인 배경

활동 구역(Activity area) 유적 내에서 특정한 행위가 일어났던 구역

회절(Diffraction) X선이 물질의 결정구조를 타격하면서 산란하는 방식. XRD 분석의 근간이 된다.

효소(Enzyme) 화학적 반응을 촉진시키는 단백질

흑요석(Obsidian) 화산활동으로 생성되는 반짝임이 있는 암석. 석기 제작에 이상적인 돌감이다.

히스토그램(Histogram) 연속적인 측정값이 존재하는 범위를 몇 개의 구간으로 나누어 그래프로 만든 것

aDNA(Ancient DNA) 고고학적, 고생물학적 식물, 동물, 혹은 인간의 유해에 보존된 고대의 유전체

AP(Arboreal pollen) 수목의 꽃가루(화분)

CN 분석기(CN analyzer) 유기물질 내 탄소와 질소의 함량을 측정하는 장비

X선 형광분석(X-ray fluorescence, XRF) 무기물질 내의 원소 존재도를 측정하는 장비. X선은 원소를 자극하는 데 활용되며, 이후 발생하는 원자의 종류에 따라 고유한 2차적인 형광 X선을 분석하는 것

X선 회절분석(X-ray diffraction, XRD) X선이 물질의 결정구조를 타격하면서 산란하는 방식을 이용하여 무기물질 내의 광물들을 측정하는 장비

# 참고문헌

Åberg, G. 1995. The use of natural strontium isotopes as tracers in environmental studies. *Water, Air, and Soil Pollution* 79: 309-322.

Åberg, G., G. Fosse, and H. Stray. 1998. Man, nutrition and mobility: a comparison of teeth and bone from the Medieval era and the present from Pb and Sr isotopes. *The Science of the Total Environment* 224: 109-119.

Adams, Jenny L. 2002. *Ground Stone Analysis: A Technological Approach*. University of Utah Press.

Adkins, Lesley, and Roy Adkins. 2009. *Archaeological Illustration* (Cambridge Manuals in Archaeology). Cambridge University Press.

Aitken, M.J. 1974. *Physics and Archaeology*. Oxford University Press.

Al-Saad, Ziad. 2002. Chemical composition and manufacturing technology of a collection of various types of Islamic glazes excavated from Jordan. *Journal of Archaeological Science* 29: 803-810.

Allen, R., H. Hamroush, C. Nagle, and W. Fitzhugh. 1984. Use of rare earth element analysis to study the utilization and provenance of soapstone along the Labrador Coast. In: *Archaeological Chemistry III*, J.P. Lambert (ed.), pp. 318. Washington, D.C.: American Chemical Society.

Allen, R.O. (ed.) 1989. *Archaeological Chemistry IV*. American Chemical Society Symposium Series 220. Washington, D.C.: American Chemical Society.

Allison, Penelope. 1999. *The Archaeology of Household Activities*. New York: Routledge.

Ambrose, S.H. 1990. Preparation and characterization of bone and tooth collagen for isotopic analysis. *Journal of Archaeological Science* 17: 431-451.

Ambrose, S.H. 1991. Effects of diet, climate and physiology on nitrogen isotope abundances in terrestrial food webs. *Journal of Archaeological Science* 18: 293-317.

Ambrose, S.H. 1993. Isotopic analysis of paleodiets: Methodological and interpretive consider- ations. In: *Investigations of Ancient Human Tissue: Chemical Analysis in Anthropology*, M.K. Sandford (ed.), pp. 59-129. Langhorne, PA: Gordon and Breach Science Publishers.

Ambrose, S.H. 2000. Controlled diet and climate experiments on nitrogen isotope ratios of rat bone collagen, hair and muscle. In: *Biogeochemical Approaches to Paleodietary Analysis*, S.H. Ambrose, and M.A. Katzenberg (eds.), pp. 243-259. New York: Kluwer Academic/Plenum.

Ambrose, S.H., and L. Norr. 1993. Experimental evidence for the relationship of the carbon iso- tope ratios of whole diet and dietary protein to those of bone collagen and carbonate. In: *Prehistoric Human bone: Archaeology at the Molecular Level*, J.B. Lambert, and G. Grupe (eds.), pp. 137. Berlin: Springer-Verlag.

Ambrose, S.H., Brian M. Butler, Douglas B. Hanson, Rosalind L. Hunter-Anderson, and Harold W. Krueger. 1997. Stable isotopic analysis of human diet in the Mariana Archipelago, western Pacific. *American Journal of Physical Anthropology* 104: 343-361.

Ambrose, S.H., and M.A. Katzenberg (eds.). 2001. *Biogeochemical Approaches to Paleodietary Analysis*. Berlin: Springer Verlag.

Ambrose, Stanley H., Jane Buikstra, and Harold W. Krueger. 2003. Status and gender differences in diet at Mound 72, Cahokia, revealed by isotopic analysis of bone. *Journal of Anthropological Archaeology* 22(3): 217-226.

Ambrose, W. 1982. Archaeometry: An Australasian Perspective. Canberra: Australian National University.

Ambrose, S.H., and J. Krigbaum. 2003. Bone chemistry and bioarchaeology. Journal of Anthropological Archaeology 22: 193-199.

Andersen, S.H., and C. Malmros. 1985. 'Madskorpe' på Ertebllekar fra Tybrind Vig. *Aarbger for nordisk Oldkyndighed og Historie* 1984: 78-95.

Anderson, P.C. 1980. A testimony of prehistoric tasks: diagnostic residues on stone tool working edges. *World Archaeology* 12(2): 181-194.

Andrefsky, W. 1994. Raw-material availability and the organization of technology. *American Antiquity* 59: 21-34.

Appadurai, Arjun (ed.) 1988. *The Social Life of Things: Commodities in Cultural Perspective*. Cambridge University Press.

Arhrrenius, O. 1931. Die Bodenanalyse im Dienst der Archaeologie. *Zeitschrift fr Pflanzenernhrung, Dngung und Bodenkunde* 10(B).

Arneborg, J., Jan Heinemeier, Niels Lynnerup, Henrik L. Nielsen, Niels Raud, and rny E. Sveinbjrnsdttir. 1999. Change of diet of the Greenland Vikings determined from stable carbon isotope analysis and 14C dating of their bones. *Radiocarbon* 41: 157-168.

Arnold, Dean E., Jason R. Branden, Patrick Ryan Williams, Gary M. Feinman, and J. P. Brown. 2008. The first direct evidence for the production of Maya Blue: rediscovery of a technology. *Antiquity* 82: 151-164.

Arrhenius, B., and Lidn, K. 1989. Fisksoppa eller vegetabilisk grt? *Diskussion kring matrest- erna frn Tybrind Vig, Laborativ arkeologi* 3: 6-15.

Arrhenius, O. 1935. Markunderskning och arkeologi. *Fornvnnen* 30: 65-76.

Asouti, E. 2003. Wood charcoal from Santorini (Thera): new evidence for climate, vegetation and timber imports in the Aegean Bronze Age. *Antiquity* 77: 471-484.

Attanasio, D., M. Brilli, and M. Bruno. 2008. The properties and identification of marble from Proconnesos (Marmara Island, Turkey): a new database including isotopic, Epr and petro- graphic data. *Archaeometry* 50: 747-774.

Aufderheide, A.C. 2003. *The Scientific Study of Mummies*. Cambridge: Cambridge University Press. Bachmann, Hans-Gert. 1992. *The Identification of Slags from Archaeological Sites*. San Francisco: Left Coast Press.

Baillie, M.G.L. 2001. Tree ring records and environmental catastrophes. *Interdisciplinary Science Reviews* 26(2): 87-89.

Ballard, C., P. Brown, R.M. Bourke, T. Harwood (eds.) 2005. *The Sweet Potato in Oceania: A Reappraisal*. New South Wales: University of Sydney Press.

Barba, Luis A. 2007. Chemical residues in lime-plastered archaeological floors. *Geoarchaeology* 22: 439-452.

Barba, L., A. Ortiz, K.F. Link, L. López Lujan, and L. Lazos. 1996. The chemical analysis of resi- dues in floors and the reconstruction of ritual activities at the Templo Mayor, Mexico. In: *Archaeological Chemistry: Organic, Inorganic and Biochemical Analysis*, Mary Virginia Orna (ed.), pp. 139156. Washington, D.C.: American Chemical Society.

Barba, L., J. Blancas, L.R. Manzanilla, A. Ortiz, D. Barca, G.M. Crisci, D. Miriello, and A. Pecci. 2008. Provenance of the limestone used in teotihuacan (mexico): a methodological approach. *Archaeometry* XXX.

Barber, D.J., and I.C. Freestone. 1990. An investigation of the origin of the colour of the Lycurgus Cup by analytical transmission electron microscopy. *Archaeometry* 32: 33-45.

Barclay, K. 2001. *Scientific Analysis of Archaeological Ceramics. A Handbook of Resources*. Oxford: Oxbow Books.

Barham Anthony J., and Richard I. MacPhail. 1995. *Archaeological Sediments and Soils. Analysis, Interpretation and Management*. San Francisco: Left Coast Press.

Barkai, A., R. Shimelmitz, M. Khalaily, C. Lemorini, L. Meignen, O. Bar-Yosef, P. Goldberg, and S. Weiner. 2001. Le feu au Paleolithique moyen: recherches sur les structures de combustion et le statut des foyers. L'exemple du Proche-Orient. *Paleorient* 26: 9-22.

Barnard, H., and J.W. Eerkens (eds.) 2007. *Theory and Practice of Archaeological Residues Analysis*. BAR International Series S1650. Oxford: Archaeopress.

Barnard, H., S.H. Ambrose, D.E. Beehr, M.D. Forster, R.E. Lanehart, M.E. Malalney, R.E. Parr, M. Rider, C. Solazzo, and R.M. Yohe II. 2007. Mixed results of seven methods for organic residue analysis applied to one vessel with residue of known foodstuff. *Journal of Archaeological Science* 34: 28-37.

Basalla, George. 1989. *The Evolution of Technology*. Cambridge University Press.

Baxter, M.J., C.C. Beardah, and S. Westwood, 2000. Sample size and related issues in the analysis of lead isotope data. *Journal of Archaeological Science* 27: 973-980.

Baynes-Cope, A.D. 1974. The scientific examination of the Vinland map at the Research Laboratory of the British Museum. *Geographical Journal* 140: 208-211.

Beard, B.L., and C.M. Johnson. 2000. Strontium isotope composition of skeletal material can determine the birthplace and geographic mobility of humans and animals. *Journal of Forensic Science* 45: 1049-1061.

Beck, C.W. (ed.) 1973. *Archaeological Chemistry*. American Chemical Society Symposium Series 138. Washington, D.C.: American Chemical Society.

Beck, C.W., D.R. Steward, and E.C. Stout. 1994. Appendix D. Analysis of naval stores from the Late Roman ship. In: *Deep Water Archaeology: A Late Roman Ship from Carthage and an Ancient Trade Route near Skerki Bank off Northwest Sicily*, A.M. McCann, and J. Freed (eds.), pp. 109-121. *Journal of Roman Archaeology Supplementary Series* 13.

Beck, Curt W. 1986. Spectroscopic investigations of amber. *Applied Spectroscopy Reviews* 22: 57-110.

Beck, Curt W. 2000. Amber. In: *Archaeological Method and Theory: An Encyclopedia*, L. Ellis (ed.), pp. 11-13. London: Garland.

Beckhoff, B., K. Kanngieer, N. Langhoff, R. Wedell, and H. Wolff (eds.) 2006. *Handbook of Practical X-Ray Fluorescence Analysis*. New York: Springer.

Benson, L., L. Cordell, K. Vincent, H. Taylor, J. Stein, G. Farmer, and F. Kiyoto. 2003. Ancient maize from Chacoan great houses: where was it grown? *Proceedings of the National Academy of Sciences* 22: 13111-13115.

Bentley, R.A. 2006. Strontium isotopes from the earth to the archaeological skeleton: a review. *Journal of Archaeological Method and Theory* 13: 135-187.

Berger, Arthur Asa. 2009. *What Objects Mean. An Introduction to Material Culture*. San Francisco: Left Coast Press.

Berke, Heinz. 2007. The invention of blue and purple pigments in ancient times. *Chemical Society Reviews* 36: 15-30.

Bethell, P., and I. Mate. 1989. The use of soil phosphate analysis in archaeology: a critique. In: *Scientific Analysis in Archaeology*, J. Henderson (ed.), pp. 1-29. Los Angeles: UCLA, Institute of Archaeology.

Bethell, P.H., L.J. Goad, R.P. Evershed, and J. Ottaway. 1994. The study of molecular markers of human activity: the use of coprostanol in the soil as an indicator of human faecal material. *Journal of Archaeological Science* 21: 619-632.

Bethell, P.H., R.P. Evershed, and L.J. Goad. 1994. The investigation of lipids in organic residues by gas chromotography/mass spectrometry: applications to palaeodietary studies. In: *Prehistoric Human Bone Archaeology at the Molecular Level*, J.a.G.G. Lambert (ed.). Berlin: Springer Verlag.

Bianchi, Robert. 1994. Saga of the Getty kouros. *Archaeology* 47(3): 22-24.

Biers, W.R., and P.E. McGovern (eds.) 1990. *Organic Contents of Ancient Vessels: Materials Analysis and Archaeological Investigation* (edited with W. R. Biers). MASCA Research Papers in Science and Archaeology, vol. 7. Philadelphia: MASCA, University of Pennsylvania Museum, University of Pennsylvania.

Bishop, R.L., R.L. Rands, and G.R. Holley. 1982. Ceramic composition analysis in archaeological perspective. *Advances in Archaeological Method and Theory* 5: 275-330.

Blackman, M. James. 1984. Provenance studies of middle eastern Obsidian from sites in highland Iran. In: *Archaeological Chemistry III*, Joseph Lambert (ed.), pp. 1950, ACS Advances in Chemistry Series No. 205, Washington, D.C.: American Chemical Society.

Bowman, Sheridan. 1991. *Science and the Past*. London: British Museum.

Bozzola, John J. 1998. *Electron Microscopy*. Sudbury, MA: Jones & Bartlett Publishers. Bradley, David A., and Dudley Cecil Creagh (eds.). 2006. *Physical Techniques in the Study of Art, Archaeology and Cultural Heritage*. London: Elsevier.

Brain, C.K., and A. Sillen. 1988. Evidence from the Swartkrans cave for the earliest use of fire. *Nature* 336: 464-466.

Braithwaite, A., and F.J. Smith. 1985. *Chromatographic Methods*. London: Chapman and Hall. Brenner, Mark, David A. Hodell, Michael F. Rosenmeier, Jason H. Curtis, Michael W. Binford, and Mark B. Abbott. 2001. Abrupt climate change and pre-Columbian cultural collapse. *Interhemispheric Climate Linkages* 87-103.

Breuning-Madsen, Henrik, Mads K. Holst, and Marianne Rasmussen. 2001. The chemical envi- ronment in a burial mound shortly after construction an archaeologicalpedological experi- ment. *Journal of Archaeological Science* 28: 691-697.

Britton, D., and E. Richards. 1963. Optical emission spectroscopy and the study of metallurgy in the European Bronze Age. In: *Science in Archaeology*, D. Brothwell, E. Higgs, and G. Clark (eds.), pp. 499509. New York: Basic Books.

Brock, William H. 1992. *The Fontana History of Chemistry*. London: Fontana Press.

Brostoff, L., J. Gonzalez, P. Jett, and R. Russo. 2009. Trace element fingerprinting of ancient Chinese gold with femtosecond laser ablation-inductively coupled mass spectrometry. *Journal of Archaeological Science* 36(2): 461-466.

Brothwell, D.R., and E. Higgs (eds.). 1963. *Science in Archaeology*. London: Thames and Hudson.

Brothwell, D.R., and A.M. Pollard (eds.) 2001. *Handbook of Archaeological Sciences*. Chichester: Wiley.

Brown, Katherine L., and Robin J.H. Clark. 2002. Analysis of pigmentary materials on the Vinland map and tartar relation by Raman microprobe spectroscopy. *Analytical Chemistry* 74: 3658-3661.

Bruhns, Karen O., James H. Burton, and George R. Miller. 1990. Excavations at Pirincay in the Paute Valley of southern Ecuador, 19851988. *Antiquity* 64: 221-233.

Bryant, J. Daniel, and Philip N. Froelich 1995. A model of oxygen isotope fractionation in body water of large mammals. *Geochimica et Cosmochimica Acta* 59: 4523-4537.

Bryant, Vaughn M., Jr., and Richard G. Holloway. 1983. The Role of Palynology in Archaeology. *Advances in Archaeological Method and Theory* 6: 191-224.

Budd, P., R. Haggerty, A.M. Pollard, B. Scaife, and R.G. Thomas. 1996. Rethinking the quest for provenance (lead isotope analysis). *Antiquity* 70: 168-175.

Budd, P., J. Montgomery, P. Rainbird, R.G. Thomas, and S.M.M. Young. 1999. Pb- and Sr-isotope composition of human dental enamel: an indicator of Pacific Islander population dynamics. In: *The Pacific from 5000 to 2000 BP: Colonisation and Transformations*, J.C. Galipaud, and I. Lilley (eds.), pp. 301-311. Paris: Institut de Recherche pour le Dvelopement.

Budd, P., Montgomery, J., Barreiro, B., Thomas, R.G. 2000. Differential diagenesis of strontium in archaeological human dental tissues. *Applied Geochemistry* 15: 687-694.

Budd, P., J. Montgomery, J. Evans, and B. Barreiro. 2000. Human tooth enamel as a record of the comparative lead exposure of prehistoric and modern people. *The Science of the Total Environment* 263: 1-10.

Budd, P., J. Montgomery, J. Evans, C. Chenery, and D. Powlesland. 2002. Reconstructing Anglo- Saxon residential mobility from O-, Sr- and Pb-isotope analysis. *Geochimica et Cosmochimica Acta* 66(S1): A109.

Buikstra, Jane D., T. Douglas Price, James H Burton, and Lori E. Wright. 2003. Tombs from the Copan acropolis: a life history approach. In: *Understanding Early Classic Copan*, E. Bell, M. Canuto, and R.J. Sharer (eds.), pp. 191-212. Philadelphia: University of Museum Publications, University of Pennsylvania.

Buikstra, Jane, and Lane Beck. 2006. *Bioarchaeology. The Contextual Analysis of Human Remains*. San Francisco: Left Coast Press.

Burgio, L., R.J.H. Clark, T. Stratoudaki, M. Doulgeridis, and D. Anglos. 2000. Pigment identifica- tion in painted artworks: a dual analytical approach employing laser-induced breakdown spectroscopy and Raman microscopy. *Applied Spectroscopy* 54: 463-469.

Burton, J.H. 1996. Trace elements in bone as paleodietary indicators. In: *Archaeological Chemistry: Organic, Inorganic, and Biochemical Analysis*, M.V. Orna (ed.), ACS Symposium Series 625, pp. 327-333. Washington: American Chemical Society.

Burton, J.H., and A.W. Simon. 1993. An efficient method for the compositional characterization of archaeological ceramics. *American Antiquity* 58: 45-59.

Burton, J.H., and Simon, A.W. 1996. A pot is not a rock. *American Antiquity* 61: 405-413.

Burton, J.H., T.D. Price, and W.D. Middleton. 1999. Correlation of bone Ba/Ca and Sr/Ca due to biological purification of calcium. *Journal of Archaeological Science* 26: 609-616.

Burton, J.H., and T.D. Price. 1999. Evaluation of bone strontium as a measure of seafood con- sumption. *International Journal of Osteoarchaeology* 9: 233-236.

Byrne, L., A. Oll, and J.M. Vergès. *2006*. Under the hammer: residues resulting from production and microwear on experimental stone tools. *Archaeometry* 48: 549-560.

Cahill, T.A., R.N. Schwab, B.H. Kusko, R.A. Eldred, G. Moller, D. Dutschke, D. L. Wick, and

A.S. Pooley. 1987. The Vinland Map, revisited: new compositional evidence on its inks and parchment. *Analytical Chemistry* 59: 829-833.

Calamioutou, M., S.E. Filippakis, R.E. Jones, and D. Kassab. 1984. X-ray and spectrographic analyses of Terracotta figurines from Myrina: an attempt to characterize workshops. *Journal of Archaeological Science* 11: 103-118.

Caley, C.R. 1951. Early history and literature of archaeological chemistry. *Journal of Chemical Education* 44: 120-123.

Caley, C.R. 1967. *Analysis of Ancient Metals*. Oxford: Pergamon. Caple, Chris. 2006. *Objects*. London: Routledge.

Carlson, A.K. 1996. Lead isotope analysis of human bone for addressing cultural affinity: a case study from Rocky Mountain House, Alberta. *Journal of Archaeological Science* 23: 557-568.

Carò F., M.P. Riccardi, and M.T. Mazzilli Savini. 2008. Characterization of plasters and mortars as a tool in archaeological studies: the case of Lardirago Castle in Pavia, Northern Italy. *Archaeometry* 50: 85-100.

Carr, Christopher, and J.C. Komorowski. 1995. Identifying the mineralogy of rock temper in ceramics using X-radiography. *American Antiquity* 60: 723-749.

Carter, G.F. 1975. Chicken in America archaeological clues. *Canadian Journal of Anthropology* 13: 25-26.

Carter, G.F. 1950. Plant evidence for early contacts with America. *Southwestern Journal of Anthropology* 6: 161-182.

Carter, T., and M.S. Shackley 2007. Sourcing obsidian from neolithic Çatalhöyük (Turkey) using energy dispersive X-ray fluorescence. *Archaeometry* 49: 437-454.

Charters, S., Evershed, R.P., Goad, L.J., Leyden, H., and Blinkhorn, P.W. 1993. Quantification and distribution of lipid in archaeological ceramics: implications for sampling potsherds for organic residue analysis and the classification of vessel use. *Archaeometry* 35: 211-213.

Chianelli, R.R., M. Perez de la Roas, G. Meitzner, M. Sladati, G. Gerhault, A. Mehta, J, Pople, S. Fuentes, G.

Alonzo-Nuñez, and L.A. Polette. 2005. Synchrotron and simulations techniques applied to problems in materials science: catalysts and azul Maya pigments. *Journal of Synchrotron Radiation* 12: 129-134.

Chiari, G., R. Giustetto, J. Druzik, E. Doehne, and G. Ricchiardi. 2008. Pre-Columbian nanotech- nology: reconciling the mysteries of the Maya blue pigment. *Applied Physics A* 90: 37.

Chisolm, B., D.E. Nelson, K.A. Hobson, H.P. Schwarcz, and M. Knyf. 1983. Carbon isotope measurement techniques for bone collagen: notes for the archaeologist. *Journal of Archaeological Science* 10: 355-360.

Ciliberto, Enrico, and Giuseppe Spoto 2000. *Modern Analytical Methods in Art and Archaeology*, vol. 155 in Chemical Analysis. New York: John Wiley & Sons.

Clark, J.D., and W.K. Harris. 1985. Fire and its roles in early hominid lifeways. *The African Archaeological Review* 3: 3-27.

Clark, R.J.H. 2007. The scientific investigation of artwork and archaeological artefacts: Raman microscopy as a structural, analytical and forensic tool. *Applied Physics A: Materials Science & Processing* 89: 833-840.

Clottes, Jean (ed.) 2003. *Chauvet Cave: The Art of Earliest Times*. Salt Lake City: University of Utah Press.

Coles, John. 1979. *Experimental Archaeology*. London: Academic Press.

Collins, S. 2008. Experimental investigations into edge performance and its implications for stone artefact reduction modelling. *Journal of Archaeological Science* 35: 2164-2170.

Colombini, Maria Perla, and Francesca Modugno. 2009. *Organic Mass Spectrometry in Art and Archaeology*. Wiley.

Coltrain, Joan B., M.G. Hayes, and Dennis H. O'Rourke. 2004. Sealing, whaling and caribou: the skeletal isotope chemistry of Eastern Arctic foragers. *Journal of Archaeological Science* 31(1): 39-57.

Condamin, J., F. Formenti, M.O. Metais, M. Michel, and P. Blond. 1976. The application of gas chromatography to the tracing of oil in ancient amphorae. *Archaeometry* 8: 195-201.

Connan, J., A. Nissenbaum, and D. Dessort.1992. Molecular archaeology: export of Dead Sea asphalt to Cananan and Egypt in the Chalcolithic-Early Bronze Age (4th3rd Millennium BC). *Geochemica et Cosmochemica Acta* 56: 2743-2759.

Cook, S.F., and R.R. Heizer. 1965. *Studies on Chemical Analysis of Archaeological Sites*. University of California Publications in Anthropology No. 2. Berkeley.

Cotkin, S.J., and C. Carr. 1999. Analysis of slips and other inorganic surface materials on wood- land and early fort ancient vessels. *American Antiquity* 64: 316-343.

Cotterell, Brian, and Johan Kamminga. 1992. *Mechanics of Pre-industrial Technology: An Introduction to the Mechanics of Ancient and Traditional Material Culture*. Cambridge University Press.

Cox, G.A., and A.M. Pollard. 1977. X-ray fluorescence of ancient glass: the importance of sample preparation. *Archaeometry* 19: 45-54.

Cox, Glenda, Judith Sealy, Carmel Schrire, and Alan Morris. 2001. Stable carbon and nitrogen isotopic analyses of the underclass at the colonial Cape of Good Hope in the eighteenth and nineteenth centuries. *World Archaeology* 33(1): 73-97.

Craddock, P.T. 1989. The scientific investigation of early mining and metallurgy. In: *Scientific Analysis in Archaeology*, J. Henderson (ed.), pp. 178-212. Los Angeles: Institute of Archaeology, UCLA.

Craddock, P.T. (ed.) 1998. *2000 Years of Zinc and Brass. British Museum Occasional Paper 50*. London: British Museum.

Craddock, P.T., M.R. Cowell, M.N. Lesse, and M.J. Hughes. 1983. The trace element composition of polished flint axes as an indication of source. *Archometry* 25: 135-164.

Craig, Oliver E., and Matthew J. Collins. 2002. The removal of protein from mineral surfaces: implications for residue analysis of archaeological materials. *Journal of Archaeological Science* 29: 1077-1082.

Craig, Oliver E., M. Forster, S.H. Andersen, E. Koch, P. Crombé N.J. Milner, B. Stern, G.N. Bailey, and

C.P. Heron. 2007. Molecular and isotopic demonstration of the processing of aquatic products in northern European prehistoric pottery. *Archaeometry* 49: 135-152.

Crisci, G.M., M. Franzini Lezzerini, T. Mannoni, and M.P. Riccardi. 2004. Ancient mortars and their binder. *Periodico di Mineralogia* 73: 259-268.

Cronyn, J.M. 1990. *The Elements of Archaeological Conservation*. London: Routledge.

Crown, Patricia L., and W. Jeffrey Hurst. 2009. Evidence of cacao use in the prehispanic American Southwest. *Proceedings of the National Academy of Sciences* 106: 2085-2086.

Curtis, Jason H., David A. Hodell, Mark Brenner. 1996. Climate variability on the Yucatan pen- insula (Mexico) during the past 3500 years, and implications for Maya cultural evolution. *Quaternary Research* 46: 37-47.

Dalan, R.A., and B.W. Bevan. 2002. Geophysical indicators of culturally emplaced soils and sedi- ments. *Geoarchaeology* 17(8): 779-810.

Damon, P.E., D.J. Donahue, B.H. Gore, A.L. Hatheway, A.J.T. Jull, T.W. Linick, P.J. Sercel, L.J. Toolin, C.R. Bronk, E.T. Hall, R.E.M. Hedges, R. Housley, I.A. Law, C. Perry, G. Bonani, S. Trumbore, W. Woelfli, J.C. Ambers, S.G.E. Bowman, M.N. Leese, and M.S. Tite. 1989. Radiocarbon dating of the shroud of Turin. *Nature* 337: 611-615.

Dansgaard, W. 1994. Iskerner og isotoper. *Geologisk Nyt* 3(94): 19-23.

Dansgaard, W., et al. 1975. Climatic changes, Norsemen, and modern man. *Nature* 255: 24-28. David, Rosalle (ed.). 2008. *Egyptian Mummies and Modern Science*. Cambridge University Press.

De Atley, S.P., and R.L. Bishop. 1991. Toward an Integrated Interface for Archaeology and Archaeometry. In: *The Ceramic Legacy of Anna O. Shepard*, R.L. Bishop, and F.W. Lange (eds.), pp. 358-380. Niwot: University Press of Colorado.

De Bruin, M., P.J.M. Korthoven, A.J.V.D. Steen, J.P.W. Houtman, and R.P.W. Duin. 1976. The use of trace element concentrations in the identification of objects. *Archometry* 18: 74-83.

Deal, M. 1990. Exploratory analyses of food residues form prehistoric pottery and other artifacts from eastern Canada. *SAS Bulletin* 13: 6-11.

Deetz, James. 1977. *In Small Things Forgotten: The Archaeology of Early American Life*. New York: Doubleday.

DeMarrais, E., C. Gosden, and A.C. Renfrew (eds.) 2004. *Rethinking Materiality: The Engagement of Mind with the Material World*. Cambridge: McDonald Institute for Archaeological Research. DeMarrais, Elizabeth, Luis Jaime Castillo, and Timothy Earle. 1996. Ideology, Materialization, and Power Strategies. *Current Anthropology* 37: 15-31.

DeNiro, M.J. 1985. Postmortem preservation and alteration of in vivo bone collagen isotope ratios in relation to palaeodietary reconstruction. *Nature* 317: 806-809.

DeNiro, M., and M.J. Schoeninger. 1983. Stable carbon and nitrogen isotope ratios of bone col- lagen: variations within individuals, between sexes, and within populations raised on monoto- nous diets. *Journal of Archaeological Science* 10: 199-204.

Dickau, Ruth, Anthony J. Ranere, and Richard G. Cooke. 2007. Starch grain evidence for the preceramic dispersals of maize and root crops into tropical dry and humid forests of Panama. *Proceedings of the National Academy of Science* 104: 3651-3656.

Dickson, James H., K. Oeggl, T.G. Holden, L.L. Handley, T.C. O'Connell, T. Preston. 2000. The omnivorous Tyrolean iceman: colon contents (meat, cereals, pollen, moss and whipworm) and stable isotope analyses. *Philosophical Transactions of the Royal Society of London, Series B* 355: 1843-1849.

Dimbleby, G.W. 1985. *The Palynology of Archaeological Sites*. Orlando: Academic Press. Dincauze, Dena F. 2000. *Environmental Archaeology: Principles and Practice*. Cambridge University Press.

Dinel, H., Schnitzer, M., Mehuys, G., 1990. Soil lipids: origin, nature, content, decomposition and effect on soil physical properties. In: *Soil Biochemistry* J.M. Bollag, and G. Stotzky (eds.), vol. 6, pp. 397-430.

New York: Marcel Dekker.

Dobberstein, R.C., M.J. Collins, O.E. Craig, G. Taylor, K.E.H. Penkman, and S. Ritz-Timme. 2009. Archaeological collagen: why worry about collagen diagenesis? *Archaeological and Anthropological Sciences* 1: 31-42.

Dolphin, A.E., A.H. Goodman, and D. Amarasiriwardena. 2005. Variation in elemental intensities among teeth and between pre- and postnatal regions of enamel. *American Journal of Physical Anthropology* 128: 878-88.

Doménech-Carbó Antonio, Mara Teresa Doménech-Carbó and Virginia Costa (eds.) 2009. *Electrochemical Methods in Archaeometry, Conservation and Restoration*. New York: Springer.

Donahue, D.J., J.S. Olin, G. Harbottle. 2002. Determination of the radiocarbon age of parchment of the Vinland map. *Radiocarbon* 44: 45-52.

Doran, Glen H., David N. Dickel, William E. Ballinger, Jr., O. Frank Agee, Philip J. Laipis, and William W. Hauswirth. 1986. Anatomical, cellular and molecular analysis of 8,000-yr-old human brain tissue from the Windover archaeological site. *Nature* 323(6091): 803-806.

Douglas, R.W. 1972. *A History of Glassmaking*. London: G.T. Foulis & Co Ltd.

Dudd, Stephanie N., and Richard P. Evershed. 1998. Direct demonstration of milk as an element of archaeological economies. *Science* 282: 1478-1481.

Dugmore, Andrew J., Anthony J. Newton, Gurn Larsen, and Gordon T. Cook. 2000. Tephrochronology, environmental change and the Norse settlement of Iceland *Environmental Archaeology* 5: 21-34.

Dulski, Thomas. 1999. *Methods of Trace Elemental Analysis*. Boca Raton: CRC Press.

Dunnell, R.C. 1993. Why archaeologists don't care about archaeometry. *Archaeomaterials* 7: 161-165.

Earle, Timothy K., and Jonathan E. Ericson (eds.) 1977. *Exchange Systems in Prehistory*. New York: Academic Press.

Edwards, H.G.M., Drummond, and J. Russ. 1999. *Journal of Raman Spectroscopy* 20: 421-428.

Edwards, H.G.M., E.M. Newton, and J. Russ. 2000. Raman spectroscopic analysis of pigments and substrata in prehistoric rock art. *Journal of Molecular Structure* 550-551: 245-256.

Edwards, H.G.M. 2005. Case study: prehistoric art. In: *Raman Spectroscopy in Archaeology and Art History*, G.M. Edwards Howell, and John M. Chalmers (eds.), pp. 8497. London: Royal Society of Chemistry.

Edwards, H.G.M., and John M. Chalmers. 2005. *Raman Spectroscopy in Archaeology and Art History*. London: Royal Society of Chemistry.

Eerkens, Jelmer W., Gregory S. Herbert, Jeffrey S. Rosenthal, and Howard J. Spero. 2005. Provenance analysis of *Olivella biplicata* shell beads from the California and Oregon Coast by stable isotope fingerprinting. *Journal of Archaeological Science* 32: 15011514.

Egerton, Ray F. 2008. *Physical Principles of Electron Microscopy: An Introduction to TEM, SEM, and AEM*. New York: Springer.

Ehrenreich, R.M. 1995. Archaeometry into archaeology. *Journal of Archaeological Method and Theory* 2: 16.

Eidt, R.C. 1985. Theoretical and practical considerations in the analysis of anthrosols. In: *Archaeological Geology*, J. George Rapp, and J.A. Gifford (eds.), pp. 155190. New Haven: Yale University Press.

Eidt, Robert C. 1973. A rapid chemical field test for archaeological site surveying. *American Antiquity* 206-210.

Eisele, J.A., D.D. Fowler, G. Haynes, and R.A. Lewis. 1995. Survival and detection of blood resi- dues on stone tools. *Antiquity* 69: 36-46.

El-Kammar, A., R.G.V. Hancock, and R.O. Allen. 1989. Human bones as archaeological samples. In: *Archaeological Chemistry*, pp. 337-352. American Chemical Society.

England, P.A., and van Zelst, L. (eds.) 1985. *Application of Science in Examination of Works of Art. Proceedings of the Seminar: September 79 1983*. The Research Laboratory, Museum of Fine Arts,

Boston.

English, Nathan B., Julio L. Betancourt, Jeffrey S. Dean, and Jay Quade. 2001. Strontium isotopes reveal distant sources of architectural timber in Chaco Canyon, New Mexico. *Proceedings of the National Academy of Science* 98: 11891-11896.

Entwistle, J.A., and Abrahams, P.W., 1997. Multi-element analysis of soils and sediments from Scottish historical sites: the potential of inductively coupled plasma-mass spectrometry for rapid site investigation. *Journal of Archaeological Science* 24: 407-416.

Evans, A.A., and Donahue, R.E. 2005. The elemental chemistry of lithic microwear: an experi- ment. *Journal of Archaeological Science* 32: 1733-1740.

Evans, A.A., and R.E. Donahue. 2008. Laser scanning confocal microscopy: a potential technique for the study of lithic microwear. *Journal of Archaeological Science* 35: 2223-2230.

Evershed, R.P. 1995. Lipids in organic residues. In: *Practical Impact of Science on Archaeology*, S.J. Vaughan, et al. (eds.). Athens, Greece: Weiner Laboratory Publication, American School of Classical Studies.

Evershed, R.P. 2008. Organic residue analysis in archaeology: the archaeological biomarker revo- lution. *Archaeometry* 50: 895-924.

Evershed, R.P., and R.C. Connolly. 1994. Post-mortem transformation of sterols in bog body tis- sues. *Journal of Archaeological Science* 21: 577-584.

Evershed, R.P., S.N. Dudd, M.J. Lockheart, and S. Jim. 2001. Lipids in archaeology. In: *Handbook of Archaeological Sciences*, D.R. Brothwell, and A.M. Pollard (ed.), pp. 331-349. Chichester: John Wiley and Sons.

Evershed, R.P., G. Turner-Walker, R.E.M. Hedges, N. Tuross, and A. Leyden. 1995. Preliminary results for the analysis of lipids in ancient bone. *Journal of Archaeological Science* 22: 277-290. University Press.

Evershed, R.P., C. Heron, S. Charters, and L.J. Goad. 1992. The survival of food residues: new methods of analysis, interpretation and application. *Proceedings of the British Academy* 77: 187-208.

Ezzo, Joseph, Clark Johnson, and T. Douglas Price. 1997. Analytical perspectives on prehistoric migration: a case study from east-central Arizona. *Journal of Archaeological Science* 24: 447-466.

Fankhauser, B. 1994. Protein and Lipid Analysis of Food Residues. In: *Tropical Archaeobotany: Applications and New Developments*, J.G. Hather (ed.), pp. 227-246. London: Routledge.

Faure, G. 1986. *Principles of Isotope Geology*. New York: John Wiley & Sons.

Faure, G., T.M. Mensing, 2005. *Isotopes: Principles and Applications*. New York: John Wiley. Feller, R.L. (ed.) 1986. *Artists' Pigments: A Handbook of Their History and Characteristics*.

Washington, D.C.: National Gallery of Art.

Walton, P., and G. Taylor. 1991. The characterization of dyes in textiles from archaeological exca- vations. *Chromatography Annals* 6: 5-7.

Fitzpatrick, S., and R. Callaghan. 2009. Examining dispersal mechanisms for the translocation of chicken (*Gallus gallus*) from Polynesia to South America. *Journal of Archaeological Science* 36: 214-223.

Fowler, Brenda. 2000. *Iceman: Uncovering the Life and Times of a Prehistoric Man Found in an Alpine Glacier*. New York: Random House.

Frank, S. 1982. *Glass and Archaeology. Studies in Archaeological Science*. London: Academic. Franklin, U.M., and V. Vitali. 1985. The environmental stability of ancient ceramics. *Archaeometry* 27: 3-15.

Freestone, I.C. 2001. Post-depositional changes in archaeological ceramics and glass. In: *Handbook of Archaeological Sciences*, D.R. Brothwell, A.M. Pollard (eds.), pp. 615-625. Chichester: John Wiley.

Fricke, Henry C., James R. O'Neil, and Niels Lynnerup. 1995. Oxygen isotope composition of human tooth enamel from medieval Greenland: linking climate and society. *Geology* 23: 869-872.

Friedman, A.M., and J. Lerner. 1978. Spark source mass spectrometry in archaeological chemistry. In: *Archaeological Chemistry II*, G.F. Carter (ed.), pp. 70-78. Washington, D.C.: American Chemical

Society.

Fritts, H.C. 2001. *Tree Rings and Climate*. London: Blackburn Press.

Gat, J.R. 1996. Oxygen and hydrogen isotopes in the hydrologic cycle. *Annual Review of Earth and Planetary Sciences* 24: 225-262.

Gernaey, A.M., E.R. Waite, M.J. Collins, O.E. Craig, and R.J. Sokal. 2001. Survival and interpretation of archaeological proteins. In: *Handbook of Archaeological Sciences*, D.R. Brothwell, and A.M. Pollard, pp. 323-329. Chichester: John Wiley and Sons.

Gill, Richardson Benedict. 2000. *The Great Maya Droughts: Water, Life, and Death*. Albuquerque: University of New Mexico Press.

Giustetto, Roberto, Llabres I Xamena Francesc X., Ricchiardi Gabriele, Bordiga Silvia, Damin Alessandro, Gobetto Roberto, and Chierotti Michele R. 2005. Maya blue: a computational and spectroscopic study. *Journal of Physical Chemistry. B, Condensed Matter, Materials, Surfaces, Interfaces, & Biophysical Chemistry* 109: 19360-19368.

Glascock, M.D. (ed.). 2002. *Geochemical Evidence for Long Distance Exchange*. Westport: Bergin & Garvey.

Glascock, M.D., R.J. Speakman, and R.S. Popelka-Filcoff (eds.) 2007. *Archaeological Chemistry: Analytical Techniques and Archaeological Interpretation*. Washington, D.C.: American Chemical Society.

Glascock, M.D., and H. Nerf. 2003. Neutron activation analysis and provenance research in archaeology. *Measurement Science and Technology* 14: 1516-1526.

Goodhew, P.J., J. Humphreys, and R. Beanland. 2001. *Electron Microscopy and Analysis*. London: Taylor and Francis.

Goffer, Zvi, and James D. Winefordner. 2007. *Archaeological Chemistry*. Wiley Interscience. Goffer, Zvi. 1996. *Elsevier's Dictionary of Archaeological Materials and Archaeometry*. New York: Elsevier.

Goldberg, P., V.T. Holliday, and C.R. Ferring, (eds.) 2001. *Earth Sciences and Archaeology*. New York: Springer.

Gopher, A., R. Barkai, R. Shimelmitz, M. Khalaily, C. Lemorini, I. Heshkovitz, et al. 2005. Qesem Cave: an Amudian site in central Israel. *Journal of the Israeli Prehistoric Society* 35: 69-92.

Goren-Inbar, N., N. Alperson, M.E. Kislev, O. Simchoni, Y. Melamed, A. Ben-Nun, and E. Werker. 2004. Evidence of hominid control of fire at Gesher Benot Ya'aqov, Israel. *Science* 304: 725-727.

Gostner, Paul, and Eduard Egarter Vigl. 2002. Report of radiological-forensic findings on the Iceman. *Journal of Archaeological Science* 29: 323-326.

Gould, R.A., and M. Schiffer. 1981. *Modern Material Culture: The Archaeology of Us*. New York: Academic Press.

Gowlett, J.A.J., J.W.K. Harris, D. Walton, and B.A. Wood. 1981. Early archaeological sites, hominid remains and traces of fire from Chesowanja, Kenya. *Nature* 294: 125-129.

Grant, M.R. 1999. The sourcing of southern African tin artefacts. *Journal of Archaeological Science* 26: 1111-1117.

Gratuze, B., M. Blet-Lemarquand, and J.N. Barrandon. 2001. Mass spectrometry with laser sampling: a new tool to characterize archaeological materials. *Journal of Radioanalytical and Nuclear Chemistry* 247: 645-656.

Gritton, V., and N.M. Magalousis. 1978. Atomic absorption spectroscopy of archaeological ceramic materials. In: *Archaeological Chemistry II*, G.F. Carter (ed.), pp. 258-270. Washington, D.C.: American Chemical Society.

Grupe, G., and H. Piepenbrink. 1987. Processing of prehistoric bones for isotopic analysis and the meaning of collagen C/N ratios in the assessment of diagenetic effects. *Human Evolution* 2: 511-515.

Grupe, G., and J.B. Lambert (eds.) 1993. *Prehistoric Human Bone: Archaeology at the Molecular Level*. Berlin: Springer.

Guilherme, A. Cavaco, S. Pessanha, M. Costa, and M.L. Carvalho. 2008. Comparison of portable and stationary X-ray fluorescence spectrometers in the study of ancient metallic artefacts. *X-Ray Spectrometry* 37: 444-449.

Glaar, F.O., A. Susini, and M. Klohn. 1990. Preservation and post-mortem transformation of lipids in samples from a 4000-year-old Nubian mummy. *Journal of Archaeological Science* 17: 691-705.

Gurfinkal, D.M., and U.M. Franklin. 1985. The analysis of organic archaeological residue: an evaluation of thin layer chromotography. In: *Archaeometry Proceedings*: 85-88.

Gurfinkal, D.M., and U.M. Franklin. 1988. A study of the feasibility of detecting blood residue on artifacts. *Journal of Archaeological Science* 15: 83-97.

Habicht-Mauche, Judith A., Stephen T. Glenn, Homer Milford, and A. Russell Flegal. 2000. Isotopic tracing of prehistoric Rio Grande glaze-paint production and trade. *Journal of Archaeological Science* 27: 709-713.

Hall, Grant D., Stanley M. Tarka, W. Jeffrey Hurst, David Stuart, and R.E.W. Adams. 1990. Cacao residues in ancient Maya vessels from Rio Azul, Guatemala. *American Antiquity* 55: 138-143.

Hancock, R.G.V., L.A. Pavlish, R.M. Farquhar, R. Salloum, W.A. Fox, and G.C. Wilson. 1991. Distinguishing European trade copper and northeastern North American native copper. *Archaeometry* 33: 69-86.

Hancock, R.G.V., L.A. Pavlish, R.M. Farquhar, and W.D. Finlayson. 1995. Analysis of copperbased metals from archaeological sites at Crawford Lake, south-central Ontario, Canada. In: *Trade and Discovery: The Scientific Study of Artefacts from Post-medieval Europe and Beyond*, Duncan R. Hook, and David R.M. Gaimster (eds.), pp. 283-297, British Museum Occasional Paper 109.

Harbeck, Michaela, and Gisela Grupe. 2009. Experimental chemical degradation compared to natural diagenetic alteration of collagen: implications for collagen quality indicators for stable isotope analysis. *Archaeological and Anthropological Sciences* 1: 43-57.

Harbottle, G. 1982. Chemical characterization in archaeology. In: *Contexts for Prehistoric Exchange*, J.E. Ericson, and T.K. Earle (eds.), pp. 1351. New York: Academic Press.

Harbottle, G., and P.C. Weigand. 1992. Turquoise in pre-Columbian America. *Scientific American* 266(2): 78-85.

Harbottle, G., and L. Holmes. 2007. The history of the brookhaven national laboratory project in archaeological chemistry, and applying nuclear methods to the fine arts. *Archaeometry* 49: 185-199.

Harbottle, G. 2009. Vinland map? *Archaeometry* XXX.

Hardy, A., and A. Hanson. 1982. Nitrogen and flourine dating of Moundville skeletal samples. Archaeometry 24: 37-44.

Hardy, Bruce L., and Rudolf A. Raff. 1997. Recovery of mammalian DNA from middle Paleolithic stone tools. *Journal of Archaeological Science* 24: 601-611.

Hardy, K., T. Blakeney, L. Copeland, J. Kirkham, R. Wrangham, and M. Collins. 2009. Starch granules, dental calculus and new perspectives on ancient diet. *Journal of Archaeological Science* 36: 248-255.

Hare, P.E., M.L. Fogel, T.W. Stafford, Jr., A.D. Mitchell, and T.C. Hoering. 1991. The isotopic composition of carbon and nitrogen in individual amino acids isolated from modern and fossil proteins. *Journal of Archaeological Science* 18: 277-292.

Harrison, R.G., and M.A. Katzenberg. 2003. Paleodiet studies using stable carbon isotopes from bone apatite and collagen: examples from southern Ontario and San Nicolas Island, California. *Journal of Anthropological Archaeology* 22: 227-244.

Hastorf, Christine. 1999. Recent research and innovations in paleoethnobotany. *Journal of Archaeological Research* 7: 55-103.

Hather, Jon G. 2000. *Archaeological Parenchyma*. San Francisco: Left Coast Press.

Haug, G.H., D. Gunther, L.C. Peterson, D.M. Sigman, K.A. Hughen, and B. Aeschlimann, 2003. Climate and the collapse of Maya civilization. *Science* 299: 1731-1735. Hayden, Brian. 2000. *The Pithouses of*

*Keatley Creek*. New York: Harcourt.

Hayden, Brian, Edward Bakewell, and Rob Gargett. 1996. The world's longest-lived corporate group: lithic sourcing reveals prehistoric social organization near Lillooet, British Columbia. *American Antiquity* 61: 341-356.

Hedges, R.E.M. 2002. Bone diagenesis: an overview of processes. *Archaeometry* 44: 319-328.

Hedges, R.E.M., T. Chen, and R.A. Housley. 1992. Results and methods in the radiocarbon dating of pottery. *Radiocarbon* 34: 906-915.

Hedges, R.E.M., R.E. Stevens, and P.L. Koch. 2006. Isotopes in bones and teeth. In: *Isotopes in Palaeoenvironmental Research* M.J. Leng (ed.), vol. 10, pp. 117-145. Dordrecht: Springer.

Hedges, R.E.M., and L.M. Reynard. 2007. Nitrogen isotopes and the trophic level of humans in archaeology. *Journal of Archaeological Science* 34: 1240-1251.

Heimann, R.B. 1979. Archothermometrie: Methoden zur Brenntemperatur-bestimmung von antiker Keramik. *Fridericiana, Zeitschrift der Universitt Karlsruhe* 24: 17-34.

Heizer R.F., and L.K. Napton. 1969. Biological and cultural evidence from prehistoric human coprolites. *Science* 165: 563-567.

Henderson, John S., Rosemary A. Joyce, Gretchen R. Hall, W. Jeffrey Hurst, and Patrick E. McGovern. 2007. Chemical and archaeological evidence for the earliest cacao beverages. *Proceedings of the National Academy of Sciences* 104: 18937-18940.

Henderson, Julian. 2000. *The Science and Archaeology of Materials: An Investigation of Inorganic Materials*. London: Routledge.

Henderson, Julian (ed.) 1989. *Scientific Analysis in Archaeology*. Oxford University and the UCLA Institute of Archaeology.

Heron, C., and R.P. Evershed. 1993. The analysis of organic residues and the study of pottery use. *Archaeological Method and Theory* 5: 247-284.

Heron, C., R.P. Evershed, L.J. Goad, and V. Denham. 1990. New approaches to the analysis of organic residues from archaeological ceramics. In: *Science in Archaeology Bradford 1989*. Oxford.

Heron, C., N. Nemcek, K.M. Bonfield, D. Dixon, and B.S. Ottaway. 1994. The chemistry of Neolithic beeswax. *Naturwissenschaften* 81, 6: 266-269.

Heron, C.P., O.E. Craig, M. Forster, and B. Stern. 2008. Residue analysis of ceramics from prehistoric shell middens: initial investigations at Norsminde and Bjrnsholm. In: *Shell Middens in Atlantic Europe*, N. Milner, O.E. Craig, and G.N. Bailey (eds.). Oxbow: Oxford.

Herrmann, Bernd, and Susanne Hummel (eds.) 1996. *Ancient DNA: Recovery and Analysis of Genetic Material from Paleontological, Archaeological, Museum, Medical, and Forensic Specimens*. Springer Verlag.

Hillson, Simon. 2005. *Teeth*. Cambridge: Cambridge University Press.

Hjulstrom, B., and S. Isaksson. 2009. Identification of activity area signatures in a reconstructed Iron Age house by combining element and lipid analyses of sediments. *Journal of Archaeological Science* 36: 174-183.

Hocart, C.H., B. Fankhauser, and D.W. Buckle. 1993. Chemical archaeology of kava, a potent brew. *Rapid Communications in Mass Spectrometry* 7(3): 219-224.

Hodell, David A., Mark Brenner, and Jason H. Curtis. 2005. Terminal Classic drought in the northern Maya lowlands inferred from multiple sediment cores in Lake Chichancanab (Mexico). *Quaternary Science Reviews* 24: 1413-1427.

Hodell, David A., Rhonda L. Quinn, Mark Brenner, and George Kamenov. 2004. Spatial variation of strontium isotopes ($^{87}Sr/^{86}Sr$) in the Maya region: a tool for tracking ancient human migration. *Journal of Archaeological Science* 31: 585-601.

Hodges, Henry. 1995. *Artifacts*. London: Duckworth.

Holland, B., A. Welch, I.D. Unwin, D.H. Buss, A. Paul, and D.A.T. Southgate. 1991. *McCance and

*Widdowson's The Composition of Foods*, 5th edition. Letchworth: Royal Society of Chemistry.

Holliday, Vance T., and William G. Gartner. 2007. Methods of soil P analysis in archaeology. *Journal of Archaeological Science* 34: 301-333.

Holst, Irene, Jorge Enrique Moreno, and Dolores R. Piperno. 2007. Identification of teosinte, maize, and Tripsacum in Mesoamerica by using pollen, starch grains, and phytoliths. *Proceedings of the National Academy of Sciences* 104(45): 17608-17613.

Hoogewerff, Jurian, Wolfgang Papesch, Martin Kralik, Margit Berner, Pieter Vroon, Hermann Miesbauer, Othmar Gaber, Karl-Heinz Knzel, and Jos Kleinjans. 2001. The last domicile of the iceman from Hauslabjoch: a geochemical approach using Sr, C and O isotopes and trace element signatures. *Journal of Archaeological Science* 28: 983-989.

Hoppe, K.A., P.L.Koch, and T.T. Furutani. 2003. Assessing the preservation of biogenic strontium in fossil bones and tooth enamel. *International Journal of Osteoarchaeology* 13: 20-28.

Hughes, M.J., M.R. Corwell, and P.T. Craddock. 1976. Atomic absorption techniques in archaeology. *Archometry* 18: 19-37.

Hughes, M.K., and H.F. Diaz. 1994. Was there a 'Medieval Warm Period' and if so, when and where? *Climatic Change* 26: 109-142.

Hull, Sharon, Mostafa Fayek, Frances Joan Mathien, Phillip Shelley, and Kathy Roler Durand. 2008. A new approach to determining the geological provenance of turquoise artifacts using hydrogen and copper stable isotopes. *Journal of Archaeological Science* 35: 1355-1369.

Humphrey, John W. 2006. *Ancient Technology*. Westport, CN: Greenwood Press.

Hurst, J., R. Martin Jr., S. Tarka, Jr., and G. Hall. 1989. Authentication of cocoa in Maya vessels using high-performance liquid chromatographic techniques. *Journal of Chromatography* 466: 279-289.

Hurt, Teresa D., and Gordon F.M. Rakita (eds.) 2000. *Style and Function: Conceptual Issues in Evolutionary Archaeology*. Westport, CN: Bergin & Garvey.

Jakes, Kathryn A. (ed.) 2002. *Archaeological Chemistry: Materials, Methods, and Meaning*. American Chemical Society.

James, W.D., E.S. Dahlin, and D.L. Carlson. 2005. Chemical compositional studies of archaeo- logical artifacts: comparison of LA-ICP-MS to INAA measurements. *Journal of Radioanalytical and Nuclear Chemistry* 263: 697-702.

Janssens, K., G. Vittiglio, I. Deraedt, A. Aerts, B. Vekemans, L. Vincze, F. Wei, I. Deryck, O. Schalm, F. Adams, A. Rindby, A. Knchel, A. Simionovici, and A. Snigirev. 2000. Use of microscopic XRF for non-destructive analysis in art and archaeometry. *X-Ray Spectrometry* 29: 73-91.

Jin, S., S.H. Ambrose, and R.P. Evershed. 2004. Stable carbon isotopic evidence for differences in the dietary origin of bone cholesterol, collagen and apatite: implications for their use in paleodietary reconstructions. *Geochimica et Cosmochimica Acta* 68: 61-72.

Johansson, S.A.E., and J.L. Campbell. 1988. *PIXE: A Novel Technique for Elemental Analysis*. Chichester: John Wiley.

Jones, A. 2004. Archaeometry and materiality: materials-based analysis in theory and practice. *Archaeometry* 46: 327-338.

Jones, G. 1986. *The Norse Atlantic Saga*. Oxford: Oxford University Press.

Jones, Martin. 2002. *The Molecule Hunt: Archaeology and the Search for Ancient DNA*. Arcade Books.

Junghans, S., E. Sangmeiser, and M. Schröder. 1960. *Metallanalysen kupferzeitlicher und frh-bronzezeitlicher Bodenfunde aus Europa*. Berlin: Verlag, Gebr. Mann.

Kanare, Howard M. 1985. *Writing the Laboratory Notebook*. Washington, D.C.: American Chemical Society.

Kang, Daniel, D. Amarasiriwardena, and Alan H. Goodman. 2004. Application of laser ablation inductively coupled plasma-mass spectrometry (LAICP-MS) to investigate trace metal spatial distributions in human tooth enamel and dentine growth layers and pulp. *Analytical and*

*Bioanalytical Chemistry* 378: 1608-1615.

Karkanas, Panagiotis, Ruth Shahack-Gross, Avner Ayalon, Mira Bar-Matthews, Ran Barkai, Amos Frumkin, Avi Gopher, and Mary C. Stiner. 2007. Evidence for habitual use of fire at the end of the lower Paleolithic: site-formation processes at Qesem Cave, Israel. *Journal of Human Evolution* 53: 197-212.

Kates, M. 1986. Techniques of lipidology. Isolation, analysis and identification of lipids. In: *Laboratory Techniques in Biochemistry and Molecular Biology*, T.S. Work, E. Work (eds.), pp. 269-610, 2nd edition. New York: Elsevier.

Katzenberg, M.A., and R.G. Harrison. 1997. What's in a bone? Recent advances in archaeological bone chemistry? *Journal of Archaeological Research* 5: 265-293.

Kedrowski, B.L., B.A. Crass, J.A. Behm, J.C. Luetke, A.L. Nichols, A.M. Moreck, and C.E. Holmes. 2009. GC/MS analysis of fatty acids from ancient hearth residues at the Swan Point archaeological site. *Archaeometry* 51: 110-122.

Keeley, L.H. 1977. The function of Palaeolithic flint tools. *Scientific American* 237: 108-126.

Keeley, Lawrence H. 1980 *Experimental Determination of Stone Tool Use: A Microwear Analysis*. Chicago: University of Chicago Press.

Kempe, D.R.C., and J.A. Templeman. 1983. Techniques. In: *The Petrology of Archaeolocial Artefacts*, D.R.C. Kempe and A.P. Harvey (eds.), pp. 26-52. Oxford: Clarendon Press.

Kendall, C., and Caldwell, E. A. 1998. Fundamentals of isotope geochemistry. In: *Isotope Tracers in Catchment Hydrology*, C. Kendall, and J.J. McDonnell (eds.), pp. 51-86. Amsterdam: Elsevier Science.

Kent, Susan. 1990. *Domestic Architecture and the Use of Space. An Interdisciplinary Crosscultural Study*. Cambridge University Press.

Kimball, Larry R., John F. Kimball, and Patricia E. Allen. 1995. Microwear as viewed through the atomic force microscope. *Lithic Technology* 20: 6-28.

King, D., P. Williams, and J. Salinger. 2004. Reconstructing past environmental changes using speleotherms. *Water and Atmosphere* 12(2): 14-15.

King, Stacie. 2008. The spatial organization of food sharing in Early Postclassic households: an application of soil chemistry in Ancient Oaxaca, Mexico. *Journal of Archaeological Science* 35: 1224-1239.

Kingery, W.D. (ed.) 1986. *Technology and Style: Symposium on Ceramic History and Archaeology*. Westerville, OH: American Ceramic Society.

Koch, P.L., N. Tuross, and M.L. Fogel. 1997. The effects of sample treatment and diagenesis on the isotopic integrity of carbonate in biogenic hyroxylapatite. *Journal of Archaeological Science* 24: 417-429.

Koch, P., and J.H. Burton (eds.) 2003. Isotopes and Calcified Tissues: Proceedings of the Sixth Advanced Seminar on Paleodiet. *International Journal of Osteoarchaeology*, special issue 13(12).

Kohn, Matthew J. 1996. Predicting animal $\delta^{18}O$: accounting for diet and physiological adaptation. *Geochimica et Cosmochimica Acta* 60: 4811-4829.

Konrad, V.A., R. Bonnichsen, V. Clay. 1983. Soil chemical identification of ten thousand years of prehistoric human activity areas at the Munsungun Lake Thoroughfare, Maine. *Journal of Archaeological Science* 10: 13-28.

Krongberg, B.I., L.L. Coatsworth, and M.C. Usselman. 1984. Mass spectrometry as an historical probe: quantitative answers to historical questions in metallurgy. In: *Archaeological Chemistry III*, J.P. Lambert (ed.), pp. 295310. Washington, D.C.: American Chemical Society.

Krueger, H. W., and C.H. Sullivan. 1984. Models for carbon isotope fractionation between diet and bone. In: *Stable Isotopes in Nutrition*, J.R. Turnland, and P.E. Johnson (eds.), American Chemical Society Symposium Series, No. 258, pp. 205-220.

Kruger, P. 1971. *Principles of Activation Analysis*. New York, NY: Wiley Interscience.

Lambert, J. 1997. *Traces of the Past: Unraveling the Secrets of Archaeology through Chemistry*. New York: Addison Wesley Longman.

Lambert, J. B., and Grupe, G. (eds.) 1993. *Prehistoric Human Bone: Archaeology at the Molecular Level*. Berlin: Springer.

Lambert, J.P., S.V. Simpson, J.E. Buikstra, and D.K. Charles. 1984. Analysis of soil associated with woodland burials. In: *Archaeological Chemistry III*, J.P. Lambert (ed.), pp. 97-117. Washington, D.C.: American Chemical Society.

Law, R.W., and J.H. Burton. 2008. Non-destructive Pb isotope sampling and analysis of archaeo- logical silver using EDTA and ICP-MS. *American Laboratory News* 40(17): 14-15.

Ledger, M., L. Holtzhausen, D. Constant, and A.G. Morris. 2000. Biomechanical beam analysis of long bones from a late 18th century slave cemetery in Cape Town, South Africa. *American Journal of Physical Anthropology* 112: 207-216.

Lee-Thorp, J.A. 2002. Two decades of progress towards understanding fossilisation processes and isotopic signals in calcified tissue minerals. *Archaeometry* 44: 435-446.

Lee-Thorp, J.A. 2008. On isotopes and old bones. *Archaeometry* 50: 925-950.

Leeming, R., A. Ball, N. Ashbolt, and P. Nichols. 1996. Using faecal sterols from humans and animals to distinguish faecal pollution in receiving waters. *Water Research* 30: 2893-2900.

Lemonnier, Pierre. 1986. The study of material culture today: toward an anthropology of technical systems. *Journal of Anthropological Archaeology* 5: 147-186.

Lemonnier, Pierre. 1992. *Elements for an Anthropology of Technology*. Anthropological Papers, University of Michigan Museum of Anthropology 88. Ann Arbor: Museum of Anthropology. Lentfer, Carol, Michael Therin, and Robin Torrence. 2002. Starch grains and environmental reconstruction: a modern test case from West New Britain, Papua New Guinea. *Journal of Archaeological Science* 29: 687-698.

Leute, Ulrich. 1987. *Archaeometry: An Introduction to Physical Methods in Archaeology and the History of Art*. Vch Pub.

Lewis, P.A. 1988. *Pigments Handbook*. New York: Wiley.

Longinelli, A. (1984). Oxygen isotopes in mammal bone phosphate: a new tool for paleohydrological and paleoclimatological research? *Geochimica et Cosmochimica Acta* 48: 385-390.

Loy, T.H. 1994. Methods in the analysis of starch residues on prehistoric stone tools. In: *Tropical Archaeobotany*, Jon. G. Hather (ed.), pp. 86-114. London. Routledge.

Loy, T.H., and A.R. Wood. 1989. Blood residue analysis at Cayonu Tepesi, Turkey. *Journal of Field Archaeology* 16: 451-460.

Loy, T.H., and D.E. Nelson. 1986. Potential applications of the organic residues on ancient tools. In: *Proceedings of the 24th International Archaeometry Symposium*, J.S. Olin, and M.J. Blackman (eds.), pp. 179-185. Washington, D.C.: Smithsonian Institution Press.

Lubar, Steven, and W.D. Kingery (eds.) 1993. *History from Things: Essays on Material Culture*. Washington, D.C.: Smithsonian Institution Press.

Lutterotti, L., Artioli G., Dugnani M., Hansen T., Pedrotti A., Sperl G. 2003. Krystallografiske tekstur analyse af Iceman og coeval kobber akser af ikke-invasive neutron pulver diffraktion. In: *Die Gletschermumie aus der Kupferzeit 2*, A. Fleckinger (ed.), pp. 9-22. Bolzano: Folio.

Lutz, H.J. 1951. The concentration of certain chemical elements in the soils of Alaskan archaeo- logical sites. *American Journal of Science* 249: 925-928.

Luz, B., and Kolodny, Y. 1985. Oxygen isotope variations in phosphate of biogenic apatites. IV. Mammal teeth and bones. *Earth and Planetary Science Letters* 75: 29-36.

Luz, B., Y. Kolodny, and M. Horowitz. 1984. Fractionation of oxygen isotopes between mam- malian bone-phosphate and environmental drinking water. *Geochimica et Cosmochimica Acta* 48: 1689-1693.

Lynch, B.M., and R.W. Jeffries. 1982. A comparative analysis of the nitrogen content of bone as a means of establishing a relative temporal ordination of prehistoric burials. *Journal of Archaeological Science* 9: 381-390.

Macko, S., G. Lubec, M. Teschler-Nicola, V. Rusevich, and M. Engel. 1999. The Ice Man's diet as reflected by the stable nitrogen and carbon isotopic composition of his hair. *The Federation of American Societies for Experimental Biology (FASEB) Journal* 13: 559-562.

Maggetti, M. 1994. Mineralogical and petrographical methods for the study of ancient pottery. In: *1st European Workshop on archaeological ceramics, 10-12.10.1991*, F. Burragato, O. Grubessi, and L. Lazzarini (eds.), pp. 25-35. Dipartimento Scienze della Terra, Universit degli studi di Roma "La Sapienza".

Maggetti, M. 2001. Chemical analyses of ancient ceramics: what for? *Chimia* 55(11): 923-930. Mainfort, R.C., Jr., J.W. Cogswell, M.J. O'Brien, H. Nerf, and M.D. Glascock. 1997. Neutron-activation analysis of pottery from Pinson Mounds and nearby sites in western Tennessee: local production vs. long-distance importation. *Midcontinent Journal of Archaeology* 22: 43-68.

Mann, J., R.S. Davidson, J.B. Hobbs, D.V. Banthorpe, and J.B. Harborne (eds.) 1994. *Natural Products: Their Chemistry and Biological Significance*. London: Longman.

Mantler, Michael, and Manfred Schreiner. 2000. X-ray fluorescence spectrometry in art and archaeology. *X-Ray Spectrometry* 29: 3-17.

Margolis, Stanley V. 1989. Authenticating ancient marble sculpture. *Scientific American* 260: 104-110.

Marlar, R.A., B.L. Leonard, B.R. Billman, P.M. Lambert, and J.E. Marlar. 2000. Biochemical evidence of cannibalism at a prehistoric Puebloan site in southwestern Colorado. *Nature* 407(6800): 25-26.

Martineau, R., A.-V. Walter-Simonnet, B. Grobéty, M. Buatiert. 2007. FTIR and solid-state $^{13}$C Cp/Mas NMR spectroscopy of charred and non-charred solid organic residues preserved in Roman Iron Age Vessels from the Netherlands. *Archaeometry* 49: 571-594.

Martini, Michela (ed.) 2004. *Physics Methods in Archaeometry: Proceedings of the International School of Physics "Enrico Fermi"*. New Delhi: IOS Press.

Mathien, F.J. 2001. The organization of turquoise production and consumption by the prehistoric Chacoans. *American Antiquity* 66: 103-118.

Mathur, R., S. Titley, G. Hart, M. Wilson, M. Davignon, and C. Zlatos. 2009. The history of the United States cent revealed through copper isotope fractionation. *Journal of Archaeological Science* 36: 430-433.

Matthiesen, H. 2008. Detailed chemical analysis of groundwater as a tool for monitoring urban archaeological deposits: results from Bryggen in Bergen. *Journal of Archaeological Science* 35: 1378-1388.

Mauk, J.L., and R.G.V. Hancock. 1998. Trace element geochemistry of native copper from the White Pine Mine, Michigan (USA): implications for sourcing artefacts. *Archaeometry* 40: 97-107.

McCrone, Walter C. 1999. Vinland map 1999. *Microscope* 47(2): 71-74.

McCrone, Walter, and Lucy B. McCrone. 1974. The Vinland map ink. *Geographical Journal* 140: 212-214.

McCulloch, J. Huston. 2005. The Vinland map-some "finer points" of the debate. http://www. econ. ohiostate.edu/jhm/arch/vinland/vinland.htm.

McGovern, P.E. 1995. Science in archaeology: a review. *American Journal of Archaeology* 99: 79-142.

McGovern, P.E., and R.H. Michel. 1990. Royal purple dye: the chemical reconstruction of the ancient Mediterranean industry. *Accounts of Chemical Research* 23: 152-158.

McGovern, P.E., R.H. Michel, and J. Lazar. 1990. The mass spectrometric analysis of indigoid dyes. *Journal of the Society of Dyers and Colourists* 106: 22-25.

McGovern, Thomas H., and Sophia Perdikaris. 2000. The Vikings' silent saga: what went wrong with the Scandinavian westward expansion? *Natural History Magazine* October: 51-59.

Menu, Michel, and Philippe Walter. 1992. Prehistoric cave painting PIXE analysis for the identification of paint 'pots'. *Nuclear Instruments and Methods in Physics Research* Section B 64: 547-552.

Metges, C., K. Kempe, and H.L. Schmidt. 1990. Dependence of the carbon isotope contents of breath carbon-dioxide, milk, serum and rumen fermentation products on the delta-C-13 value of food in dairy cows. *British Journal of Nutrition* 63: 187-196.

Meunier, Jean D., and Fabrice Colin (eds.) 2001. *Phytoliths: Applications in Earth Sciences and Human History*. Lisse: A.A. Balkema Publishers.

Michel, R.H., P.E. McGovern, and V.R. Badler. 1993. The first wine and beer: chemical detection of ancient fermented beverages. *Analytical Chemistry* 65: 408A-413A.

Middleton, William D., Luis Barba, Alessandra Pecci, James H. Burton, Agustin Ortiz, LauraSalvini, Roberto Rodriguez Suárez. 2010. The Study of Archaeological Floors: Methodological proposal for the Analysis of Anthropogenic Residues by Spot Tests, ICP-OES and GCMS. *Journal of Archaeological Method and Theory* 17:183-208.

Middleton, W.D. 2004. Identifying chemical activity residues in prehistoric house floors: a methodology and rationale for multi-elemental characterization of a mild acid extract of anthropogenic sediments. *Archaeometry* 46: 47-65.

Middleton, William D., Luis Barba, Alessandra Pecci, James H. Burton, Agustin Ortiz, LauraSalvini, Roberto Rodriguez Suárez. 2010. The Study of Archaeological Floors: Methodological proposal for the Analysis of Anthropogenic Residues by Spot Tests, ICP-OES and GCMS. *Journal of Archaeological Method and Theory* 17:183-208.

Miller, D., and C. Tilley (eds.). 1984. *Ideology, Power, and Prehistory*. Cambridge University Press.

Miller, H.M.L. 2007. *Archaeological Approaches to Technology*. Bingley, UK: Emerald Group Publishing.

Mills, J.S., and R. White. 1994. *The Organic Chemistry of Museum Objects*. London: Buttersworth-Heinemann.

Mommsen, Hans. 2002. *Archometrie: neuere naturwissenschaftliche Methoden und Erfolge in der Archäologie*. Teubner Verlag.

Montgomery, J., P. Budd, and J. Evans. 2000. Reconstructing lifetime movements of ancient people: a Neolithic case study from southern England. *European Journal of Archaeology* 3: 407-422.

Montgomery, J., J.A. Evans, and T. Neighbour. (2003). Sr isotope evidence for population movement within the Hebridean Norse community NW Scotland. *Journal of the Geological Society* 160: 649-653.

Montgomery, J., P. Budd, A. Cox, P. Krause, and R.G. Thomas. 1999. LA-ICP-MS evidence for the distribution of Pb and Sr in Romano-British medieval and modern human teeth: implications for life history and exposure reconstruction. In: *Metals in Antiquity: Proceedings of the International Symposium*. S.M.M. Young, A.M. Pollard, P. Budd, and R.A. Ixer (eds.). Oxford: Archaeopress.

Moropoulou, A., A. Bakolas, and K. Bisbikou. 2000. Investigation of the technology of historic mortars. *Journal of Cultural Heritage* 1: 45-58.

Morton, J.D., and H.P. Schwarcz. 1985. Stable isotope analysis of food residue from Ontario Ceramics. In: *Archaeometry Proceedings*, pp. 89-93.

Motamayor, J.C., A.M., Risterucci, P.A. Lopez, C.F. Ortiz, A. Moreno, and C. Lanaud. 2002. Cacao domestication I: the origin of the cacao cultivated by the Mayas. *Heredity* 89: 380-386.

Mller, Wolfgang, Henry Fricke, Alex N. Halliday, Malcolm T. McCulloch, and Jo-Anne Wartho. 2003. Origin and migration of the alpine iceman. *Science* 302: 862-866.

Murphy, W.A., Dieter zur Nedden, Paul Gostner, Rudolf Knapp, Wolfgang Recheis, and Horst Seidler. 2003. The iceman: discovery and imaging. *Radiology* 226: 614-629.

Nerf, H. (ed.) 1992. *Chemical Characterization of Ceramic Pastes in Archaeology*. Monographs in World Archaeology, vol. 7. Madison, WI: Prehistory Press.

Nehlich, Olaf, and Michael P. Richards. 2009. Establishing collagen quality criteria for sulphur isotope analysis of archaeological bone collagen. *Archaeological and Anthropological Sciences* 1: 59-75.

Nelson, D.E., B. Chisholm, N. Lovell, K. Hobson, and H.P. Schwarcz. 1986. Paleodiet Determinations by Stable Carbon Isotope Analysis. In: *Proceedings of the 24th International Archaeometry Symposium*, J.S. Olin, and M.J. Blackman (eds.), pp. 49-54.

Nicholson, P.T., and E. Peltenburg 2000. Egyptian faience. In: *Ancient Egyptian Materials and Technology*, P.T. Nicholson, and I. Shaw (eds.), pp. 177-194. Cambridge: Cambridge University Press.

O'Connell, T.C., and R.E.M. Hedges. 1999. Investigations into the effect of diet on modern human hair isotopic values. *American Journal of Physical Anthropology* 108: 409-425.

O'Connell, T.C., R.E.M. Hedges, M.A. Healey, and A.H.R.W. Simpson. 2001. Isotopic comparison of hair, nail and bone: modern analyses. *Journal of Archaeological Science* 28: 1247-1255.

O'Brien, P. 1972. The sweet potato: its origin and dispersal. *American Anthropologist* 74: 342-365.

Oades, J.M. 1993. The role of biology in the formation, stabilization and degradation of soil structure. *Geoderma* 56: 377-400.

Oddy, Andrew (ed.) 1992. *The Art of the Conservator*. London: British Museum.

Ogaldea, Juan P., Bernardo T. Arriazab, and Elia C. Sotoc. 2009. Identification of psychoactive alkaloids in ancient Andean human hair by gas chromatography/mass spectrometry. *Journal of Archaeological Science* 36: 467-472.

Oleson, John Peter. 2008. *The Oxford Handbook of Engineering and Technology in the Classical World*. Oxford University Press.

Olin, J.S. (ed.) 1982. *Future Directions in Archaeometry: A Round Table*. Smithsonian Institution Press.

Olin, Jacqueline S. 2003. Evidence that the Vinland Map is medieval. *Analytical Chemistry* 75: 6745-6747.

Orna, M.V. 1996a. Recent ceramic analysis: 2. composition, production, and theory. *Journal of Archaeological Research* 4(3): 165-202.

Orna, Mary Virginia, Patricia L. Lang, J.E. Katon, Thomas F. Mathews, and Robert S. Nelson. 1989. Applications of infrared microspectroscopy to art historical questions about medieval manuscripts. In: *Archaeological Chemistry IV*, R.O. Allen (ed.), pp. 318, 196-210. Washington, D.C.: American Chemical Society.

Orna, Mary Virginia. 1997. Doing chemistry at the art/archaeology interface. *Journal of Chemical Education* 74: 373-376.

Orna, Mary Virginia. 1996b. *Archaeological Chemistry: Organic, Inorganic, and Biochemical Analysis*. American Chemical Society Publication.

Orska-Gawrys, J., L. Surowiec, J. Kehl, H. Rejniak, K. Urbaniak-Walczak, and M. Trojanowicz. 2003. Identification of natural dyes in archaeological coptic textiles by liquid chromatography with diode array detection. *Journal of Chromatography A* 989: 239-248.

Oudemans, T.F.M., and J.J. Boon 1991. Molecular archaeology: analysis of charred (food) remains from prehistoric pottery by pyrolysise gas chromatography/mass spectrometry. *Journal of Analytical and Applied Pyrolysis* 20: 197-227.

Oudemans, T.F.M., and Boon, J.J. 1996. Traces of ancient vessel use: investigating prehistoric usage of four pot types by organic residue analysis using pyrolysis mass spectrometry. *Analecta Praehistorica Leidensia* 26: 221-234.

Oudemans, Tania F.M., Gert B. Eijkel, and Jaap J. Boon. 2007. Identifying biomolecular origins of solid organic residues preserved in Iron Age pottery using DTMS and MVA. *Journal of Archaeological Science* 34: 173-193.

Oudemans, F.M., J.J. Boon, R.E. Botto. 2007. Clay resources and technical choices for Neolithic pottery (Chalain, Jura, France): chemical, mineralogical and grain-size analyses. *Archaeometry* 49: 23-52.

Paabo, Svante. 1993. Ancient DNA. *Scientific American* 269(5): 86-92.

Pansu, M., J. Gautheyrou. 2006. *Handbook of Soil Analysis Mineralogical, Organic and Inorganic Methods*. New York: Springer.

Pappalardo, L., G. Pappalardo, F. Amorini, M.G. Branciforti, F.P. Romano, J. de Sanoit, F. Rizzo, E. Scafiri, A.

Taormina, and G. Gatto Rotondo. 2008. The complementary use of PIXE-a and XRD non-destructiver portable systems for the quantitative analysis of painted surfaces. *X-Ray Spectrometry* 37: 370-375.

Parker, Sybil (ed.) 1987. *Spectroscopy Source Book*. McGraw-Hill Science Reference Series. New York: McGraw-Hill.

Parkes, P.A. 1986. *Current Scientific Techniques in Archaeology*. St. Martins Press.

Passi, S., M.C. Rothschild-Boros, P. Fasella, M. Nazzaro-Porro, and C. Whitehouse. 1981. An application of high performance liquid chronometry to the analysis of lipids in archaeological samples. *Journal of Lipid Research* 22: 778-784.

Pate, F.D. 1994. Bone chemistry and paleodiet. *Journal of Archaeological Method and Theory* 1: 161-209.

Patrick, M., A.J. de Koning, and A.B. Smith. 1985. Gas liquid chromatographic analysis of fatty acids in food residues from ceramics found in the southwestern cape, South Africa. *Archaeometry* 27: 231-236.

Pavia, S. 2006. The determination of brick provenance and technology using analytical techniques from the physical sciences. *Archaeometry* 48: 201-218.

Peacock, D.P.S. 1970. The scientific analysis of ancient ceramics: a review. *World Archaeology* 1: 375-388.

Pepe, C., and P. Dizabo. 1990. Étude d'unne fosse du 13éme Siècle par les marquers biogeochimiques: chantier archéologique de Louvre (Paris). *Revue d'Archéometrie* 13: 1-11.

Perry, Linda, Daniel H. Sandweiss, Dolores R. Piperno, Kurt Rademaker, Michael A. Malpass, Adan Umire, and Pablo de la Vera. 2006. Early maize agriculture and interzonal interaction in southern Peru. *Nature* 440(7080): 76-79.

Persson, K.B. 1997. Soil phosphate analysis: a new technique for measurement in the field using a test strip. *Archaeometry* 39: 441-443.

Pillay, A.E. 2001. Analysis of archaeological artefacts: PIXE, XRF or ICP-MS? *Journal of Radioanalytical and Nuclear Chemistry* 247: 593-595.

Piperno, D.R., A.J. Ranere, I. Holst, and P. Hansell. 2000. Starch grains reveal early root crop horticulture in the Panamanian tropical forest. *Nature* 408: 145-146.

Piperno, Dolores R. 2006. *Phytoliths. A Comprehensive Guide for Archaeologists and Paleoecologists*. Lanham, MD: AltaMira Press.

Polikreti, K. 2007. Detection of ancient marble forgery: techniques and limitations. *Archaeometry* 49: 603-619.

Pollard, Mark, Catherine Batt, Ben Stern, and Suzanne M.M. Young. 2006. *Analytical Chemistry in Archaeology*. Cambridge University Press.

Pollard, A.M., C. Batt, B. Stern, and S.M.M. Young. 2007. *Analytical Chemistry in Archaeology*. Cambridge University Press.

Pollard, A.M., and P. Bray. 2007. A bicycle made for two? The integration of scientific techniques into archaeological interpretation. *Annual Review of Anthropology* 36: 245-259.

Pollard, M., and C. Heron. 2008. *Archaeological Chemistry*. Royal Society of Chemistry, Cambridge.

Pradell, T. 2008. The invention of lustre: Iraq 9th and 10th centuries AD. *Journal of Archaeological Science* 35: 1201-1215.

Price, T.D. 2008. *Images of the Past*. New York: McGraw-Hill.

Price, T.D., C.M. Johnson, J.A. Ezzo, J.H. Burton, and J.A. Ericson. 1994a. Residential mobility in the Prehistoric Southwest United States. A preliminary study using strontium isotope analysis. *Journal of Archaeological Science* 24: 315-330.

Price, T.D., G. Grupe, and P. Schrorter. 1994b. Reconstruction of migration patterns in the Bell Beaker period by stable strontium isotope analysis. *Applied Geochemistry* 9: 413-417.

Price, T.D., J. Blitz, J. Burton, and J.A. Ezzo. 1992. Diagenesis in prehistoric bone: problems and solutions. *Journal of Archaeological Science* 19: 513-529.

Price, T.D., L. Manzanilla, and W.D. Middleton. 2000. Immigration and the ancient city of Teotihuacan in Mexico: a study using strontium isotopes ratios in human bone and teeth. *Journal of Archaeological Science* 27: 903-913.

Price, T. Douglas, and Hilda Gestsdóttir. 2005. The first settlers of Iceland: an isotopic approach to colonization. *Antiquity* 80: 130-144.

Price, T. Douglas, J.H. Burton, and R. Bentley. 2002 Characterization of biologically available strontium isotope ratios for the study of prehistoric migration. *Archaeometry* 44: 117-135.

Price, T. Douglas, James Burton, L.E. Wright, C.D. White, and F. Longstaffe. 2007. Victims of sacrifice: isotopic evidence for place of origin. In: *New Perspectives on Human Sacrifice and Ritual Body Treatments in Ancient Maya Society*, Vera Tiesler, and Andrea Cucina (eds.), pp. 263-292. London: Springer Publishers.

Price, T. Douglas, James H. Burton, Paul D. Fullagar, Lori E. Wright, Jane E. Buikstra, and Vera Tiesler. 2008. $^{87}Sr/^{86}Sr$ ratios and the study of human mobility in ancient Mesoamerica. *Latin American Antiquity* 19: 167-180.

Price, T. Douglas, Vera Tiesler, and James Burton. 2006. Early African diaspora in colonial Campeche, Mexico: strontium isotopic evidence. *American Journal of Physical Anthropology* XXX.

Price, T. Douglas. 2008. *Principles of Archaeology*. New York: McGraw-Hill.

Price, T.D., M.J. Schoeninger, and G.J. Armelagos. 1984. Bone chemistry and past behavior: an overview. *Journal of Human Evolution* 13.

Price, T.D., R.A. Bentley, D. Gronenborn, J. Lning, and J. Wahl. 2001. Human migration in the Linearbandkeramik of Central Europe. *Antiquity* 75: 593-603.

Price, T. Douglas, J.H. Burton, Robert Sharer, Jane E. Buikstra, Lori E. Wright, and Loa Traxler. Kings and commoners at Copan: isotopic evidence for origins and movement in the classic Maya period. *Journal of Anthropological Archaeology*, in press.

Proudfoot, B. 1976. The analysis and interpretation of soil phosphorus in archaeological contexts. In: *Geoarchaeology*, D.A. Davidson, and M.L. Shackley (eds.), pp. 94-113. London: Duckworth and Co.

Pullman, Bernard. 2004. *The Atom in the History of Human Thought*. Oxford University Press.

Radosevich, S.C. 1993. The six deadly sins of trace element analysis: a case of wishful thinking in science. In: *Investigations of Ancient Human Tissue: Chemical Analysis in Anthropology*, M.K. Sanford (ed.), pp. 269-332. Langhorne: Gordon and Breach.

Rafferty, Sean M. 2002. Identification of nicotine by gas chromatography/mass spectroscopy analysis of smoking pipe residue. *Journal of Archaeological Science* 29: 897-907.

Rantalla, R.T.T., and D.H. Loring. 1975. Multi-element analysis of silicate rock and trace elements by atomic absorption spectroscopy. *Atomic Absorption Newsletter* 14: 117.

Rapp, George, Jr., J. Albert, and E. Henrickson. 1984. Trace element discrimination of discrete sources of native copper. In: *Archaeological Chemistry III*, J.P. Lambert (ed.), pp. 273292. Washington, D.C.: American Chemical Society.

Rapp, George, Jr., E. Henrickson, and J. Albert. 1990. Native sources of artifact copper in Pre-Columbian North America. In: *Archaeological Geology of North America*, N. Lasca, and J. Donahue (eds.), pp. 479498. Boulder: Geological Society of America.

Rapp, George, Jr. 2009. *Archaeomineralogy*. New York: Springer.

Regert, M. 2004. Investigating the history of prehistoric glues by gas chromatography-mass spectrometry. *Journal of Separation Science* 27: 244-254.

Regert, Martine, Nicolas Garnie, Oreste Decavallas, Ccile Cren-Oliv and Christian Rolando. 2003. Structural characterization of lipid constituents from natural substances preserved in archaeological environments. *Measurement Science and Technology* 14: 1620-1630.

Rehren, Th., and E. Pernicka. 2008. Coins, artefacts and isotopes-archaeometallurgy and archaeometry. *Archaeometry* 50: 232-248.

Reindel, Markus, and Günther A. Wagner. 2009. *New Technologies for Archaeology*. New York: Springer.

Renfrew, Colin, and John Dixon. 1976. Obsidian in western Asia: a review. In: *Problems in Economic and Social Archaeology*, G. de Sieveking, I.H. Longworth, and K.E. Wilson (eds.), pp. 137150. London, England: Gerald Duckworth & Co.

Renfrew, Colin. 2000. *Loot, Legitimacy and Ownership: The Ethical Crisis in Archaeology*. London: Duckworth Publishing.

Reslewic, Susan, and James H. Burton. 2002. Measuring lead isotope ratios in majolica from New Spain using a nondestructive technique. In: *Archaeological Chemistry: Materials, Methods, and Meaning*, Kathryn A. Jakes (ed.), pp. 36-47. Washington, D.C.: American Chemical Society.

Ribechini, E., M. Colombini, G. Giachi, F. Modugno, and P. Pallecchi. 2009. A multi-analytical approach for the characterization of commodities in a ceramic jar from Antinoe (Egypt). *Archaeometry* 51: 480-494.

Rice, P.M. 1987. *Pottery Analysis: A Sourcebook*. Chicago: University of Chicago Press.

Richards M.P., B.T. Fuller, and R.E.M. Hedges. 2001. Sulphur isotopic variation in ancient bone collagen from Europe: implications for human palaeodiet, residence mobility, and modern pollutant studies. *Earth and Planetary Sciences Letters* 191: 185-190.

Richards M.P., B.T. Fuller, M. Sponheimer, T. Robinson , and L. Ayliffe. 2003. Sulphur isotopes in palaeodietary studies: a review and results from a controlled feeding experiment. *International Journal of Osteoarchaeology* 13: 37-45.

Rodgers, Bradley A. 2004. *The Archaeologist's Manual for Conservation. A Guide to Non-Toxic, Minimal Intervention Artifact Stabilization*. Springer Verlag.

Rodríguez-Alegría, E., Hector Nerf and Michael D. Glascock. 2003. Indigenous ware or Spanish import? The case of indígena ware and approaches to power in colonial Mexico. *Latin American Antiquity* 14(1): 67-81.

Roe, M., et al. 2006 Characterisation of archaeological glass mosaics by electron microscopy and X-ray microanalysis. *Journal of Physics: Conference Series* 26: 351-354.

Rollo, F., M. Ubaldi, L. Ermini, and I. Marota. 2002. Ötzi's last meals: DNA analysis of the intestinal content of the Neolithic glacier mummy from the Alps. *Proceedings of the National Academy of Sciences* 99: 12594-12599.

Rosenfeld, A. 1965. *The Inorganic Raw Materials of Antiquity*. London: Weidenfeld & Nicolson.

Rottländer, R.C.A. 1983. Einführung in die naturwissenschaftlichen Methoden in der Archäologie. *Archaeologica Venatoria* 6. Tübingen.

Rottlnder, R.C.A., and Schlichtherle, H. 1979. Food identification of samples from archaeological sites. *Archaeo-Physika* 10: 260-267.

Rutten, F.J.M., M.J. Roe, J. Henderson, and D. Briggs. 2006. Surface analysis of ancient glass artefacts with ToF-SIMS: a novel tool for provenancing. *Applied Surface Science* 2006: 7124-7127.

Rye, Owen S. 1981. *Pottery Technology: Principles and Reconstruction*. Manuals on Archaeology, vol. 4. Washington, D.C.: Taraxacum Press.

Rypkema, Heather A., W.E. Lee, M.L. Galaty, and J. Haws. Rapid, in-stride soil phosphate measurement in archaeological survey: a new method tested in Londoun County, Virginia. *Journal of Archaeological Science* 35: 1859-1867.

Salmon, M.L., and A.R. Ronzio. 1962. An X-ray fluorescence analysis of turquoise. *Journal of the Colorado-Wyoming Academy of Science* 4: 19.

Sandford, M.K. (ed.) 1993. *Investigations of Ancient Human Tissue: Chemical Analyses in Anthropology*. Gordon and Breach Science Publishers, Amsterdam.

Sauter, Fritz, Ulrich Jordis, Aloisia Graf, Wolfgang Werther, and Kurt Varmuza. 2000. Studies in organic archaeometry I: identification of the prehistoric adhesive used by the Tyrolean Iceman to fix his weapons. *ARKIVOC* 2000: 735-747.

Sax, M., J. Walsh, I. Freestone, A. Rankin, and N. Meeks. 2008. The origins of two purportedly pre-Columbian Mexican crystal skulls. *Journal of Archaeological Science* 35: 2751-2760.

Sayre, E.V., and R.W. Smith. 1961. Compositional categories of ancient glass. *Science* 133: 1824-1826.

Scarre, Chris, and Geoffrey Scarre (eds.) 2006. *The Ethics of Archaeology. Philosophical Perspectives on Archaeological Practice.* Cambridge University Press.

Scerri, Eric R. 2006. *The Periodic Table: Its Story and Its Significance.* Oxford University Press.

Schlezinger, David R., and Brian L. Howes. 2000. Organic phosphorus and elemental ratios as indicators of prehistoric human occupation. *Journal of Archaeological Science* 27: 479-492.

Schoeninger, Margaret J. 1996. Stable isotope studies in human evolution. *Evolutionary Anthropology* 4(3): 83-98.

Schoeninger, Margaret J., Hallin Kris, Reeser Holly, 2003. Isotopic alteration of mammalian tooth enamel. *International Journal of Osteoarchaeology* 13: 11-19.

Schoeninger, Margaret J., and M.J. DeNiro. 1984. Nitrogen and carbon isotopic composition of bone collagen from marine and terrestrial animals. *Geochimica Cosmochimica Acta* 48: 625-639.

Schoeninger, Margaret J., and Katherine Moore. 1992. Bone stable isotope studies in archaeology. *Journal of World Prehistory* 6: 247-296.

Schwarcz, H. P., and M.P. Schoeninger. 1991. Stable isotope analyses in human nutritional ecology. *Yearbook of Physical Anthropology* 34: 283-321.

Schwarcz, Henry P, Linda Gibbs, and Martin Knyf. 1991. Oxygen isotope analysis as an indicator of place of origin. In; *Snake Hill: An Investigation of a Military Cemetery from the War of 1812*, Susan Pfeiffer, and Ron F. Williamson (eds.), pp. 263-268. Toronto: Dundurn Press.

Schwartz, M., and D. Hollander. 2008. Bulk stable carbon and deuterium isotope analyses of bitumen artifacts from Hacinebi Tepe, Turkey: reconstructing broad economic patterns of the Uruk expansion. *Journal of Archaeological Science* 35: 3144-3158.

Scott, David A. 1992. *Metallography and Microstructure of Ancient and Historic Metals*, Getty Conservation.

Scott, David A., and Pieter Meyers. 1994. *Archaeometry of Pre-Columbian Sites and Artifacts.* Los Angeles: Getty Trust Publications.

Scott, David A., Sebastian Warmlander, Joy Mazurek, and Stephen Quirke. 2009. Examination of some pigments, grounds and media from Egyptian cartonnage fragments in the Petrie Museum, University College London. *Journal of Archaeological Science* 36: 923-932.

Sealy, J. 2001. Body tissue and palaeodiet. In: *Handbook of Archaeological Sciences*, D.R. Brothwell, and A.M. Pollard (eds.), pp. 269-279. Chichester: John Wiley and Sons.

Sealy, J.C., N.J. van der Merwe, A. Sillen, F.J. Kruger, and H.W. Krueger. 1991. $^{87}Sr/^{86}Sr$ as a dietary indicator in modern and archaeological bone. *Journal of Archaeological Science* 18: 399-416.

Sealy, J., Richard Armstrong, and Carmel Schrire. 1995. Beyond lifetime averages: tracing life histories through isotopic analysis of different calcified tissues from archaeological human skeletons. *Antiquity* 69: 290-300.

Sease, Catherine. 2002. The conservation of archaeological materials. In: *Archaeology. Original Readings in Method and Practice*, P.N. Peregrine, C.R. Ember, and M. Ember (eds.), pp. 36-47. Upper Saddle River, NJ: Prentice Hall.

Seeman, Mark F., Nils E. Nilsson, Garry L. Summers, Larry L. Morris, Paul J. Barans, Elaine Dowd, and Margaret E. Newman. 2008. Evaluating protein residues on Gainey phase Paleoindian stone tools. *Journal of Archaeological Science* 35: 2742-2750.

Shackley, Steven M. 2008. Archaeological petrology and the archaeometry of lithic materials. *Archaeometry* 50: 194-215.

Shackley, Steven M. 2005. *Obsidian: Geology and Archaeology in the North American Southwest.* Tucson: University of Arizona Press.

Shahack-Gross, Ruth, Allison Simons, and Stanley H. Ambrose. 2008. *Journal of Archaeological Science* 35: 983-990.

Shanks, Orin C., Robson Bonnichsen, Anthony T. Vella, and Walt Ream. 2001. Recovery of protein and DNA trapped in stone tool microcracks. *Journal of Archaeological Science* 28: 965-972.

Shepard, A.O. 1965. Rio Grande glaze-paint pottery: a test of petrographic analysis. In: *Ceramics and Man*, F. Matson (ed.), pp. 62-87. Chicago: Aldine.

Shepard, A.O. 1966. Problems in pottery analysis. *American Antiquity* 31: 870-871.

Shortland, Andrew, Nick Rogers, and Katherine Eremin. 2007. Trace element discriminants between Egyptian and Mesopotamian Late Bronze Age glasses. *Journal of Archaeological Science* 34781-34789.

Shortland, A.J. 2006. Application of lead isotope analysis to a wide range of Late Bronze Age Egyptian materials. *Archaeometry* 48(4): 657-669.

Shurvella, H.F., L. Rintoul, and P.M. Fredericks. 2001. Infrared and Raman spectra of jade and jade minerals. *Internet Journal of Vibrational Spectroscopy* 5(5): 4. (http://www.ijvs.com).

Sieveking de, G., et al. 1972. Prehistoric flint mines and their identification as sources of raw material. *Archometry* 14: 151-176.

Sillen, A., and M. Kavanagh. 1982. Strontium and paleodietary research: a review. *Yearbook of Physical Anthropology* 25: 67-90.

Skibo, J. 1992. *Pottery Function*. New York: Springer.

Skibo, J., and M.B. Schiffer. 2009. *People and Things-A Behavioral Approach to Material Culture*. New York: Springer.

Skoog, Douglas A., F. James Holler, Timothy A. Nieman. 2006. *Principles of Instrumental Analysis*. Pacific Grove, CA: BrooksCole.

Slavin, W. 1992. A comparison of atomic spectroscopic analytical techniques. *Spectroscopy International* 4: 22-27.

Smith, G.D., and R.J.H. Clark. 2004. Raman spectroscopy in archaeological science. *Journal of Archaeological Science* 31: 1137-1160.

Speakman, Robert J., and Hector Nerf. 2005. *Laser Ablation ICP-MS in Archaeology*. Albuquerque: University of New Mexico Press.

Spier, Jeffrey. 1990. Blinded by science: the abuse of science in the detection of false antiquities. *The Burlington Magazine* 132: 623-631.

Spindler, Konrad. 1995. *The man in the ice: the discovery of a 5,000-year-old body reveals the secrets of the Stone Age*. New York: Three Rivers Press.

Sponheimer, Matt, and Julia Lee-Thorp. 1999. Oxygen isotopes in enamel carbonate and their ecological significance. *Journal of Archaeological Science* 26: 723-728.

Sponheimer, Matt, Julia Lee-Thorp. 1999. Isotopic evidence for the diet of an early hominid, *Australopithecus africanus*. *Science* 283: 368-370.

Starley, David. 1999. Determining the technological origins of iron and steel. *Journal of Archaeological Science* 26: 1127-1133.

Stemp, W.J., B.E. Childs, S. Vionnet, and C.A. Brown. 2008. Quantification and discrimination of lithic use-wear: surface profile measurements and length-scale fractal analysis. *Archaeometry* XXX.

Stephan, E. 2000. Oxygen isotope analysis of animal bone phosphate: method refinement, influence of consolidants, and reconstruction of palaeotemperatures for Holocene sites. *Journal of Archaeological Science* 27: 523-535.

Stimmel, C.A., R.G.V. Hancock, and A.M. Davis. 1984. Chemical analysis of archaeological soils from Yagi Site, Japan. In: *Archaeological Chemistry III*, J.P. Lambert (ed.), pp. 79-96. Washington, D.C.: American Chemical Society.

Stoltman, James B. 1989. A quantitative approach to the petrographic analysis of ceramic thin sections.

*American Antiquity* 54: 147-161.

Stoltman, James B. 1991. Ceramic petrography as a technique for documenting cultural interaction: an example from the upper Mississippi Valley. *American Antiquity* 56: 103-121.

Stoltman, J.B., and R.C. Mainfort, Jr. 2002. Minerals and elements: Using petrography to recon- sider the findings of neutron activation in the compositional analysis of ceramics from Pinson Mounds, Tennessee. *Midcontinent Journal of Archaeology* 27: 1-33.

Storey, A.A., J. Miguel Ramirez, D. Quiroz, D. Burley, D.J. Addison, R. Walter, A.J. Anderson, T.L. Hunt, J.S. Athens, L. Huynen, and E.A. Matisoo-Smith. 2007. Radiocarbon and DNA evidence for a pre-Columbian introduction of Polynesian chickens to Chile. *Proceedings of the National Academy of Science* 104: 10335-10339.

Stott, A.W., R.P. Evershed, S. Jim, V. Jones, M.J. Rogers, N. Tuross, and S.H. Ambrose. 1999. Cholesterol as a new source of paleodietary information: experimental approaches and archaeological applications. *Journal of Archaeological Science* 26: 705-716.

Stott, A.W., R. Berstan, R. Evershed, R.E.M. Hedges, C. Bronk Ramsey, and M.J. Humm. 2001. Radiocarbon dating of single compounds isolated from pottery cooking vessel residue. *Radiocarbon* 43: 191-197.

Stuart-Williams, H.L., H.P. Schwarcz, C.D. White, and M.W. Spence. 1998. The isotopic composition and diagenesis of human bone from Teotihuacan and Oaxaca, Mexico. *Palaeogeography, Palaeoclimatology, Palaeoecology* 126: 1-14.

Stuart-Williams, Hilary Le Q., Henry P. Schwarcz, Christine D. White, and Michael W. Spence. 1996. The isotopic composition and diagenesis of human bone from Teotihuacan and Oaxaca, Mexico. *Palaeogeography, Palaeoclimatology, Palaeoecology* 126: 1-14.

Sutton, Mark Q., and Robert M. Yohe. 2003. *Archaeology: The Science of the Human Past*. Boston: Allyn & Bacon.

Sykes, B. 2001. *The Seven Daughters of Eve*. New York: W.W. Norton and Company. Tait, H. (ed.) 1991. *Five Thousand Years of Glass*. London: British Museum Press.

Tauber, H. 1981. $\delta^{13}C$ for dietary habits of prehistoric man in Denmark. *Nature* 292: 332-333.

Taylor, R.E. 1976. Science in contemporary archaeology. In: *Advances in Obsidian Glass Studies: Archaeological and Chemical Perspectives*, R.E. Taylor (ed.), pp. 1-21. Park Ridge, NJ: Noyes Press.

Taylor, R.E. 1980. *Radiocarbon Dating*. New York: Academic Press.

Tennent, N.H., P. McKenna, K.K.N. Lo, G. McLean, and J.M. Ottaway. 1984. Major, minor and trace element analysis of Medieval stained glass by flame atomic absorption spectrometry. In: *Archaeological Chemistry III*, J.P. Lambert (ed.), pp. 133-150. Washington, D.C.: American Chemical Society.

Terry, Richard E., Sheldon D. Nelson, Jared Carr, Jacob Parnell, Perry J. Hardin, Mark W. Jackson, and Stephen D. Houston. 2000. Quantitative phosphorus measurement: a field test procedure for archaeological site analysis at Piedras Negras, Guatemala. *Geoarchaeology* 15: 151-166.

Thomsen, E., and D. Schatzlein. 2002. Advances in field-portable XRF. *Spectroscopy* 17(7): 14-21. Tieszen, Larry L., and Thomas Fagre 1993. Effect of diet quality on the isotopic composition of respiratory $CO_2$, bone collagen, bioapatite and soft tissues. In: *Molecular Archaeology of Prehistoric Human Bone*, J. Lambert, and G. Grupe (eds.), pp. 121-155. Berlin: Springer.

Tite, M.S. 1972. *Methods of Physical Examination in Archaeology*. London: Seminar Press. Tite, M.S. 1991. Archaeological sciences-past achievements and future prospects. *Archaeometry* 31: 139-151.

Tite, M.S., P. Manti, and A.J. Shortland. 2007. A technological study of ancient faience from Egypt. *Journal of Archaeological Science* 34: 1568-1583.

Tite, M.S. 2008. Ceramic production, provenance and use-a review. *Archaeometry* 50: 216-231.

Torrence, Robin, and Huw Barton (eds.) 2006. *Ancient Starch Research*. San Francisco: Left Coast Press.

Torres, C.M., D. Repke, K. Chan, D. McKenna, A. Llagostera, and R.E. Schultes. 1991. Snuff powders from pre-Hispanic San Pedro de Atacama: chemical and contextual analysis. *Current Anthropology* 32: 640-649.

Torres, L.M., A.W. Aire, and B. Sandoval. 1984. Provenance determination of fine orange Maya ceramic figurines by flame atomic absorption spectrometry. In: *Archaeological Chemistry II*, G.F. Carter (ed.), pp. 193-213. Washington, D.C.: American Chemical Society.

Trigger, B.G. 1988. Archaeology's relations with the physical and biological sciences: a historical review. In: *Proceedings of the 26th International Archaeometry Symposium*, R.M. Farquhar, R.G.V. Hancock, and L.A. Pavlish (eds.), pp. 19. Toronto: University of Toronto.

Turner, B., G. Kamenov, J. Kingston, and G. Armelagos. 2009. Insights into immigration and social class at Machu Picchu, Peru based on oxygen, strontium, and lead isotopic analysis. *Journal of Archaeological Science* 36: 317-332.

Turner, Christy G., and Jacqueline A. Turner. 1999. *Man Corn: Cannibalism and Violence in the Prehistoric American Southwest*. University of Utah Press.

Tuross, N., and I. Barnes. 1996. Protein Identification of Blood Residues on Experimental Stone Tools. *Journal of Archaeological Science* 23: 289-296.

Tykot, Robert H. 1996. Obsidian procurement and distribution in the Central and Western Mediterranean. *Journal of Mediterranean Archaeology* 9(1): 39-82.

Tykot, Robert H. 2004. Scientific methods and applications to archaeological provenance studies. In: *Proceedings of the International School of Physics "Enrico Fermi" Course CLIV*, M. Martini, M. Milazzo, and M. Piacentini (eds.) Amsterdam: IOS Press.

Uda, M. 2005. Characterization of pigments used in ancient Egypt. In: *X-Rays for Art and Archaeology*, M. Uda, et al. (eds.), pp. 3-26.

Uryu, T., J. Yoshinaga, Y. Yanagisawa, M. Endo, and J. Takahashi. 2003. Analysis of lead in tooth enamel by laser ablation-inductively coupled plasma-mass spectrometry. *Analytical Sciences* 19: 1413.

van Klinken, G.J. 1999. Bone collagen quality indicators for palaeodietary and radiocarbon measurements. *Journal of Archaeological Science* 26: 687-695.

van der Merwe, N.J., and J.C. Vogel. 1977. $^{13}$C content of human collagen as a measure of prehistoric diet in woodland North America. *Nature* 276: 815-816.

Vandenabeele, P., and L. Moens. 2005. Overview: Raman spectroscopy of pigments and dyes. In: *Raman Spectroscopy in Archaeology and Art History*, G. M. Edwards Howell, and John M. Chalmers (eds.), pp. 7183. London: Royal Society of Chemistry.

Vandanabeele, P., H.G.M. Edwards, and L. Moens. 2007. A decade of Raman spectroscopy in art and archaeology. *Chemical Reviews* 107: 675-686.

Velde, B., and I.C. Druc. 1999. *Archaeological Ceramic Materials: Origin and Utilization*. London: Springer.

Watts, S., A.M. Pollard, and G.A. Wolff. 1999. The organic geochemistry of jet: pyrolysis-gas chromatography/mass spectrometry (Py-GCMS) applied to identifying jet and similar black lithic materials-preliminary results. *Journal of Archaeological Science* 26: 923-933.

Weigand P.C., and G. Harbottle. 1993. The role of turquoises in the ancient Mesoamerican trade structure. In: *The American Southwest and Mesoamerica. Systems of Prehistoric Exchange*, J.E. Ericson, and T.G. Baugh (eds.), pp. 159-177. New York: Plenum.

Weigand, P.C., G. Harbottle, and E.V. Sayre. 1977. Turqouise sources and source analysis in Mesoamerica and the Southwestern USA. In: *Exchange Systems in Prehistory*, T.K. Earle, and J.E. Ericson (eds.) New York: Academic Press.

Weiner, S., Q. Xu, P. Goldberg, J. Liu, and O. Bar-Yosef. 1998. Evidence for the use of fire at Zhoukoudian, China. *Science* 281: 251-253.

Wells, C.E. 2004. Investigating activity patterns in prehispanic plazas: weak acid-extraction ICPAES analysis of anthrosols at classic period El Coyote, Northwestern Honduras. *Archaeometry* 46: 67-84.

Wells, C.E., R.E. Terry, J.J. Parnell, P.J. Hardin, M.W. Jackson, and S.D. Houston. 2000. Chemical analyses of ancient anthrosols in residential areas at Piedras Negras, Guatemala. *Journal of Archaeological*

*Science* 27: 449-462.

Wen, R., C.S. Wang, Z.W. Mao, Y.Y. Huang, and A.M. Pollard. 2007. The chemical composition of blue pigment on Chinese blue-and-white porcelain of the Yuan and Ming Dynasties. *Archaeometry* 49: 1271-1644.

Wertime, T.A., and S.F. 1982. *Early Pyrotechnology: The Evolution of the First Fire-Using Industries*. Washington, D.C.: Smithsonian Institution Press.

Wheeler, M.E., and D.W. Clark. 1977. Elemental characterization of obsidian from the Koyakuk River, Alaska, by atomic absorption spectrophotometry. *Archometry* 19: 15-31.

White, C.D., M.W. Spence, F.J. Longstaffe, H. Stuart-Williams, and K.R. Law. 2002. Geographic identities of the sacrificial victims from the Feather Serpent Pyramid, Teotihuacan: implications for the nature of state power. *Latin American Antiquity* 13: 217-236.

White, C. D., M. W. Spence, H.L. Stuart-Williams, and H.P. Schwarcz. 1998. Oxygen isotopes and the identification of geographical origins: the Valley of Oaxaca versus the Valley of Mexico. *Journal of Archaeological Science* 25(7): 643-655.

White, C., F.J. Longstaffe, and K.R. Law. 2001. Revisiting the Teotihuacan connection at Altun Ha: oxygen-isotope analaysis of Tomb f-8/1. *Ancient Mesoamerica* 12: 65-72.

White, C., M. Spence, and F. Longstaffe. 2004. Demography and ethnic continuity in the Tlailotlacan enclave of Teotihuacan: the evidence from stable oxygen isotopes. *Journal of Anthropological Archaeology* 23: 385-403.

White, Chris D., T. Douglas Price, and F.J. Longstaffe. 2007. Residential histories of the human sacrifices at the Moon Pyramid: evidence from oxygen and strontium isotopes. *Ancient Mesoamerica* 18: 159-172.

White, Christine D., Fred J. Longstaffe, Michael W. Spence, and Kim Law. 2000. Testing the nature of Teotihuacan imperialism at Kaminaljuyu´ using phosphate oxygen-isotope ratios. *Journal of Anthropological Research* 56: 535-558.

White, R., and H. Page (eds.) 1992. *Organic Residues in Archaeology: Their Analysis and Identification*. London: UK Institute for Conservation Archaeology Section.

White, R. 1992. A brief introduction to the chemistry of natural products in archaeology. In: *Organic Residues in Archaeology: Their Analysis and Identification*, R. White, and H. Page (eds.), pp. 5-10. London: UK Institute for Conservation Archaeology Section.

White, Tim D. 1992. *Prehistoric Cannibalism at Mancos 5MTUMR-2346*. Princeton University Press.

Willerslev, E., and A. Cooper. 2005. Ancient DNA. *Proceedings of the Royal Society of London, Series B, Biological Sciences* 272: 3-16.

Williams-Thorpe, Olwen. 1995. Obsidian in the Mediterranean and near east: a provenancing success story. *Archaeometry* 37:217-248.

Williams, J.L.W., and D.A. Jenkins. 1975. The use of petrographic, heavy mineral, and arc spectrographic techniques in assessing the provenance of sediments used in ceramics. In: *Geoarchaeology*, D.A. Davidson, and M.L. Shackley (eds.), pp. 115-135. London: Duckworth.

Wilson, A.L. 1978. Elemental analysis of pottery in the study of its provenance: a review. *Journal of Archaeological Science* 5: 219-236.

Wilson, Clare A., D.A. Davidson, and Malcolm S. Cresser. 2008. Multi-element soil analysis: an assessment of its potential as an aid to archaeological interpretation. *Journal of Archaeological Science* 35: 412-424.

Wilson, L., and A.M. Pollard. 2001. The provenance hypothesis. In: *Handbook of Archaeological Sciences*, D.R. Brothwell, and A.M. Pollard (eds.), pp. 507-517. Chichester: John Wiley.

Wilson, L., and A.M. Pollard. 2001. Here today, gone tomorrow: integrated experimentation and geochemical modeling in studies of archaeological diagenetic change. *Accounts of Chemical Research* 35: 644-651.

Wiseman, James. 1984. Scholarship and provenience in the study of artifacts. *Journal of Field Archaeology* 11: 68-77.

Wisseman, S.U., and W.S. Williams. 1994. *Ancient Technologies and Archaeological Materials.* Amsterdam: Gordon and Breach Publishers.

Woods, William I. 1984. Soil chemical investigations in Illinois archaeology: two example studies. In: *Archaeological Chemistry III*, J.P. Lambert (ed.), pp. 67-78. Washington, D.C.: American Chemical Society.

Wouters, Jan, and A. Verhecken. 1989. The coccid insect dyes: HPLC and computerized diode array analysis of dyed yarns. *Studies in Conservation* 34: 189-200.

Wouters, Jan, and Noemi Rosario-Chirinos. 1992. Dye analysis of pre-Columbian Peruvian textiles with high-performance liquid chromatography and diode-array detection. *Journal of the American Institute for Conservation* 31(2): 237-255.

Wright, Gary A. 1969. *Obsidian Analysis and Prehistoric Near Eastern Trade: 7500-3500 B.C.* University of Michigan Museum of Anthropology Anthropological Papers 37.

Wright, L.E., and H.P. Schwarcz. 1999. Correspondence between stable carbon, oxygen and nitrogen isotopes in human tooth enamel and dentine: infant diets and weaning at Kaminaljuyú *Journal of Archaeological Science* 26: 1159-1170.

Wright, L.E. 2005. In search of Yax Nuun Ayiin I: revisiting the Tikal Project's burial 10. *Ancient Mesoamerica* 16: 89-100.

Yaeger, J., and D. Hodell. 2007. The collapse of Maya civilization: assessing the interaction of culture, climate, and environment. In: *El Nio, Catastrophism, and Culture Change in Ancient America*, D.H. Sandweiss, and J. Quilter (eds.), pp. 197-251. Washington, D.C.: Dumbarton Oaks.

Zelles, L., Q.Y. Bai, T. Beck, F. Beese. 1992. Signature fatty acids in phospholipids and lipopolysaccharides as indicators of microbial biomass and community structure in agricultural soils. *Soil Biology and Biochemistry* 24: 317-323.

Zhang, Xian, Irene Good, and Richard Laursen. 2008. Characterization of dyestuffs in ancient textiles from Xinjiang. *Journal of Archaeological Science* 35: 1095-1103.

Zimmerman, Larry J., Karen D. Vitelli, and Julie Hollowell-Zimmer. 2003. *Ethical Issues in Archaeology.* Walnut Creek, CA: Altamira Press.

Zurer, P. 1983. Archaeological chemistry: physical science helps to unravel human history. *Chemical and Engineering News* 61 (Feb. 21): 26-44.

# 도면 출처

Fig. 1.1    Kimmel Center for Archaeological Science, Weizmann Institute of Science, Israel.
Fig. 1.4    Bernd Herrmann and Springer Verlag.
Fig. 1.5    Wikipedia, Common Media.
Fig. 1.7    The Bancroft Library, University of California, Berkeley Willard Libby.
Fig. 2.1    William Middleton
Fig. 2.2    McGrawHill Higher Education.
Fig. 2.3    McGrawHill Higher Education.
Fig. 3.1    Anchor Books/Doubleday Photo by Kevin Fleming.
Fig. 3.2    Drawing by Ellen Atha, courtesy of Prewitt & Assoc., Inc., and Texas Beyond History.net.
Fig. 3.3    McGrawHill Higher Education.
Fig. 3.5    Shepard 1954.
Fig. 3.7    Tom Pfleger.
Fig. 3.9    Getty Images.
Fig. 3.10   Institute for Particle and Nuclear Physics Central Research Institute of Physics, the Hungarian Academy of Sciences
Fig. 3.13   Luis Barba.
Fig. 3.14   Nicky Milner.
Fig. 3.15   Jelmer Eerkens.
Fig. 3.16   Jelmer Eerkens.
Fig. 4.3    Dartmouth Electron Microscope Facility.
Fig. 4.4    CHEMetrics.
Fig. 4.13   Scott Fendorf.
Fig. 4.14   Michael Glascock.
Fig. 4.16   MHHE.
Fig. 4.18   Brian Beard
Fig. 4.20   Karin Frei.
Fig. 4.21   National Academy of Sciences, USA & Nathun B. English.
Fig. 4.22   National Academy of Sciences, USA & Nathun B. English.
Fig. 4.31   Dudd and Evershed (1998). Science.
Fig. 4.32   1st International School on the Characterization of Organic Residues in Archaeological Materials", Grosseto (Italy), 2007.
Fig. 4.37   (a) Image from Technical Note: A Rapid Extraction and GC/MS Methodology for the Identification of Psilocybn in Mushroom/ Chocolate Concoctions: Mohammad Sarwar and John L. McDonald, courtesy of the U.S. Department of Justice.
Fig. 4.37   (b) Shodex.
Fig. 4.38   University of Cambridge DoITPoMS Micrograph Library.
Fig. 4.39   University of Cambridge DoITPoMS Micrograph Library.
Fig. 4.40   University of Cambridge DoITPoMS.
Fig. 5.1    Z.C. Jing.
Fig. 5.2    Don Ugent.
Fig. 5.3    Eleni Asouti.
Fig. 5.4    Tim Mackrell, University of Auckland.

| | |
|---|---|
| **Fig. 5.5** | Brian Hayden. |
| **Fig. 5.6** | Brian Hayden. |
| **Fig. 5.7** | Paul Goldberg. |
| **Fig. 5.9** | University of New Mexico. |
| **Fig. 5.11** | Getty Museum. |
| **Fig. 5.13** | Getty Foundation. |
| **Fig. 5.15** | Getty Images. |
| **Fig. 6.1** | Naama Goren-Inbar. |
| **Fig. 6.2** | Journal of Archaeological Science. |
| **Fig. 6.4** | Jeffrey Jay Fox. |
| **Fig. 6.5** | Field Museum of Natural History. |
| **Fig. 6.8** | Monika Derndarksy. |
| **Fig. 6.9** | Larry Kimball. |
| **Fig. 6.11** | Søren Andersen. |
| **Fig. 6.12** | Søren Andersen. |
| **Fig. 6.13** | Craig et al. 2007, Archaeometry, Elsevier Publishers. |
| **Fig. 6.14** | Craig et al. 2007, Archaeometry, Elsevier Publishers |
| **Fig. 6.15** | Craig et al. 2007, Archaeometry, Elsevier Publishers. |
| **Fig. 6.16** | William Middleton. |
| **Fig. 6.17** | Lars Larsson. |
| **Fig. 6.18** | Petter Lawenius. |
| **Fig. 6.19** | Peter Minorsson. |
| **Fig. 6.21** | Luis Barba. |
| **Fig. 6.22** | Sagnlandet Lejre. |
| **Fig. 6.23** | Hjulström and Isaksson, 2009. Journal of Archaeological Science, Elsevier. |
| **Fig. 6.24** | Hjulström and Isaksson, 2009. Journal of Archaeological Science, Elsevier. |
| **Fig. 6.25** | Bjorn Hjulström. |
| **Fig. 6.26** | Bjorn Hjulström. |
| **Fig. 6.27** | Bjorn Hjulström. |
| **Fig. 7.2** | Tree rings (E. Cook); lake sediment varves (B. Zolitschka); speleothem (J. Kihle), coral (S. Tudhope), ice core (A. Gow). Figure from PAGES news 11(2,3), 2003. |
| **Fig. 7.3** | Dominique Genty. |
| **Fig. 7.5** | Mark Twickle. |
| **Fig. 7.6** | Ganopolski & Rahmstor, Physical Review Letters, 88: 38501. Copyright (2002) by the American Physical Society. |
| **Fig. 7.7** | Data from Dansgaard et al. (1975) and Arneborg et al. (1999). |
| **Fig. 7.9** | Haug (2003), Science. |
| **Fig. 7.10** | Tamsin O'Connell. |
| **Fig. 7.11** | After Schoeninger and Moore 1992. |
| **Fig. 7.15** | After Cox et al. (2001). |
| **Fig. 8.2** | Steve Shackley. |
| **Fig. 8.3** | James Burton. |
| **Fig. 8.4** | James Burton. |
| **Fig. 8.8** | After Hancock et al. (1991). |
| **Fig. 8.10** | Renfrew & Dixon (1976) Gerald Duckworth & Co. Ltd. |
| **Fig. 8.13** | Stoltman & Mainfort (2002), MidContinent Journal of Archaeology. |
| **Fig. 8.14** | James B. Stoltman. |
| **Fig. 8.15** | Stoltman & Mainfort (2002), MidContinent Journal of Archaeology. |

**Fig. 8.19**   A computer reconstruction of the central acropolis at Copan Honduras.

**Fig. 8.20**   Early Copan Acropolis Program, University of Pennsylvania Museum, and the Instituto Hondureño de Antropología e Historia.

**Fig. 9.1**   Erika Ribechini.

**Fig. 9.2**   Erika Ribechini.

**Fig. 9.3**   South Tyrol Museum of Archaeology: www.iceman.it

**Fig. 9.5**   South Tyrol Museum of Archaeology: www.iceman.it

**Fig. 9.6**   Sauter et al. 2000. Arkivoc

**Fig. 9.7**   Sauter et al. (2000) Arkivoc

**Fig. 9.9**   After Müller et al. (2003): 864, Science.

# 찾아보기

ㄱ

가속질량분석기(AMS) 283

건염(建染) 108

게티 박물관 쿠로스의 진위 판별

    대리석 213, 214

    동위원소 값 214

    조각상에 대한 설명 211

    탄소와 산소 동위원소 비교 215

    풍화의 흔적 215

고고학적 문화 55, 56

고고학적 물질

    금속

        분석 98

        원소 형태 95~97

        정의 95

        철기시대 97

        추출 기술 97, 98

    부장품 77

    블랙 어스(Black Earth) 유적 76~78

    뼈

        무기질과 유기 분자 90

        인골 88, 89

        특성 88

    생존율, 건조하거나 습한 환경 100

    안료와 염료

        광물 106

        분석 107

        염색법 109

        원산지 109, 110

        정의 104

        휴대용 라만 분광계 107

    암석

    광물의 특성 80, 82

        방해석과 아라고나이트 82

        분석 83

        석기 79

        종류와 특성 80, 82

        화학적 "지문" 83

    유리

        연구 104

        유리 불기(Glassblowing) 103

        정의 101

        조성 102

    콘크리트, 모르타르, 그리고 회반죽 110~113

    토기

        속성작용 87, 88

        원산지 연구 86

        (원재료)점토 84, 85

        제작 과정 84

        화학적 분석 86

    퇴적물과 토양

        구성요소 92, 93

        범주와 크기 92

        용도 94

        인간 활동 94

        점토와 실트 92, 93

        정의 91

        층 91

        크기 92

        풍화 91

    패각 113~117

고고학적 추론

    경제

        거주지 63

교환 64~66
원자재와 생산 63, 64
음식 61, 62
교환
노동분업 66
종류, 모식도 65
호혜, 재분배와 교역 64, 65
기술 60, 61
문화 55, 56
시간과 공간 56~58
이데올로기 72, 73
조직
사회 67
정치 67~70
취락유형 70~72
환경
문화적 환경 58~60
물리적 환경 58~60
고고화학실험실
기록 38, 39
물질 분석 50
설비 46
시료 준비 장비 46
안전수칙 47
연구활동들 47~51
유도 결합 플라즈마 분광기 49
고대 DNA 연구 30~32, 363
관리 357
광물과 무기화합물 분석
암석학
구성 요소 175
금속현미경 176, 178
편광 175
적외선 분광법 181~183
X선 회절 179~181
광학현미경 123
교육과 설비 357
그린란드의 바이킹, 환경 연구

기후변화 279
동위원소 분석 278
모국과 취락지 276
빙하 코어 프로젝트 277~279
중세 온난기 276~280
금속, 고고학적 물질
분석 98
원소 형태 95~97
정의 95
철기시대 97
추출 기술 97, 98
금속현미경
가공 경화와 풀림 177, 178
(분석)과정 176, 178
구성요소 176, 178
기능 연구
덴마크 토기
조리 흔적, 티브린드 비그 246~248
탄소와 질소 동위원소 247, 248
사용흔 분석
바통 드 코모다망(bton de commande-
ment) 240
블라인드 테스트 242
석기 표면의 거칠기 245
선사시대의 석기 241
후추 그라인더 240
AFM 현미경 사진 244
기록과 보존 357
기술
마야 블루
석회암 싱크홀 237
인디고와 팔리고르스카이트 238
코팔(copal) 237
토기 239
필드 자연사 박물관, 시카고 237
불의 발견, 증거
스와트크란(Swartkrans) 동굴 232
제셔 베놋 야코브(Gesher Benot

Ya'Aaqov) 유적 232
토기 소성 온도 230

ㄴ

나이테연대측정법 57
녹말 입자 동정 195~198

ㄷ

대리석 213, 214
대중 교육 및 봉사 357
데이터, 실험기록, 기록보관 38, 39
덴마크 토기 연구
 조리 흔적, 티브린드 비그 246~248
 탄소와 질소 동위원소 247
덴마크의 마지막 수렵인들에 대한 연구 297~299
동위원소 분석
 고고학적 연구 143
 산소 동위원소 143~145
 스트론튬 동위원소
  동위원소 값 148, 149
  목재와 옥수수 연구 151
  분석 과정 150, 151
  차코 캐니언 150, 152
  치아 에나멜 148, 149
 정의 27
 질량분석기
  광 ICP-MS 156, 157
  사중극자 154~156
  스트론튬 동위원소비 측정 157, 158
  원자 무게 측정 154~156
  자기 섹터 155, 156
 탄소와 질소 동위원소
  고식단 연구 146
  뼈 콜라겐 145~147

ㄹ

라이라의 주거지 바닥 연구
 건설과 사용 260

원소 분석 262
이온 크로마토그램 265
주성분 분석 264
코프로스타놀(coprostanol) 분포 266

ㅁ

마야 문화
 마야 블루
  석회암 싱크홀 237
  인디고와 팔리고르스카이트 238
  코팔(copal) 237
  토기 239
  필드 자연사 박물관, 시카고 237
 멸망, 환경 연구
  가뭄 연구 281, 283, 284
  문화 281
  왕조의 소멸 280~285
  치칸카납 호수 284
  티타늄 농도 283, 284
 치아 에나멜 연구
  무덤 339, 340
  산소 동위원소 분석 341
  스트론튬 동위원소 분석, 질량분석기 339
  코판 아크로폴리스의 컴퓨터 복원 이미지 339
 크리스털 해골 진위 판별 220~222
매염(mordant dyeing) 108
멕시코 문화
 납유(납 유약) 토기 연구
  킬레이트제(chelating agent) 320
  EDTA 분석 316~320
 피라미드 연구
  스트론튬 동위원소 분석, 질량분석기 339
  출생지, 인신 공양의 희생자 334, 335
  테오티와칸 335
모르타르 110~113
무기화합물 27
문화적 환경 58~60

물리적 환경 58~60
물질 25~28

ㅂ
방사성탄소연대측정법, 인간 유해 연구
    시료의 양 359
    원리 42
벨 비커(Bell Beaker) 문화 56
보도와 출간 357
부분시료 38
분광 원소 분석
    대조군 131, 133
    방출법 134
    비색법 130, 131
    원자흡수분광법(ASS) 133
    토양 인산염 131
분석 방법
    광물과 무기화합물
        암석학 175~179
        적외선 분광법 181~183
        X선 회절 179~181
    동위원소 분석
        고고학적 연구 143
        산소 동위원소 143~145
        스트론튬 동위원소 148~153
        질량분석기 154~158
        탄소와 질소 동위원소 145~148
    원소 분석
        분광기 130~134
        유도 결합 플라즈마 방출 분광기
            134~137
        탄소 질소 분석기 139~141
        NAA 141, 142
    유기물 분석
        고고학적 물질 158
        과정 166
        기체/액체 크로마토그래피-질량분석기
            168~172

단백질 잔존물 163
도기와 토기 164~166
    분석법 167
    스테롤 162
    연구 164, 165
    지질과 지방산 159~161
    탄소와 산소 동위원소비 166
    트리(tri-)글리세라이드 생성 161
    펩타이드 결합 163
    확대
        광학현미경 123
        물질 122
        주사전자현미경 124~127
분자(molecule) 27
빈랜드 지도 진위 판별 연구 216~219
뼈, 고고학적 물질
    무기질과 유기 분자 90
    인골 88, 89
    특성 88

ㅅ
사용흔 분석
    바통 드 코모다망(bton de commandement)
        240
    블라인드 테스트 242
    석기 표면의 거칠기 245
    선사시대의 석기 241
    후추 그라인더 240
    AFM 현미경 사진 244
사중극자 질량분석기 154~156
사회적 이데올로기 72, 73
사회조직 67
산소 동위원소 분석
    이탈리아 냉동인간 연구 346
    인간 이동성 연구 143~145
    *Olivella biplicata* 115
상품화 357, 358
석회 111, 112

선사시대 석기, 사용혼 분석 241~245

스트론튬 동위원소 분석

    동위원소 값 148, 149

    마야 지도자의 치아 에나멜 340, 341

    멕시코의 피라미드 334, 335

    목재와 옥수수 연구 151

    분석 과정 150, 151

    이탈리아 냉동인간 연구 347~356

    차코 캐니언 150, 152

    치아 에나멜 148, 149

시료(sample) 38

식단 연구

    덴마크의 마지막 수렵인들 297~299

    애리조나의 식인 293~297

    질소 동위원소 292

    케이프타운의 노예들 300~303

    탄소 동위원소 286~291


**ㅇ**

아메리카 원주민 무덤의 보호와 반환에 관한 법률

    (NAGPRA) 360~362

안티노에(Antino) 토기 연구 344, 345

암석, 고고학적 물질

    광물의 특성 80, 82

    방해석과 아라고나이트 82

    분석 83

    석기 79

    종류와 특성 80, 82

    화학적 "지문" 83

암석학

    구성 요소 175

    금속현미경 176, 178

    편광 175

애리조나 식인 연구 293~297

에콰도르 토기 연구

    붉은 띠 모양으로 채색된 토기 314

    세로 나리오(Cerro Narro)와 산게이(Sangay)

        지도 316

    암석현미경 분석 313~315

    전자현미경 분석 314, 315

에틸렌디아민테트라아세트산(EDTA) 분석 316~320

원소 분석

    (분석)기기 선택

        민감도 35~37

        정확도와 정밀도 35~37

    라이라의 주거지 바닥 260~267

    분광기 130~134

    유도 결합 플라즈마 방출 분광기 134~137

    중성자 방사화 분석 141

    측정 단위

        농도 34

        단위 34

    탄소 질소 분석기 139~141

    X선 형광분석기 137~139

원자력현미경 사진 243

원자 질량과 원자 무게 26

유기물질

    고대 DNA 30~32

    작용기 28

유기화합물 연구

    고고학적 물질 158

    과정 166

    기체/액체 크로마토그래피-질량분석기

        거리 측정 171

        한계 171

        질량분석기 172

        모식도 171

    단백질 잔존물 163

    도기와 토기 164~166

    분석법 167

    스테롤 162

    연구 164, 165

    정의 27

    지질과 지방산 159~161

    크로마토그래피법

        구성물 분리 과정 168~172

원리 168~172
　　종이와 박층 168~172
　탄소 동위원소비 166
　트리(tri-)글리세라이드 생성 161
　펩타이드 결합 163
유도 결합 플라즈마 방출 분광기(ICP-OES)
　134~137
유럽산 구리 원산지 연구
　금 성분 측정 323
　미국산 구리와의 비교 320~324
　NAA 분석 332
유리, 고고학적 물질
　연구 104
　유리 불기(Glassblowing) 103
　정의 101
　조성 102
유물과 물질
　동정
　　녹말과 초기 농경 195~198
　　무기물질 193
　　발굴 미스터리 192
　　유기화합물 195
　　중국 청동기 193
　　차코의 코코아 206~209
　　키틀리 크릭(Keatley Creek) 유적 주거
　　　지 바닥 202~205
　　태평양 섬의 식물 동정 199~202
　　현미경 197
　진위판별
　　게티 박물관의 쿠로스 211~216
　　마야의 크리스털 해골 220~222
　　빈랜드의 지도 216~219
　　정의 209~211
　　진품 테스트 211~216
　　토리노의 수의 223~226
윤리 강령 357
이온 25
이탈리아의 냉동인간 연구

도끼 348, 349
산소 동위원소 분석 355
스트론튬과 납 동위원소비 353, 355
시신의 위치 348
장비, 수지 연구 350, 351
주성분 분석 351
출생지 353, 356
탄소와 질소 동위원소비 353
인간 활동 연구
　라이라의 주거지 바닥
　　건설과 사용 260
　　원소 분석 262
　　이온 크로마토그램 265
　　주성분 분석 264
　　코프로스타놀 분포 266
　우포크라의 인산염 253~256
　차탈회육 주거지 바닥, 나트륨 분포 251
　템플로 마요르의 의례
　　인체 자기 절단과 코팔 태우기 256~259
　　지방산 분포 지도 259
　　표본 조사 258
인간의 유해 연구
　방사성탄소연대측정법, 시료의 양 359
　NAGPRA의 조항 360~362
인산염 분석
　우포크라(Uppåkra) 253~256
　판별 방법 41

ㅈ
자철석 105
적외선 분광법 181~183
적철석 105
전미고고학회(SAA) 356
전자기 스펙트럼 32~34
절대편년 57
정치조직 67~70
주기율표 26
주사전자현미경

과정 126
구성 요소 126
마이크로빔 분석 126
후방산란전자 126
주성분 분석, 라이라의 주거지 바닥 260~267
중성자 방사화 분석(NAA)
원산지 연구 309
원소 분석 141
유럽산 구리 320~324
터키의 흑요석 324~326
핀슨 고분 토기 326, 330, 332, 333
흑요석 산지 43
중합 효소 연쇄반응(polymerase chain reaction)
기법 31
지적 자산 357
질량분석기, 동위원소 분석
광 ICP-MS 156, 157
사중극자 154~156
스트론튬 동위원소비 측정 157, 158
원자 무게 측정 154~156
자기 섹터 155, 156
질소 동위원소 분석; 탄소·질소 동위원소 분석 참조
시료 준비 46
이탈리아 냉동인간 연구 346

ㅊ
차코의 코코아 연구
메소아메리카와의 연관성 206~208
분석 209
위치 207
*Theobroma cacao* 208
책무 357
출생지, 혹은 원산지
다원자 분석 기법 308
동위원소비 연구 312
마야 지도자의 치아 에나멜 연구
무덤 339, 340
산소 동위원소 분석 341

스트론튬 동위원소 분석, 질량분석기 339
코판 아크로폴리스의 컴퓨터 복원 이미지
339
멕시코 납유(납 유약) 토기 연구
킬레이트제(chelating agent) 320
EDTA 분석 316~320
멕시코의 피라미드
스트론튬 동위원소 분석, 질량분석기 339
출생지, 인신 공양의 희생자 334, 335
테오티와칸 335
에콰도르 토기
붉은 띠 모양으로 채색된 토기 314
세로 나리오(Cerro Narro)와 산게이
(Sangay) 지도 316
암석현미경 분석 313~315
전자현미경 분석 314, 315
원산지 상정과 타당성 307, 329
유럽산 구리
금 성분 측정 323
미국산 구리와의 비교 320~324
NAA 분석 332
정의 306
터키의 흑요석
산지 325
신석기 유적들의 위치 327
NAA 분석 325, 326
토기연구 311
핀슨 고분 토기
토기 암석학 연구 330
NAA 분석 325, 326, 330, 332, 333
흑요석 원산지 307, 309, 312, 314
취락유형 70~72
측정 단위 34, 35

ㅋ
케이프타운 노예 식생활 연구
데이터 연구 302, 303
동위원소 분석 278, 303

역사 302
치아 상아질 301, 303
탄소와 질소 동위원소비 312
콘크리트 110~113
킬티 크릭 주거지 바닥
미세구조형태학 203
발굴된 대형 주거지 바닥 204
인간 관련 퇴적물 203

**ㅌ**

타닌(tannin) 110
탄소 질소 분석기 139~141
탄소·질소 동위원소 분석
고식단 연구 146
덴마크 토기 245~250
동위원소 분석 142~158
뼈 콜라겐 145~147
시료 준비 46
식생활 연구
광합성 경로 288
내륙 지역 292
무거운 동위원소 공급원 287
식단 실험 289
식이탄소 모델 289
콜라겐 287~291
해양성 식재료 290
PeeDee Belemnite(PDB) 287
이탈리아 냉동인간 연구 346
태평양 섬의 식물 동정
고구마 201
닭 뼈 201
목탄 199, 200
뿌리 작물 201
유조직 200
터키 흑요석 산지 연구
산지 325
신석기 유적들의 위치 327
NAA 분석 325, 326

테오브로민(theobromine) 172, 173
템플로 마요르 연구
인체 자기 절단과 코팔 태우기 256~259
지방산 분포 지도 259
표본 조사 258
토기, 고고학적 물질
속성작용 87, 88
요인, 토기 암석학 연구 330
원산지 연구 86
(원재료)점토 84, 85
제작 과정 84
화학적 분석 86
토리노의 수의 진위 판별 223~226
퇴적물과 토양, 고고학적 물질
구성요소 92, 93
범주와 크기 92
용도 94
인간 활동 94
점토와 실트 92, 93
정의 91
층 91
크기 92
풍화 91

**ㅍ**

파괴 분석 358~360
표본(specimen) 38
핀슨 고분 토기 연구
토기 암석학 연구 330
NAA 분석 325, 326, 330, 332, 333
필트다운인, 플루오린 흡수법 41, 42

**ㅎ**

화합물 27
확대
광학현미경 123
물질 122
주사전자현미경 124~127

환경 연구
    그린란드의 바이킹
        기후변화 279
        동위원소 분석 278
        모국과 취락지 276
        빙하 코어 프로젝트 277~279
        중세 온난기 276~280
    나무성장과 강우와의 관계 272, 273
    동식물 연구 272
    마야의 멸망

가뭄 연구 281, 283, 284
문화 281
왕조의 소멸 280~285
치칸카납 호수 284
티타늄 농도 283, 284
회반죽 110~113

X선 형광분석기 137~139
X선 회절 179~181